Manual Imprescindible de

Introducción a la informática

Edición 2010

MANUAL IMPRESCINDIBLE

Título de la obra original:
Absolute Beginner's Guide to Computer Basics, Fith Edition

Responsable Editorial:
Eugenio Tuya Feijoó

Traductora:
Vanesa Casanova Fernández

Diseño de cubierta:
Daniel Marcelo Venditti
Jorge Notario Cámara

Manual Imprescindible de

Introducción a la informática

Edición 2010

Michael Miller

ANAYA MULTIMEDIA

Todos los nombres propios de programas, sistemas operativos, equipos hardware, etc. que aparecen en este libro son marcas registradas de sus respectivas compañías u organizaciones.

Edición española:

© EDICIONES ANAYA MULTIMEDIA (GRUPO ANAYA, S.A.), 2010
Juan Ignacio Luca de Tena, 15. 28027 Madrid
Depósito legal: M. 1.583-2010
ISBN: 978-84-415-2707-2
Printed in Spain
Impreso en: Fernández Ciudad, S. L.

A Sherry, por y para siempre.

Agradecimientos

Quiero dar las gracias a todas las personas que componen el equipo de Que Publishing, incluyendo, entre otros, a Greg Wiegand, Michelle Newcomb, Kevin Howard, Seth Kerney, Jennifer Gallant, Genell Breeze y al editor técnico Vince Averello.

Sobre el autor

Michael Miller es un prolífico autor de éxito, con una merecida reputación de ser un buen consejero práctico, tener conocimientos técnicos muy precisos y ser sensible a las necesidades de sus lectores. En castellano están publicados los siguientes libros: *¡Acelera tu PC!*, *Cómo funciona Windows Vista*, *Windows Vista: redes inalámbricas* e *Introducción a la informática*.

Miller ha escrito más de 90 libros súper-ventas en el transcurso de las últimas dos décadas. Es conocido por su estilo informal y de fácil lectura, así como por los consejos prácticos basados en su experiencia en el mundo real y su capacidad de explicar una gran variedad de temas complejos a cualquier tipo de público.

Para contactar con Michael Miller, puede enviar un correo electrónico a `abg@molehillgroup.com` o visitar su página Web, en la dirección `www.molehillgroup.com`.

Índice de contenidos

Introducción

Dado que el lector tiene entre manos un manual de introducción a la informática, vamos a empezar por el principio, a saber: los ordenadores no tienen por qué dar miedo. Cierto es que a veces pueden intimidarnos, y que en ocasiones pueden resultar difíciles de utilizar. ¿Y la idea de que no hay manera de fiarse de ellos? Cierto, si bien los ordenadores actuales son mucho mejores de lo que solían ser.

Todo lo anterior puede que sea cierto, ¿pero dan miedo? Sin ningún género de dudas, la respuesta es "no".

Los ordenadores no pueden amedrentarnos porque no pueden hacernos daños (a menos, claro está, que se le caiga el portátil encima del pie). Tampoco nosotros podemos hacerles mucho daño: estamos ante una especie de de coexistencia recelosa entre el hombre y la máquina, si bien se trata de una relación potencialmente beneficiosa (al menos, para usted).

Son muchas las personas que creen tener miedo de los ordenadores, porque desconocen su funcionamiento. Nada más lejos de la realidad.

Veamos: incluso aunque nunca haya utilizado un equipo antes, el lector lleva por lo menos 20 años en contacto con los ordenadores y con todo lo que un ordenador es capaz de hacer. Cuando depositamos dinero en nuestro banco, nos relacionamos con ordenadores. Cuando realizamos alguna compra en unos grandes almacenes, nos relacionamos con ordenadores. Cuando vemos un programa en la tele, leemos un artículo en el periódico o vemos una fotografía en alguna revista, nos relacionamos con ordenadores.

La razón es porque los ordenadores se utilizan para que todas estas aplicaciones funcionen. Alguien, en algún lugar, trabaja entre bambalinas con un ordenador para manejar nuestra cuenta bancaria y controlar las compras que realizamos con nuestra tarjeta de crédito.

De hecho, en los albores del siglo XXI, es difícil imaginar cómo hemos podido vivir sin todos esos teclados, ratones, monitores o Internet.

Sin embargo, sólo porque los ordenadores lleven con nosotros un tiempo, no significa que todo el mundo sepa utilizarlos. No es raro sentir un pequeño cosquilleo la primera vez que nos sentamos frente a un monitor y un teclado que nos intimidan. ¿Qué teclas tenemos que pulsar? ¿Qué significa hacer doble clic con el ratón? ¿Y qué son esas pequeñas imágenes que aparecen en la pantalla?

Con todo lo extraño que pueda parecer al principio, los ordenadores no son tan difíciles de entender ni de utilizar. Naturalmente, tendremos que aprender algunos conceptos básicos (pulsar, hacer clic, etc.) que nos ayudarán a saber exactamente qué es lo que hace cada elemento del sistema. Pero una vez que controlemos estos elementos, en realidad los ordenadores son muy fáciles de usar. Y aquí es donde este libro entra en escena.

Este manual le ayudará a aprender a usar su nuevo sistema informático. Conocerá el funcionamiento de los ordenadores, aprenderá a conectar todas esas piezas y elementos y cómo empezar a usarlos. Conocerá el software y el hardware del ordenador, aprenderá cómo funciona el sistema operativo de Windows 7 e Internet. Cuando se sienta cómodo con los conceptos básicos (algo que no le llevará mucho tiempo, créame) aprenderá a manejarse con soltura delante de un ordenador. Aprenderá a hacer cosas útiles, como escribir cartas, llevar el saldo de su cuenta y crear presentaciones. Se divertirá escuchando música, viendo películas y editando sus fotos digitales. Aprenderá también a realizar tareas en línea: buscar información, enviar mensajes de correo electrónico o mantenerse al día de las vidas de amigos y familiares a través de Facebook y MySpace. Por último, aprenderá a realizar algunas acciones esenciales, como copiar archivos, solucionar problemas y protegerse de ladrones y piratas informáticos.

No tiene más que sentarse delante de su ordenador. ¡Intente no asustarse! (en realidad, no hay nada de lo que deba tener miedo). Navegue por los capítulos y actividades propuestas en el libro, y recuerde: utilizar un ordenador no es difícil, los ordenadores no se estropean fácilmente, y con un ordenador puede hacer montones de cosas divertidas y útiles una vez haya cogido "el truquillo". ¡Se lo prometo!

Cómo se organiza este libro

El libro está organizado en siete partes:

- **Parte I. Introducción:** Describe todos los elementos y componentes tanto de los PC de sobremesa como de los portátiles y explica cómo conectarlo todo para poner en marcha su nuevo PC.
- **Parte II. Cómo utilizar Windows:** Esta parte es una introducción al pilar de nuestro sistema: el sistema operativo Microsoft Windows. Aprenderá cómo funciona Windows y cómo utilizarlo para realizar tareas básicas, como copiar y eliminar archivos y carpetas; también aprenderá cosas divertidas, como cambiar la imagen del escritorio.
- **Parte III. Actualizar y realizar el mantenimiento de su sistema:** Contiene toda esa información aburrida (pero necesaria) que debe conocer para mantener un rendimiento óptimo en su PC. Aprenderá a instalar nuevos componentes de hardware en su sistema, configurar una red doméstica de cable o inalámbrica, realizar el mantenimiento rutinario, localizar y solucionar los problemas del PC más frecuentes y proteger su sistema contra virus, *spyware* y otros tipos de ataques al PC.

- **Parte IV. Utilizar el software del ordenador:** Explica todo lo necesario para ejecutar los programas más conocidos. Aprenderá a utilizar Microsoft Office, Microsoft Word, Microsoft Excel y Microsoft PowerPoint.
- **Parte V. Internet:** Aprenderá a explorar la Web con Internet Explorer. También aprenderá a comprar *on-line*, comprar y vender en subastas de eBay, acceder a *blogs*, establecer relaciones sociales en MySpace, realizar búsquedas en Google, ver y descargar vídeos en YouTube y crear su propia página Web. Ésta es la parte divertida del libro.
- **Parte VI. Comunicación en Internet:** Esta parte le permitirá mantenerse en contacto con los demás. Aprenderá a enviar y recibir correos electrónicos, chatear en línea a través de la mensajería instantánea, navegar por la blogosfera o interactuar en redes sociales como Facebook, MySpace y Twitter.
- **Parte VII. Explorar el estilo de vida digital:** Es la parte más divertida del libro. Aprenderá a usar su PC con su cámara digital para editar y gestionar sus fotos digitales, cómo escuchar CD y descargar música a su reproductor iPod o Mp3, ver DVD en la pantalla de su ordenador y crear en DVD sus propias películas digitales caseras. Es impresionante todas las cosas que puede hacer con su PC.

En conjunto, los 38 capítulos en que se divide este libro le ayudarán a progresar desde un nivel de absoluto principiante hasta convertirse en un usuario de PC experimentado. Simplemente lea lo que le sea útil y en un corto espacio de tiempo se encontrará manejando su ordenador como un auténtico profesional.

¿En qué versión de Windows está basado este libro?

Esta edición actualizada describe las operaciones de ordenadores que funcionan con la versión más reciente del sistema operativo de Microsoft: Windows 7.

Si utiliza una versión anterior, como por ejemplo Windows Vista, la mayor parte de los consejos e información de este manual le resultarán útiles; no obstante, si utiliza versiones más antiguas, como por ejemplo Windows XP, es recomendable que consulte alguna de las ediciones anteriores de este manual, dedicadas exclusivamente al funcionamiento de Windows XP.

Convenciones utilizadas en este libro

Creo que el libro es lo bastante sencillo como para entenderlo con facilidad, sin requerir un manual de instrucciones. Sin embargo, a medida que vaya leyendo, le resultará de ayuda saber cómo hemos presentado con precisión algunos tipos de información.

Comandos de menús

Gran parte de los programas informáticos funcionan a través de una serie de menús desplegables. Para utilizarlos tendrá que desplazar el ratón hasta un menú y seleccionar una de sus opciones. Este tipo de operación se indica a lo largo del libro de la siguiente forma: Archivo>Guardar, o bien, haga clic en el botón **Inicio** y seleccione Todos los programas>Accesorios>Bloc de notas. No tiene más que seguir las instrucciones por orden, utilizando su ratón para hacer clic en cada uno de los elementos mencionados. Cuando existan submenús añadidos en el menú principal (como, por ejemplo, la opción Bloc de notas de Accesorios dentro del menú Todos los programas), sólo tiene que hacer clic en las selecciones hasta llegar a la última opción, que abrirá el programa o activará el comando deseado.

Combinación de teclas de método abreviado

Cuando utilice el teclado del ordenador, algunas veces tendrá que pulsar dos teclas simultáneamente. Estas combinaciones de dos teclas se denominan teclas de método abreviado y se muestran como nombres de teclas unidas por un guión. Por ejemplo, **Control-W** indica que debe pulsar la tecla **W** mientras mantiene presionada la tecla **Control**. ¡Así de fácil!

Direcciones de páginas Web

Este libro contiene numerosas referencias a direcciones de páginas Web, puesto que pasaremos mucho tiempo conectados a Internet. Técnicamente, se supone que una dirección de página Web empieza con `http://` (como, por ejemplo, `http://www.molehillgroup.com`). Sin embargo, dado que Internet Explorer y otros exploradores Web insertan automáticamente este componente de la dirección, no tendrá que escribirlo y, por tanto, no lo hemos incluido en ninguna de las direcciones de este libro.

Elementos especiales

Este libro también incluye algunos elementos especiales que proporcionan información adicional no incluida en el texto básico. Estos elementos se han diseñado para complementar el texto y conseguir que sea más rápido de leer, más sencillo y más eficiente.

Nota:

Las notas proporcionan información generalmente útil pero no necesaria específicamente con respecto a la tarea que estamos realizando en ese momento. Algunas notas son muy amplias e interesantes, aunque no esenciales.

Truco:

Los trucos son consejos ("truquillos", de hecho) que le ayudarán a utilizar su equipo de una forma más efectiva o a superar problemas o limitaciones.

Advertencia:

Las advertencias nos hacen saber que tenemos que tener cuidado ante una acción o situación potencialmente peligrosos. En algunos casos, ignorar una advertencia podría dar lugar a problemas importantes. ¡Preste atención a estas advertencias!

Parte I
Introducción

Capítulo 1

Cómo funciona un ordenador personal

En este capítulo aprenderá a:

- Conocer lo que su ordenador puede (y no puede) hacer.
- Conocer su sistema informático personal.
- Conocer el interior de su ordenador personal.
- Conocer las diferencias entre ordenadores personales portátiles y de sobremesa.
- Conocer el funcionamiento de las impresoras y otros dispositivos periféricos.

Es muy probable que esté leyendo este libro porque acaba de comprarse un ordenador nuevo, o quizá alguien le ha regalado su antiguo ordenador (¡no hay nada malo en tener equipos de segunda mano!). En este momento, probablemente esté pensando que se ha metido en un buen lío. ¿Qué son todas esas cajas y cables? ¿Qué puede (o debe) hacer con ellos?

Éste es un capítulo introductorio que le familiarizará con el concepto de los ordenadores personales en general (qué hacen, cómo funcionan, etc.) y del hardware informático en particular. Tanto si no está familiarizado con los ordenadores como si quiere refrescar sus conocimientos anteriores sobre qué son todos esos componentes y para qué sirven, este capítulo es un buen punto de partida.

Evidentemente, también puede omitir la lectura de estos elementos básicos y empezar a utilizar directamente su equipo. Para obtener instrucciones paso a paso sobre cómo conectar y configurar su nuevo ordenador personal, consulte el capítulo 2.

Lo que pueden y no pueden hacer los ordenadores

¿Para qué sirve un ordenador personal, si puede saberse?

Todo el mundo tiene uno (incluido usted, desde este mismo instante). De hecho, es posible que haya comprado su nuevo equipo sólo para no quedarse fuera de juego. Pero ahora que tiene un equipo personal, ¿qué puede hacer con él?

Un ordenador sirve para trabajar...

Muchas personas utilizan sus ordenadores personales de uso doméstico para realizar tareas relacionadas con su trabajo. Podemos llevarnos a casa el trabajo pendiente de la oficina (informes, hojas de cálculo, etc.) y terminarlo en nuestro ordenador personal por la noche o durante el fin de semana. Si trabaja desde casa, puede utilizar su equipo para controlar su empresa; puede utilizarlo para todo, desde escribir memorandos e informes hasta generar facturas y presupuestos.

En resumen, en su ordenador personal para uso doméstico podrá realizar prácticamente las mismas tareas que suelen realizarse en el ordenador personal de nuestra oficina.

... para jugar

Trabajar y trabajar sin descanso no es precisamente algo agradable: no existe ninguna razón por la que no pueda divertirse con su nuevo ordenador personal. Puede utilizar su PC para jugar a juegos, escuchar música descargada de Internet, ver y editar fotografías tomadas con una cámara digital e incluso editar películas caseras grabadas con una cámara de vídeo.
Además, ¿qué me dice de todas esas películas, programas de televisión y vídeos que puede ver en línea en sitios como YouTube? ¡Diviértase con su nuevo PC!

... para conectarse a Internet

Gran parte del trabajo y las actividades que realizamos en nuestros ordenadores personales tienen lugar a través de Internet, una gran herramienta: además de poder escuchar música y ver películas, podrá comprar prácticamente cualquier producto en línea, leer las noticias de actualidad en los *blogs* más populares y explorar la Web, repleta de contenidos y servicios muy interesantes e informativos.
Ahora, no se sentirá fuera de lugar cuando la gente le hable en términos de "uvedoble-uvedoble-uvedoble" por aquí y "puntocom" por allá: también usted estará conectado.

... para mantenerse en contacto con sus amigos

¿Quiere enviar una carta a un amigo? Con su nuevo PC (y un procesador de textos como Microsoft Word) es pan comido. Mejor aún, ahórrese el dinero del sello y envíe a ese amigo un correo electrónico o un mensaje instantáneo a través de Internet. O manténgase en contacto con sus amigos y colegas a través de redes sociales como Facebook, MySpace o Twitter.
Naturalmente, esto no es ni de lejos todo lo que puede hacer con un ordenador personal. Muchas personas utilizan Internet para acceder a sus cuentas bancarias; otras, para mantenerse al día con sus *hobbies* o pasatiempos favoritos. Lo más probable es que exista un programa de software o un sitio Web dedicado a la tarea que desee realizar. ¡El principal reto con el que se topará será el de encontrar todo el tiempo necesario para hacer todo lo que quiere hacer!

Nota:

Este libro está pensado para usuarios con ordenadores personales relativamente nuevos, en concreto, aquellos que funcionan con el sistema operativo de Microsoft Windows 7. Si dispone de un ordenador personal en el que se ejecute una versión anterior de Windows, la mayor parte de los contenidos de este manual le serán útiles, pero no todas las instrucciones paso a paso serán aplicables en su caso.

Conozca su sistema informático

Ahora que ya conoce algunas de las razones por la que tiene un equipo personal completamente nuevo sobre su escritorio, quizá le interese saber qué es lo que tiene delante.

Es importante conocer cada uno de los elementos de su sistema, qué hacen y cómo funcionan.

Componentes y piezas: el hardware informático

Vamos a empezar por examinar los componentes físicos del sistema, que conocemos con el nombre de "hardware".

Existen dos clases de ordenador: de sobremesa y portátiles. Un ordenador de sobremesa se compone de diversas piezas y componentes; un ordenador portátil incluye todas estas piezas y componentes en una unidad única, compacta y portátil. En la actualidad, la mayor parte de los ordenadores personales que se ven son portátiles, probablemente porque son más flexibles en términos de cómo y dónde pueden utilizarse. No cabe duda de que son más fáciles de configurar, y de que resulta más sencillo hacerles un hueco en cualquier parte.

La figura 1.1 muestra un ordenador portátil típico. Todo lo que necesita está incluido en el ordenador: pantalla, teclado, ratón táctil para controlar el cursor de la pantalla, e incluso un par de altavoces en estéreo. Los ordenadores portátiles son mucho más compactos que los sistemas informáticos de sobremesa, como el que se muestra en la figura 1.2, que contiene los mismos componentes en unidades separadas, a las que damos el nombre de "periféricos". Como puede imaginar, todo este hardware exige bastante espacio libre en nuestro escritorio físico.

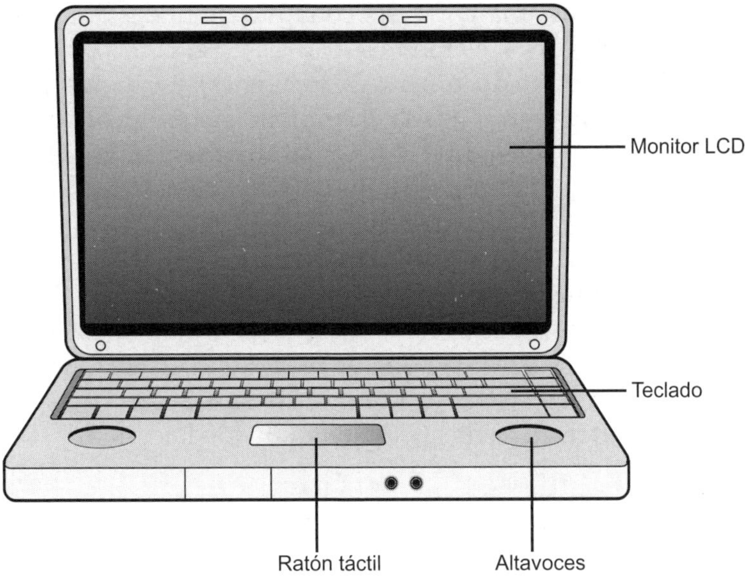

Figura 1.1. Un ordenador portátil típico.

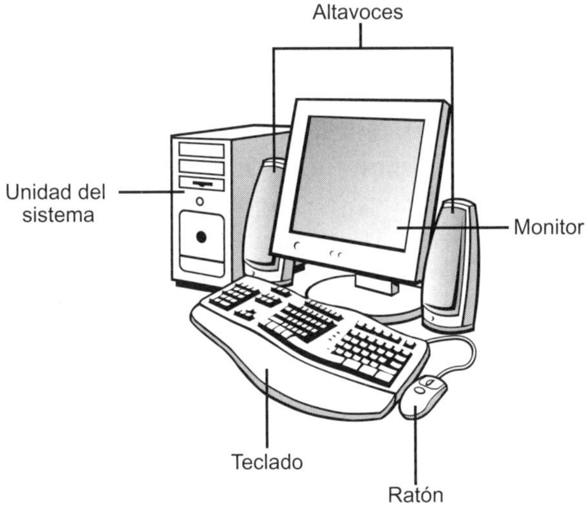

Figura 1.2. Un ordenador de sobremesa típico.

Tenga en cuenta, no obstante, que ya sea en el caso de un ordenador portátil o de un equipo de sobremesa, no existen dos sistemas informáticos idénticos. Siempre puede agregar nuevos componentes al sistema o, en el caso de los sistemas de sobremesa, desconectar aquellos componentes que no vaya a utilizar.

El propio PC no es sino una parte del conjunto de un sistema informático. Puede añadir muchos otros elementos a su sistema, como por ejemplo impresoras (para imprimir de documentos e imágenes), escáneres (para convertir un documento o imagen impresa en formato electrónico), *webcams* (para enviar imágenes de vídeo en directo a sus familiares o amigos), palancas de juego o *joysticks* (para jugar los juegos más desafiantes), y discos duros externos (para crear copias de seguridad de todos sus datos). También puede conectar dispositivos portátiles a su PC, como cámaras digitales, videocámaras y reproductores de música portátiles (como el ubicuo Apple iPod). Incluso puede añadir los dispositivos apropiados para conectar varios PC en red, lo que le resultará de utilidad si dispone de más de un ordenador en el hogar. Afortunadamente, para conectar un nuevo dispositivo a su ordenador no hace falta más que enchufar un cable. ¡Cualquiera puede hacerlo!

Las herramientas apropiadas para las tareas apropiadas: el software informático

Por sí mismas, todas esas cajas de color beige y negro que conforman una unidad típica no le servirán de mucho. Podemos conectarlas y dejarlas colocadas en su sitio, pero no harán nada a menos que dispongamos de algún programa de software que las haga funcionar.

El hardware informático está compuesto por todos los elementos físicos que podemos tocar: el teclado, el monitor, la unidad del sistema, etc. El software informático, a su vez, es algo que no podemos tocar, puesto que no es más que un conjunto de bits y bytes electrónicos. Todos esos bits y bytes se combinan para formar programas informáticos (algunas veces denominados "aplicaciones") que proporcionan una funcionalidad específica a nuestro sistema.

Nota:

Para obtener más información sobre los diversos componentes y piezas que forman el sistema, consulte este mismo capítulo. Si necesita ayuda a la hora de conectar todos los componentes y piezas, consulte el capítulo 2. Si desea añadir un nuevo componente de hardware a su sistema, consulte el capítulo 6.

Por ejemplo, si desea realizar cálculos matemáticos, necesitará un elemento de software que se conoce con el nombre de "procesador de hojas de cálculo". Si desea escribir una carta, necesitará un programa de procesamiento de textos. Si desea editar las fotografías que ha tomado con su cámara digital, necesitará un software de edición gráfica. En otras palabras, necesitará un software independiente para cada tarea que desee realizar con su equipo. Afortunadamente, muchos de estos programas ya vienen preinstalados en la mayoría de los sistemas informáticos de la actualidad, si bien es posible que le resulte necesario adquirir algún programa específico (aunque no estamos hablando de mucho dinero).

Nota:

Si necesita adquirir software adicional para su equipo, tendrá que encontrarlo e instalarlo usted mismo, tal y como se explica en el capítulo 11.

Cómo conseguir que todo funcione (con Windows)

Sea cual sea el programa que estemos utilizando en un momento dado, para interactuar con nuestro ordenador utilizaremos un componente de software específico conocido con el nombre de "sistema operativo". Como su propio nombre indica, este programa hace que nuestro sistema funcione; es nuestra puerta de enlace con el hardware de nuestro sistema.

El sistema operativo es además el responsable de que el software de las aplicaciones pueda interactuar con el hardware del equipo. Cuando queremos imprimir un documento desde nuestro procesador de textos, dicho software funciona con el sistema operativo para enviar el documento a nuestra impresora.

La mayoría de los equipos modernos incluyen un sistema operativo denominado Microsoft Windows. Este sistema operativo, un producto Microsoft, lleva aproximadamente unos 25 años en el mercado.

Sin embargo, Windows no es el único sistema operativo que existe. Los fabricantes de equipos de Apple Computing utilizan un sistema operativo diferente, denominado Mac OS. Por consiguiente, los equipos que ejecutan Windows y los de Apple no son totalmente compatibles entre sí. Además, también existe Linux, un sistema compatible con la mayoría de los ordenadores personales que se venden en la actualidad, si bien su uso queda primordialmente en manos de usuarios expertos aficionados a la tecnología; no es un sistema operativo recomendable para usuarios medios.

Pero volvamos a Windows, un sistema operativo del que han existido diferentes versiones con el paso de los años. La versión más reciente de este sistema operativo es Windows 7, que ha sido bautizada con este nombre porque es la séptima versión del sistema operativo: si acaba de comprar su PC, probablemente sea ésta la versión que está utilizando. Si su PC es algo más antiguo, puede que esté utilizando Windows Vista, el predecesor inmediato de Windows 7, o bien Windows XP (el predecesor de Vista). Si dispone de un ordenador mucho más antiguo o de un equipo que se utiliza en un entorno corporativo, es probable que esté ejecutando alguna otra versión de Windows, como Windows 2000 o, quizá, Windows 98. Todas las versiones de Windows son muy similares, aunque las nuevas tienen un aspecto mucho más bonito, son bastante más estables y disponen de muchos más adornos. Cualquiera que sea la versión de Windows que haya instalado en su PC, se utilizará para abrir programas específicos y ejecutar diversas funciones de mantenimiento del sistema, como copiar archivos y apagar el ordenador.

Nota:

Para tener más información sobre Windows 7, consulte el capítulo 3.

¡No se preocupe! No puede fastidiar las cosas... demasiado

En este capítulo, examinaremos con algo más de detalle los componentes de hardware de su sistema informático. No obstante, antes de continuar hay algo importante que tiene que saber sobre los ordenadores.

Muchos usuarios sienten verdadero pavor ante sus equipos. Creen que si pulsan la tecla equivocada o hacen clic sobre el botón equivocado, estropearán algo o tendrán que llamar a un servicio técnico caro para reparar el equipo. No es cierto.

Lo importante es saber que es realmente difícil dañar su sistema informático. Naturalmente, siempre puede romper algo si se le cae al suelo, pero si hablamos de un uso normal, las averías no son algo frecuente.

Evidentemente, se pueden cometer errores. Podemos hacer clic sobre el botón equivocado y eliminar accidentalmente un archivo que no deseábamos eliminar, o podemos apagar el sistema y perder un documento que olvidamos guardar. Podemos incluso tomar las precauciones de seguridad inadecuadas y descubrir que un virus informático ha infectado nuestro sistema. Pero es muy poco probable que terminemos dañando el equipo haciendo un simple clic con el ratón.

No tenga miedo: su equipo es una herramienta, exactamente igual que un martillo, una licuadora o una cámara. Cuando aprenda a utilizarla, será una herramienta muy útil. Pero se trata de su herramienta, es decir, será usted quien le diga qué es lo que debe hacer, y no al revés. Recuerde que usted está al mando y que no va a estropear nada. Se divertirá... ¡e incluso es probable que consiga trabajar!

El interior de un ordenador personal

Tal y como acabamos de decir, el hardware del equipo está formado por todos esos elementos de nuestro sistema que podemos ver y tocar. Se incluyen aquí todos esos componentes que hay en el interior de la carcasa del ordenador, que no podemos ver a menos que la abramos. De hecho, todos esos componentes son los más importantes de su equipo, como veremos en nuestro pequeño *tour* por el interior de un ordenador personal.

La placa base, "nave nodriza" de nuestro ordenador

Dentro de todos los ordenadores personales, existen multitud de chips y placas de circuitos informáticos. La mayoría de estos componentes están conectados a una gran placa que se conoce con el nombre de "placa base", y que sirve como hogar del microprocesador y los chips de memoria del ordenador, así como de cualquier otro componente interno que hace posible el funcionamiento del sistema. En un ordenador de sobremesa, la placa base está ubicada cerca de la base del ordenador, como se muestra en la figura 1.3; en un ordenador portátil, está situada justamente debajo del teclado.

En un PC de sobremesa, la placa base contiene diversas ranuras a las que puede acoplar placas adicionales (que también reciben el nombre de "tarjetas") que realizan funciones específicas. La placa base de un ordenador portátil no acepta placas adicionales, de ahí que no sean expandibles, como es el caso de los ordenadores de sobremesa.

La mayoría de las placas base para PC contienen seis o más ranuras para tarjetas de extensión. Por ejemplo, las tarjetas gráficas permiten a la placa base transmitir señales de vídeo hacia el monitor. Otras tarjetas permiten agregar funcionalidades de sonido o de módem/fax al sistema. En los ordenadores portátiles, todas estas funciones de vídeo y audio están incluidas en la placa base, en lugar de en tarjetas distintas.

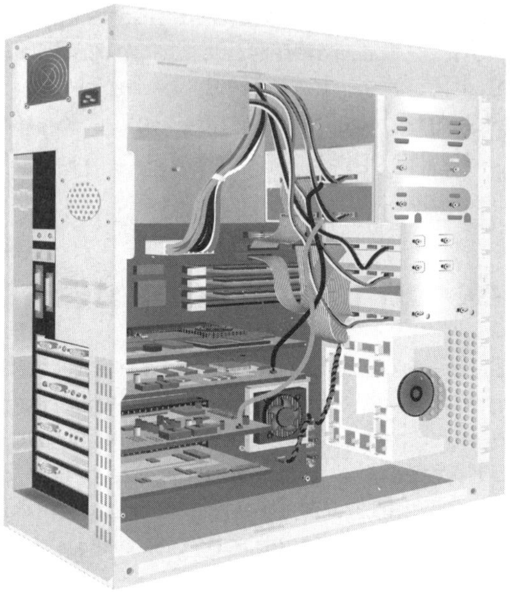

Figura 1.3. Interior de un ordenador personal: placa base con diversas placas añadidas.

Microprocesadores: el motor principal

Todavía no hemos terminado de describir la placa base. Oculto en alguna parte dentro de la placa base se encuentra un chip específico que controla todo el sistema de nuestro equipo. Este chip se denomina "microprocesador" o Unidad Central de Procesamiento (CPU, del inglés *Central Processing Unit*).

El microprocesador es el cerebro de nuestro sistema. Procesa todas las instrucciones necesarias para que el equipo ejecute todas sus tareas. Cuanta más potencia tenga el chip microprocesador, más rápido y eficiente será nuestro sistema.

Los microprocesadores ejecutan las distintas instrucciones que permiten que nuestro equipo realice cálculos. Todos los dispositivos de entrada y salida conectados a un equipo (el teclado, la impresora, el monitor, etc.) emiten o reciben instrucciones que deben procesarse a través del microprocesador. También los programas de software emiten instrucciones que el microprocesador debe procesar. Este chip realmente es el motor de nuestro sistema; afecta a todo lo que hace el equipo.

Los ordenadores vienen equipados con distintos tipos de chips de microprocesador. Muchos equipos compatibles con IBM utilizan chips fabricados por Intel. Algunos usan chips compatibles con Intel fabricados por AMD y otras compañías. No obstante, todos los equipos compatibles con IBM que ejecutan el sistema operativo Windows utilizan chips compatibles con Intel. Además de tener distintos fabricantes de chips (y distintas familias de chips dentro del mismo fabricante), también existen chips de microprocesador que funcionan a distintas velocidades. La velocidad de una CPU actual se mide en gigahercios (GHz). ¡Una CPU con una velocidad de 1 GHz puede funcionar a mil millones de tics de reloj por segundo! Cuanto mayor sea el número de gigahercios, más rápido será el microprocesador.

En la actualidad, muchos microprocesadores incorporan los llamados chips de doble o cuádruple núcleo (*quad*), es decir: se trata de un único chip que incluye el equivalente a dos (en el caso de los microprocesadores de doble núcleo) o cuatro chips (en el caso de los microprocesadores *quad*). ¡Estamos hablando de duplicar o cuadriplicar la potencia de procesamiento de su ordenador! Cuantos más núcleos, mejor, especialmente en el caso de tareas que exigen un procesamiento intenso, como por ejemplo la edición de archivos de vídeo.

Si tiene pensado adquirir un nuevo PC, busque uno que combine un microprocesador con una gran capacidad y una velocidad de reloj alta para obtener el mejor rendimiento. Los nuevos chips de doble núcleo son incluso más rápidos; se obtiene el equivalente de dos CPU en una.

La memoria del equipo: almacenamiento temporal

Antes de que la CPU pueda procesar una instrucción dada por el usuario, las instrucciones tienen que guardarse en alguna parte antes de que el microprocesador pueda acceder a las mismas. Estas instrucciones (junto con otros datos procesados por nuestro sistema) se guardan temporalmente en la Memoria de Acceso Aleatorio del equipo (o memoria RAM, del inglés *Random Access Memory*). Todos los equipos tienen una cantidad determinada de memoria, que se crea a través de un número de chips de memoria. Cuanta más memoria esté disponible en un equipo dado, mayor será la cantidad de instrucciones y datos que se podrán guardar simultáneamente.

La memoria se mide en bytes. Un byte equivale aproximadamente a un carácter de un documento de procesamiento de textos. Una unidad aproximadamente igual a mil bytes (1.024, para ser más precisos) es un kilobyte (Kb) y una unidad de aproximadamente mil kilobytes (1.024) es un megabyte (Mb). Mil megabytes forman un gigabyte (Gb). La mayoría de los equipos actuales tienen como mínimo 512 Mb de memoria; es frecuente encontrar equipos con 4 Gb de memoria o más. Para permitir que el equipo ejecute tantos programas de la forma más rápida posible, necesitamos tener instalada tanta memoria en el sistema como éste pueda aceptar o pueda permitirse económicamente. El mínimo necesario para poner en funcionamiento un sistema equipado con Windows 7 es de 2Gb de memoria, pero cuanta más memoria tenga instalada, mejor. Además, puede añadir memoria instalando módulos adicionales de memoria, insertando uno de estos módulos en la ranura correspondiente de la placa base.

Si el equipo no tiene suficiente memoria, su CPU se verá obligada a recuperar constantemente datos del almacenamiento permanente de su disco duro. Este método de recuperación de datos es más lento, comparado con la posibilidad de recuperar instrucciones y datos de la memoria electrónica. De hecho, si su equipo no tiene suficiente memoria, algunos programas se ejecutarán muy lentamente (o podemos experimentar cierres aleatorios del sistema) y otros programas no podrán ejecutarse en absoluto.

Unidades de disco duro: almacenamiento a largo plazo

Otro elemento físico importante dentro de la unidad del sistema es la unidad de disco duro. El disco duro almacena de forma permanente todos los datos importantes. Algunos discos duros actuales pueden guardar hasta 2 terabytes de datos (equivalente a 2.000 gigabytes), y ya se están fabricando discos duros de mayor capacidad (compare esta capacidad con la de la memoria de acceso aleatorio del sistema, capaz de almacenar únicamente varios gigabytes de datos de forma temporal).

Un disco duro se compone de numerosas placas metálicas. Estas placas guardan datos de forma magnética. Las placas incorporan unos cabezales especiales de lectura y escritura que realinean las partículas magnéticas de una forma muy parecida a como graban los cabezales de grabación datos en una cinta de grabación.

Antes de guardar datos en un disco, incluido el disco duro de nuestro sistema, es necesario formatear la unidad. Un disco duro sin formatear no podrá aceptar ningún dato. Al formatear un disco duro, nuestro equipo prepara todas las pistas y sectores del disco para que acepten y guarden datos magnéticamente.

Evidentemente, cuando compramos un PC nuevo, el disco duro ya está formateado, por lo que no tendrá que preocuparse por eso (además, en la mayor parte de los casos tanto el sistema operativo como los programas más importantes vendrán preinstalados de fábrica).

Advertencia:

Si intenta volver a formatear su disco duro, borrará todos los datos y programas que haya instalado. ¡No lo haga!

Unidades de CD-ROM: Almacenamiento en disco

No todas las unidades de almacenamiento se encuentran en el interior de la unidad del sistema. Como puede observar en la figura 1.4, la mayoría de los PC disponen de una unidad combinada de CD/DVD que le permite reproducir CD de audio y DVD, instalar programas de software almacenados en un CD o DVD, o grabar música, películas o datos en un CD o DVD vacío.

Figura 1.4. Almacene grandes cantidades de información en un CD o DVD.

Los discos CD-ROM se parecen a los discos compactos que reproducimos en nuestro sistema de audio. También es similar la forma en la que se guardan los datos (en el caso de los CD normales, datos de audio; datos informáticos en el caso de los CD-ROM).

Nota:

El término CD-ROM presupone que únicamente podrá leer datos del disco. Frente a lo que ocurre con los discos duros y los disquetes, no es posible escribir datos en un CD-ROM. No obstante, la mayoría de los ordenadores personales incorporan unidades grabables (CD-R) y regrabables (CD-RW) que permite escribir datos en CD. Así podrá usar su unidad de CD como si se tratara de una unidad de disco normal.

Los CD para ordenador, llamados CD-ROM (del inglés *read-only memory* o "memoria de solo lectura") tienen exactamente el mismo aspecto que un CD que puede reproducirse en un sistema de audio. También son similares a la hora de almacenar datos (datos de audio en el caso de un CD normal, datos informáticos en el caso de un CD-ROM).

Si necesita más almacenamiento, considere la opción de grabar sus datos en DVD. Un DVD puede contener hasta 4,7 Gb de datos (en el caso de los discos de una sola capa) u 8,5 Gb de datos en el caso de los discos de doble capa. Comparado con el almacenamiento de 650-700 Mb de un CD-ROM típico, esta capacidad de almacenamiento hace de los DVD un medio ideal para aplicaciones o juegos de gran tamaño que de otro modo exigirían utilizar varios CD. Al igual que en el caso de los CD-ROM normales, la mayoría de los DVD son de sólo lectura, si bien todos los dispositivos de lectura de DVD pueden leer CD-ROM.

Algunos PC de alta gama permiten leer y escribir DVD de alta definición, gracias al formato Blu-ray. Este formato permite almacenar hasta 25 Gb de datos en un solo disco. Aun cuando esta capacidad de almacenamiento pueda resultar excesiva en el caso de los datos de su PC, puede reproducir películas de alta definición en formato Blu-ray en su PC.

Unidades DVD: más almacenamiento en disco

Más allá del CD-ROM se encuentra el medio DVD más moderno. Los DVD pueden contener hasta 4,7 Gb de datos (para un disco de una sola capa) u 8,5 Gb de datos (para un disco de doble capa). En comparación con los 650-700 Mb de almacenamiento de un CD-ROM típico, los DVD son ideales para grandes aplicaciones o juegos que, en cualquier otro caso, requerirían múltiples CD. De forma similar a los CD-ROM, la mayoría de los DVD son de sólo lectura, aunque todas las unidades DVD también pueden leer los CD-ROM.

Asimismo, gran parte de las unidades DVD reproducen películas DVD de tamaño normal, convirtiendo así a nuestro PC en una mini máquina de películas. Y del mismo modo que existen unidades CD-ROM que pueden grabar, también podemos encontrar unidades DVD que nos permiten grabar toda una película en un único disco.

Teclados: escritura dactilar de datos

Los ordenadores pueden recibir datos leyéndolos desde el disco, aceptándolos electrónicamente a través de un módem o recibiendo directamente la información que el usuario suministre al equipo. El usuario puede introducir

datos mediante lo que se conoce como un "dispositivo de entrada"; el dispositivo de entrada más común que utilizamos para comunicarnos con el equipo es el teclado.
El teclado de un ordenador, similar al mostrado en la figura 1.5, es muy parecido en aspecto y en funcionamiento al teclado de una máquina de escribir, pero los teclados de ordenador tienen algunas teclas adicionales. Algunas de estas teclas, como las teclas de cursor (las que muestran una flecha en distintas direcciones), las teclas **Re Pág, Av Pág, Inicio** y **Fin,** nos permiten desplazarnos dentro de un programa o un archivo. Otras teclas proporcionan acceso a funcionalidades especiales del programa. Cuando pulsamos una tecla, se envía una señal electrónica a la unidad de nuestro sistema indicándole a nuestra máquina lo que queremos hacer.

Figura 1.5. Teclado estándar de PC.

La mayoría de los teclados que se incluyen con un PC nuevo se conectan a través de un cable a la parte posterior de la unidad del sistema. Sin embargo, algunos fabricantes comercializan teclados inalámbricos que se conectan a la unidad del sistema a través de señales de radio, eliminando así un cable de la parte posterior de nuestro sistema.

Ratones: dispositivos de entrada "apuntar y clic"

Tiene un nombre gracioso, pero se trata de un dispositivo necesario. El ratón de un ordenador, como el que se muestra en la figura 1.6, es un pequeño dispositivo manual. La mayoría de los ratones están formados por una carcasa rectangular con una pequeña bola en la parte inferior y dos o más botones en la parte superior. Al mover el ratón sobre la mesa, se mueve un puntero (denominado "cursor") en la pantalla a modo de respuesta. Al hacer clic (presionar y soltar) con un botón del ratón, este movimiento inicia una acción en el programa.
Los ratones se presentan en todo tipo de formas y tamaños. Algunos tienen cables y otros son inalámbricos. Algunos tienen una forma relativamente ovalada y otros son curvos para ajustarse mejor a la palma de la mano. Algunos tienen la típica bola de desplazamiento en la parte inferior, y otros utilizan un

sensor óptico para determinar el desplazamiento. Algunos incluso incluyen botones adicionales que se pueden programar para funciones específicas o una rueda de desplazamiento que podemos utilizar para desplazarnos por documentos o páginas Web.

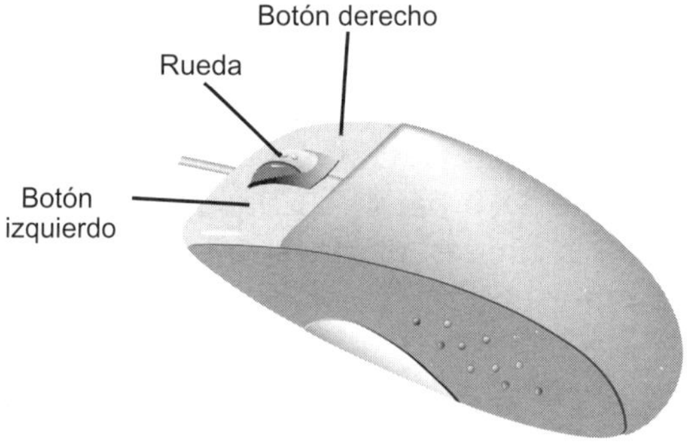

Figura 1.6. Desplace el ratón hacia delante y hacia atrás para mover el cursor en pantalla.

Evidentemente, un ratón no es más que un tipo de dispositivo de entrada que podemos conectar el PC. Los *trackballs*, los controladores de juego, las palancas de juego y las tabletas ópticas también son dispositivos de entrada, tanto si los utiliza conjuntamente con un ratón como si lo reemplazan. Podemos utilizar uno de estos dispositivos alternativos para reemplazar el ratón original o, en algunos casos, para complementarlo.

Truco:

Si tiene un PC portátil, no tiene por qué utilizar el ratón táctil. La mayoría de portátiles permiten conectar un ratón externo que puede utilizar además del dispositivo interno incluido con el PC.

El módem: conéctese a Internet

Muchos sistemas de PC actuales siguen incluyendo un módem, que permite a nuestro equipo conectarse a una línea telefónica y transmitir datos desde y hacia Internet y servicios comerciales para la conexión en línea. La palabra módem es un acrónimo de "Modulación-Desmodulación", que es la forma en que se envían los datos digitales sobre las tradicionales líneas telefónicas analógicas. Los datos se "modulan" para su transmisión y se "desmodulan" en el instante de la recepción.

Dicho esto, el módem analógico tradicional (así como las conexiones a Internet lentas) son prácticamente cosa del pasado: cada vez es mayor el número de usuarios que opta por contratar una conexión a Internet de alta velocidad de banda ancha, ya sea vía cable o DSL. Si contrata un servicio de Internet por cable o DSL, su proveedor del servicio de Internet le proporcionará un módem de banda ancha externo para proporcionarle sus servicios. La mayoría de los módem de banda ancha se conectan al PC a través de una conexión USB o Ethernet.

Nota:

Para obtener más información sobre las conexiones a Internet de banda ancha, consulte el capítulo 16.

Conexiones de red: cómo conectarse a una red

Si dispone de más de un ordenador en el hogar, quizás le interese conectar todos sus equipos en una red doméstica. Una red le permitirá compartir archivos entre diversos ordenadores, así como conectar varios ordenadores personales a una única impresora o escáner. Además, puede utilizar una red doméstica para compartir su conexión a Internet, de manera que todos sus equipos estén conectados a la red.

Puede conectar los equipos en red mediante una conexión por cable, o una conexión inalámbrica. Por lo general, la mayoría de usuarios prefiere las redes inalámbricas, que le evitan tener que cablear la casa. Afortunadamente, para conectar una red inalámbrica únicamente necesitará un *router* inalámbrico que funciona como conmutador para la red, y conectar adaptadores inalámbricos a cada uno de los ordenadores que conforman la red. Si dispone de un ordenador portátil, es probable que el adaptador inalámbrico venga incluido de serie.

Nota:

Para obtener más información sobre las redes inalámbricas, consulte el capítulo 7.

Tarjetas de sonido y altavoces

Todos los PC incluyen algún tipo de sistema de altavoces. La mayor parte de los sistemas actuales incorporan un altavoz izquierdo y otro derecho independientes, algunas veces acompañados por un subaltavoz para sonidos graves. (La figura 1.7 muestra un sistema de altavoces típico con un altavoz izquierdo, otro derecho y un subaltavoz para sonidos graves.) Incluso puede tener el denominado sistema de altavoces de sonido envolvente 5.1, con cinco altavoces satélite (frontales y traseros) y el subaltavoz para graves ".1". Se trata de un sistema excelente para escuchar pistas de sonido de películas o para reproducir sonidos en videojuegos.

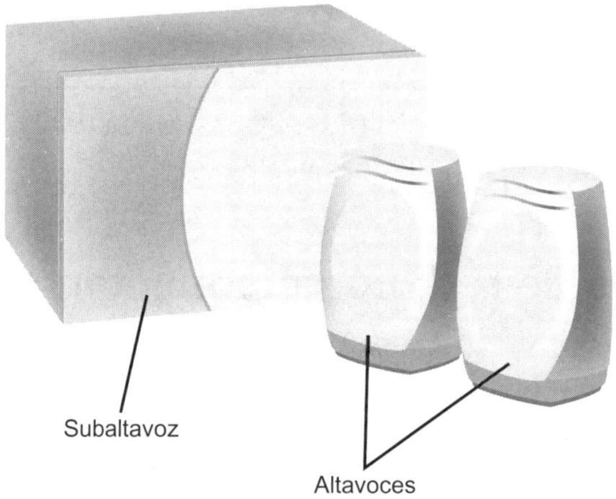

Figura 1.7. Un conjunto típico de altavoces externos junto con un subaltavoz para sonidos graves.

Todos los sistemas de altavoces se controlan a través de una tarjeta de sonido que se instala dentro de la unidad del sistema. Si actualiza su sistema de altavoces, puede que también tenga que actualizar la tarjeta de sonido para adaptarla (la sustitución es muy sencilla en un ordenador de sobremesa, no tanto en un ordenador portátil, donde quizás no sea posible).

Tarjetas de vídeo y monitores

Trabajar con un PC sería muy difícil si no recibiésemos constantemente una respuesta visual que nos mostrase lo que el equipo está haciendo. El encargado de proporcionar esta importantísima función es el monitor.

Nota:

Los monitores tradicionales se fabrican alrededor de un tubo de rayos catódicos, o CRT (del inglés Cathode Ray Tube), similar al tubo que podemos encontrar en cualquier aparato de televisión normal.

La mayor parte de los monitores de la actualidad son monitores LCD. En un ordenador portátil, el monitor LCD forma parte del propio equipo. En un ordenador de mesa, puede conectar un monitor externo. La medida del monitor se realiza en diagonal, de esquina a esquina. Los monitores que se fabrican en la actualidad oscilan entre las 15 y las 21 pulgadas, si bien existen monitores de mayor tamaño.

Los monitores LCD de pantalla plana no ocupan mucho espacio en el escritorio, y tampoco consumen mucha energía. Muchos de los monitores que se comercializan en la actualidad tienen un formato panorámico con una ratio de aspecto de 16:9 (o 16:10), un formato idéntico al que se utiliza para ver películas en formato panorámico. Se trata de un formato ideal para editar películas en nuestro PC.

No obstante, tenga en cuenta que el monitor no es el encargado de generar las imágenes que muestra. Las imágenes se crean por vía electrónica gracias a la tarjeta gráfica o chip, instalado en la unidad. Para que funcionen correctamente, tanto la tarjeta gráfica como el monitor deben estar configurados para mostrar imágenes a la misma resolución.

Cuando hablamos de "resolución", hacemos referencia al tamaño de las imágenes que se pueden mostrar en pantalla. La resolución se mide en píxeles. Un píxel es un punto en la pantalla; una imagen completa está formada por miles de píxeles.

A mayor resolución, mayor detalle, lo que nos permite mostrar más elementos (más pequeños) en pantalla. La resolución se expresa en número de píxeles, tanto en dirección horizontal como en vertical.

Las tarjetas de vídeo y monitores más antiguos únicamente podían mostrar una resolución de 640x480 o de 800x600 píxeles; actualmente, es recomendable contar con una combinación de tarjeta gráfica y monitor que pueda mostrarnos una resolución de 1.024x768 píxeles o incluso más, si se dispone de un monitor panorámico.

Para la mayoría de los usuarios, la tarjeta de vídeo instalada en su nuevo PC funcionará. Sin embargo, si es fan de los juegos para PC (especialmente de algunos de los juegos más modernos que contienen muchas imágenes gráficas) considere la opción de actualizar su tarjeta de vídeo por una con más memoria para reproducir mejor esos gráficos tan modernos.

Si quiere que se muestren los avanzados gráficos de Windows 7, necesitará una tarjeta gráfica con una unidad de procesamiento de gráficos independiente (GPU) que permita descargar el procesamiento de gráficos de la CPU principal.

Cuanta mayor sea la potencia de procesamiento gráfico, mejor será el aspecto del sistema.

Ordenadores de sobremesa y ordenadores portátiles

Como ya hemos mencionado con anterioridad, los ordenadores actuales se comercializan en dos formatos diferentes: ordenadores portátiles y de sobremesa. Ambas categorías contienen las mismas piezas y componentes internos, pero se configuran de forma diferente.

Aspectos básicos de un ordenador de sobremesa

El componente de hardware más importante de un ordenador de sobremesa es la unidad del sistema. Es esa carcasa grande y fea que alberga las unidades de disco y muchos otros componentes del sistema. La mayoría de las unidades, como la que se muestra en la figura 1.8, se colocan verticalmente, como una torre (de hecho, se las conoce como "torre" o "mini-torre", dependiendo del tamaño del PC).

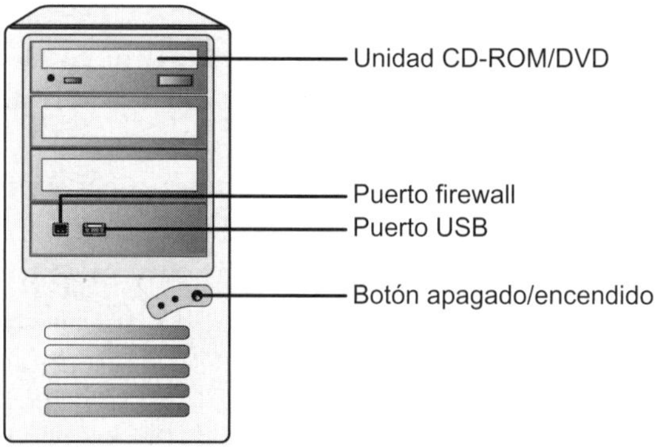

Figura 1.8. Unidad de sistema de un PC de sobremesa con configuración de mini-torre.

Debe saber, no obstante, que algunos ordenadores de sobremesa combinan la unidad del sistema y el monitor en una única unidad. Estos ordenadores "todo en uno" ocupan menos espacio y, en algunos casos, ofrecen funcionalidades de pantalla táctil que le permiten utilizar los dedos para navegar por la pantalla, en lugar de utilizar el ratón. La única desventaja de este tipo de ordenadores es el precio, ya que por lo general tienen un coste superior al de un PC de sobremesa tradicional, y el hecho de que si un componente se estropea, todo el sistema deja de funcionar. Es mucho más sencillo sustituir un único componente que la totalidad del sistema.

La unidad del sistema es el lugar en el que todos los elementos se conectan: en realidad, es el "puerto" principal del sistema. Por esta razón, en la parte trasera de la unidad verá todo tipo de conectores. Dado que a cada componente la corresponde un tipo único de conector, contará con todo tipo de conexiones (llamadas "puertos" en el entorno informático), como puede observar en la figura 1.9.

Figura 1.9. Parte trasera de la unidad de sistema de un ordenador de sobremesa típico. ¡Observe cuántos conectores!

Como probablemente ya haya notado, en algunos ordenadores parte de estos conectores se ubican en la parte frontal de la carcasa, además de en la parte trasera. Esto facilita la conexión de dispositivos portátiles, como por ejemplo un reproductor iPod o una cámara de vídeo digital, sin necesidad de "hurgar" en la parte trasera del PC.

Aun cuando las conexiones estén en el exterior, todos los elementos realmente importantes de la unidad están en el interior de la carcasa. En la mayoría de los sistemas, puede retirar la carcasa y "hurgar" en el interior.

Para retirar la carcasa de la unidad, asegúrese de que el ordenador está desconectado de la corriente. Identifique los tornillos que sujetan la carcasa (mejor aún: consulte el manual de instrucciones de su PC). Una vez haya aflojado o retirado los tornillos, podrá retirar la carcasa.

Advertencia:

Apague y desconecte el ordenador de la corriente antes de intentar retirar la carcasa de la unidad, y tenga mucho cuidado con los componentes del interior de la misma. Si está cargado de electricidad estática, puede dañar gravemente los chips y los componentes electrónicos con un simple roce.

Aspectos básicos de un ordenador portátil

Si bien anteriormente los sistemas de sobremesa dominaban el mercado, en la actualidad los ordenadores portátiles son el tipo de ordenador de mayor popularidad. Un ordenador portátil realiza las mismas tareas que uno de sobremesa, pero en un formato más compacto. Un ordenador personal portátil típico combina los diversos elementos de un sistema de sobremesa en una unidad, a la que se añade una batería que nos permite utilizar el ordenador en cualquier parte. Para muchos usuarios, la portabilidad es más cómoda, aun cuando solamente sea para utilizar el ordenador en otra parte de la casa.

Un ordenador portátil tiene el aspecto de un pequeño teclado con una pantalla LCD acoplada. Debajo del teclado está el ordenador en sí, con su placa base, CPU, chips de memoria, circuitos de procesamiento de vídeo y audio, disco duro y batería. Cuando la pantalla se pliega, el ordenador es portátil; cuando la pantalla se levanta, el teclado queda al descubierto. Sobre el teclado, verá un dispositivo táctil que se utiliza en lugar del ratón habitual.

Si observa más de cerca la superficie del ordenador, verá además dos altavoces, situados por lo general en la parte superior del teclado. Muchos ordenadores portátiles disponen igualmente de una entrada para auriculares, que se puede emplear para conectar unos auriculares cuando quiera escuchar música en un lugar público (cuando se conectan los auriculares, los altavoces integrados se silencian automáticamente)

En alguna parte del portátil, ya sea en el lateral o en la parte posterior, debería ver una serie de puertos de conexión, como se muestra en la figura 1.10.

Muchos ordenadores portátiles disponen de dos o más conectores USB, una conexión Ethernet (para conectar una red de cable), un conector de vídeo VGA (para conectar un monitor externo) y tal vez un conector FireWire para conectar cámaras de vídeo digitales. Algunos también poseen puertos dedicados que puede emplear para conectar un ratón y teclado externos, en el caso de que no le guste usar el teclado y dispositivo integrado.

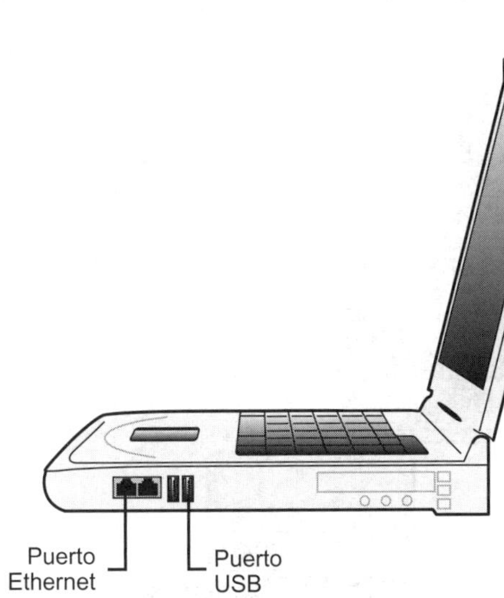

Figura 1.10. Puertos de conexión en un ordenador portátil.

Además, su portátil probablemente dispondrá de una unidad de CD o CD/DVD, situada por regla general en uno de los laterales del equipo. Pulse el botón de la unidad para abrirla e insertar un disco; empuje la bandeja hasta que encaje en su sitio para comenzar la reproducción del CD o DVD.

En el interior del portátil se encuentra el corazón del sistema: exactamente lo mismo que existe en una unidad de sobremesa, pero más compacto. De hecho, muchos portátiles tiene más componentes que el sistema de sobremesa típico; en concreto, la mayoría de los ordenadores portátiles disponen de un adaptador WiFi integrado, para que el portátil pueda conectarse a una red doméstica inalámbrica o a un punto de conexión WiFi público.

Además, prácticamente todos los portátiles incluyen algún tipo de batería integrada, en virtud de que un ordenador portátil debe ser realmente portátil; además de poder funcionar con una alimentación normal de corriente alterna, puede funcionar sin estar conectado a la corriente usando la energía de su batería. Dependiendo del sistema (y de la batería), podrá trabajar con un portátil durante tres, cuatro o más horas antes de tener que cambiar la batería o conectar el sistema a la corriente. Por esta razón los ordenadores portátiles son fantásticos para trabajar en aviones, cafeterías o en cualquier lugar donde pueda conectar el equipo a la corriente.

Es interesante mencionar que, si bien todos los ordenadores portátiles tienen componentes parecidos, no todos se fabrican de idéntica forma. Como puede observar en la figura 1.11, algunos portátiles son más pequeños y ligeros que otros; otros modelos son más adecuados para su uso como centro multimedia (ver películas o escuchar música).

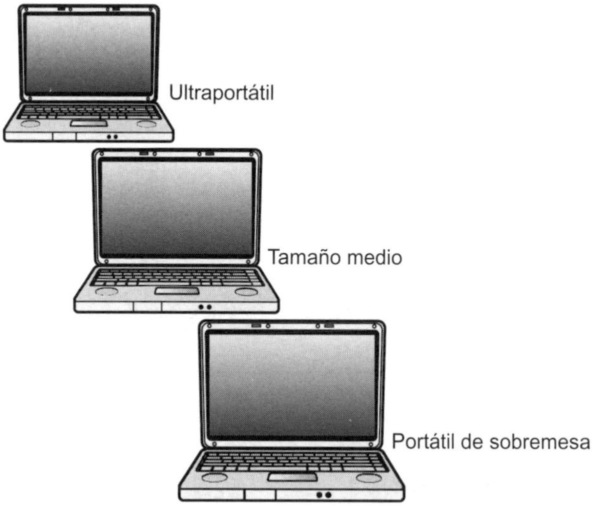

Figura 1.11. Diferentes tipos de ordenadores portátiles.

El modelo más pequeño y portátil de este tipo de sistemas se denomina "ultraportátil". Normalmente disponen de una pantalla más pequeña (aproximadamente de 12 pulgadas) con un formato de pantalla tradicional y un peso inferior a los 2 kilos. Los ultraportátiles son lo suficientemente pequeños y ligeros como para transportarlos en un maletín de mano y son perfectos cuando lo que se necesita es acceder al correo electrónico y realizar tareas básicas mientras estamos de viaje. Debido a que la pantalla es pequeña y a que no consumen demasiada energía, la batería dura mucho. Como desventaja, mencionaremos el hecho de que la pantalla es muy pequeña y son poco potentes, lo que significa que no podrá realizar tareas que exijan un gran consumo de potencia. Además, algunos teclados son excesivamente compactos.

En una posición intermedia se encuentran los portátiles conocidos de tamaño medio, o portátiles tradicionales. Estos portátiles son algo más grandes y pesados que los ultraportátiles, pero también vienen equipados con una pantalla más grande y un teclado más cómodo. Disponen de la suficiente potencia para realizar tareas del hogar o de la oficina, y por lo general ofrecen una duración de la batería en torno a las dos o tres horas.

Si, por otra parte, desea un portátil que pueda realizar todas las tareas de un PC de escritorio y no lo va a usar mucho tiempo con la batería, tenga en cuenta los modelos portátiles de sobremesa. Estos portátiles son más grandes y pesados, y ofrecen una duración de batería relativamente baja, por lo que no son recomendables para viajar con ellos. Vienen equipados con una gran pantalla y son muy potentes, por lo que pueden realizar la mayoría de las tareas más exigentes, incluida la ejecución de los juegos de última hornada y la edición de vídeo. Como su propio nombre sugiere, este portátil puede reemplazar totalmente a un equipo de sobremesa.

¿Cuál es el portátil más recomendable en su caso? Si viaja mucho pero no usa el ordenador demasiado, sopese la opción de adquirir un ordenador ultraportátil (son también perfectos para ver DVD en el coche o en el avión). Si usa mucho el portátil y necesita llevar el trabajo consigo, un portátil de tamaño medio será una buena solución intermedia. Y si desea reemplazar completamente su ordenador de escritorio con un portátil y no lo va a usar funcionando con batería durante periodos de tiempo muy prolongados, piense en un ordenador de portátil de sobremesa, algo más caro.

Más allá de su PC: impresoras y otros periféricos

Independientemente de si dispone de un ordenador de sobremesa o de un ordenador portátil, en algún punto querrá mejorar el sistema añadiendo algún que otro periférico al mismo. Podría tratarse de una impresora, un escáner o quizás un disco duro externo que permita aumentar la capacidad de almacenamiento de su equipo. Lo más probable es que prefiera conectar sus periféricos utilizando una conexión USB, puesto que se trata del tipo de conexión más frecuente en la actualidad.

La impresora: cómo crear copias en papel

Nuestro monitor muestra imágenes en tiempo real, pero de forma pasajera. Para obtener un registro permanente de nuestro trabajo, tendremos que añadir una impresora al sistema. Las impresoras generan copias permanentes en papel a partir de nuestro software informático.

Existen diversos tipos de impresoras, dependiendo de nuestras necesidades de impresión. Los dos tipos principales de impresoras actuales son las impresoras láser y las impresoras de inyección de tinta.

Las impresoras láser funcionan de una forma muy parecida a las máquinas fotocopiadoras, aplicando tóner (tinta en polvo) al papel mediante el uso de un pequeño dispositivo láser. Por otro lado, las impresoras de inyección de tinta lanzan chorros de tinta sobre la superficie del papel para crear la imagen impresa. Las impresoras por inyección de tinta normalmente son más baratas que las impresoras láser, aunque las diferencias de precio cada vez son menores.
También puede elegir entre impresoras a color o en blanco y negro. Las impresoras en blanco y negro son más rápidas que las impresoras a color y mucho mejores para imprimir memorandos, cartas y otros documentos monocromos. Sin embargo, las impresoras a color son extraordinarias para los niños y son esenciales para imprimir fotografías capturadas con una cámara digital.
Por cierto, existe un tipo de "impresora mixta" que combina las funcionalidades de una impresora con un escáner y una máquina de fax. Si no dispone de mucho espacio y necesita hacer uso de todos estos dispositivos, puede considerar alguna de las ofertas existentes para estos equipos multifunción.

Escáneres: la copia digital

Al igual que una impresora permite crear una copia impresa de un archivo digital, un escáner permite crear una copia digital a partir de un documento o imagen impresa. Puede utilizar un escáner para escanear todo tipo de documentos o fotografías digitales. El proceso de escaneado es muy parecido independientemente de cuál sea la fuente.
Los escáneres funcionan gracias a un sensor de imagen que atraviesa la superficie del documento, colocado con la parte impresa hacia abajo sobre la superficie de cristal del escáner. Dicho sensor digitaliza los diferentes elementos que componen el documento y que posteriormente se convierten a un formato de archivo adecuado. En la mayoría de los casos, basta con apretar un botón para que el escáner haga su tarea; el archivo digital resultante se almacena en el disco duro de su ordenador. Un escáner tiene un precio aproximado de unos 100 euros, y puede conectarse a su ordenador a través de un puerto USB. Es un medio muy barato para crear copias digitales de fotografías viejas, cartas, etc., que podrá almacenar junto a sus archivos fotográficos digitales más recientes.

Resumen

Éstos son los puntos más importantes de este capítulo:

- Actualmente existen dos tipos de sistemas informáticos: sistemas de sobremesa y portátiles.

- Todos los ordenadores personales incluyen varios componentes de hardware; en un ordenador de sobremesa, estos componentes son dispositivos independientes. Por el contrario, un ordenador portátil incluye todos estos componentes en una sola unidad.
- El usuario interactúa con el hardware del ordenador a través de un componente de software, conocido con el nombre de "sistema operativo". El sistema operativo de su nuevo ordenador será, probablemente, alguna versión de Microsoft Windows (Windows 7, Windows Vista o Windows XP, dependiendo de la fecha de adquisición del equipo).
- Es necesario utilizar programas específicos de software para realizar tareas concretas, como por ejemplo redactar una carta o editar fotografías digitales.
- El "cerebro" de su sistema es la llamada "unidad del sistema", que contiene el microprocesador, memoria, unidades de disco y todas las conexiones necesarias para el resto de componentes del sistema.
- Para que su equipo funcione con rapidez, adquiera un microprocesador rápido o añada memoria.
- Los datos se almacenan temporalmente en la memoria del sistema; puede almacenar datos de forma permanente en algún tipo de dispositivo, por regla general un disco duro o una unidad de CD/DVD.

Capítulo 2

Configurar el nuevo equipo

En este capítulo aprenderá:

- Qué hacer antes de empezar a configurar su ordenador.
- Cómo conectar un ordenador de sobremesa.
- Cómo conectar un ordenador portátil.

En el capítulo 1 señalamos la información básica necesaria para saber cómo funciona un ordenador personal. Con esta información, es el momento de conectar los diversos elementos y piezas de nuestro sistema, y poner nuestro PC en funcionamiento.

Antes de empezar

Es importante preparar el espacio en el que vamos a colocar nuestro nuevo PC. Evidentemente, el espacio tiene que ser lo suficientemente grande como para colocar todos los componentes, aunque no es necesario que estén todos juntos. Por ejemplo, podemos colocar los altavoces a los lados del equipo y el subaltavoz para graves en el suelo, y separar la impresora de la unidad del sistema. Tenga cuidado de no colocar nada fuera del alcance de los cables y asegúrese de que cuenta con suficientes enchufes cerca o, mejor aún, que cuenta con una regleta para enchufar varios dispositivos a la vez. Deberá tener en cuenta, asimismo, la ergonomía de su configuración. El teclado debe estar a una altura ligeramente inferior a la del escritorio y el monitor a un nivel ligeramente por debajo de la línea de los ojos. Asegúrese de que su silla está ajustada de tal forma que pueda sentarse de forma recta, con los pies apoyados en el suelo. Coloque todos los elementos del sistema en relación a lo anterior.

Sea cual sea la ubicación del sistema, asegúrese de que se encuentra en un lugar bien ventilado y sin ningún exceso de polvo o humo. (A los elementos móviles del equipo no les sientan bien el polvo ni otros contaminantes que puedan interferir en su funcionamiento). Dado que el equipo genera calor mientras está funcionando, tendrá que dejar suficiente espacio alrededor de la unidad del sistema para que el calor se disipe. No coloque nunca su equipo dentro de un espacio confinado y mal ventilado: el ordenador puede sobrecalentarse y apagarse si no está suficientemente ventilado.

Para proteger su equipo, conecte el cable de potencia de la unidad del sistema a una regleta de sobretensión para evitar las sobrecargas puntuales de potencia en lugar de conectarlo directamente al enchufe de la pared. La regleta, parecida a un alargador con enchufes pero con un conmutador de encendido/apagado, protege al equipo frente a subidas de tensión que pueden dañar sus delicados componentes internos. En el caso de que una subida de tensión sacudiera el voltaje de la línea (haciendo que el voltaje aumente momentáneamente por encima de los niveles normales), un dispositivo de este tipo le ayudará a mantener un nivel de electricidad adecuado. Algunos dispositivos incluyen incluso cortocircuitos para apagar el sistema en el caso de que se produzca una subida de tensión grave.

Truco:

Cuando desempaquete su PC, asegúrese de conservar todos los manuales, CD-ROM y cables. Colóquelo todo en un lugar seguro por si necesita reinstalar en un futuro cualquier software o equipamiento.

Advertencia:

Antes de conectar nada a su ordenador, asegúrese de que el periférico está apagado.

Conectar un ordenador de sobremesa

Ha llegado el momento de conectar nuestro equipo, tarea que puede resultar algo trabajosa en el caso de un ordenador de sobremesa. Conectar un ordenador portátil es mucho más sencillo, como veremos en unos instantes.

Conectar el equipo siguiendo un orden

Coloque la unidad del sistema de forma que sea posible acceder con facilidad todas las conexiones a la parte posterior y conecte los cables desde cada uno de los elementos con cuidado para que los cables queden colgando la parte trasera de la unidad del sistema. Ahora, está listo para conectar el equipo. Es importante conectar los cables en un determinado orden. Para asegurarse de conectar primero los dispositivos más importantes, siga las instrucciones de la tabla 2.1.

Tabla 2.1. Conexión de componentes al sistema.

Orden	Conexión	Aspecto
1	Conecte el ratón al conector del ratón, o si tiene un ratón USB, conéctelo a un puerto USB abierto	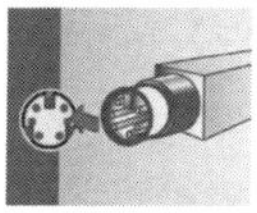
2	Conecte el teclado al conector del teclado, o si tiene un teclado USB, conéctelo a un puerto USB abierto	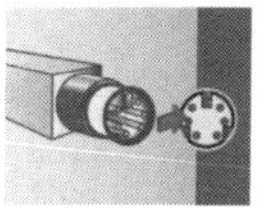

Orden	Conexión	Aspecto
3	Conecte el monitor de vídeo al conector de vídeo. La mayoría de los monitores se conectan por medio de un conector VGA estándar; algunos monitores LCD ofrecen la posibilidad de establecer una conexión digital de alta calidad mediante un conector DVI, siempre que su ordenador cuente con una salida DVI	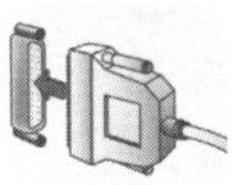
4	La mayoría de las impresoras que se comercializan actualmente se conectan a través de un cable USB; conecte la impresora a un puerto USB del ordenador. Si la impresora utiliza una conexión de cable paralelo antigua, conéctela al conector paralelo del PC (marcada en ocasiones con la leyenda "impresora/printer" o "LPT1")	
5	Si va a utilizar una conexión a Internet de marcado telefónica, conecte un cable desde su línea telefónica al conector *line in* (entrada de línea) del módem o placa de módem y conecte posteriormente otro cable desde el conector *line out* (salida de línea) del módem al teléfono. Si utiliza un módem DSL o por cable, puede omitir este paso; espere hasta que el resto del sistema esté conectado y funcionando y posteriormente siga las instrucciones proporcionadas por su proveedor de servicios de Internet	
6	Conecte el conector de sonido de su sistema de altavoces al conector *audio out* (salida de audio) o *sound out* (salida de sonido). Coloque los cables necesarios entre los altavoces izquierdo, derecho y el subaltavoz de graves, tal y como indica el fabricante	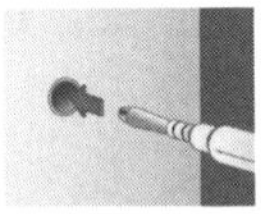
7	Si va a instalar una red doméstica cableada, conecte un cable de Ethernet que vaya desde el router de red a su ordenador. Si va a trabajar con una red doméstica inalámbrica, conecte el adaptador WiFi a un puerto USB del ordenador	

Orden	Conexión	Aspecto
8	Conecte cualquier otro dispositivo a los conectores USB, FireWire, paralelo o Ethernet correspondientes; si dispone de una red inalámbrica, conecte el adaptador WiFi USB en su lugar	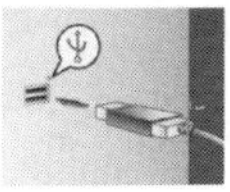
9	Enchufe el cable del monitor a la corriente	
10	Si su sistema incluye altavoces externos, enchúfelos a la corriente	
11	Enchufe a la corriente cualquier otro dispositivo eléctrico	
12	Enchufe el cable del ordenador a la corriente	

Conexión por colores

La mayoría de los fabricantes de PC codifican los cables y los conectores con colores para facilitar aún más la tarea de conexión; enchufe el cable azul en el conector azul y así sucesivamente con el resto de colores. Si no está seguro de a qué dispositivo corresponde qué cable de color, consulte la codificación de color de cables estándar de la tabla 2.2.

Tabla 2.2. Códigos de color de conectores.

Conector	Color
Monitor VGA (analógico)	Azul
Monitor digital (DVI)	Blanco
Salida de vídeo	Amarillo
Ratón	Verde

Conector	Color
Teclado	Violeta
Serial	Turquesa
Paralelo (impresora)	Burdeos
USB	Negro
FireWire (IEEE 1394)	Gris
Salida de línea de audio (izquierdo)	Rojo
Salida de línea de audio (derecho)	Blanco
Salida de línea de audio (auriculares)	Lima
Salida de altavoz/subaltavoz de graves	Naranja
Altavoz de derecha a izquierda	Marrón
Entrada de línea de audio	Azul claro
Micrófono	Rosa
Puerto de juegos/MIDI	Dorado

Advertencia:

Asegúrese de que todos los cables están conectados correctamente, tanto en la unidad del sistema como en el elemento de hardware específico. Los cables sueltos pueden causar todo tipo de problemas, por lo que es mejor que se asegure de que todo está bien enchufado.

Conectar un ordenador portátil

Una de las principales ventajas de los ordenadores portátiles es que no hay muchos elementos que conectar. Dado que monitor, altavoces, teclado, ratón y adaptador WiFi se encuentran integrados en la propia carcasa del equipo, los únicos elementos que tendremos que conectar son la impresora y el cable de alimentación. Conecte la impresora a uno de los puertos USB del portátil, y a continuación enchufe el cable de alimentación a una regleta. Fácil, ¿verdad?

Activación y configuración

Ahora que hemos conectado nuestro equipo, es el momento de sentarse y descansar un minuto. A continuación, llega el paso más importante de todos: encender el ordenador y conseguir que funcione.
Es importante activar todos los elementos en el orden apropiado. Para ello, siga estos pasos:

1. Encienda el monitor de vídeo.
2. Encienda el sistema de altavoces (pero asegúrese de que el volumen está apagado).
3. Encienda cualquier otro componente del sistema conectado a la unidad, como la impresora, el escáner, el módem externo, etc. Si su ordenador está conectado a una red Ethernet, asegúrese de que el *router* de red está encendido.
4. Encienda el equipo.

Observe que la unidad del sistema es el último elemento en encenderse. La razón es que, al encenderse, tiene que detectar todos los componentes conectados, algo que sólo se puede hacer si el resto de componentes están enchufados y encendidos.
En el caso de un ordenador portátil, tenemos incluso menos cosas de las que preocuparnos. Encienda cualquier dispositivo periférico conectado al PC, como por ejemplo la impresora, y presione el botón de encendido.

Primer encendido

Encender nuestro ordenador personal por primera vez es una experiencia única. Un sistema nuevo tiene que ejecutar algunas operaciones de configuración básicas, entre las que se incluye la solicitud al usuario de introducir cierta información. .
Esta operación de primer encendido difiere de un fabricante a otro, pero normalmente incluye algunos de los siguientes pasos:

- **Activación del producto de Windows:** El sistema puede pedirle que introduzca ese largo y absurdo código de producto ubicado en la etiqueta de la parte trasera de su PC (o en el CD-ROM de instalación de Windows, si ha recibido uno). El sistema conecta con Microsoft (a través de Internet), registra la información del mismo y desbloquea Windows para que lo pueda utilizar. (Tenga en cuenta que algunos fabricantes "pre-activan" Windows directamente de fábrica, por lo que puede que no tenga que realizar este paso.)

Nota:

El PC debe estar conectado a Internet para completar la instalación, activación y registro, por lo general a través de un módem de cable o DSL conectado a su PC, a un conmutador o a un router de red.

- **Configuración de Windows:** Durante este proceso, Windows le formulará una serie de preguntas sobre su localización, la hora y fecha actuales y otro tipo de información básica. Puede que también le solicite crear un nombre de usuario y una contraseña.
- **Configuración del sistema:** Aquí es donde Windows intenta detectar los distintos elementos que forman parte de su sistema, como la impresora, el escáner y demás. Introduzca la información apropiada; si se le pide que inserte un CD-ROM de instalación de un elemento, hágalo.

Nota:

Algunos procedimientos de instalación requieren reiniciar el equipo. La mayoría de las veces, este paso se lleva a cabo automáticamente; posteriormente el proceso de instalación sigue en el punto en el que el ordenador se ha reiniciado.
Técnicamente, este procedimiento de inicio se conoce como "arranque del sistema". Reiniciar el sistema (es decir, apagarlo y volver a encenderlo) se conoce como "reinicio del sistema".

Muchos fabricantes suplementan estas operaciones de configuración con procedimientos propios añadidos. Es imposible describir todas las opciones que se pueden presentar para los distintos fabricantes: observe minuciosamente la pantalla y siga todas las instrucciones que aparezcan. Una vez configurado todo correctamente, Windows se abrirá y podrá empezar a utilizar su sistema.

Encendido normal

Tras la instalación y configuración inicial, encender su equipo es algo muy sencillo. Durante el arranque del sistema, aparecen brevemente en pantalla una serie de mensajes de texto, que nos informan del estado del ordenador durante esta fase. Pasados unos segundos (durante los cuales la unidad de su sistema emitirá algunos pitidos), se abre la pantalla de bienvenida de Windows, como muestra la figura 2.1.

Figura 2.1. Pantalla de bienvenida de Windows 7 (tiene un aspecto diferente dependiendo de la versión de Windows que utilice).

En esta pantalla aparecen registrados todos los usuarios. Haga clic sobre su nombre de usuario o imagen, introduzca su contraseña (si es necesario) y pulse la tecla **Intro** o haga clic sobre el botón de **Flecha dcha.** Tras la pantalla de bienvenida, se abrirá directamente el escritorio de Windows y su sistema estará preparado para empezar a trabajar.

Nota:

Si sólo tiene un usuario en su PC y dicho usuario no dispone de contraseña, Windows ignora la pantalla de bienvenida sin requerir ninguna acción por su parte.

Resumen

He aquí las cuestiones más importantes que debe recordar a la hora de conectar y configurar su equipo:

- La mayoría de los cables se conectan únicamente a un conector específico, que en los sistemas más modernos están codificados por colores para facilitar su conexión.
- Asegúrese de que sus cables están bien conectados; los cables sueltos son la causa de muchos problemas del equipo.
- Conecte todos los cables a la unidad antes de encenderlo.
- Recuerde que debe encender la impresora y el monitor antes de encender la unidad.
- Para registrar y activar Windows, su ordenador necesitará estar conectado a Internet.

Parte II

Cómo utilizar Windows

Capítulo 3

Introducción a Windows 7

En este capítulo aprenderá a:

- Tomar contacto con Windows 7.
- Trabajar con el escritorio.
- Conocer las operaciones importantes en Windows.
- Utilizar el menú Inicio.
- Utilizar la barra de tareas.
- Cambiar de un programa a otro.
- Utilizar el Explorador de Windows.
- Manejar el resto de Windows.
- Obtener ayuda en Windows.
- Cerrar Windows y apagar su ordenador.

Como hemos visto en el capítulo 1, el software y el sistema operativo son los dos elementos que permiten que el hardware funcione. Microsoft Windows es el sistema operativo de la mayor parte de los ordenadores personales del mercado. Windows hace que nuestro sistema funcione; si no sabe manejar Windows, no podrá hacer mucho con su nuevo PC.

Introducción a Microsoft Windows

Windows es un tipo de software conocido como "sistema operativo". Un sistema operativo hace lo que indica su nombre: opera (hace funcionar) el sistema del equipo, trabajando en segundo plano cada vez que encendemos nuestro PC.
Windows es lo primero que vemos al iniciar nuestro equipo tras la fase de encendido y arranque: el "escritorio" que ocupa la pantalla forma parte de Windows, al igual que la barra de tareas que se encuentra en la parte inferior de la pantalla y el menú que se despliega al hacer clic sobre el botón **Inicio**.

Windows 7

Si ha adquirido un nuevo ordenador personal recientemente, es probable que la versión de Windows que venga incluida con su equipo sea Windows 7. Microsoft ha lanzado diferentes versiones de Windows a lo largo de los años; Windows 7 es la versión más reciente, razón por la cual es probable que venta preinstalada de fábrica en su nuevo PC.
Si ha utilizado una versión anterior de Windows (como Windows Vista, Windows XP, Windows 2000 o Windows 98) en otro PC, Windows 7 da la impresión de funcionar de forma algo diferente a lo que estaba acostumbrado. No se preocupe: todo lo que había en el antiguo Windows está ahora en el nuevo; probablemente sólo se encuentre en un lugar distinto.

Diferentes versiones de Windows 7

Existen varias versiones de Windows 7, cada una de ellas con un conjunto ligeramente distinto de características. La versión incluida en su ordenador dependerá de la instalación del fabricante. La tabla 3.1 detalla las diferentes versiones disponibles en el mercado:

Tabla 3.1. Versiones de Windows Vista.

	Starter	Home Premium	Ultimate	Professional	Enterprise
Mercado de destino					
Hogar	Sí	Sí	Sí		
Pequeño negocio		Sí	Sí		
Gran empresa			Sí	Sí	
¿Venta al por menor?	Sí	Sí	Sí	Sí	
Características de la interfaz					
Interfaz de usuario básica	Sí	Sí	Sí	Sí	S
Interfaz de usuario Aeroí		Sí	Sí	Sí	S
Aero Peek y Aero Flip 3D		Sí	Sí	Sí	Sí
Vista previa barra de tareas		Sí	Sí	Sí	Sí
Listados barra de tareas	Sí	Sí	Sí	Sí	Sí
Aplicaciones incluidas					
Internet Explorer 8	Sí	Sí	Sí	Sí	Sí
Calendario de Windows	Sí	Sí	Sí	Sí	Sí
Calculadora	Sí	Sí	Sí	Sí	Sí
Paint	Sí	Sí	Sí	Sí	Sí
Bloc de notas	Sí	Sí	Sí	Sí	Sí
Fax y escáner de Windows	Sí	Sí	Sí	Sí	Sí
Juegos Premium		Sí	Sí	Sí	Sí

	Starter	Home Premium	Ultimate	Professional	Enterprise
Reproductor de Windows Media 12	Sí	Sí	Sí	Sí	Sí
Reproducción automática DVD		Sí	Sí	Sí	Sí
Windows DVD Maker		Sí	Sí	Sí	Sí
Windows Media Center		Sí	Sí	Sí	Sí
Características de mantenimiento					
Número de aplicaciones en ejecución	3	Ilimitado	Ilimitado	Ilimitado	Ilimitado
Máximo RAM (32-bits)	4Gb	4Gb	4Gb	4Gb	4Gb
Máximo RAM (64-bits)	-	16Gb	192Gb	192Gb	192Gb
Copia de seguridad de Windows	Sí	Sí	Sí	Sí	Sí
Copia de seguridad y recuperación basada en imagen del sistema	Sí	Sí	Sí	Sí	Sí
BitLocker			Sí		Sí
Grupo Hogar	Sólo unirse	Sí	Sí	Sí	Sí
Compartir conexión a Internet		Sí	Sí	Sí	Sí
Centro de movilidad de Windows		Sí	Sí	Sí	Sí

	Starter	Home Premium	Ultimate	Professional	Enterprise
Soporte táctil	Sí	Sí	Sí	Sí	
Modo XP		Sí	Sí	Sí	

La mayoría de los PC nuevos traen la versión Home Premium preinstalada; es la edición recomendada para usuarios domésticos que se actualizan desde versiones anteriores de Windows. Algunos PC de gama baja podrían incluir la versión Starter de Windows. Se trata de una versión limitada, no disponible en la edición de Windows para procesadores de 64 bits.

Cualquiera que sea la versión de Windows 7 que tenga instalada en su PC, puede actualizarla a otra versión fácilmente usando la funcionalidad Windows Anytime Upgrade, disponible en el Panel de control de Windows. Seleccione la versión que desea instalar, asegúrese de que está conectado a Internet y proporcione a Microsoft el número de su tarjeta de crédito. El proceso de actualización es automático; se utilizarán los archivos ya instalados en el disco duro de su PC:

Nota:

Microsoft distribuye una versión reducida de Windows 7 para mercados emergentes llamada Home Basic, similar a la edición Home Premium, pero sin la interfaz Aero.

Conozca su escritorio

Si ya está familiarizado con Windows, puede comenzar a utilizar Windows 7 prácticamente de inmediato. No obstante, si es su primer PC o si Windows 7 le parece un tanto diferente, tómese unos minutos para ir familiarizándose con el escritorio.

Como puede comprobar en la figura 3.1, el escritorio de Windows 7 incluye diversos elementos. Veamos en qué consiste el escritorio ya que, a partir de ahora, tendremos que trabajar con él.

Los elementos más importantes del escritorio de Windows son:

- Botón **Inicio**: Este botón abre el menú Inicio que se utiliza para abrir todos los programas y documentos.

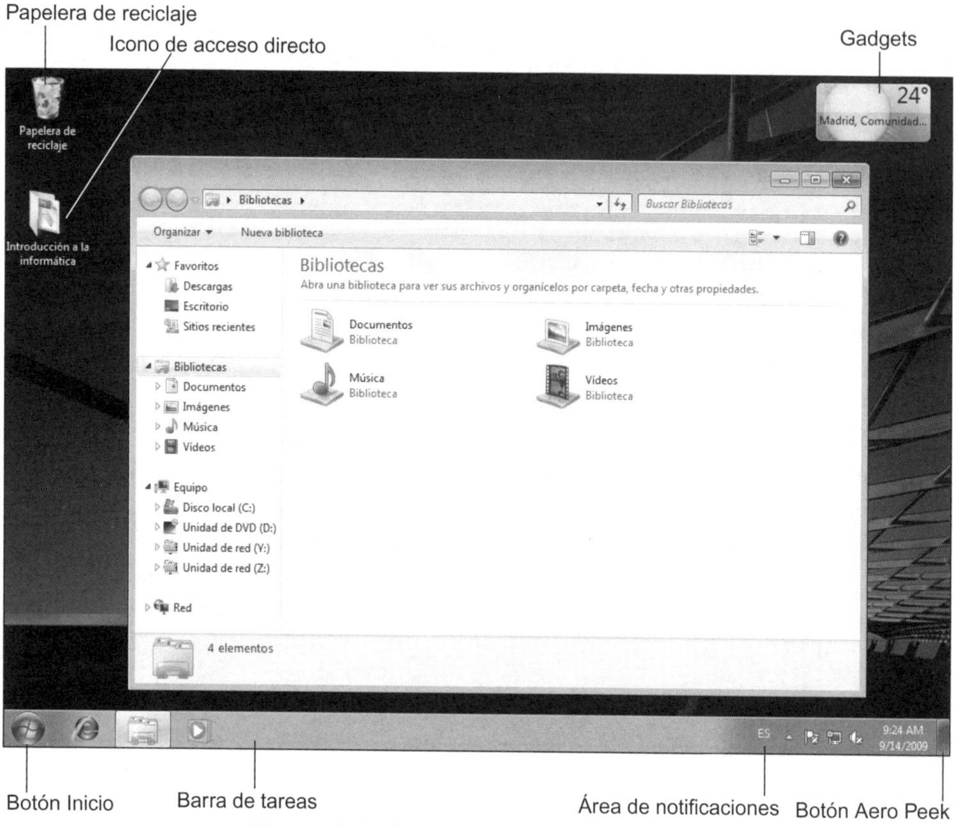

Figura 3.1. Escritorio de Windows Vista; haga clic sobre el botón Inicio para empezar.

- Barra de tareas: Muestra los iconos de sus aplicaciones y documentos favoritos, así como de todas las ventanas abiertas. Haga clic sobre un icono para ver un listado de documentos recientes y otras operaciones para dicha aplicación (ésta es la funcionalidad que más ha variado entre Windows 7 y Windows Vista, como veremos más en profundidad en este mismo capítulo).
- Área de notificación: Conocida anteriormente como Bandeja del sistema, es la parte de la barra de tareas que contiene el reloj, el control de volumen e iconos para otras utilidades que se ejecutan en un segundo plano del sistema.
- Botón **Aero Peek**: Al desplazar el ratón por este pequeño rectángulo, todas las ventanas se volverán transparente y le permitirán ver el escritorio. Haga clic sobre el botón **Aero Peek** para minimizar todas las ventanas abiertas.

- Gadgets: Esta área situada en la parte derecha del escritorio ofrece varias utilidades, llamadas *gadgets*, que se sitúan en el escritorio y realizan operaciones específicas.
- Iconos de acceso directo: Son enlaces a programas de software que podemos colocar en el escritorio; un escritorio "limpio" incluye sólo un icono para la Papelera de reciclaje de Windows.
- Papelera de reciclaje: Lugar donde se depositan los archivos que deseamos eliminar.

Operaciones de Windows importantes

Para utilizar Windows con eficiencia, es necesario dominar algunas operaciones simples, como apuntar y hacer clic, arrastrar y colocar, o hacer clic con el botón derecho del ratón. Todas estas operaciones se llevan a cabo con el ratón.

Apuntar y hacer clic

La operación del ratón más común es apuntar y hacer clic. Simplemente, desplace el ratón para que el cursor apunte al objeto que desea seleccionar y posteriormente haga clic una vez con el botón izquierdo del ratón. Apuntar y hacer clic es método efectivo para seleccionar elementos de menú, directorios y archivos.

Doble clic

Para ejecutar un programa o abrir una carpeta de archivos, no basta con un simple clic. En su lugar, tendrá que hacer doble clic sobre un elemento para activar una operación. Esto implica apuntar a algo en la pantalla con el cursor y posteriormente hacer clic con el botón izquierdo del ratón dos veces en una sucesión rápida. Por ejemplo, para abrir grupos de programas o programas individuales, haga doble clic sobre un icono específico.

Hacer clic con el botón derecho del ratón

He aquí una de las claves para un funcionamiento eficiente de Windows. Al seleccionar un elemento y hacer clic con el botón derecho, aparecerá un menú contextual. Este menú, cuando se encuentra disponible, contiene comandos que se relacionan directamente con el objeto seleccionado. Por ejemplo, si hace clic sobre el icono de un archivo, se mostrarán comandos relacionados con ese archivo para copiarlo, moverlo, eliminarlo, etc.

Hacer clic es una de las claves de la funcionalidad del listado de tareas Recientes de Windows 7 en la barra de tareas. Haga clic con el botón derecho sobre cualquier icono de la barra de tareas: verá un listado de tareas Recientes (conocido como cuadro de lista desplegable) que contiene todos los documentos abiertos recientemente y operaciones esenciales relacionadas con la aplicación. Es una especie de extensión del menú desplegable tradicional que resulta de gran utilidad.

Consulte cada uno de los programas que utilice para saber qué usos puede darle al botón derecho del ratón.

Arrastrar y colocar

Arrastrar es una variante de hacer clic. Para arrastrar un objeto, apunto hacia dicho objeto con el cursor mientras mantiene pulsado el botón izquierdo del ratón. Desplace el ratón sin soltar el botón y arrastre el objeto a su nueva ubicación. Cuando haya terminado de desplazar el objeto, suelte el botón del ratón para colocar el elemento en su nueva ubicación.

Puede utilizar el método de arrastrar y colocar para desplazar archivos de una carpeta a otra o para eliminar archivos arrastrándolos al icono de la Papelera de reciclaje.

Señalar un objeto

Al colocar el cursor sobre un objeto sin hacer clic con el ratón, el ratón lo señala. Muchas operaciones exigen situar el cursor en un elemento para ejecutar posteriormente otra acción.

Mover y redimensionar ventanas

Todos los programas de software abiertos se muestran en una ventana independiente en pantalla. Al abrir más de un programa, aparece más de una ventana; en poco tiempo, podemos tener un escritorio realmente desordenado.

Existen muchos métodos para poner orden en el escritorio. Uno de ellos es mover una ventana a una nueva posición. Para ello, coloque el cursor en la barra de título de la ventana; haga clic y mantenga pulsado el botón izquierdo del ratón. Mientras el botón siga presionado, puede utilizar el ratón para arrastrar la ventana por la pantalla. Cuando suelte el botón, la ventana quedará donde la haya colocado.

Truco:

El puntero se convierte en una flecha de doble punta cuando se coloca en el borde de una ventana.

En Windows 8 puede desplazar rápidamente una ventana hacia la izquierda o derecha del escritorio gracias a la nueva funcionalidad de Aero Snap: arrastre la ventana hacia la izquierda de la pantalla para anclarla en esa posición y redimensiónela en la mitad izquierda de la pantalla; arrastre la ventana hacia la derecha de la pantalla, y ánclela en ese lado.

También puede cambiar el tamaño de la mayoría de las ventanas. Coloque el cursor sobre el borde de la ventana (cualquier borde). Si coloca el cursor en un borde lateral, podrá redimensionar la anchura. Si coloca el cursor en el borde superior o inferior de la ventana, podrá redimensionar la altura. Por último, si coloca el cursor sobre una esquina, podrá redimensionar la altura y la anchura al mismo tiempo.

Una vez colocado el cursor sobre el borde de la ventana, mantenga pulsado el botón izquierdo del ratón; posteriormente arrastre el borde de la ventana a su nuevo tamaño. Suelte el botón del ratón para colocar la ventana con sus nuevas dimensiones.

Vistazo al escritorio

¿Quiere ver rápidamente lo que hay debajo de todas las ventanas que tiene abiertas en el escritorio? ¿O quizás quiere ver un *gadget* del escritorio?

Le encantará la nueva funcionalidad Aero Peek de Windows 7. Gracias a Aero Peek podrá ver rápidamente el escritorio escondido debajo de todo ese montón de ventanas.

Puede activar Aero Peek en el pequeño botón rectangular transparente situado en el extremo derecho de la barra de tareas de Windows. Desplace el cursor sobre el botón **Aero Peek** y todas las ventanas que estén abiertas en ese momento se volverán transparentes, tal y como se muestra en la figura 3.2. Podrá ver el escritorio que se esconde debajo.

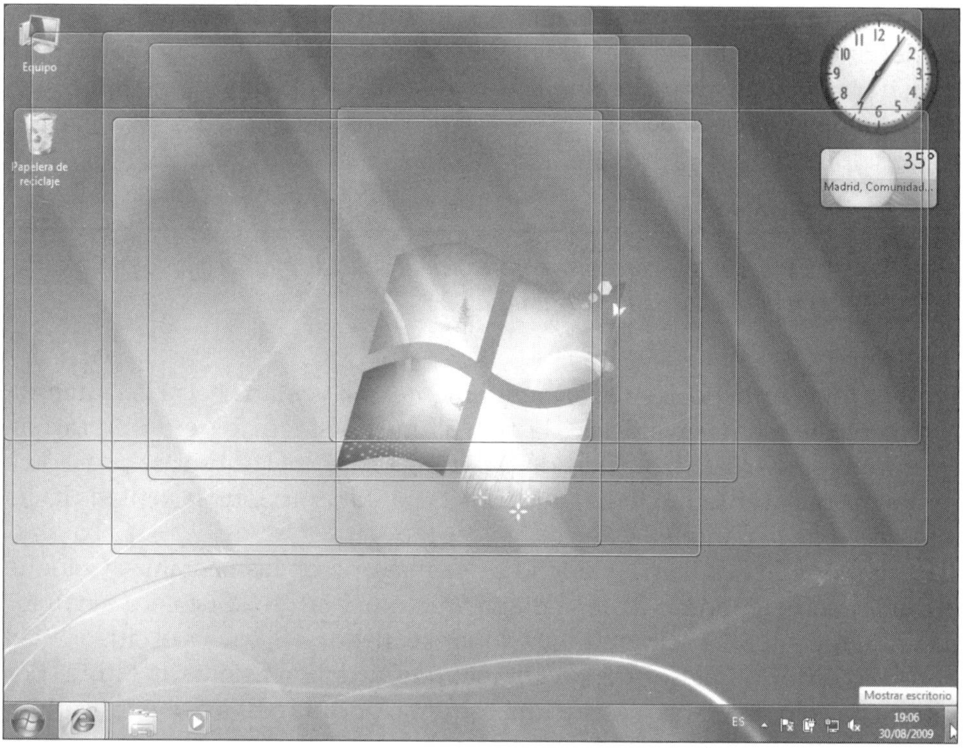

Figura 3.2. Aero Peek en acción: una forma estupenda de visualizar los gadgets, iconos y fondo de escritorio de Windows.

Maximizar, minimizar y cerrar ventanas

También puede mostrar las ventanas de Windows a pantalla completa. Haga clic sobre el botón **Maximizar** ubicado en la esquina superior derecha de la ventana, como muestra la figura 3.3.

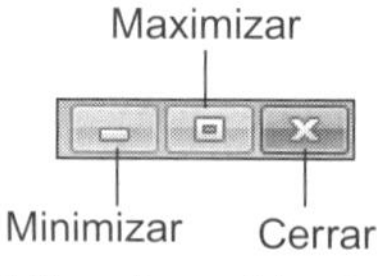

Figura 3.3. Utilice los botones Minimizar, Maximizar y cerrar para sus ventanas.

Cuando la ventana ya está abierta a tamaño máximo, el botón **Maximizar** se transforma en el botón **Restaurar a tamaño**. Al hacer clic sobre este botón, la ventana vuelve a sus dimensiones anteriores (antes de maximizarla).

Si prefiere ocultar la ventana para que no aparezca abierta en el escritorio, haga clic sobre el botón **Minimizar**. De este modo, la ventana desaparece del escritorio y queda oculta en la barra de tareas. No obstante, el programa de la ventana se sigue ejecutando; simplemente, ya no está visible en el escritorio. Para restaurar una ventana minimizada, haga clic sobre el botón de la ventana en la barra de tareas de Windows (ubicado en la parte inferior de la pantalla).

Si lo que desea realmente es cerrar la ventana (y cerrar cualquier programa que se esté ejecutando dentro de ella), haga clic sobre el botón **Cerrar** de la ventana.

Truco:

Aero Snap le ofrece otra vía para maximizar el tamaño de una ventana. Utilice el ratón para arrastrar la ventana hasta la parte superior del escritorio: la ventana se maximizará automáticamente.

Advertencia:

Si quiere cerrar una ventana que contiene un documento que todavía no se ha guardado, el programa le preguntará si desea guardar los cambios realizados al documento. Dado que probablemente no le interese perder su trabajo, haga clic en ***Sí*** *y a continuación cierre el programa.*

Desplazamientos por la ventana

Muchas ventanas contienen más información de la que pueden mostrar simultáneamente. Cuando existe un documento largo o una página Web muy grande, sólo se mostrará en la ventana la primera parte del documento o página. Para ver el resto del documento o página, tendrá que desplazarse por la ventana utilizando los diversos elementos de la barra de desplazamiento (mostrada en la figura 3.4).

Existen varios métodos para desplazarse por una ventana. Para desplazarse hacia arriba o hacia abajo una línea, haga clic sobre la **Flecha arriba** o bien sobre la flecha que señala hacia abajo en la barra de desplazamientos de la ventana. Para moverse a una ubicación específica en un documento largo, utilice el cuadro de desplazamiento con el ratón (entre las flechas de desplazamiento de los extremos) y arrástrelo a una nueva posición. También puede hacer clic sobre la barra de desplazamiento, entre el cuadro de desplazamiento y cualquier flecha del extremo, desplazándose así una pantalla cada vez.

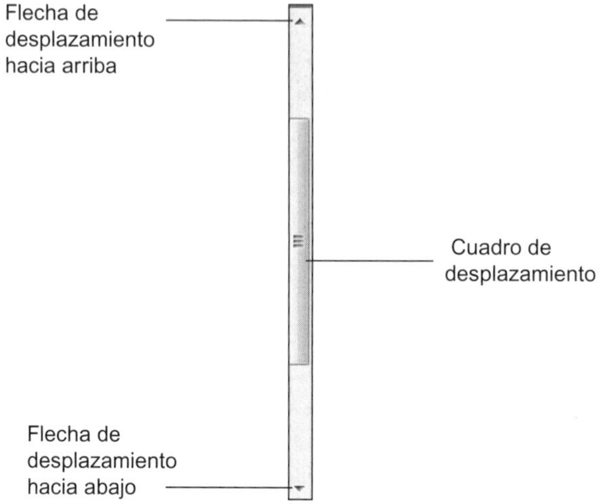

Figura 3.4. Utilice la barra de desplazamiento para desplazarse por páginas largas.

Si su ratón tiene una rueda de desplazamiento, puede utilizarla para desplazarse a través de un documento largo. Sólo tiene que mover hacia delante o hacia atrás la rueda para desplazarse hacia arriba o hacia abajo por la ventana.

Menús

La mayoría de las ventanas de Windows utilizan un conjunto de menús desplegables para guardar todos los comandos y operaciones que podemos ejecutar. Los menús se alinean en la parte superior de la ventana, justo debajo de la barra del título, en lo que se conoce como "barra de menús".

Para abrir o desplegar un menú, haga clic sobre el nombre del menú. El menú completo aparecerá justo debajo de la barra de menús, tal como se muestra en la figura 3.5. Haga clic con el ratón sobre un elemento del menú para activarlo o seleccionarlo.

Algunos elementos del menú tienen una pequeña flecha negra situada a la derecha de su nombre. Esta flecha indica que existen opciones adicionales en un submenú. Haga clic sobre el elemento del menú o en la flecha para abrir el submenú.

Otros elementos de menú tienen tres pequeños puntos (puntos suspensivos) a la derecha de su nombre. Estos puntos indican que existen opciones adicionales en un cuadro de diálogo. Haga clic sobre el elemento del menú para abrir el cuadro de diálogo.

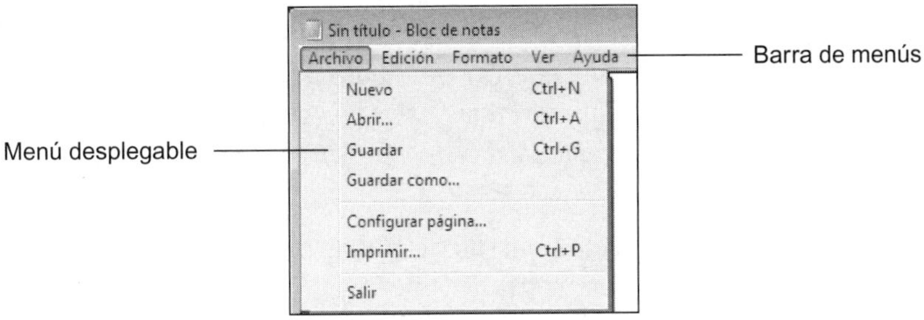

Figura 3.5. Cómo navegar por el sistema de menús de Windows.

Truco:

Si un elemento de menú, barra de herramientas o cuadro de diálogo aparece atenuado (o en color gris), dicho elemento no se encuentra disponible para la tarea en curso.

Cuando se acostumbre a utilizar los menús en cualquier programa, el resto de menús serán similares en el resto de programas que utilice. Por ejemplo, casi todos los programas de Office 2007 tienen un botón **Office** que ofrece una selección de operaciones comunes orientadas a archivos; otros programas más antiguos disponen de un menú Archivo, que contiene operaciones similares. Aunque cada programa tiene menús y elementos de menú específicos a sus propias necesidades, estos menús comunes nos facilitan el trabajo a la hora de instalar nuevos programas de software en nuestro sistema.

Barras de herramientas y cintas de opciones

Algunos programas de Windows colocan las operaciones utilizadas con más frecuencia en una o más barras de herramientas, que normalmente se encuentran justo debajo de la barra de menús. (La figura 3.6 muestra una barra de herramientas típica de Windows.) Una barra de herramientas es como una fila de botones, cada uno de ellos con una pequeña imagen (denominada "icono") y quizá con algo de texto. Para activar el comando u operación asociados a dicho icono, haga clic con el botón el ratón en dichos botones.

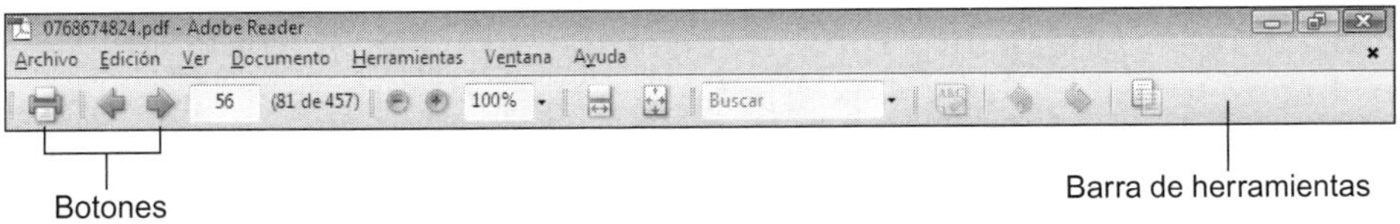

Figura 3.6. Una barra de herramientas típica de Windows.

Truco:

Si la barra de herramientas es demasiado larga para mostrarse completamente en la pantalla, verá una flecha en el extremo derecho de la barra. Al hacer clic sobre esta flecha, aparecerán los botones ocultos.

Otros programas sustituyen las barras de herramientas por una cinta de opciones. Por ejemplo, todos los programas de Office 2007 cuentan con una cinta que contiene los botones de las operaciones más habituales. Como puede ver en la figura 3.7, cada cinta de opciones dispone de diferentes pestañas, y cada una contiene una colección diferente de botones. Haga clic sobre una pestaña para ver los botones disponibles en la cinta para ese tipo particular de operación.

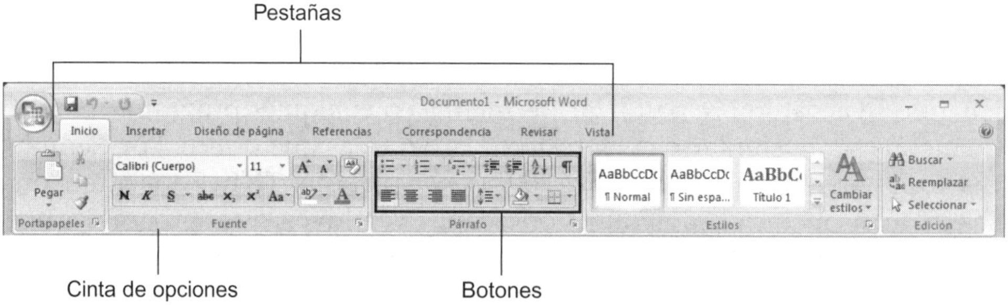

Figura 3.7. Cinta de opciones con pestañas para diferentes tipos de operaciones.

Truco:

Si no está seguro de la función que un botón dado desempeña en una barra de herramientas o cinta de opciones, mueva el curso por encima del botón. Aparecerá un pequeño cuadro de texto con la etiqueta del botón u otro tipo de información útil.

Cuadros de diálogo, fichas y botones

Cuando Windows o una aplicación exigen la introducción de un conjunto complejo de datos, normalmente se abrirá un cuadro de diálogo. El cuadro de diálogo es similar a un formulario en el que se pueden introducir diversos parámetros y realizar selecciones, para posteriormente registrar dichas entradas y selecciones al hacer clic sobre el botón **Aceptar**. (La figura 3.8 muestra el cuadro de diálogo Guardar como que se encuentra en la mayoría de aplicaciones de Windows.)

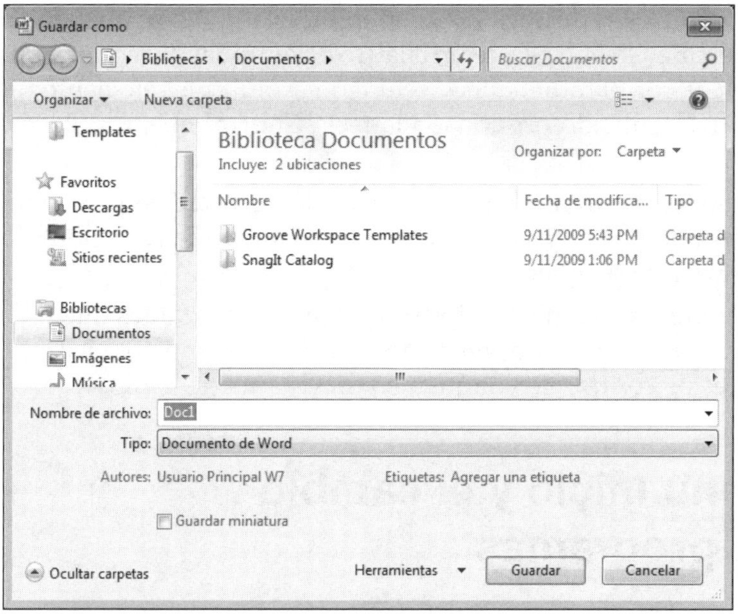

Figura 3.8. Utilice los cuadros de diálogo para controlar diversos aspectos de sus aplicaciones Windows.

Existen diversos tipos de cuadros de diálogo, cada uno de ellos específico para una determinada tarea. Sin embargo, la mayoría de los cuadros de diálogo comparten un conjunto de opciones comunes, que incluyen las siguientes:

- **Botones:** La mayoría de los botones registran las entradas del usuario o abren un cuadro de diálogo auxiliar. Los botones más comunes son **Aceptar** (para registrar entradas y cerrar el cuadro de diálogo), **Cancelar** (para cerrar el cuadro de diálogo sin registrar ninguna entrada) y **Aplicar** (para registrar las entradas sin cerrar el cuadro de diálogo). Haga clic una vez en un botón para activarlo.
- **Fichas:** Las fichas permiten a un solo cuadro de diálogo mostrar múltiples "páginas" de información. Piense en las fichas, ordenadas en la parte superior del cuadro de diálogo, como si fueran "indicadores" de cada una de las páginas individuales en el cuadro de diálogo. Haga clic sobre la parte superior de una ficha para cambiar la página de información.
- **Cuadros de texto:** Los cuadros de texto son cuadros vacíos donde podemos escribir una respuesta. Coloque el cursor en el cuadro de entrada vacío, haga clic con el botón izquierdo del ratón y empiece a escribir.

- **Listas:** Son listas de opciones disponibles; las listas se pueden desplazar o desplegar en lo que parece un cuadro de entradas. Seleccione un elemento de la lista con el ratón; puede seleccionar múltiples elementos en algunas listas manteniendo presionada la tecla **Control** mientras hace clic con el ratón.
- **Casillas de verificación:** Las casillas de verificación son pequeños cuadrados que nos permiten seleccionar (o anular la selección) de diversas opciones independientes.
- **Deslizadores:** Los deslizadores son barras deslizantes que nos permiten seleccionar incrementos entre dos extremos, como por ejemplo los deslizadores de control de volumen en un sistema de audio.

El menú Inicio y el cambio entre programas

Podemos acceder a todos los programas y utilidades de software de nuestro equipo a través del menú Inicio de Windows. Para abrir este menú, haga clic sobre el botón **Inicio** de la esquina inferior izquierda de la pantalla.
Como puede ver en la figura 3.9, el menú Inicio de Windows 7 está compuesto por dos columnas de iconos. Los programas utilizados con más frecuencia aparecen en la columna izquierda; las utilidades y carpetas básicas de Windows aparecen en la columna derecha. Para abrir un programa o carpeta específico, haga clic sobre el icono correspondiente.

Nota:

Las operaciones presentadas en este capítulo se describen tal y como actuarían o sería su apariencia en una instalación predeterminada típica de Windows. Si está utilizando el PC de otra persona, puede que los elementos no tengan la misma apariencia ni actúen de la misma forma. Es normal que dos PC diferentes tengan una apariencia y actuación algo diferentes, ya que también existen opciones que podemos personalizar según nuestras propias necesidades y gustos, tal y como veremos en un próximo capítulo.

Para ver el resto de programas, haga clic sobre la flecha Todos los programas. Así abrirá un nuevo menú, denominado Menú de programas. Desde aquí podrá acceder a los diversos programas, ordenados por tipo o por fabricante.

(Cuando dentro de una carpeta maestra existan más programas, podrá ver una flecha a la derecha de su nombre; haga clic sobre esta flecha para ver las opciones adicionales.)

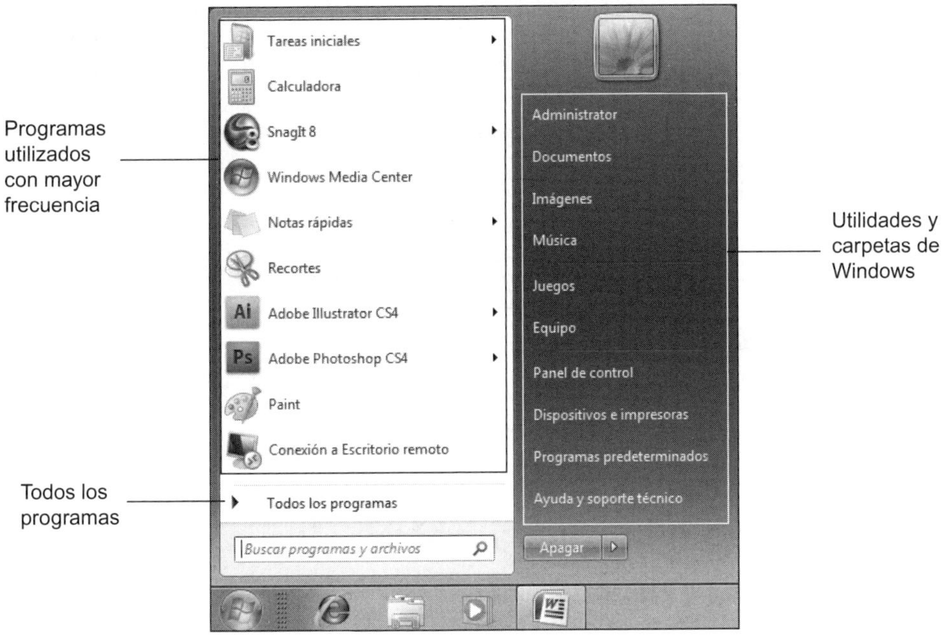

Figura 3.9. Acceda a todos los programas de su sistema desde el menú Inicio.

Abrir un programa

Ahora que ya sabe cómo utilizar el menú Inicio, es fácil abrir cualquier programa de software. Para ello, siga estos pasos:

1. Haga clic sobre el botón **Inicio** para abrir el menú Inicio.
2. Si el programa aparece en el menú, haga clic en el icono correspondiente.
3. Si el programa no aparece en el menú principal Inicio, haga clic sobre el botón **Todos los programas**, busque el icono del programa y haga clic sobre el mismo.

También puede encontrar un programa concreto utilizando el cuadro Iniciar búsqueda del menú Inicio. Escriba el nombre del programa en la casilla de búsqueda y aparecerá una lista de las aplicaciones que concuerden en el menú Inicio. Cuando aparezca el programa que busca, haga clic sobre el mismo para ejecutarlo.

Volver a abrir documentos recientes

En Windows 7 puede acceder rápidamente a todos los documentos abiertos recientemente dentro de una aplicación directamente desde el menú Inicio. Busque una flecha hacia la derecha junto a una aplicación determinada en el menú Inicio (no en el menú Todos los programas); haga clic sobre la flecha. Verá un listado de los documentos más recientes abiertos con dicho programa. Haga clic sobre uno de los documentos del menú: se abrirán tanto la aplicación como el documento.

La barra de tareas de Windows 7

Esa pequeña parcela ubicada en la parte inferior del escritorio de Windows recibe le nombre de "barra de tareas". La barra de tareas de Windows 7 nos permite abrir nuestras aplicaciones y documentos favoritos, así como cambiar entre ventanas abiertas.

Introducción a la nueva barra de tareas de Windows 7

En anteriores versiones de Windows, incluido Windows Vista, la barra de tareas mostraba los programas o documentos abiertos en Windows. Todas las aplicaciones o documentos abiertos tenían un botón correspondiente en la barra de tareas; para pasar de una ventana a otra, bastaba con hacer clic sobre el botón indicada.

Las cosas cambiaron un poco con Windows XP, cuando Windows añadió una barra de herramientas de inicio rápida que se podía anclar a la barra de tareas. La barra de herramientas de inicio rápido podía configurarse con botones para nuestras aplicaciones favoritas, que podían iniciarse desde la barra de tareas (una vez ancladas, las aplicaciones parecían ser parte de la barra de tareas). En Windows XP, la barra de herramientas de inicio rápido estaba activada por defecto; se mantuvo en Windows Vista, pero no se mostraba automáticamente.

En Windows 7, la barra de tareas asume los atributos de la barra de tareas tradicional y de la barra de herramientas de inicio rápido, además de algunas funcionalidades añadidas. Así pues, la barra de tareas de Windows 7 incluye una serie de botones (que en realidad son iconos sin texto) no sólo para ejecutar aplicaciones y documentos, sino también para nuestras aplicaciones favoritas. Haga clic sobre un icono para iniciar una aplicación o haga clic sobre un icono para cambiar a una ventana abierta; existen iconos en la barra de tareas para ambas posibilidades.

Cómo descifrar el significado de los iconos de la barra de tareas

Si ha utilizado versiones anteriores de Windows, inmediatamente se dará cuenta de que la barra de tareas de Windows tiene un aspecto ligeramente diferente. Tiene un aspecto más cristalino que las barras de tareas anteriores y es algo más ancha; además, no muestra botones sino iconos. Los iconos no muestran etiquetas, únicamente la imagen del icono.

Este nuevo diseño presenta una ventaja tanto visual, con un aspecto mucho más limpio, como práctico (los nuevos iconos, aun siendo más grandes que los iconos anteriores, ocupan menos espacio en la barra de tareas). Ahora, resulta mucho más sencillo ver qué es qué al tiempo que se muestran más elementos en la misma cantidad de espacio en pantalla.

Debido a las múltiples funciones que desempeñan estos iconos dentro de la nueva barra de tareas, es difícil decidir si el icono representa a una aplicación o documento abierto o cerrado. Difícil, pero no imposible. Veamos cómo adivinarlo.

Como puede ver en la figura 3.10, los iconos correspondientes a aplicaciones o documentos cerrados aparecen en la barra de tareas sin ningún tipo de borde: se trata, básicamente, de un icono de acceso rápido a la aplicación o documento en cuestión. Los iconos correspondientes a una ventana abierta tienen un pequeño borde alrededor, si bien mantienen su aspecto translúcido. El icono de la ventana abierta seleccionada también tiene borde, pero es menos transparente. Si hay más de un documento abierto para una aplicación dada (o bien más de una pestaña abierta en un navegador Web), el botón correspondiente al icono de dicha aplicación se presenta "apilado", para representar múltiples instancias.

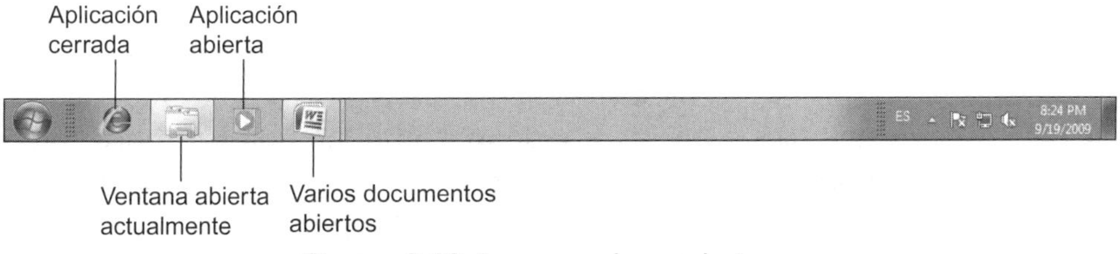

Figura 3.10. La nueva barra de tareas de Windows 7, con diversos botones de iconos.

Abrir aplicaciones y pasar de una ventana a otra

Usar la barra de tareas es sencillísimo. Haga clic sobre un icono de la misma para abrir la aplicación o documento asociado. Haga clic sobre el icono correspondiente a una ventana abierta para mostrar la ventana.
Al hacer clic sobre un icono con varias ventanas, sin embargo, ocurre algo interesante: Windows muestra miniaturas para cada una de las ventanas abiertas en las aplicaciones (lo mismo ocurre, de hecho, si pasa el cursor sobre cualquier icono con ventanas abiertas). Mueva el cursor sobre una miniatura: la ventana aparecerá temporalmente sobre la pila de su escritorio, independientemente de su posición. Haga clic sobre una miniatura para ir a esa ventana, o haga clic en la X de color rojo de la miniatura para cerrarla.

Cómo usar los cuadros de lista desplegable

La barra de tareas de Windows 7 resulta todavía de mayor utilidad gracias a la adición de los llamados Cuadros de lista desplegable, una especie de menús desplegables sensibles al contexto por cada uno de los iconos de la barra de tareas. Para mostrar el cuadro de lista desplegable de un icono haga clic con el botón derecho sobre el mismo, como se muestra en la figura 3.11.

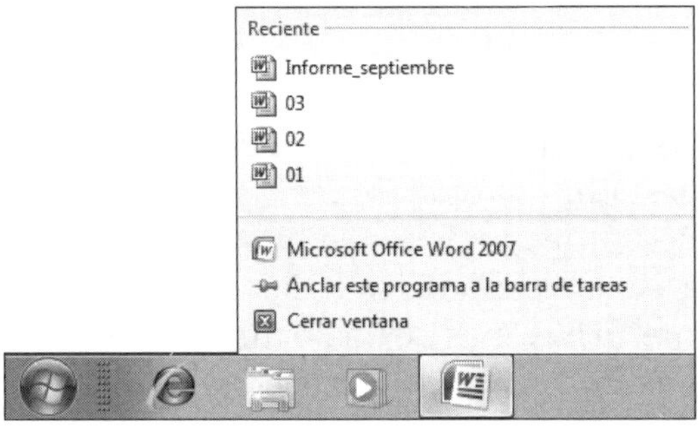

Figura 3.11. Cuadro de lista desplegable de la barra de tareas de Windows 7.

Los contenidos que veamos en un cuadro de lista desplegable dependerán hasta cierto punto de la aplicación asociada a dicho icono. Por ejemplo, aquellas aplicaciones específicamente diseñadas para Windows 7 muestran cuadros de lista desplegable más específicos y de más utilidad que las aplicaciones desarrolladas para sistemas operativos anteriores. Para poder aprovechar plenamente esta funcionalidad, es necesario que la aplicación se haya escrito para este sistema. La mayoría de los cuadros de lista desplegable contienen los siguientes elementos:

- El nombre de los documentos más recientes abiertos en dicha aplicación.
- Un enlace para abrir una nueva instancia de la aplicación.
- La opción de desanclar el elemento de la barra de tareas (para los iconos de acceso directo).
- Una opción para cerrar la ventana (para los iconos de ventanas abiertas).

Las aplicaciones desarrolladas específicamente para Windows 7 ofrecen elementos específicos de la aplicación en sus cuadros de lista desplegable. Por ejemplo, Windows Media Player 12 tiene una sección dedicada a listas de reproducción y álbumes frecuentes, así como una sección de Tareas con las operaciones más recientes del programa.

En resumen: los cuadros de lista desplegable de Windows 7 son muy similares a los menús tradicionales que aparecen al hacer clic con el botón derecho, pero contienen opciones de mayor utilidad que hacen que los iconos de la nueva barra de tareas parezcan más útiles de lo que han sido hasta ahora.

Botones de la barra de tareas

Ahora que ya conoce las funciones de la barra de tareas en Windows 7, veamos cómo hacer uso de la misma.

En primer lugar, debe saber que el usuario tiene un control absoluto sobre el orden en el que los iconos aparecen en la barra de tareas. Arrastre cualquier icono de una posición a otra: el icono se anclará en la nueva posición.

Para añadir un acceso directo de aplicación o documento a la barra de tareas, diríjase hasta dicho elemento utilizando el menú Inicio o el Explorador de Windows, haga clic con el botón derecho sobre el icono, y seleccione la opción Anclar a la barra de tareas. De forma alternativa, puede arrastrar un icono a cualquier carpeta dentro de la barra de tareas.

Para eliminar un elemento de la barra de tareas, haga clic con el botón derecho y seleccione Desanclar este programa de la barra de tareas.

Cómo cambiar de un programa a otro

La barra de tareas es una de las vías para cambiar de un programa abierto a otro, pero no es la única. Para cambiar de un programa a otro:

- Haga clic sobre cualquier parte visible de la ventana de la aplicación, lo que colocará la ventana en primer plano.

- Mantenga pulsada la tecla **Alt** y a continuación pulse repetidamente la tecla **Tab** hasta que se seleccione la ventana de la aplicación deseada. Se irán mostrando sucesivamente las miniaturas correspondientes a todas las ventanas abiertas, tal y como se muestra en la figura 3.12. Cuando llegue a la ventana deseada, suelte la tecla **Alt**.

Figura 3.12. Utilice la combinación Alt-Tab para seleccionar una de las miniaturas de todos los programas abiertos.

- Mantenga pulsado el botón **Inicio** y pulse la tecla **Tab** para activar la funcionalidad Flip 3D. Se mostrará una pila tridimensional de todas las ventanas abiertas, tal y como se muestra en la figura 3.13. Continúe pulsando la tecla **Tab** (o bien gire la rueda del ratón) para ver todas las ventanas de la pila.

Figura 3.13. Flip 3D le permite ver una pila tridimensional con todas las ventanas abiertas.

El Explorador de Windows

En Windows 7, todos los elementos almacenados en su ordenador, incluyendo los programas, documentos y las opciones de configuración, son accesibles desde el Explorador de Windows. El Explorador de Windows se utiliza para encontrar, copiar, borrar, ejecutar e incluso configurar programas y documentos.

Para iniciar el Explorador de Windows, haga clic en la barra de tareas o en el menú Inicio. Haga clic en el icono correspondiente al Explorador de Windows en la barra de tareas o seleccione Documentos en el menú Inicio.

Windows Explorer se utiliza también para acceder directamente a diversos tipos de documentos guardados en su disco duro. Por ejemplo, al hacer clic sobre la opción Música del menú Inicio, el Explorador de Windows abre directamente la carpeta `Música`, que muestra todas las canciones que hay almacenadas en su sistema. Si hace clic en Imágenes, el Explorador de Windows abrirá la carpeta `Imágenes`, y así sucesivamente.

Navegar por el Explorador de Windows

Al abrir el Explorador de Windows, verá cuatro iconos. Esos iconos le permitirán acceder directamente a los Documentos, Música, Imágenes y Vídeos almacenados en su disco duro. Haga doble clic sobre uno de los iconos para ver las subcarpetas y archivos almacenados.

A la izquierda de la ventana del Explorador de Windows encontrará el panel Navegación, dividido en varias secciones. La parte superior se denomina Favoritos: se enumeran las carpetas más utilizadas (`Modificadas recientemente`, `Público`, `Escritorio`, `Descargas`, `Red` y `Sitios recientes`). A continuación verá la sección Bibliotecas, donde se repiten los cuatro iconos de la ventana principal (Documentos, Música, Imágenes y Vídeos). A continuación verá la sección Grupo Hogar, que le permite acceder a otros ordenadores ubicados dentro del mismo grupo. Más abajo verá la sección Equipo, que le permite acceder a todas las unidades de disco y dispositivos conectadas a su ordenador. La sección Red le permite acceder a todos los ordenadores conectados en red. Haga clic sobre cualquier icono del panel Navegación para ver sus contenidos (véase la figura 3.14).

Veamos cómo funciona el Explorador de Windows. Haga doble clic sobre el icono **Documentos** de la ventana principal (o bien haga clic sobre el elemento Documentos del panel Navegación). Verá una ventana llena de carpetas, como la que se muestra en la figura 3.15. Haga doble clic sobre el icono de una carpeta para ver los contenidos de la misma, que pueden ser archivos independientes o carpetas adicionales (conocidas como "subcarpetas"). Para abrir un programa o documento, haga doble clic sobre el icono en cuestión. Para realizar otras tareas (copiar, borrar, etc.) haga clic con el botón derecho sobre el icono y seleccione la opción correcta del menú desplegable.

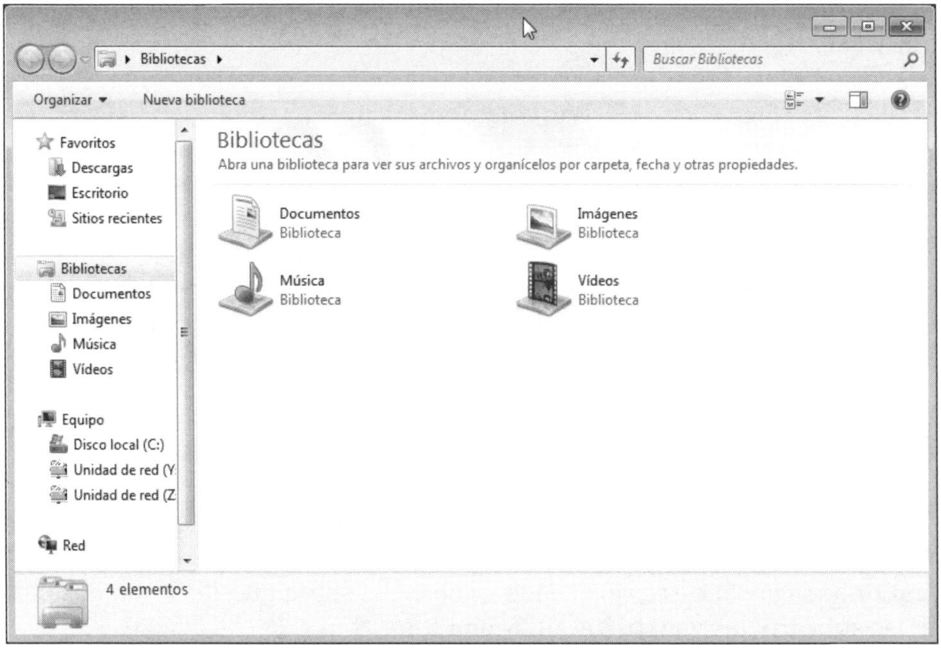

Figura 3.14. Navegación por las carpetas y subcarpetas mediante el Explorador de Windows.

Cuando quiera copiar, borrar o gestionar sus archivos y carpetas, utilice el menú Organizar de la barra de tareas del Explorador de Windows. En este menú se incluyen la mayoría de las operaciones necesarias para administrar los archivos y carpetas del sistema.

Administrar los recursos del PC con el Explorador del Equipo

Windows 7 incluye una versión especial del Explorador de Windows, conocida como Explorador del Equipo, que nos permite acceder a todos los elementos importantes de nuestro sistema y a ejecutar funciones de mantenimiento básicas. Por ejemplo, podemos utilizar Explorador del Equipo para "abrir" el contenido del disco duro y posteriormente copiar, mover y eliminar archivos individuales. Para abrir el Explorador del Equipo, simplemente haga clic sobre la opción Equipo del menú Inicio.

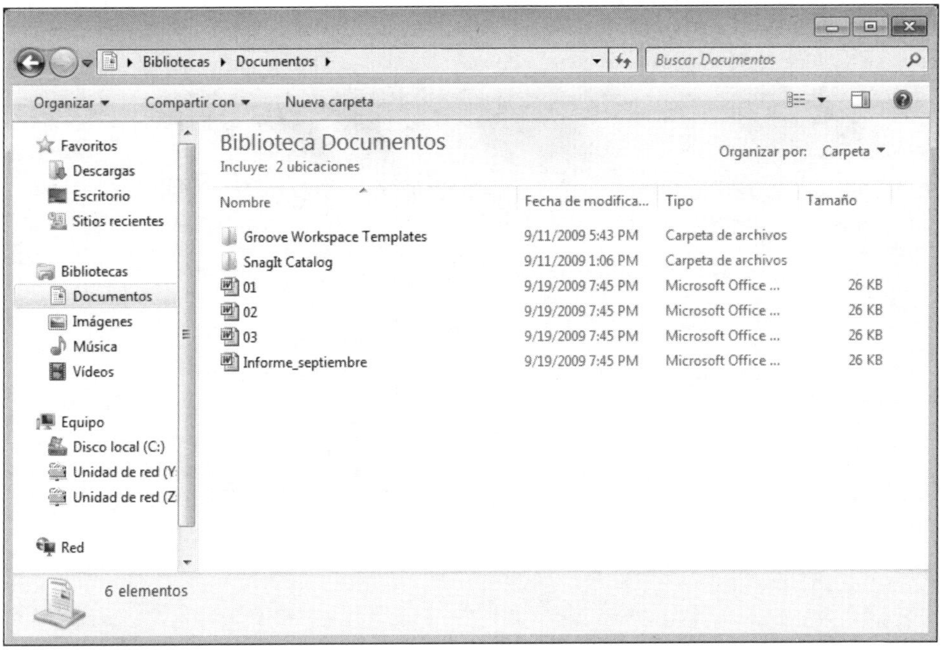

Figura 3.15. Navegación por las carpetas y archivos almacenados en el sistema mediante el Explorador de Windows.

Como puede ver en la figura 3.16, la carpeta `Equipo` contiene iconos para cada uno de los elementos principales del sistema: unidades de disco duro, unidad CD-ROM o DVD, etc. Para ver los contenidos de una carpeta, haga doble clic sobre el icono correspondiente.

Nota:

En Windows XP, el Explorador del Equipo se denominaba Mi PC.

Administrar Windows en el Panel de control

Existe un Explorador de Windows adicional, similar al Explorador del Equipo, que debe conocer. Este explorador, conocido como Panel de control, se utiliza para administrar la mayor parte de los parámetros de configuración de

Windows. Para abrir el Panel de control, haga clic sobre la opción Panel de control del menú Inicio. Cuando se abra el Panel de control, como muestra la figura 3.17, seleccione la categoría que desea configurar. Cada elemento abre una ventana que ofrece un diferente conjunto de opciones; simplemente haga clic hasta que encuentre el apartado que desea configurar.

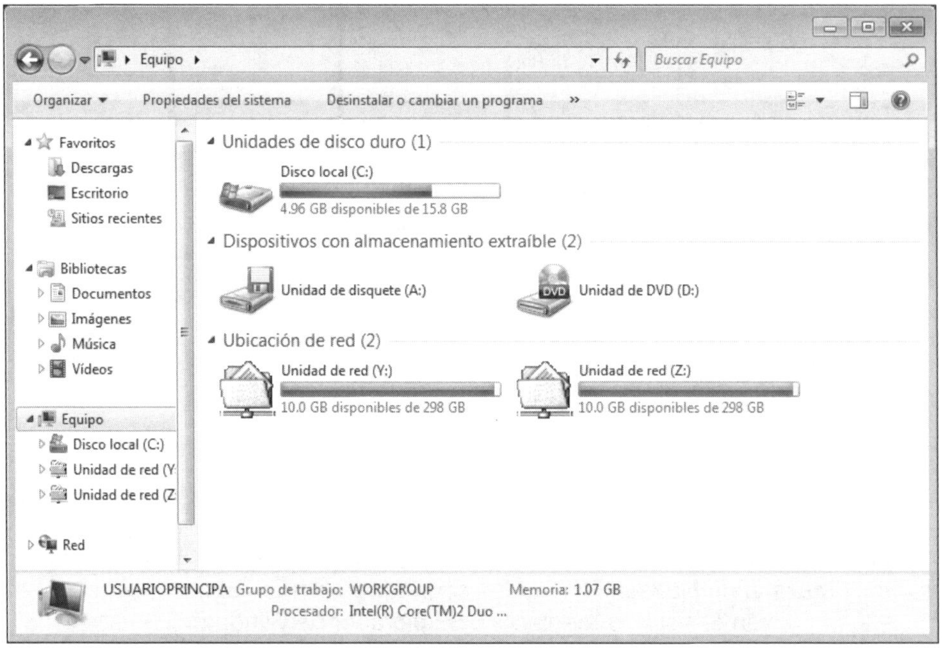

Figura 3.16. Utilice el Explorador del Equipo para administrar el disco duro y otros componentes clave.

Nota:

Para aprender algo más sobre las diversas configuraciones de Windows, consulte el capítulo 4.

Otros elementos de Windows

Windows es algo más que un bonito escritorio y algunas utilidades de configuración. Windows también incluye una gran cantidad de programas de accesorios y herramientas del sistema que podemos utilizar para ejecutar otras operaciones básicas del sistema.

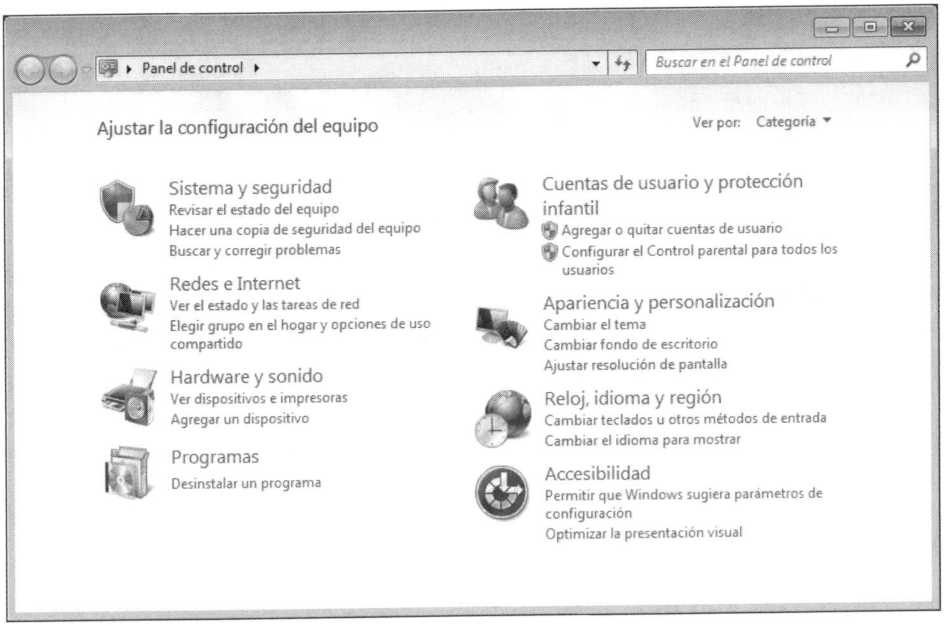

Figura 3.17. Panel de control de Windows XP: las tareas de configuración están organizadas por categorías.

Aplicaciones de serie y herramientas del sistema

Windows incluye una gran cantidad de programas de accesorios que cumplen una sola función, todos ellos accesibles desde el menú Inicio. Entre ellos, se incluyen una calculadora, algunos juegos, dos procesadores de texto básicos (Bloc de notas y Wordpad), un programa de dibujo (Paint), un reproductor de archivos de audio y vídeo (Windows Media Player), un programa de gestión/edición de imágenes (Galería fotográfica de Windows), una aplicación de grabación de DVD (Windows DVD Maker) y muchos más. Para acceder a todos estos accesorios, haga clic sobre el botón **Inicio** y seleccione Todos los programas. Algunos de éstos se encuentran en el menú Todos los programas; otros se encuentran un nivel por debajo, en el menú Accesorios.

Además de los accesorios de Windows mencionados anteriormente, Windows 7 incluye diversas herramientas técnicas que podemos utilizar para mantener el rendimiento de nuestro sistema sin problemas. A todas estas herramientas se accede haciendo clic sobre el botón **Inicio** y seleccionando Todos los programas>Accesorios>Herramientas del sistema.

Nota:

Para obtener más información sobre los usos prácticos de éstas y otras herramientas del sistema, consulte el capítulo 8.

Cómo descargarse aplicaciones adicionales

En anteriores versiones de Windows, Microsoft incluía más aplicaciones de serie. No obstante, en Windows 7 Microsoft decidió simplificar el sistema operativo y convertir en optativas muchas de estas aplicaciones. Es una buena decisión siempre que no utilicemos estas aplicaciones, puesto que no ocupan espacio en el disco duro.

En lugar de incluir estas aplicaciones en el sistema operativo, Windows ha puesto todas estas aplicaciones a disponibilidad del usuario de forma gratuita a través de las descargas de su programa Windows Live Essentials. Entre las aplicaciones que puede descargarse se incluyen las siguientes:

- Windows Live Family Safety (Protección infantil): Permite administrar y controlar el acceso a Internet de los más pequeños.
- Windows Live Mail: Para enviar y recibir correos electrónicos.
- Windows Live Messenger: Programa de mensajería instantánea.
- Windows Live Movie Maker: Para la edición de películas digitales.
- Windows Live Photo Gallery (Galería fotográfica): Para visualizar, organizar y editar fotografías digitales.
- Windows Live Toolbar: Para realizar búsquedas en la Web utilizando Windows Live Search directamente desde el explorador.
- Windows Live Writer: Para escribir entradas en bitácoras de Blogger, Wordpress, TypePad y otros servicios de *blog*.

Puede descargar todas estas aplicaciones en `download.live.com`. Siga las instrucciones de la página.

Obtención de ayuda en Windows

Cuando no sepa cómo ejecutar una tarea determinada, será el momento de pedir ayuda. En Windows 7, puede hacerlo a través de Ayuda y soporte técnico.

Para abrir Ayuda y soporte técnico, haga clic sobre el botón **Inicio** y seleccione Ayuda y soporte técnico. El Centro de ayuda y soporte técnico le permitirá buscar respuestas específicas a sus problemas, examinar la tabla de contenidos, conectarse a otro equipo para pedir asistencia remota, conseguir ayuda adicional *on-line* y solucionar cualquier problema que pudiera tener. Haga clic sobre el tipo de ayuda que desea recibir y siga las instrucciones que aparecen en pantalla.

Apagar Windows y el equipo

Windows se inicia automáticamente cada vez que enciende su equipo. Aunque podrá ver líneas de texto en pantalla durante el arranque inicial, Windows se carga automáticamente y muestra el escritorio de Windows.

Apagar el sistema

Cuando desee apagar el equipo tendrá que utilizar Windows. De hecho, no es recomendable apagar el equipo de otra forma; conviene apagarlo todo a través del procedimiento oficial de Windows.
Para apagar Windows y el ordenador, haga clic sobre el botón de **Inicio** y seleccione Apagar. Si dispone de un PC de sobremesa, desconecte manualmente el monitor, la impresora y otros periféricos.

Advertencia:

No apague el equipo sin haber cerrado Windows. Podría perder datos y configuraciones guardados temporalmente en la memoria de su sistema.

Modo Suspendido de Windows

Si bien puede apagar por completo el sistema, también puede dejarlo en modo suspendido gracias a la función correspondiente de Windows. En este modo, Windows guarda todos sus documentos abiertos, aplicaciones y datos, tanto en el disco duro del PC como en la memoria del mismo; se apagan el disco duro y el monitor, y el equipo entra en un modo de ahorro de energía. El ordenador no se apaga, simplemente se "duerme".
La ventaja de usar el modo Suspendido es que resulta más rápido volver a trabajar con el ordenador o, dicho con mayor propiedad, "despertarlo". Una vez Windows haya iniciado el modo Suspendido, pulse el botón de encendido para iniciar el equipo. Windows se despertará del modo Suspendido,

y rápidamente se mostrarán todos los documentos y aplicaciones abiertas. Es mucho más rápido que reiniciar desde el modo apagado. Para activar el modo suspendido, haga clic en el botón **Inicio**; a continuación haga clic en el botón contiguo al botón de apagado y seleccione Suspender en el menú desplegable.

Resumen

En este capítulo, el lector dispone de multitud de información añadida sobre Windows 7, el sistema operativo de su nuevo PC. He aquí alguno de los aspectos clave que debe recordar.

- Windows se utiliza para administrar el sistema del equipo y ejecutar los programas de software.
- La mayoría de las funciones de Windows se activan haciendo clic o doble clic sobre un icono o botón.
- Podemos acceder a todos los programas y accesorios de un sistema a través del menú Inicio, que se abre haciendo clic sobre el botón **Inicio**.
- Utilice el Explorador de Windows y el Explorador del Equipo para administrar el contenido de su ordenador.
- Utilice el Panel de control para administrar los parámetros de configuración de Windows.
- Cuando no sepa cómo hacer algo, haga clic sobre el botón **Inicio** y seleccione Ayuda y soporte técnico.

Capítulo 4

Personalizar Windows

En este capítulo aprenderá a:

- Conocer el Panel de control de Windows.
- Cambiar la apariencia de su escritorio.
- Organizar los iconos del escritorio.
- Cambiar el comportamiento del menú Inicio.
- Restablecer la fecha y la hora.
- Configurar cuentas adicionales de usuario.

Cuando encienda por primera vez su nuevo sistema podrá ver el escritorio de Windows tal y como lo ha configurado Microsoft (o el fabricante de su equipo). Si le gusta su apariencia, estupendo. Si la apariencia de su escritorio no le satisface, puede modificarla.

Windows presenta distintos métodos para personalizar la apariencia de nuestro escritorio. De hecho, Windows permite cambiar rápidamente la apariencia nuestro escritorio para diferenciarlo del escritorio de los demás.

Conozca el Panel de control de Windows

Prácticamente la totalidad de la configuración de Windows se realiza a través del Panel de control. Puede acceder a él haciendo clic sobre el botón **Inicio** y seleccionando Panel de control; desde aquí, lo que puede ver depende de la versión de Windows que esté usando.

La figura 4.1 muestra el Panel de control de Windows 7. Puede hacer clic sobre las categorías principales, como Sistema y mantenimiento o Seguridad, para acceder a los ajustes de configuración relacionados. O puede hacer clic sobre las configuraciones clave que encontrará debajo de las opciones principales para acceder directamente a ese ajuste de configuración concreto.

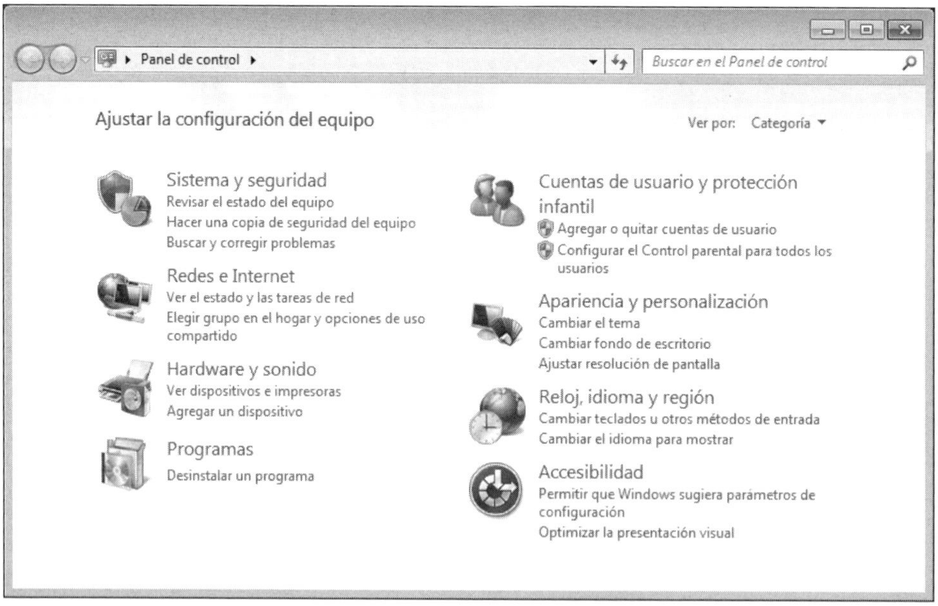

Figura 4.1. Panel de control de Windows 7.

Tras hacer clic en los diferentes enlaces, aparecerá en pantalla una utilidad de configuración específica para cada opción. Cada conjunto de opciones de configuración emplea una utilidad diferente; podrá ver una importante ventana a rebosar de controles o un cuadro de diálogo más pequeño con algunas opciones que escoger. Sea lo que sea lo que vea en la pantalla, seleccione las opciones deseadas y haga clic en **Aceptar** para aplicar los cambios.

Cambiar la apariencia del escritorio

Uno de los primeros elementos que desean personalizar los usuarios es la apariencia del propio escritorio de Windows. Siga leyendo para aprender a personalizar su escritorio.

Personalizar el fondo del escritorio

En Windows 7, los fondos de escritorio, colores de ventanas, sonidos y salvapantallas se organizan en temas. Windows 7 incluye varios temas preconfigurados. Además, puede crear un tema personalizado.

Truco:

Algunos estilos incluyen diapositivas del escritorio, donde se muestran en orden diferentes fondos de escritorio.

Para elegir un tema ya configurado, siga estos pasos:

1. Haga clic con el botón derecho sobre el escritorio; haga clic en Personalizar, dentro del menú desplegable.
2. En la ventana Personalización, como se muestra en la figura 4.2, haga clic en el nuevo estilo que desee aplicar.

Truco:

Puede abrir la ventana de personalización desde el Panel de Control de Windows. Seleccione Cambiar el tema *en la sección* Apariencia y personalización.

Para crear un nuevo tema, aplique el fondo, colores, sonidos y salvapantallas deseados. Las opciones que haya elegido aparecerán en la ventana de personalización como Tema sin guardar. Haga clic con el botón derecho sobre este tema en la ventana correspondiente y elija la opción Guardar tema. Cuando se le indique, dé un nombre al tema y haga clic en **Guardar**. El nuevo tema aparecerá en la ventana de personalización y podrá elegirlo en el futuro.

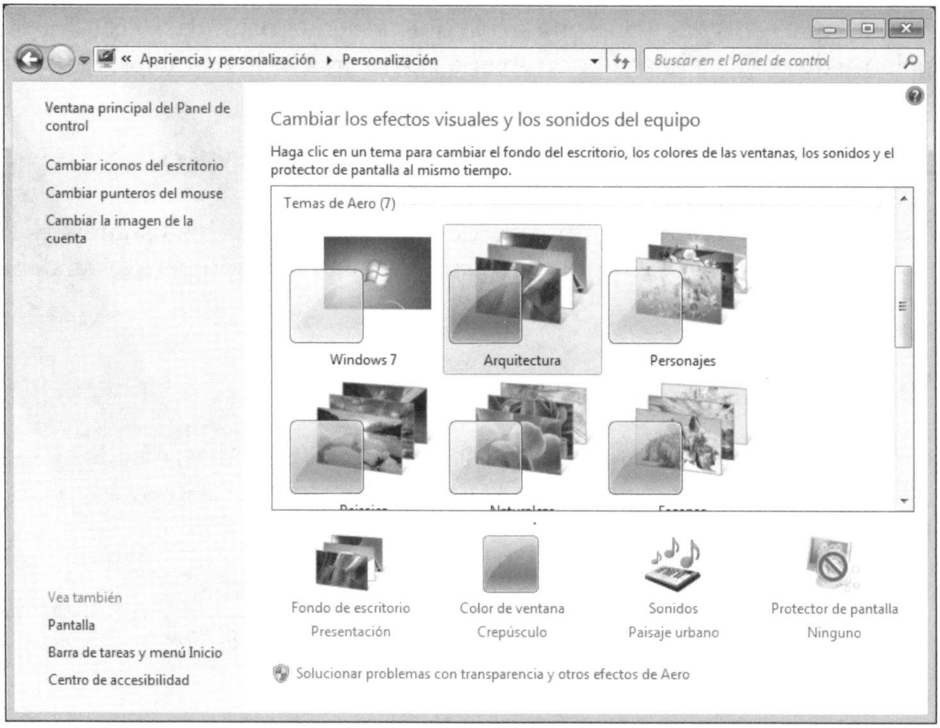

Figura 4.2. Utilice la ventana de personalización para cambiar el tema de Windows, el fondo de escritorio, los colores de las ventanas, los sonidos y el salvapantallas.

Personalizar el fondo del escritorio

No es necesario cambiar todo el tema para personalizar Windows. Windows 7 permite modificar cada uno de los elementos de un tema de forma individual, empezando por el fondo de escritorio.

Windows 7 ofrece una amplia selección de imágenes que podrá utilizar como fondo de escritorio. Además, puede optar por un fondo de escritorio monocolor, o bien elegir cualquier imagen de su PC. Para ello, siga estos pasos:

1. Haga clic con el botón derecho sobre el escritorio y elija la opción Personalizar del menú emergente.

2. Cuando se abra el Panel de control, seleccione Cambiar fondo de escritorio.
3. Se abrirá la ventana Elegir el fondo de escritorio, como se muestra en la figura 4.3. Haga clic sobre el cuadro de lista desplegable Ubicación de la imagen y seleccione qué tipo de fondo desea: Fondos de escritorio de Windows, Biblioteca de imágenes, Fotografías con mejor clasificación o Colores sólidos.

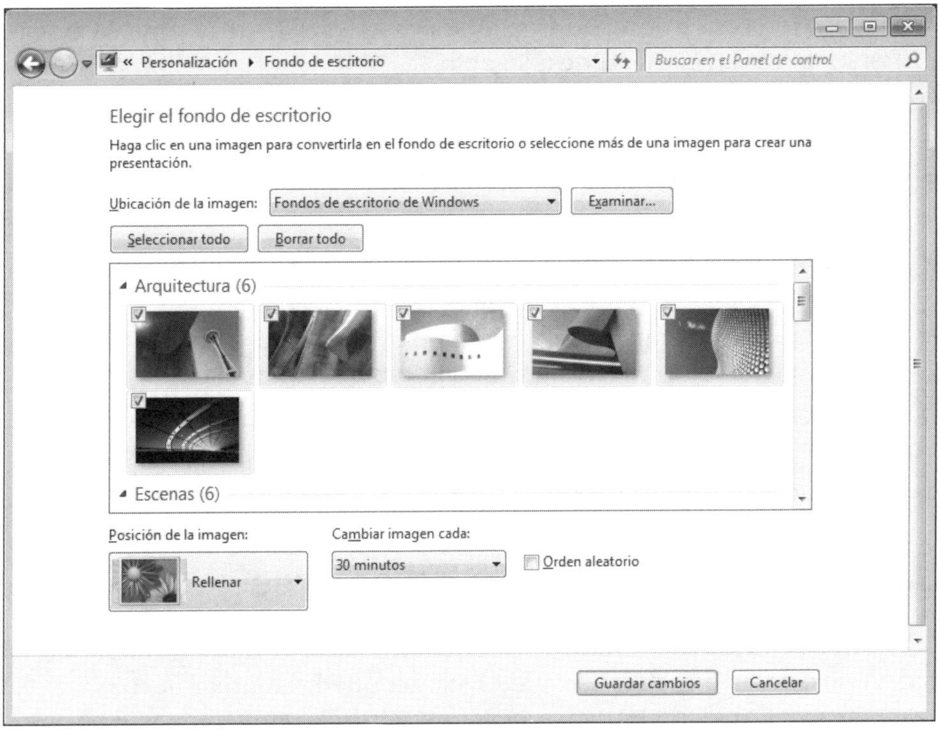

Figura 4.3. Aquí puede escoger un nuevo fondo para su escritorio de Windows Vista.

4. Busque en la lista de opciones hasta que encuentre el fondo que desee. Escoja el fondo haciendo clic sobre el mismo; el fondo se aplicará automáticamente a su escritorio.
5. Para decidir de qué manera se mostrará la imagen sobre la pantalla, haga clic en Posición de la imagen y elija una de las diferentes opciones que se muestran: Rellenar, Ajustar, Expandir, Mosaico, Centro.
6. Haga clic en **Guardar cambios**.

Crear un pase de diapositivas en el escritorio

Antes de la aparición de Windows 7, únicamente era posible seleccionar una imagen como fondo de escritorio. Sin embargo, Windows 7 nos permite visualizar múltiples fondos de escritorio, en forma de pase de diapositivas. Se trata de una forma estupenda de disfrutar de sus fotografías favoritas, sin necesidad de cambiar el fondo manualmente.
Para crear un pase de diapositivas, siga estos pasos:

1. Haga clic con el botón derecho sobre el escritorio y elija la opción Personalizar en el menú desplegable.
2. Una vez abierta la ventana Personalización, elija la opción Cambiar fondo de escritorio.
3. En la ventana Elegir el fondo de escritorio, haga clic en Ubicación de la imagen y seleccione el fondo deseado.
4. Mantenga presionada la tecla **Control** y haga clic en las imágenes de fondo que desee incluir en el pase de diapositivas.
5. Para establecer durante cuánto tiempo se mostrará la imagen de fondo, seleccione un valor de la lista Cambiar cada imagen cada.
6. Para mostrar las imágenes del fondo de forma aleatoria, active la casilla Orden aleatorio.
7. Haga clic en **Guardar cambios**.

Cambiar la combinación de colores

La interfaz principal de Windows 7 se denomina Aero, una agradable combinación de colores translúcidos. No obstante, puede cambiar la combinación de colores y el nivel de transparencia que se utiliza en ventanas y otros elementos de pantalla.
Para modificar el color y la transparencia de Windows 7, siga estos pasos:

1. Haga clic con el botón derecho sobre el escritorio y elija la opción Personalizar en el menú emergente.
2. En el Panel de control, seleccione Cambiar la combinación de colores (en la sección Apariencia y personalización).
3. Tras acceder a la ventana Color y apariencia de las ventanas, como se muestra en la figura 4.4, haga clic sobre el esquema de color que desee. De forma alternativa, puede activar la opción Mostrar el mezclador de colores para definir con precisión el matiz, la saturación y el brillo.

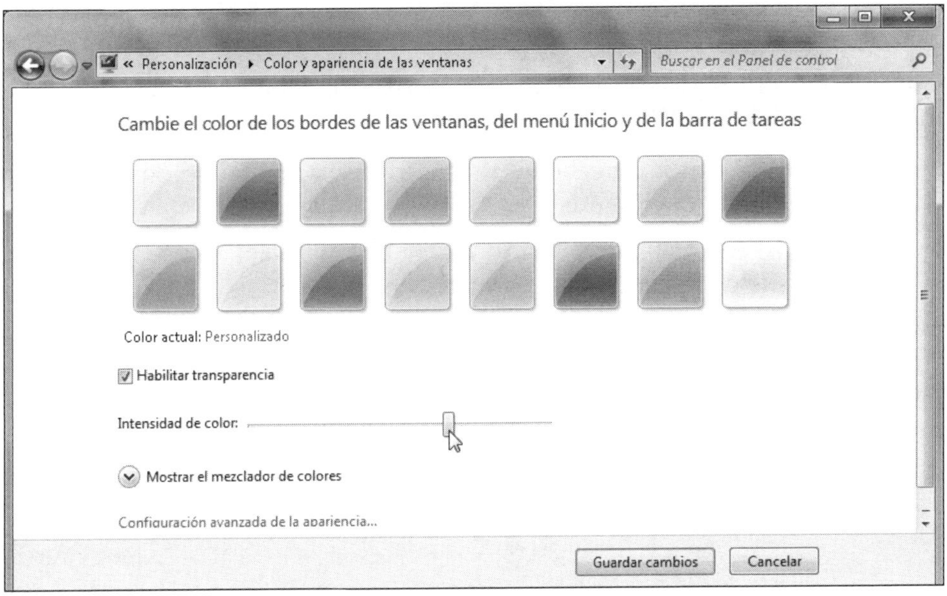

Figura 4.4. Escoja un nuevo esquema de color y transparencia para su escritorio de Windows 7.

4. Para hacer más transparentes las ventanas en pantalla, mueva el deslizador Habilitar transparencia hacia la izquierda. Para conseguir que las ventanas adquieran un aspecto más sólido, mueva el manejador a la derecha.
5. Cuando haya terminado, haga clic en **Guardar cambios**.

Nota:

Si su ordenador no tiene la potencia gráfica suficiente, no podrá mostrar la interfaz traslúcida de Aero. En ese caso, únicamente verá la interfaz básica de Windows 7, parecida a Aero pero sin la transparencia y muchos de los efectos tridimensionales de Windows 7. La interfaz básica es también la interfaz de la edición Starter de Windows 7, que no incluye la interfaz Aero.

Cambiar el tamaño del escritorio

Puede configurar la pantalla del equipo para que el escritorio sea más grande o más pequeño de lo normal. Un escritorio más grande permite ver más elementos en pantalla simultáneamente, aunque los diversos elementos sean más pequeños. Un escritorio más pequeño presenta menos elementos, si bien más grandes más grandes (lo que le resultará de gran ayuda si su vista no es perfecta). Para modificar el tamaño del escritorio, deberá cambiar la resolución de la pantalla de Windows. Para ellos, siga estos pasos:

1. Haga clic con el botón derecho sobre el escritorio y elija la opción Resolución de pantalla en el menú emergente.
2. En la ventana de resolución de pantalla, haga clic en el botón **Resolución**, tal y como se muestra en la figura 4.5.

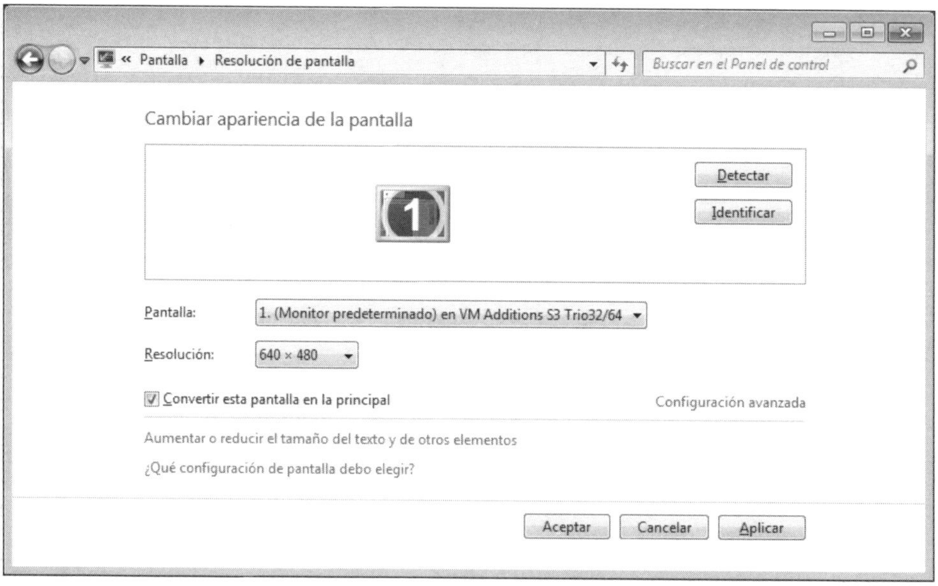

Figura 4.5. Utilice la ventana de Resolución de pantalla para configurar los ajustes de visualización de Windows.

3. Desplace el regulador hacia arriba para configurar una resolución más alta (y mostrar más elementos en el escritorio), o hacia abajo para configurar una resolución más baja.
4. Haga clic en **Aceptar** para aplicar los cambios.

Elegir un protector de pantalla

Un protector de pantalla muestra diseños en movimiento sobre la pantalla de nuestro equipo cuando no hemos escrito ni movido el ratón durante un tiempo, evitando que las imágenes permanezcan estáticas en nuestra pantalla y proporcionando algo de diversión si estamos aburridos en nuestra mesa de trabajo.

Para activar uno de estos protectores de pantalla incluidos en Windows 7, siga estos pasos:

1. Haga clic con el botón derecho sobre el escritorio y elija la opción Personalizar en el menú emergente.
2. En la ventana Personalización, elija Protector de pantalla.
3. En el cuadro de diálogo Configuración del protector de pantalla, como puede ver en la figura 4.6, seleccione el salvapantallas que desee del listado desplegable Protector de pantalla. Para obtener una vista previa de cualquiera de los protectores de pantalla disponibles, haga clic sobre el botón **Vista previa**.

Figura 4.6. Seleccione un protector de pantalla de Windows.

5. Haga clic sobre el botón **Configuración** para configurar las opciones específicas del protector de pantalla (si está disponible).
6. Cuando haya terminado haga clic en **Aceptar**.

Agregar gadgets al escritorio

Windows 7 permite agregar diversos *gadgets* al escritorio. Estos *gadgets*, como los que se muestran en la figura 4.7, son en realidad pequeñas aplicaciones que llevan a cabo una única función. Por ejemplo, el *gadget* Reloj muestra la hora actual y El tiempo informa sobre el estado y el pronóstico del tiempo en el área donde reside, y así sucesivamente. Para agregar *gadgets* al escritorio, siga estos pasos:

Figura 4.7. Gadgets del escritorio de Windows.

1. Haga clic con el botón derecho sobre el escritorio; seleccione la opción Gadgets.
2. En la ventana Gadgets, como se muestra en la figura 4.8, haga doble clic sobre el *gadget* que desea añadir.

Figura 4.8. Agregar nuevos gadgets.

3. Para ver una selección más amplia de *gadgets*, haga clic en el enlace Descargar más gadgets en línea.

Una vez haya añadido un *gadget* al escritorio, puede colocarlo en cualquier parte del mismo; para ello, haga clic sobre el *gadget* y arrástrelo con el ratón. Para eliminar un *gadget* del escritorio, pase el ratón por encima del *gadget* y haga clic sobre la X.

Algunos *gadgets* tienen opciones de visualización. Por ejemplo, en el *gadget* El tiempo podrá escribir información relativa a su ubicación para visualizar las condiciones climáticas y la predicción del tiempo de su localidad. Para configurar las opciones de un *gadget*, haga clic con el botón derecho sobre el mismo y seleccione Opciones.

Truco:

Puede modificar la cantidad de escritorio que se muestra tras el fondo del gadget. Haga clic con el botón derecho sobre el gadget, seleccione Opacidad *y a continuación elija un porcentaje de opacidad.*

Organizar los iconos del escritorio

Windows permite mostrar una serie de iconos de escritorio; los iconos son pequeñas miniaturas que aparecen en el escritorio y que funcionan como accesos directos para la apertura de aplicaciones y documentos. Colocar un acceso directo en el escritorio es una alternativa a abrir elementos desde el menú Inicio.

Crear nuevos accesos directos en el escritorio

Para crear un nuevo acceso directo en el escritorio siga estos pasos:

1. Desde el Explorador de Windows, localice la aplicación o el documento para el que desea crear un acceso directo.
2. Haga clic con el botón derecho del ratón en el icono del archivo y seleccione Enviar a>Escritorio (crear acceso directo).

Para eliminar un icono de acceso directo del escritorio, arrástrelo hasta la Papelera de reciclaje.

Truco:

También puede crear un acceso directo haciendo clic con el botón derecho y arrastrando el icono de un archivo directamente hasta el escritorio, o haciendo clic con el botón derecho del ratón en el escritorio y seleccionando Nuevo>Acceso directo *del menú contextual.*

Cambiar el nombre de un acceso directo

Al crear un nuevo icono de acceso directo, se añaden automáticamente las palabras "acceso directo" ("Acceso directo a" en XP) al nombre del icono. Puede cambiarlo, si lo desea.

Para cambiar el nombre de un acceso directo siga estos pasos:

1. Haga clic con el botón derecho del ratón en el acceso directo de su escritorio.
2. Seleccione Cambiar nombre del menú contextual.
3. El nombre del acceso directo aparece resaltado en el escritorio. Utilice las teclas **Supr** o **Retroceso** para borrar partes del nombre existente y posteriormente escriba un nuevo nombre. Cuando haya terminado de introducir el nuevo nombre pulse **Intro**.

Ordenar los iconos del escritorio

Todos esos iconos del escritorio nos permiten abrir rápidamente la mayoría de los programas que utilizamos más frecuentemente, pero realmente nuestro escritorio puede presentar un aspecto muy desordenado. Para ordenar los iconos, haga clic con el botón derecho del ratón en un área en blanco del escritorio, seleccione Ordenar por y elija una de las siguientes opciones del menú contextual:

- Nombre: Ordena elementos alfabéticamente por nombre de archivo.
- Tamaño: Ordena elementos por tamaño de archivo, del más pequeño al más grande.
- Tipo: Ordena elementos por tipo de archivo, agrupando los archivos con la misma extensión.
- Fecha modificación: Ordena elementos por fecha, del más antiguo al más reciente.

Asimismo, puede hacer que todos los iconos del escritorio se plieguen en una rejilla invisible. Haga clic con el botón derecho sobre el escritorio, elija Ver>Organizar iconos automáticamente.

Cambiar el funcionamiento del menú Inicio

Para abrir cualquier programa utilizamos el menú Inicio. Windows ofrece diversas vías para personalizar la forma en que se comporta el menú Inicio.

Mostrar menos programas en el menú Inicio

De forma predeterminada, el menú Inicio muestra las diez aplicaciones ejecutadas recientemente. Si le parecen demasiadas, puede volver a configurar el menú Inicio para que muestre menos aplicaciones.
Para mostrar menos programas siga estos pasos:

1. Haga clic con el botón derecho del ratón en el botón **Inicio** y seleccione Propiedades del menú contextual.
2. Cuando se muestre el cuadro de diálogo Propiedades de la barra de tareas y del menú Inicio, seleccione la ficha Menú Inicio.
3. Haga clic sobre el botón **Personalizar** para abrir el cuadro de diálogo Personalizar el menú Inicio.
4. Seleccione un nuevo número en la lista ¿Cuántos programas recientes desea mostrar?
5. Haga clic en **Aceptar** cuando haya terminado.

Agregar un programa al menú Inicio de forma permanente

Si no se siente totalmente cómodo con la forma en que los programas entran y salen del menú Inicio, puede agregar cualquier programa a dicho menú de forma permanente. Lo único que tiene que hacer es seguir estos pasos:

1. Haga clic sobre el botón **Inicio** para abrir el menú Inicio.
2. Haga clic sobre Todos los programas para abrir el menú de programas.
3. Localice un programa específico.
4. Haga clic con el botón derecho del ratón en el programa que desea mostrar en el menú.
5. Seleccione Anclar al menú Inicio.

El programa seleccionado aparecerá en el menú Inicio, justo debajo de los iconos del explorador y del correo electrónico.

Truco:

También puede "anclar" programas a la barra de tareas de Windows 7. Haga clic con el botón derecho sobre una aplicación en la lista Todos los programas *y seleccione la opción* Anclar a la barra de tareas.

Para eliminar un programa anclado al menú Inicio, haga clic con el botón derecho del ratón en su icono y seleccione Desanclar del menú Inicio.

Restablecer la fecha y la hora

La fecha y la hora de nuestro sistema debería establecerse automáticamente la primera vez que encendemos el equipo, pero si necesita cambiar o restablecer esta opción, siga estos pasos:

1. Haga clic sobre la hora en el área de notificación y seleccione Cambiar la configuración de fecha y hora.
2. Se abrirá el cuadro de diálogo Fecha y hora. Seleccione la pestaña Fecha y hora.
3. Haga clic en el botón **Cambiar fecha y hora**.
4. En el cuadro de diálogo Valores de fecha y hora, seleccione el mes y año correctos; a continuación, utilice el control del reloj para establecer la hora correcta.
5. Haga clic en **Aceptar** cuando haya terminado.

También puede configurar la zona horaria dentro del cuadro de diálogo de Fecha y hora. Haga clic sobre el botón **Cambiar zona horaria** y seleccione su zona horaria en el cuadro de lista desplegable.

Configurar usuarios adicionales

Es muy probable que tenga que compartir el equipo con más de una persona. Es muy probable que comparta su equipo con su pareja e hijos. Afortunadamente, Windows admite una configuración múltiple, para que las distintas personas que utilicen el equipo inicien la sesión con sus propias configuraciones personalizadas (y accedan a sus propios archivos personales).

Debe asignar a cada usuario su propia cuenta protegida por contraseña. Así, se le denegará el acceso a cualquiera que intente acceder a la cuenta y a los archivos de otro usuario sin la contraseña correcta.

Puede establecer dos tipos diferentes de cuentas de usuario en el equipo: administrador y usuario estándar (en XP, llamado usuario limitado). Sólo el administrador del equipo puede realizar cambios en todo el sistema para el PC, instalar software y acceder a todos los archivos del sistema.

Cuando instaló Windows por primera vez en su PC, se configuró como administrador. Los demás miembros de su familia deberán poseer cuentas limitadas; así podrán utilizar el equipo y acceder a sus propios archivos pero no podrán instalar software ni estropear los parámetros de configuración del equipo.

Truco:

Puede configurar más de una cuenta de administrador en un PC; así, por ejemplo, podría establecer una cuenta para usted, y otra para su pareja.

Crear una nueva cuenta

Sólo el administrador del equipo puede añadir un nuevo usuario al sistema. Para configurar una nueva cuenta en una máquina en Windows 7, siga estos pasos:

1. Haga clic en el botón **Inicio** y seleccione Panel de control.
2. Cuando se muestre el Panel de control, seleccione Agregar o quitar cuentas de usuario (en la sección Cuentas de usuario y protección infantil).
3. Cuando aparezca la próxima ventana, haga clic en Crear una nueva cuenta.
4. Cuando Windows se lo pida, introduzca un nombre para la cuenta y seleccione si la cuenta será de administrador o de usuario estándar.
5. Haga clic sobre el botón **Crear cuenta**.

Windows crea la nueva cuenta y asigna aleatoriamente una imagen que va a aparecer junto al nombre de usuario.

Cambiar una cuenta

Si no le gusta la imagen asignada a una cuenta, puede cambiarla en cualquier momento: abra el Panel de control y seleccione la opción Agregar o quitar cuentas de usuario, Cuando aparezca la ventana de administración de cuentas, como se muestra en la figura 4.9, seleccione la cuenta que desea cambiar y escoja la opción Cambiar la imagen.

De forma predeterminada, no se asigna ninguna contraseña a la nueva cuenta. Si desea asignar una contraseña, vuelva a la utilidad Agregar o quitar cuentas de usuario, seleccione la cuenta y seleccione la opción Crear una contraseña.

Figura 4.9. Gestión de las cuentas de usuario.

Advertencia:

Si crea una contraseña para su cuenta, más le vale recordarla. Si la olvida... ¡no podrá acceder a Windows (ni a ninguna aplicación ni documento)!

Resumen

Éstos son los puntos más importantes de este capítulo:

- La mayor parte de los ajustes de Windows se configuran a través del Panel de control.
- En Windows 7, puede cambiar el fondo del escritorio, el esquema de color, la transparencia de las ventanas y el salvapantallas.
- Puede modificar la cantidad de programas que se muestran en el menú Inicio y decidir qué programas quedarán "anclados" en dicho menú.
- Si tiene múltiples usuarios para el mismo equipo, cree una cuenta de usuario para cada persona y asigne a cada usuario una contraseña propia. (¡Sólo tiene que asegurarse de recordar siempre su propia contraseña, o de lo contrario no podrá iniciar sesión en Windows!)

Capítulo 5

Trabajar con archivos y carpetas

En este capítulo aprenderá a:

- Comprender los archivos y carpetas.
- Visualizar carpetas y archivos.
- Navegar entre carpetas.
- Trabajar con bibliotecas.
- Buscar archivos.
- Crear nuevas carpetas.
- Cambiar el nombre de archivos y carpetas.
- Copiar archivos.
- Mover archivos.
- Eliminar archivos.
- Trabajar con carpetas comprimidas.
- Copiar archivos a otro ordenador.
- Realizar una copia de seguridad de sus archivos importantes.

Gestionar la información almacenada en su ordenador es de vital importancia. Después de guardar un archivo, puede que necesite copiarlo a otro ordenador, moverlo a otra ubicación en su disco duro, cambiar su nombre o incluso borrarlo. Debe saber el modo en que se realizan estas operaciones, lo que significa que debe aprender a trabajar con los archivos, carpetas y discos de Windows.

Comprender los archivos y carpetas

Toda la información de un equipo dado se guarda en archivos. Un archivo no es más que una colección de datos digitales. El contenido de un archivo puede ir desde el documento de una aplicación (como una hoja de cálculo de Excel o un documento de Word) al código ejecutable de la propia aplicación.

Todos los archivos tienen un nombre único propio. La nomenclatura de archivos cuenta con una estructura definida, cuyas convenciones es necesario seguir para que Windows sepa exactamente cuál es el archivo deseado cuando intentamos acceder a un archivo. Un nombre de archivo consta de dos partes, separadas por un punto: el nombre (a la izquierda del punto) y la extensión (a la derecha del punto). Puede contener letras, números, espacios y caracteres, y es parecido a: `nombre de archivo.ext`.

Windows almacena los archivos en carpetas. Una carpeta es una especie de archivo maestro; cada carpeta puede contener tanto archivos como carpetas adicionales. La ubicación exacta de un archivo se denomina ruta de acceso y contiene todas las carpetas que conducen a dicho archivo. Por ejemplo, un archivo denominado `nombre de archivo.doc` que se encuentra dentro de la carpeta `system`, que a su vez se encuentra dentro de la carpeta `windows` en la unidad `c:\`, tiene la siguiente ruta de acceso: `c:\windows\system\nombre de archivo.doc`. El aprendizaje del manejo de archivos y carpetas es una destreza imprescindible para cualquier usuario informático. Puede que necesite copiar archivos de una carpeta a otra o desde el disco duro a un disquete. Evidentemente necesitará eliminar archivos continuamente.

Truco:

Por defecto, Windows oculta las extensiones cuando muestra los nombres de archivo. Para mostrar las extensiones en Windows 7, abra el Panel de control, *seleccione* Apariencia y personalización, *y escoja* Opciones de carpeta. *En el cuadro de diálogo* Opciones de carpeta, *seleccione la pestaña* Ver; *en* Configuración avanzada, *desactive la casilla* Ocultar las extensiones de archivo para tipos de archivo conocidos. *Haga clic en* **Aceptar** *cuando termine.*

Visualizar carpetas y archivos

En Windows 7 puede utilizar el Explorador de Windows para ver las distintas carpetas y archivos del sistema. Si bien existen múltiples vías para abrir el explorador de Windows, la forma más fácil consiste en hacer clic sobre el icono del Explorador de Windows (véase la figura 5.1) en la barra de tareas (también puede abrir las carpetas `Documentos`, `Imágenes`, `Música` o `Equipo` del menú Inicio).

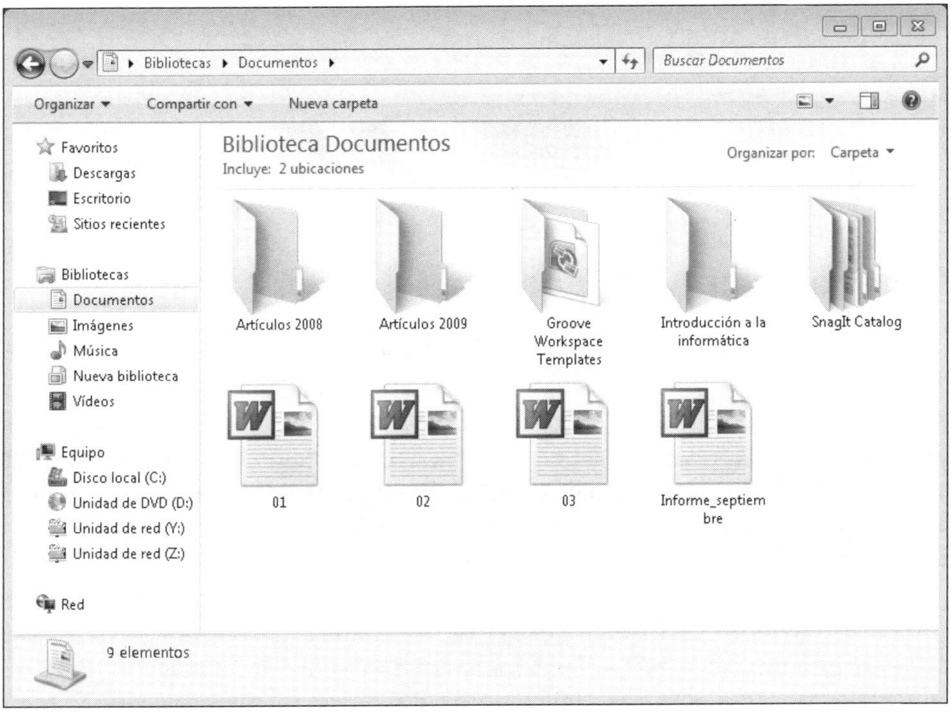

Figura 5.1. Gestione sus archivos y carpetas a través del explorador de Windows.

Como puede comprobar en la figura 5.1, el Explorador de Windows contiene no sólo archivos individuales, sino también otras carpetas (denominadas "subcarpetas") que contienen, a su vez, otros archivos. La mayoría de las operaciones relacionadas con archivos se pueden ejecutar directamente desde el botón **Organizar** para mostrar el menú Organizar, o haciendo clic con el botón derecho del ratón sobre el icono de de un archivo para mostrar su menú contextual.

Cambiar el modo en que se muestran los archivos

Existen varias vías para cambiar la vista de archivos. Haga clic sobre el botón **Vistas** de la barra de herramientas del Explorador; se mostrará un menú contextual. Aquí podrá seleccionar una de las vistas disponibles: Iconos muy grandes, Iconos grandes, Iconos medianos, Iconos pequeños, Lista, Detalles o Mosaicos. También puede mover el deslizador arriba y abajo para cambiar el tamaño de los iconos de las carpetas y archivos.

Truco:

Cualquiera de las vistas de iconos es perfecta para trabajar con archivos de imágenes, o para obtener una vista en miniatura del contenido del archivo. La vista Detalles *es recomendable para buscar archivos por fecha o tamaño.*

Ordenar archivos y carpetas

Cuando visualizamos archivos en el Explorador de Windows, podemos ordenar los archivos y las carpetas de diversas formas. Para ello, haga clic con el botón derecho del ratón en cualquier área de la ventana del explorador, seleccione la opción Ordenar por y escoja la ordenación por Nombre, Fecha modificación, Tipo, Tamaño o Etiquetas. También puede elegir si desea ordenar los elementos en orden ascendente o descendente.

Si desea ver sus archivos en orden alfabético, seleccione organizar los iconos por Nombre. Para ver todos los archivos similares agrupados, seleccione organizar los iconos por Tipo. Si desea organizar sus archivos por fecha y hora de su última modificación, seleccione la opción Fecha modificación. Para organizarlos por una etiqueta aplicada por el usuario (asumiendo que lo haya hecho en el archivo en el programa de origen), escoja la opción Etiquetas.

Agrupar archivos y carpetas

También podemos configurar Windows para agrupar los archivos de una carpeta, con el fin de facilitar la identificación de determinados archivos. Por ejemplo, si organiza sus archivos por hora y fecha de modificación, se agruparán por fecha (Hoy, Ayer, La semana pasada, etcétera). Si ordena sus archivos por tipo, se agruparán por extensión de archivo y así sucesivamente.

Para activar el agrupamiento, haga clic en cualquier área de la ventana del explorador, seleccione Ordenar por y escoja agrupar por Nombre, Fecha modificación, Tipo, Tamaño o Etiquetas. Windows agrupará sus archivos y carpetas usando el criterio elegido.

Exploración de carpetas

Puede explorar todas las carpetas y subcarpetas de diversas formas:

- Para ver el contenido de una unidad o carpeta, haga doble clic en el elemento seleccionado.
- Para volver de nuevo a la unidad o carpeta seleccionada anteriormente, haga clic en el botón **Atrás** en la barra de herramientas.
- Para mostrar el historial de unidades y carpetas vistas anteriormente, haga clic en la flecha que apunta hacia abajo en la barra de direcciones de la parte superior del Explorador y seleccione una unidad o carpeta.
- Si ha retrocedido a través de varios discos y carpetas, puede volver hacia delante a la siguiente carpeta haciendo clic en el botón **Adelante** de la barra de herramientas.
- Para dirigirse directamente a cualquier unidad o carpeta, introduzca la ruta de acceso en la barra de direcciones (con el formato `x:\carpeta\subcarpeta`) y pulse **Intro**.
- Retroceda usando la lista de carpetas que se muestra en la barra de direcciones. Haga clic en cualquier carpeta previa (están separadas por flechas) para mostrar esa carpeta en concreto.

También puede dirigirse directamente a algunas carpetas especiales utilizando la lista de localizaciones del panel de navegación ubicado en el panel izquierdo de la ventana del Explorador. Este panel muestra las localizaciones más habituales para los archivos de su sistema. La parte superior del panel muestra sus enlaces favoritos, incluyendo las carpetas `Documentos`, `Imágenes` y `Música`. La sección de carpetas de la parte inferior del panel muestra el contenido de su sistema en una estructura en árbol. Haga doble clic sobre cualquier sección del árbol para mostrar el contenido de ese elemento.

Nota:

Haga clic en cualquier de las flechas entre ubicaciones de la barra de Direcciones *para visualizar rutas adicionales desde dicha ubicación.*

Trabajar con bibliotecas

Una de las novedades de Windows 7 es el concepto de bibliotecas, una nueva vía para la gestión de archivos. Una biblioteca es una especie de carpeta virtual: no existe físicamente en su disco duro, sino que apunta a las subcarpetas y archivos que hayamos creado dentro del mismo.

En el Explorador de Windows podrá ver cuatro bibliotecas. Los iconos **Documentos**, **Música**, **Imágenes** y Vídeos no apuntan a carpetas específicas, sino a bibliotecas a archivos de un tipo dado, independientemente de cuál sea la ubicación de los documentos respectivos en el disco duro. Al hacer doble clic, no se abre la carpeta `Documentos` (aun cuando dicha carpeta existe), sino que se abre una colección virtual de documentos.

Así pues, Windows 7 muestra todos sus documentos en la biblioteca Documentos, independientemente de cuál sea la carpeta en la que estén almacenados. Todos los archivos digitales de música se muestran en la biblioteca Música, todas las fotografías en la biblioteca Imágenes, y todos los archivos de vídeo se mostrarán en la biblioteca Vídeos.

Además de estas cuatro bibliotecas por defecto, puede crear sus propias bibliotecas para organizar archivos de forma virtual ubicados en cualquier carpeta del disco duro. Puede utilizar sus propias bibliotecas personalizadas para organizar un conjunto de archivos ubicados en diferentes carpetas de su disco duro. Por ejemplo, puede crear una biblioteca para un proyecto que tenga documentos de Word almacenados en una carpeta, hojas de cálculo de Excel en otra, y fotografías en una tercera.

Para crear la nueva biblioteca, abra el Explorador de Windows y siga estos pasos:

1. Haga clic en el botón **Nueva biblioteca** en la barra de herramientas del Explorador de Windows.
2. Cuando aparezca el icono de la nueva biblioteca, dé un nombre a la misma.
3. Haga doble clic sobre el icono correspondiente a la nueva biblioteca.
4. En la siguiente pantalla, haga clic en el botón **Incluir una carpeta**.
5. En el cuadro de diálogo Incluir carpeta en Nueva biblioteca, localice y haga clic en la carpeta que desea incluir en la biblioteca. A continuación haga clic en el botón **Incluir carpeta**.

Para añadir más carpetas a la biblioteca, abra la biblioteca y haga clic en el enlace Carpeta X debajo del nombre de la biblioteca. Al abrirse la ventana Ubicaciones de nueva biblioteca, haga clic en el botón **Agregar**. En la siguiente ventana, localice la carpeta que desea incluir, y a continuación haga clic en el botón **Incluir carpeta**. Repita estos pasos para agregar más carpetas a la biblioteca.

Buscar archivos

Por organizado que sea, no siempre será capaz de encontrar el archivo específico que desee. Afortunadamente, Windows 7 ofrece un modo muy sencillo de localizar archivos difíciles de encontrar por medio de la función de búsqueda. Esta función indexa todos los archivos almacenados en su disco duro (incluyendo los mensajes de correo) por su tipo, título y contenido. De este modo, puede realizar búsquedas de archivos por su extensión, nombre de archivos o palabras clave de los documentos.
Para utilizar la función de búsqueda, siga estas indicaciones:

1. En la ventana del Explorador, localice el cuadro de texto Buscar en la parte superior derecha de la ventana, como se muestra en la figura 5.2.

Figura 5.2. El cuadro de texto Buscar del Explorador de Windows.

2. Escriba una o más palabras clave en el cuadro de texto.
3. Pulse **Intro** o haga clic sobre el icono que muestra una lupa.

Windows le mostrará una lista de los archivos que concuerden con el criterio de búsqueda. Haga clic sobre cualquier icono para abrir el archivo.

Truco:

También puede buscar archivos usando la casilla de búsqueda instantánea del menú Inicio *de Windows.*

Crear nuevas carpetas

Cuantos más archivos creamos, más difícil resulta organizarlos y localizarlos en el disco duro. Cuando el número de archivos es imposible de controlar, necesitamos crear más carpetas (y subcarpetas) para clasificar mejor nuestros archivos.

Para crear una nueva carpeta, siga estos pasos:

1. Localice la unidad o la carpeta en la que desee colocar la nueva carpeta.
2. Haga clic sobre el botón **Organizar** para mostrar su menú emergente y seleccione Nueva carpeta.
3. Aparecerá una nueva carpeta vacía en el Explorador de Windows con el nombre de archivo `Nueva carpeta` resaltado.
4. Escriba un nombre para su carpeta (que sobrescribirá el nombre `Nueva carpeta`) y pulse **Intro**.

Advertencia:

Los nombres de archivos y carpetas pueden contener hasta 255 caracteres (incluidos muchos caracteres especiales). Sin embargo, algunos caracteres especiales no están permitidos, es decir, no se pueden utilizar en el nombre de un archivo o carpeta. Estos caracteres son los siguientes: \, /, :, *, ?, ", <, > *y* |.

Cambiar el nombre de archivos y carpetas

Al crear un nuevo archivo o carpeta, es aconsejable proporcionarle un nombre que describa de alguna manera su contenido. Sin embargo, a veces puede que tengamos que cambiar el nombre del archivo. Afortunadamente Windows nos facilita la tarea.

Para cambiar el nombre de un archivo (o de una carpeta) siga estos pasos:

1. Seleccione el archivo o la carpeta cuyo nombre desea cambiar.
2. Haga clic sobre el botón **Organizar** y seleccione Cambiar nombre del menú desplegable (o pulse **F2** en su teclado); el nombre del archivo aparecerá resaltado.
3. Escriba un nuevo nombre para el archivo o carpeta (que sobrescribirá el actual) y pulse **Intro**.

Advertencia:

La única parte del nombre del archivo que no debe cambiar nunca es la extensión (la parte que se sitúa después del punto). La razón es que Windows y otros programas de software reconocen distintos tipos de archivos y documentos de programa por su extensión. Ésta es la razón por la que, por omisión, Windows esconde las extensiones de los archivos, para que no puedan cambiarse por error.

Copiar archivos

Ha llegado el momento de explicar algunas de las acciones que se pueden hacer con los archivos: copiarlos y moverlos de una ubicación a otra. Es importante recordar que "copiar" no es lo mismo que "mover". Cuando copiamos un elemento, el elemento original permanece en su ubicación y una copia del mismo en otra ubicación. Cuando movemos un elemento, el elemento original desaparece de su ubicación original y lo que tendremos será un elemento en una nueva ubicación.

El método fácil para copiar

Para copiar un archivo o una carpeta con Windows Vista siga estos pasos:

1. Seleccione el elemento que desea copiar.
2. Haga clic sobre el botón **Organizar** y seleccione Copiar del menú emergente.
3. Utilice el Explorador de Windows para navegar hasta la nueva localización del elemento.
4. Haga clic en **Organizar** y escoja la opción Pegar del menú contextual.

Y eso es todo. Acaba de copiar un archivo de una ubicación a otra.

Otros métodos para copiar

El método que acabamos de presentar es sólo uno de los diversos métodos existentes para copiar un archivo. Windows Vista proporciona otros métodos:

- Haga clic con el botón derecho del ratón sobre un archivo, seleccione Copiar del menú contextual y posteriormente péguelo en su nueva ubicación.
- Haga clic con el botón derecho del ratón sobre un archivo, seleccione Enviar a del menú contextual y seleccione una ubicación de las opciones que aparecen en la lista.
- Mantenga presionada la tecla **Control** y utilice el ratón para arrastrar el archivo o carpeta de una ubicación a otra dentro del Explorador de Windows.
- Arrastre el archivo o carpeta mientras mantiene presionado el botón derecho del ratón. Cuando coloque el archivo en la nueva ubicación, un menú emergente le preguntará si desea mover o copiar el archivo. Seleccione la opción Copiar.

Mover archivos

Mover un archivo (o carpeta) es distinto a copiarlo. Al mover un archivo, lo cortamos de su ubicación anterior y lo colocamos en una nueva ubicación. Copiar deja el elemento original donde estaba y crea una copia del elemento en otra parte. En otras palabras, cuando copiamos algo, tendremos dos elementos. Cuando movemos algo, sólo tenemos uno.

Método fácil para mover archivos

Para mover un archivo siga estos pasos:

1. Seleccione el elemento que desea mover.
2. Haga clic en el botón **Organizar** y escoja la opción Cortar del menú contextual.
3. Utilice el Explorador de Windows para acceder a la nueva ubicación para el elemento.
4. Haga clic en el botón **Organizar** y seleccione la opción Pegar del menú contextual.

Otros métodos para mover archivos

Del mismo modo que Windows ofrece diversos métodos para copiar un archivo, también podemos optar por métodos alternativos para mover un archivo, incluidos los siguientes:

- Haga clic con el botón derecho del ratón en el nombre del archivo, seleccione Cortar del menú desplegable y pegue el archivo en su nueva ubicación.
- Utilice el ratón para arrastrar el archivo de una ubicación a otra.
- Arrastre el archivo o la carpeta mientras mantiene presionado el botón derecho del ratón. Cuando coloque el archivo en una nueva ubicación, verá un menú desplegable preguntando si desea mover o copiar el archivo. Seleccione la opción Mover.

Eliminar archivos

Guardar muchos archivos consume espacio en el disco duro. En concreto, los archivos de música y vídeo ocupan mucho espacio en disco. Para no desperdiciar espacio, deberá eliminar periódicamente los archivos (y carpetas) que ya no necesita.

El método fácil para eliminar

Eliminar un archivo es tan fácil como seguir estos dos pasos:

1. Seleccione el archivo.
2. Haga clic en el botón **Organizar** y escoja Eliminar del menú emergente.

Esta sencilla operación envía el archivo a la Papelera de reciclaje de Windows, un tipo de papelera para los archivos eliminados. (Este elemento también tiene que vaciarse periódicamente, tal como explicaremos un poco más adelante.)

Otros métodos para eliminar un archivo

Como puede imaginar, existen otros métodos para borrar archivos en Windows 7. En particular, puede realizar las siguientes acciones:

- Seleccione el archivo y pulse la tecla **Supr** de su teclado.
- Arrastre el archivo desde la ventana del explorador hasta la Papelera de reciclaje de su escritorio.

Restablecer archivos eliminados

¿Qué pasaría si accidentalmente eliminásemos un archivo por error? En este caso, estamos de suerte. Durante un corto periodo de tiempo, Windows guarda los archivos que eliminamos en la Papelera de reciclaje. Este elemento es en realidad una carpeta especial de nuestro disco duro; si ha eliminado recientemente un archivo, éste seguirá guardado en la carpeta `Papelera de reciclaje`.

Para restablecer a su posición anterior un archivo eliminado, siga estos pasos:

1. Haga doble clic sobre el icono **Papelera de reciclaje** del escritorio (véase la figura 5.3) para abrir la carpeta `Papelera de reciclaje`.
2. Seleccione el archivo que desea restablecer.
3. Seleccione Restaurar este elemento en la barra de herramientas.

Así se copia el archivo eliminado y vuelve a su ubicación original, listo para seguir utilizándolo.

Figura 5.3. La Papelera de reciclaje es el lugar donde se guardan todos los elementos eliminados.

Administrar la Papelera de reciclaje

Los archivos eliminados no permanecen en la Papelera de reciclaje indefinidamente. De forma predeterminada, los archivos eliminados en la Papelera de reciclaje pueden ocupar el 10 por 100 del espacio en disco duro. Cuando haya eliminado una cantidad de archivos que excedan este 10 por 100, los elementos más antiguos se eliminarán permanentemente del disco duro de forma automática.

Si desea vaciar la Papelera de reciclaje manualmente (y liberar así espacio en el disco duro) siga estos pasos:

1. Haga doble clic sobre el icono **Papelera de reciclaje** en su escritorio para abrir la carpeta `Papelera de reciclaje`.
2. Seleccione Vaciar la Papelera de reciclaje de la barra de herramientas.
3. Cuando se abra el cuadro de diálogo Eliminar elementos múltiples, haga clic en **Sí** para borrar los archivos de forma permanente, o haga clic en **No** para seguir guardando los archivos en la Papelera de reciclaje.

Trabajar con carpetas comprimidas

Los archivos de gran tamaño son difíciles de mover o copiar. Son especialmente difíciles de transferir a otros usuarios, ya sea a través del correo electrónico o de una unidad de disco portátil.

Afortunadamente, Windows incluye un método para conseguir que los archivos más grandes ocupen menos espacio. Las carpetas comprimidas comprimen los archivos más grandes reduciendo su tamaño, lo que significa que serán más fáciles de copiar o mover.

Una vez transferido el archivo, podemos descomprimirlo de nuevo a su estado original.

Comprimir un archivo

Comprimir uno o más archivos es una tarea relativamente fácil para cualquier carpeta de Windows. Sólo tiene que seguir estos pasos:

1. Seleccione el archivo o archivos que desea comprimir.
2. Haga clic con el botón derecho del ratón en el archivo o archivos para abrir el menú contextual.
3. Seleccione Enviar a>Carpeta comprimida (en zip).

Windows crea una nueva carpeta que contiene versiones comprimidas del archivo o archivos seleccionados. (Esta carpeta se distingue por una pequeña cremallera que aparece en el icono de la carpeta, como muestra la figura 5.4.) Ahora puede mover, copiar o enviar por correo electrónico esta carpeta con un tamaño mucho menor que el del archivo o archivos originales.

Figura 5.4. Carpeta comprimida que contiene uno o más archivos.

Nota:

La carpeta comprimida en realidad es un archivo con una extensión `.zip`*, por lo que se puede utilizar con otros programas de compresión/descompresión, como WinZip.*

Extraer archivos de una carpeta comprimida

El proceso de descomprimir un archivo es en realidad un proceso de extracción, ya que extraemos el archivo o archivos originales de la carpeta comprimida. En Windows 7, este proceso se ha simplificado gracias al asistente de extracción. Siga estos pasos:

1. Haga clic con el botón derecho en la carpeta comprimida para abrir el menú contextual.
2. Seleccione Extraer todo.
3. Cuando se abra el asistente de extracción, seleccione la carpeta a la que desea extraer los archivos y haga clic en **Siguiente** para completar el proceso.

Copiar archivos a otro ordenador

Naturalmente, no está limitado a copiar y mover archivos desde una ubicación a otra de un único ordenador. También puede copiar archivos a otros ordenadores por medio de una conexión de red o con la ayuda de algún medio de almacenamiento portátil.

Copiar archivos a través de una red

Hablaremos más sobre las operaciones que se realizan a través de una red en el capítulo 7. Por el momento, es importante saber que si su PC está conectado a una red y ha activado el uso compartido de los archivos, podrá copiar y mover archivos desde un ordenador a otro de la red, tal y como lo haría entre las carpetas de su ordenador.

En Windows Vista, puede acceder a otros ordenadores de su red abriendo el menú Inicio y seleccionando Red en el panel Navegación. Como puede ver en la figura 5.5, en esta ventana se muestran todos los ordenadores de la red; haga doble clic sobre el icono de un PC para ver las carpetas públicas (compartidas) de ese equipo. A partir de ese momento podrá copiar archivos a o desde cualquier carpeta pública de la red.

Copiar archivos en una unidad de almacenamiento extraíble

Si no dispone de una red, puede usar una unidad de almacenamiento extraíble para transportar archivos de un ordenador a otro. El tipo de dispositivo de almacenamiento portátil más extendido hoy en día es la unidad de memoria USB, como la que se muestra en la figura 5.6, que almacena los datos en memoria flash. Puede adquirir unidades USB con una capacidad de hasta 32 Gb, suficientes para contener archivos de gran tamaño.

Para utilizar una unidad de almacenamiento USB, conecte el dispositivo a un puerto USB libre de su ordenador. Una vez conectado, se mostrará como una nueva unidad en el Explorador del equipo. Haga doble clic sobre la unidad de almacenamiento USB para ver su contenido; después podrá copiar y pegar archivos desde su disco duro a la unidad USB, y viceversa. Cuando haya terminado de copiar archivos, simplemente retire el dispositivo USB. Es así de sencillo.

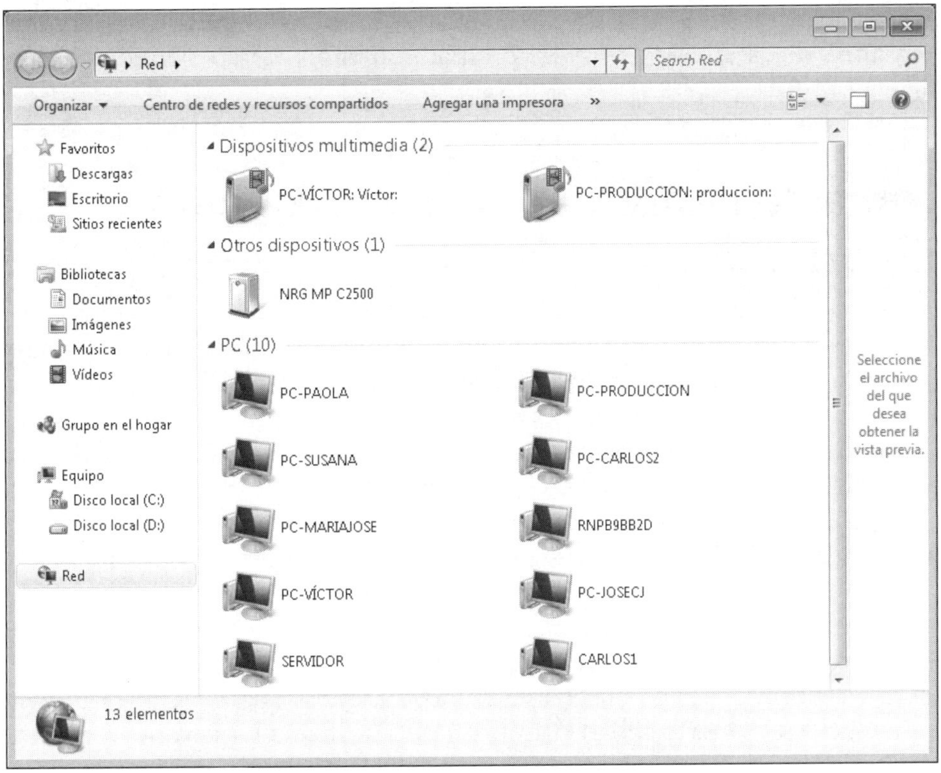

Figura 5.5. Aquí se pueden ver todos los PC de la red doméstica en Windows Vista.

Figura 5.6. Utilice una unidad de almacenamiento USB para transportar archivos de un ordenador a otro.

Copiar archivos a través del correo electrónico

Otro modo muy extendido de enviar archivos de un ordenador a otro consiste en mandarlos como un archivo adjunto a un mensaje de correo electrónico; el archivo literalmente se adjunta al mensaje de correo. Tras enviar el mensaje, el receptor podrá abrir o guardar el archivo cuando lea el mensaje. Para aprender a enviar archivos como adjuntos de correo electrónico, consulte el capítulo 28.

Copia de seguridad de sus archivos importantes

Hablemos ahora de la seguridad de sus archivos. ¿Qué haría si su ordenador o el disco duro se estropeasen? ¿Y si se perdieran irremediablemente todos sus archivos y documentos importantes?

No debería ser así si uno es lo suficientemente precavido como para realizar una copia de seguridad de los archivos importantes de forma periódica. Para ello, basta con conectar un disco duro externo a su ordenador. Compre un disco externo lo suficientemente grande (con una capacidad mínima de 200 Gb) y podrá copiar su disco duro al completo a la unidad externa. Si el ordenador se estropea, podrá restaurar sus archivos de copia de seguridad desde la unidad externa al disco duro de su ordenador.

Los discos duros externos suelen costar unos 100 euros y se conectan fácilmente por medio de un puerto USB o FireWire. Puede utilizar el software propietario de copia de seguridad que acompaña a muchas unidades externas o emplear la utilidad Centro de copias de seguridad y restauración de Windows. Utilice el programa que utilice, debería realizar una copia de seguridad de sus datos al menos una vez por semana, o mejor diariamente. Éste es el modo de asegurarse de que no pierde datos recientes si ocurre lo peor.

Nota:

Puede consultar más información sobre la utilidad Centro de copias de seguridad y restauración de Windows en el capítulo 8.

Resumen

Éstos son los puntos más importantes de este capítulo:

- Puede gestionar sus archivos y carpetas desde el Explorador de Documentos. La mayor parte de las operaciones que realizará son accesibles desde el menú desplegable Organizar.

- Si elimina accidentalmente un archivo, podrá recuperarlo abriendo la ventana Papelera de reciclaje.
- Si necesita compartir un archivo de gran tamaño, considere la posibilidad de comprimirlo en una carpeta comprimida (también denominada archivo `.zip`).
- Para copiar un archivo a otro PC, puede hacerlo a través de una red, enviarlo como un adjunto de correo electrónico o copiarlo a una unidad de memoria USB.
- Debería realizar una copia de seguridad de sus archivos importantes a un disco duro externo, usando la utilidad Centro de copias de seguridad y restauración de Windows o un programa similar.

Parte III
Actualizar y realizar el mantenimiento de su sistema

Capítulo 6

Añadir nuevo hardware y dispositivos a su sistema

En este capítulo aprenderá a:

- Conocer los periféricos más populares.
- Entender qué son los puertos.
- Agregar nuevo hardware externo.
- Conectar dispositivos portátiles al PC.

Si acaba de comprar un nuevo equipo personal, probablemente incluya todos los elementos que uno pudiera desear… o eso es lo que cree. Sin embargo, en el futuro, seguramente querrá ampliar su sistema agregando una segunda impresora, un escáner, un disco duro externo, unos altavoces de mayor calidad, un teclado distinto o cualquier otro elemento igualmente nuevo y excitante.

Agregar un nuevo hardware al sistema es relativamente fácil si sabe lo que está haciendo. Este capítulo le enseñará a hacerlo.

Periféricos más populares

Cuando se trata de agregar un nuevo elemento al PC, ¿cuáles son los periféricos más populares? He aquí un listado del hardware del sistema que podemos agregar o actualizar:

- **Disco duro:** Para añadir más capacidad de almacenamiento al sistema o realizar copias de seguridad periódicas desde el disco duro principal. Puede añadir un disco duro interno (dentro de la unidad central de su ordenador) o un modelo externo. Los discos duros externos son más fáciles de añadir y resultan perfectos para realizar copias de seguridad de sus datos; se conectan a su PC a través de un cable USB o FireWire y cuestan poco más de 100 euros.
- **Lector de tarjetas de memoria:** Permite leer datos de dispositivos (como cámaras digitales) que utilizan diversas tarjetas de memoria flash.
- **Unidad de memoria USB:** Ofrece gigabytes de almacenamiento extraíble; puede transportar el dispositivo de memoria USB de un ordenador a otro, conectándose al puerto USB de cada PC.
- **Monitor:** Permite actualizarse a un monitor de mayor tamaño o a un monitor de pantalla plano que le permita ahorrar espacio.
- **Tarjeta de vídeo:** En un ordenador de sobremesa, permite ver imágenes y gráficos de alta resolución, proporcionar una mejor reproducción con juegos de PC más exigentes visualmente.
- **Tarjeta de sonido:** En un ordenador de sobremesa, permite mejorar las opciones de audio del sistema; este elemento es muy importante para reproducir los juegos de PC más modernos, escuchar archivos CD o MP3, ver películas DVD con sonido envolvente o mezclar y grabar su propio audio digital.

- **Altavoces:** Permiten actualizar la calidad del sistema de sonido de su PC. (Los sistemas de altavoces de sonido envolvente con subaltavoces para graves son particularmente conocidos.)
- **Teclado:** Permite actualizar a un modelo más ergonómico o inalámbrico.
- **Ratón:** Para sustituir un dispositivo táctil de un ordenador portátil por un dispositivo tradicional, o bien actualizar las funcionalidades del ratón del sistema (por ejemplo, pasar de un ratón con cables a uno inalámbrico).
- **Palanca de juegos u otro controlador de juegos:** Para una mejor ejecución de nuestros juegos favoritos.
- **Módem de banda ancha:** Para tener un servicio DSL o por cable a Internet.
- **Unidad CD-R/RW (copiadora):** Para agregar opciones de grabación/ reescritura al sistema.
- **DVD:** Para agregar la opción DVD al sistema. (Las unidades DVD también pueden reproducir CD.)
- **Unidad DVD-R/RW (copiadora):** Para copiar nuestras propias películas DVD o todo el contenido de un disco duro. (Las unidades DVD también se pueden utilizar para copiar CD por lo que no necesitará dos unidades de copia en su sistema.)
- **Impresora:** Para mejorar la calidad de los documentos impresos, añadir color a los documentos impresos o añadir una impresión de calidad fotográfica al sistema. Incluso puede añadir una impresora especial para etiquetas, ideal para realizar envíos de correo o de eBay.
- **Escáner:** Para escanear fotografías y documentos y convertirlos a formato digital para guardarlos en el disco duro del ordenador.
- **Webcam:** Para poder enviar vídeo en tiempo real a amigos y familiares o crear su propia cámara Web en Internet.
- **Tarjeta de red:** Para conectar el equipo a otros equipos en una pequeña red doméstica.
- **Router inalámbrico:** Para crear una red inalámbrica doméstica en casa y compartir la conexión de Internet de banda ancha entre múltiples equipos.
- **Adaptador de red inalámbrico:** Para poder conectar el equipo a cualquier red inalámbrica.
- **Servidor de medios digitales:** Para conectar el PC a un sistema de audio doméstico y así poder escuchar archivos de audio digital y radio por Internet en el sistema doméstico.

¿Qué son los puertos?

Todo lo que se enchufa a un PC se conecta a través de algún tipo de puerto. Un "puerto" es simplemente una interfaz entre nuestro PC y otro dispositivo, ya sea interno (dentro de la unidad del sistema del PC) como externo (a través de un conector que se encuentra en la parte trasera de la unidad del sistema).

Los puertos internos se asignan automáticamente al insertar una nueva tarjeta en su ranura dentro de la unidad del sistema. Igual que sucede con los puertos externos, existen muchos tipos de puerto disponibles, cada uno de ellos optimizado para enviar y recibir tipos específicos de datos. Los distintos tipos de hardware se conectan a distintos tipos de puertos.

Los tipos más comunes de puertos externos se recogen en la tabla 6.1.

Tabla 6.1. Puertos externos.

Conector	Tipo	Uso	Descripción
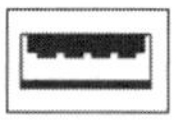	USB	Prácticamente cualquier dispositivo: iPod, reproductores portátiles de sonido, cámaras digitales o de PC, impresoras, escáneres, adaptadores WiFi, módem, tarjetas de sonido externas, ratones, teclados, mandos de juego, discos duros externos, unidades CD/DVD y dispositivos de memoria USB	El tipo de puerto más empleado en la actualidad, más rápido e inteligente que el antiguo puerto serie. Los dispositivos USB se pueden agregar mientras el ordenador está funcionando, algo que no se puede hacer con los tipos de puertos más antiguos
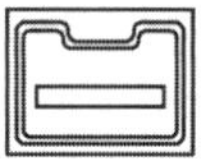	FireWire	Videocámaras digitales, discos duros externos, copiadores CD/DVD externos y estaciones de audio digital profesionales	También denominado IEEE 1394, la interfaz FireWire ofrece transmisiones de datos conexión en caliente a alta velocidad
	Teclado/ Ratón	Teclados, ratones y otros dispositivos de entrada	Algunas veces denominado puerto PS/2, se usa para conectar dispositivos de entrada con cables e inalámbricos.

Conector	Tipo	Uso	Descripción
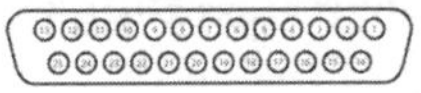	Paralelo	Impresoras, escáneres	Otro tipo de puerto antiguo, se sigue utilizando para algunos tipos de impresora, que permite las comunicaciones entrantes en dos direcciones a la vez.
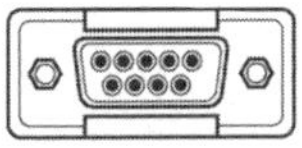	Serial	Módem, impresoras, ratones	Aunque ya no está tan extendido, permite la comunicación un bit a la vez en una dirección a la vez
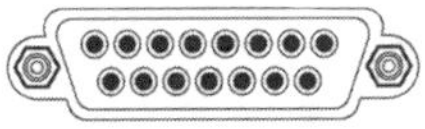	Puerto de juegos	Mandos y otros controladores de juego, dispositivos MIDI e instrumentos musicales	Este puerto normalmente se utiliza para conectar controladores de juego; también funciona como puerto MIDI con el adaptador apropiado
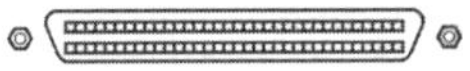	SCSI	Discos duros, unidades de CD/DVD	El puerto de Interfaz del Sistema de Equipos Pequeños (SCSI, *Small Computer System Interface*) es una interfaz en paralelo de alta velocidad, usado normalmente para un rápido almacenamiento externo de datos

Agregar nuevo hardware externo

La forma más fácil de agregar un nuevo dispositivo al sistema es conectarlo externamente (evitándonos así el problema de tener que abrir la caja del PC). Naturalmente, si dispone de un PC portátil, la única manera de añadir nuevo hardware es de forma externa… ¡no podemos entrar en la carcasa del portátil!

El conector externo más común actualmente es el puerto USB. Se trata de un concepto extraordinario (y realmente "universal"), en el sentido de que casi todos los tipos de periféricos nuevos tienen una versión USB. ¿Quiere agregar un segundo disco duro? No abra la caja del PC; conecte un disco externo a través del puerto USB. ¿Quiere agregar una nueva impresora? Olvídese del puerto paralelo; adquiera una impresora con puerto USB. ¿Desea agregar un adaptador de red inalámbrico? No se preocupe de las tarjetas Ethernet; utilice el USB.

Nota:

Independientemente la vía que utilice para conectar el nuevo dispositivo, asegúrese de leer las instrucciones de instalación para el nuevo hardware y siga la guía y el consejo del fabricante del dispositivo.

La tecnología USB es muy popular por su facilidad de uso. Cuando conectamos un dispositivo USB, no sólo no tenemos que abrir la caja de nuestro PC, sino que además no tenemos que apagar el sistema para agregar el nuevo dispositivo; la razón es que los dispositivos USB son intercambiables "en caliente", es decir: podemos conectar el nuevo dispositivo al puerto y Windows lo reconocerá automáticamente en tiempo real.

El estándar USB original, la versión 1.1, lleva mucho tiempo entre nosotros y, si su PC tiene cuatro o cinco años, probablemente sea el tipo de USB que tenga instalado. El protocolo USB 2.0 más moderno es mucho más rápido que USB 1.1 y es el estándar en todos los nuevos ordenadores. Los puertos 2.0 son totalmente compatibles con los dispositivos USB 1.1 más antiguos. Es recomendable utilizar las conexiones USB más modernas cuando instale dispositivos que transfieren muchos datos, como los discos duros externos.

Y no nos vamos a olvidar de FireWire. Igual que los dispositivos USB, los dispositivos FireWire son intercambiables en activo y muy fáciles de conectar. Al igual que la tecnología USB 2.0, FireWire es un estándar muy rápido, convirtiéndolo en ideal para conectar dispositivos que mueven muchos datos, como los discos duros y los vídeos digitales. (También es algo más caro, razón por la que USB sigue siendo el preferido para la mayoría de los dispositivos.)

Nota:

Si conecta demasiados dispositivos USB, es posible quedarse pronto sin conectores para el PC. Si éste es el caso, compre un concentrador USB complementario, que le permite enchufar múltiples periféricos en un solo puerto USB.

Para conectar un nuevo dispositivo USB o FireWire siga estos pasos:

1. Encuentre un puerto USB o FireWire libre en la parte trasera de la unidad del sistema y conecte el nuevo periférico, tal como muestra la figura 6.1.

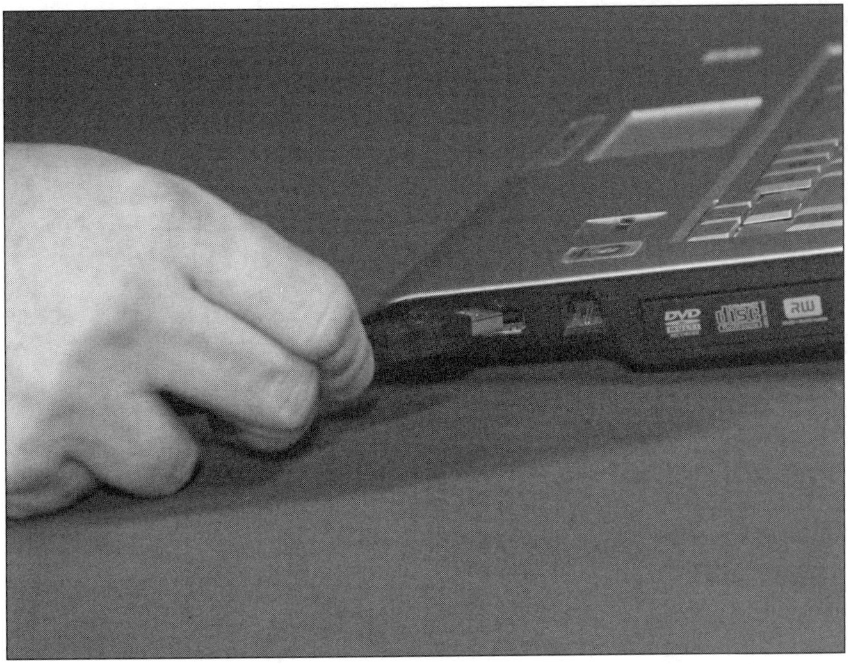

Figura 6.1. Conectar un dispositivo externo a través de USB.

2. Windows reconoce automáticamente el nuevo periférico y, o bien instala automáticamente el controlador apropiado del dispositivo, o bien le pide que proporcione el CD-ROM o disco que contenga el archivo del controlador. Siga las instrucciones en pantalla para finalizar la instalación del controlador.

¡Eso es todo! La única variación sobre este procedimiento es si el fabricante del periférico recomienda que se utilice su propio programa de instalación, normalmente proporcionado en un CD-ROM. Si éste fuera el caso, siga las instrucciones del fabricante para ejecutar la instalación y configuración.

Nota:

Un controlador de dispositivo es un pequeño programa de software que permite al PC comunicarse con y controlar un determinado dispositivo. Windows incluye controladores de dispositivos integrados para muchos periféricos conocidos. Si Windows no incluye un determinado controlador, normalmente lo podrá encontrar en el disco de instalación del periférico o en el sitio Web del fabricante del mismo

Conexión de dispositivos portátiles al PC

Hoy en día, muchos de los dispositivos que conectamos al PC en realidad no son periféricos, sino elementos que utilizamos sin conectarlos al PC para poder compartir archivos.
¿De qué tipo de dispositivos inalámbricos estamos hablando? He aquí un breve listado:

- Reproductores portátiles de música, como el conocido reproductor iPod de Apple.
- Cámaras digitales.
- Videocámaras digitales.
- Dispositivos de memoria USB.

Gran parte de estos dispositivos se conectan a un puerto USB de nuestro PC; algunas cámaras y videocámaras digitales utilizan una conexión FireWire. Ya hemos mencionado que tanto los puertos USB como FireWire son intercambiables en caliente, lo que significa que lo único que tenemos que hacer es conectar el dispositivo al puerto apropiado (no se necesita ninguna configuración importante).
La mayoría de las veces, la primera vez que se conecta el dispositivo al PC, no tendremos que ejecutar ningún tipo de utilidad de instalación para instalar el software del dispositivo en el disco duro del PC. Las siguientes veces que conectemos el dispositivo, el PC lo reconocerá automáticamente y abrirá el programa de software correspondiente.
Una vez conectado el dispositivo portátil al PC, lo que venga después es cosa suya. Muchas veces, utilizamos el dispositivo para transmitir archivos desde el PC al dispositivo portátil o viceversa. Para ejecutar estas operaciones, necesitamos utilizar el programa de software del dispositivo o utilizar el Explorador de Windows para copiar los archivos.
Por ejemplo, puede utilizar un dispositivo de memoria USB como sistema de almacenamiento portátil y extraible. Estas unidades USB son más pequeñas que un paquete de chicles y pueden albergar varios gigabytes de datos en su memoria flash. Conecte un dispositivo de memoria a un puerto USB de su PC y su ordenador lo reconocerá como si se tratase de otra unidad de disco A partir de ese momento podrá copiar archivos desde su PC a la unidad USB para llevarse consigo su trabajo (o su música digital o fotos). Para obtener una información más detallada, consulte las instrucciones de su dispositivo portátil.

Nota:

Para obtener más información sobre la conexión de una cámara o digital, consulte el capítulo 32. Para obtener más información sobre cómo conectar un dispositivo de música portátil, consulte el capítulo 36.

Resumen

He aquí los puntos esenciales para agregar nuevos dispositivos a su sistema informático:

- El método más sencillo para conectar un nuevo periférico es a través de una conexión USB o FireWire externa.
- Cuando instale una tarjeta interna, asegúrese de apagar el PC antes de abrir la carcasa de la unidad.
- En la mayoría de los casos, Windows reconocerá de forma automática el nuevo hardware e instalará automáticamente todos los controladores necesarios.
- La conexión de un dispositivo portátil, como por ejemplo un reproductor de música portátil o una cámara digital, suele llevarse a cabo a través de un puerto USB externo.

Capítulo 7

Configurar una red doméstica

En este capítulo aprenderá a:

- Conocer el funcionamiento de una red.
- Configurar una red con cables o inalámbrica.
- Configurar Windows para su nueva red.
- Establecer una seguridad inalámbrica.
- Compartir archivos y carpetas en red.
- Agregar su equipo a un Grupo Hogar.
- Administrar la red.
- Compartir una conexión a Internet.

Para conectar dos o más equipos entre sí, es necesario crear una red informática.

Pero ¿para qué conectar dos equipos entre sí? Quizás quiera transferir archivos o fotos digitales de un equipo a otro, o compartir un elemento de hardware caro (como, por ejemplo, una impresora) en lugar de tener que comprar un dispositivo para cada equipo. O bien utilizar la misma conexión a Internet para ambos equipos. Cualquiera que sea la razón, la creación de una red doméstica es un proceso muy sencillo. ¡Siga leyendo!

Funcionamiento de las redes

Para establecer una conexión física de red, tenemos dos opciones: una conexión de red con cables (que llamaremos "conexión cableada") o una conexión de red sin cables (o "inalámbrica"). Las redes inalámbricas son más cómodas (no hay ningún cable suelto por ahí), pero las redes cableadas son más rápidas. La elección dependerá de cómo tengamos pensado utilizar los equipos que van a formar la red.

Si va a utilizar su red principalmente para compartir una conexión a Internet o una impresora, o para transferir un archivo de texto de forma ocasional, una red inalámbrica sería la solución perfecta. Sin embargo, si tiene previsto transferir muchos archivos de gran tamaño de un PC a otro, o si piensa utilizar la red para juegos con múltiples jugadores, una red cableada es más rápida.

Redes cableadas

Una red cableada exige conectar un montón de cables de cada PC a un concentrador o *router* central. En una red cableada, es necesario instalar una "Tarjeta de Interfaz de Red" (NIC, *Network Interface Card*) en cada PC y conectar las tarjetas a través de un cable Ethernet. (Tenga en cuenta que muchos PC nuevos incorporan la opción Ethernet, por lo que no tendrá que comprar una tarjeta adicional.) Aunque este tipo de redes es bastante fácil de configurar y probablemente sea la alternativa con el coste más bajo, tendrá que enfrentarse a la tarea de lidiar con todos esos cables (que pueden convertirse en un problema serio si sus equipos están en zonas muy alejadas entre sí en su casa).

La velocidad que se alcance en una red cableada dependerá del tipo de tecnología Ethernet utilizada en cada uno de los componentes del equipo. La tecnología Ethernet más antigua transfiere datos a 10Mbps. Fast Ethernet alcanza una tasa de transferencia de 100 Mbps; la nueva tecnología Gigabit

Ethernet transfiere datos a 1 gigabit por segundo (1.000 Mbps). Tanto Fast Ethernet como Gigabit Ethernet ofrecen tasas de transferencia adecuadas para transferir archivos de gran tamaño entre ordenadores o para jugar entre dos PC en tiempo real.

Nota:

La velocidad con la que se transfieren los datos por una red se mide en megabits por segundo, o Mbps. Cuanto mayor sea el número de Mbps, más rápida será la red (una red rápida es siempre mejor que una lenta).

Nota:

Wi-Fi es el acrónimo de Wireless Fidelity (fidelidad inalámbrica).

Redes inalámbricas

La alternativa a una red cableada es una red inalámbrica. Las redes inalámbricas utilizan señales de radio frecuencia (RF) para conectar los equipos entre sí. La ventaja de las redes inalámbricas es, evidentemente, que no se utilizan cables. En realidad es una gran ventaja si tiene una gran casa con equipos en plantas diferentes o en extremos muy alejados.

Las redes inalámbricas más conocidas utilizan el estándar Wi-Fi. El estándar Wi-Fi original, conocido como 802.11b, transfería datos a 11 Mbps (más lento que Fast Ethernet pero lo suficientemente rápido para la mayoría de tareas informáticas prácticas). El estándar 802.11g más moderno transfiere datos a 54 Mbps y es más veloz para las necesidades de red del hogar. Más rápido aún es el nuevo estándar 802.11n de próxima aparición (todavía sin terminar, pero que ya está disponible en versión de prueba en el mercado), que promete ofrecer una increíble tasa de transmisión de datos de 600 Mbps con un rango de utilización sustancialmente mayor que el de los equipos anteriores.

Los dispositivos 802.11b y g actuales ofrecen un rango de unos 30 metros entre el transmisor y el receptor. El estándar 802.11n promete aumentarlo hasta los 50 metros, con menos interferencias provenientes de otros dispositivos inalámbricos del hogar.

Además, puede combinar las tecnologías con y sin cables en una única red. Algunos PC se pueden conectar directamente a un *router* inalámbrico a través de Ethernet, mientras que otros pueden conectarse a través de la señal WiFi. Este tipo de red mixta es bastante común.

Nota:

La tasa de transferencia de 600 Mbps de las redes 802.11n es un máximo teórico. En la práctica, resulta realista esperar una tasa de transferencia de entre 200 y 300 Mbps.

Conexión y configuración

Tanto si va a configurar una red cableada como una inalámbrica, la configuración es sorprendentemente sencilla. Tendrá que instalar las tarjetas, cables y concentradores apropiados y posteriormente instalarlos y conectarlos entre sí. Una vez instalado todo correctamente, tendrá que configurar los ordenadores que van a formar la red.

Puede realizar la configuración desde Windows o por medio de la utilidad de configuración proporcionada junto con el *router* de red o adaptador inalámbrico. Debe ejecutar esta utilidad en cada ordenador conectado a la red y más tarde configurar la red desde Windows.

Configurar una red cableada o inalámbrica

Conectar múltiples equipos en una red con cables es realmente fácil. Sólo tiene que asegurarse de confeccionar un plan previo y comprar el hardware y los cables apropiados; lo demás es sólo cuestión de conectar y configurar la red.

Cómo funciona

Para configurar una red cableada, tendrá que instalar una tarjeta de interfaz de red (NIC) en cada uno de los equipos que pretende conectar. Cada NIC se conecta, mediante un cable Ethernet, al concentrador de la red (un dispositivo muy sencillo que funciona como el eje de una rueda y que sirve de punto central para la red). A continuación, tras haber conectado físicamente todos los equipos, es necesario configurar individualmente cada equipo para que funcione como parte de la red, de modo que pueda compartir los archivos, carpetas y periféricos designados.

En una red inalámbrica, la función del concentrador se ejecuta a través de un *router* inalámbrico. Este dispositivo sirve tanto para configurar redes inalámbricas, como cableadas; la mayoría de las estaciones base incluyen cuatro o más conectores Ethernet además de opciones inalámbricas.

Conecte el módem de banda ancha y el PC principal al *router* a través de cables Ethernet; el resto de ordenadores de la red se conectará sin cables, a través de adaptadores inalámbricos. Estos dispositivos funcionan como mini transmisores/receptores para comunicarse con la estación base. Los adaptadores inalámbricos pueden ser pequeños dispositivos externos que se conectan al PC vía USB, tarjetas de expansión que se instalan dentro de la unidad del sistema o tarjetas PC que se insertan en la ranura de la tarjeta de un PC portátil.

Nota:

En un PC de sobremesa, el adaptador inalámbrico se conecta al puerto USB del PC; en un PC inalámbrico, normalmente el adaptador inalámbrico está integrado en el equipo.

Cuando haya terminado, su red debería parecerse a la mostrada en la figura 7.1.

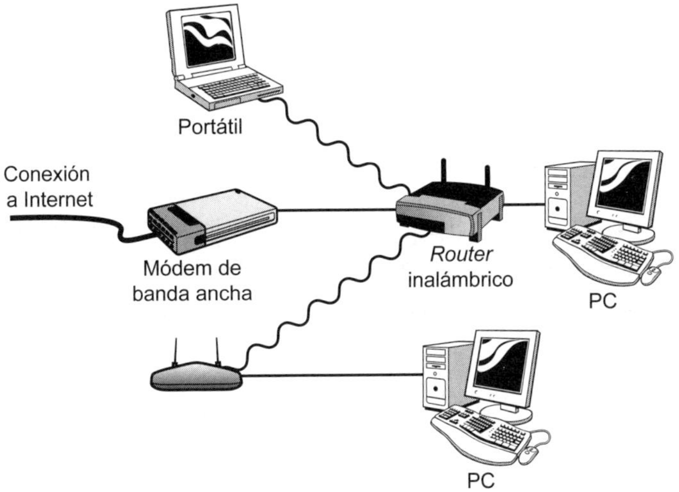

Figura 7.1. Estructura típica de una red inalámbrica.

Qué necesita

A continuación, se enumera el hardware necesario para configurar una red:

- Tarjetas de interfaz de red (en una red cableada, una por cada PC; en una red inalámbrica, sólo para el PC principal).

- *Router* de red (uno por cada red; utilice un *router* inalámbrico para crear una red inalámbrica).
- Cables Ethernet (en una red cableada, uno por cada PC y otro para el módem de banda ancha; en una red inalámbrica, uno para el PC principal y otro para el módem de banda ancha).
- Adaptadores inalámbricos de red (uno por cada PC cliente; seguramente estén integrados en el caso de los ordenadores portátiles).

Cómo establecer la conexión

Para configurar correctamente la red, siga las instrucciones proporcionadas junto con el hardware del sistema de red.

Nota:

Si el PC designado como huésped no dispone de una funcionalidad de red Ethernet integrada, tendrá que instalar una tarjeta de interfaz de red interna o un dispositivo Ethernet a USB externo.

Por regla general, éstos son los pasos a seguir:

1. Conecte un cable Ethernet desde el módem de banda ancha hasta el *router*, y conéctelo al puerto del *router* marcado con la etiqueta "Internet".
2. Conecte un cable Ethernet desde el *router* al ordenador principal.
3. Conecte el *router* de red a la corriente.
4. Si está conectando una red con cables, conecte el resto de los ordenadores a la red mediante cables Ethernet.
5. Si está conectando una red inalámbrica, diríjase al segundo equipo de la red e instale un adaptador inalámbrico de red (ya sea por vía interna, a través de una tarjeta de expansión, o externamente a través de USB). Asimismo, si su segundo PC es un portátil y no dispone de un adaptador integrado, inserte también una tarjeta de red inalámbrica de PC.
6. Conecte el segundo ordenador a la nueva red inalámbrica utilizando la utilidad de red inalámbrica que viene incorporada de fábrica.
7. Repita los pasos 4 a 6 por cada ordenador adicional de su red inalámbrica.

Una vez conectados todos los equipos en red, puede proceder a configurar cualquier dispositivo (como, por ejemplo, la impresora) que desee compartir. Por ejemplo, si desea compartir una sola impresora en red, conéctela a uno de los PC de la red (no directamente al *router*) y compártala a través de dicho PC.

Truco:

Al conectar por primera vez un router nuevo a la red, tendrá que configurar el router utilizando el software del dispositivo. Siga las instrucciones del fabricante para la configuración de la seguridad de red e inalámbrica.

Advertencia:

Algunos módem DSL incluyen un router y un cortafuegos integrados que puede interferir con el router inalámbrico. Puede que tenga que deshabilitar las opciones del router de su módem, o volver a configurar su router inalámbrico para evitar el conflicto. Si tiene problemas, consulte con su proveedor DSL y con el fabricante del router.

Configurar Windows para su nueva red

Después de que haya instalado el hardware de red, debe configurar Windows para que reconozca y trabaje con la nueva red. El modo de hacerlo dependerá de la versión de Windows que esté ejecutando en su ordenador.

Configurar Windows para la nueva red

Una vez haya configurado todo el hardware de red, tendrá que configurar Windows para que reconozca y funcione correctamente con la nueva red. Tanto en Windows 7 como en Windows Vista, se trata de un paso sencillo y prácticamente transparente para el usuario.

Configuración de Windows 7 y Windows Vista

La configuración de Windows 7 y Windows Vista en una nueva red es un proceso realmente sencillo. De hecho, si se conecta a través de un cable Ethernet, no tendrá que hacer nada; Windows reconocerá automáticamente la nueva red y comenzará a utilizarla automáticamente.

Si va a conectarse a través de una conexión inalámbrica, la configuración es diferente, pero no mucho más complicada. Haga clic en el icono **Red** del área de notificaciones de la barra de tareas. A continuación, seleccione la red de la Jump List y haga clic en el botón **Conectar**. Cuando se le pida que seleccione una Ubicación de red, seleccione Hogar. Eso es todo.

Configurar Windows XP

Configurar Windows XP para su nueva red es algo más complicado, si bien el Asistente para configuración de red simplifica la tarea. En primer lugar, abra el Panel de control y haga clic en Conexiones de red. Cuando se le requiera, escoja Configurar una red doméstica o para pequeña oficina. Se ejecutará el Asistente para configuración de red.

Haga clic en el botón **Siguiente** hasta dejar detrás las pantallas de presentación. Cuando aparezca la pantalla Seleccionar un método de conexión, elija Este equipo se conecta a Internet a través de una puerta de enlace residencial o a través de otro equipo de mi red y haga clic en **Siguiente**. Cuando se abra la siguiente pantalla, introduzca un nombre para el PC (por ejemplo, puede indicar la marca y el modelo) junto con un nombre único (como "Mi PC principal") y haga clic en **Siguiente**. Cuando aparezca la siguiente pantalla, introduzca un nombre para su red y después haga clic en **Siguiente**. Finalmente, en la siguiente pantalla, seleccione la opción Activar el uso compartido de archivos e impresoras y haga clic en **Siguiente**. Continúe haciendo clic en **Siguiente** hasta finalizar el asistente y Windows quedará correctamente configurado.

Configuración de la seguridad inalámbrica

Uno de los problemas de las redes inalámbricas es que todos nuestros datos están por ahí, emitiéndose a través del aire a través de ondas de radio: cualquiera puede interceptarlos. Afortunadamente, para mantener a los desconocidos alejados de nuestra red inalámbrica, podemos añadir una seguridad inalámbrica mediante la asignación de un complejo código de cifrado a la red; para entrar en la red, un equipo tiene que conocer el código.

Para asignar códigos de seguridad a todos los PC de una red existen diversos métodos. En primer lugar, la mayoría de los concentradores, *routers* y adaptadores inalámbricos incluyen utilidades de configuración que permiten activar este tipo de seguridad inalámbrica. Si su equipamiento inalámbrico tiene esta utilidad de configuración, utilícela.

En caso contrario, tendrá que utilizar las medidas de seguridad inalámbricas integradas en Windows. Para habilitar la seguridad inalámbrica en Windows 7, siga estos pasos:

1. Haga clic en el icono **Red** del área de notificaciones de la barra de tareas y seleccione Abrir centro de redes y recursos compartidos.
2. En el Centro de redes y recursos compartidos, haga clic en Configurar una nueva conexión o red.
3. En la nueva ventana, seleccione Configurar una nueva red y haga clic en **Siguiente**.
4. Windows detectará automáticamente el hardware y los ajustes de configuración de red. Siga las instrucciones que aparecerán en pantalla para escribir el nombre SSID de red, o bien asignar automáticamente o bien escribir manualmente una clave de red. El tipo y longitud de la clave de red elegida dependerá del tipo de cifrado por el que haya optado; el cifrado de mayor seguridad es una clave WEP de 26 caracteres.

Nota:

SSID es el acrónimo de Service Set Identifier (Identificador de conjunto de servicios), una serie de letras y números que identifican una red inalámbrica en particular. El SSID se crear durante la fase de instalación y configuración inicial del router.

Una vez haya asignado una clave de red, escríbala en un papel. La necesitará para ejecutar el asistente en el resto de ordenadores personales que conforman la red y tendrá que escribirla para cada ordenador. De forma alternativa, Windows permite guardar la clave en un lápiz USB, que posteriormente podrá transferir al resto de ordenadores. Una vez haya concluido el trabajo, únicamente aquellos ordenadores a los que haya asignado esta clave específica podrán conectarse a su red inalámbrica, lo que quiere decir que ningún vecino "ladrón" podrá aprovecharse de su conexión inalámbrica.

Compartir archivos e impresores en red

Una vez configurada la red y en funcionamiento, ha llegado el momento de aprovecharla para copiar o mover archivos de un equipo a otro, o para conectar todos los ordenadores a una única impresora. Para ello, tendrá que habilitar la funcionalidad para compartir archivos e impresoras en cada uno de los ordenadores que conforman la red.

Advertencia:

Tenga cuidado cuando comparta archivos. Al compartir una carpeta, cualquier persona con acceso a su red podrá acceder al contenido de la misma.

Compartir archivos e impresoras en Windows 7

En Windows 7, activar la funcionalidad para compartir archivos es muy sencillo. Siga estos pasos:

1. Haga clic en el icono de red del área de notificación de la barra de tareas. Seleccione la opción Abrir centro de redes y recursos compartidos.
2. En el Centro de redes y recursos compartidos, haga clic en Elegir grupo en el hogar y opciones de uso compartido.
3. En la siguiente ventana, haga clic en Cambiar configuración de uso compartido avanzado.
4. En la siguiente pantalla, tal y como se muestra en la figura 7.2, haga clic en la flecha vertical situada a la derecha de Casa o trabajo.

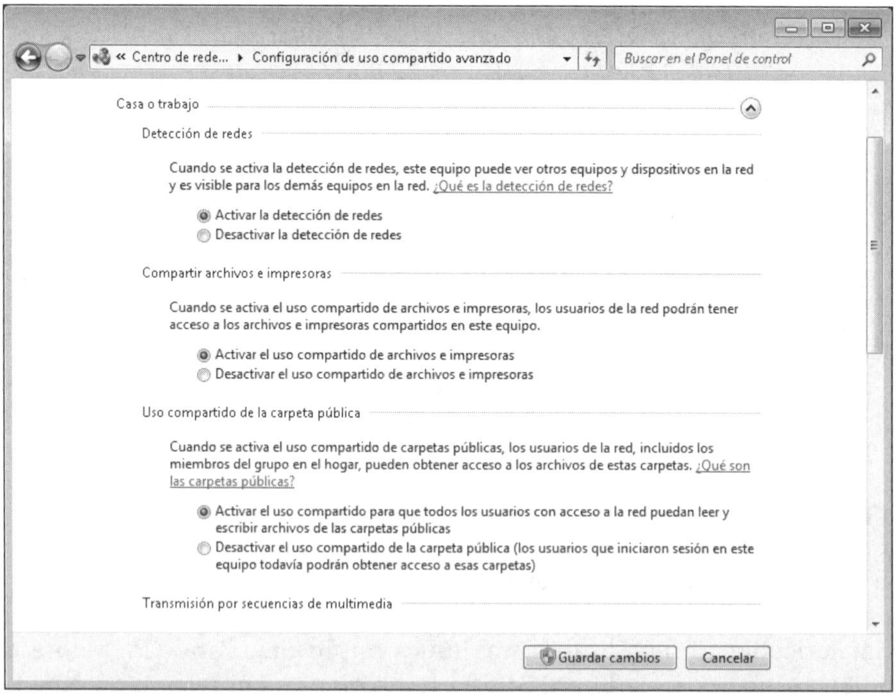

Figura 7.2. Activación de la funcionalidad para compartir archivos e impresoras.

5. Active la opción Activar la detección de redes.
6. Active la opción Activar el uso compartido de redes e impresoras.
7. Haga clic en **Guardar cambios**.

Compartir archivos e impresoras en Windows Vista

Windows Vista es lo suficientemente similar a Windows 7 como para que la activación de la funcionalidad para compartir archivos e impresoras no revista excesiva dificultad. Para activar la funcionalidad de compartir archivos, abra el Centro de redes y recursos compartidos de Windows Vista y haga clic en el botón **Flecha abajo**, a la derecha de la opción Uso compartido de archivos en la sección Compartir y detectar; active la opción Activar el uso compartido. Para activar la funcionalidad de compartir impresoras, haga clic en el botón **Flecha abajo** ubicado junto a la opción Compartir impresoras y active la opción Activar el uso compartido de impresoras.

Compartir archivos en Windows XP

La activación de la funcionalidad para compartir archivos e impresoras en ordenadores equipados con Windows XP sigue un proceso diferente. Dado que es posible que su red esté formada por equipos con XP, repasaremos el proceso.

En Windows XP, puede compartir los archivos almacenados en la carpeta `Documentos compartidos` o en cualquier otra carpeta que especifique. Por omisión, la función para compartir archivos está activada para la carpeta `Documentos compartidos`; deberá activar manualmente la funcionalidad para compartir archivos para cualquier otra carpeta que desee utilizar. Para ello, utilice Mi PC para localizar la carpeta que contiene el archivo que desea compartir. Haga clic con el botón derecho del ratón en el icono de la carpeta y seleccione Compartir y seguridad del menú contextual; se abrirá el cuadro de diálogo Propiedades. Seleccione la pestaña Compartir. En la opción de red, haga clic en Compartir esta carpeta en la red. Haga clic en **Aceptar**.

En Windows XP, el proceso que deberá seguir para compartir una impresora es ligeramente más complicado que en Windows 7. En el Panel de control, haga doble clic en Impresoras y otro hardware; seleccione después Ver impresoras o impresoras de fax instaladas. Cuando se muestre la ventana Impresoras y faxes, seleccione la impresora que desea compartir y haga clic en Compartir esta impresora, en el panel Tareas de impresión. Tras acceder al cuadro de diálogo Propiedades, seleccione la pestaña Compartir y marque la opción Compartir esta impresora. Edite el nombre de la impresora si lo desea y haga clic en **Aceptar**.

Acceder a otros equipos en la red

Para acceder a otros equipos en la red, haga clic en el icono del Explorador de Windows, en la barra de tareas. Cuando se abra el explorador, haga clic en la lista Favoritos de Red. Haga doble clic en cualquier ordenador en red para ver sus carpetas y archivos compartidos.

Truco:

En la mayoría de sistemas, los archivos compartidos se almacenan en la carpeta `Público`. *Busque en primer lugar en esta carpeta los archivos deseados.*

Instalar una impresora de red en otros ordenadores

Una vez haya habilitado la funcionalidad para compartir impresoras en su ordenador principal, tendrá que instalar la impresora de red en el resto de ordenadores que conforman su red. En Windows 7, siga estos pasos:

1. Haga clic en el botón **Inicio** de la barra de tareas de Windows.
2. En el menú Inicio, seleccione Dispositivos e impresoras.
3. En la ventana de Dispositivos e impresoras, que se muestra en la figura 7.3, haga clic en Agregar una impresora en la barra de tareas.
4. En la ventana Agregar impresora, haga clic en Agregar una impresora de red, inalámbrica o Bluetooth. Haga clic en **Siguiente**.
5. Seleccione una impresora de la lista. Haga clic en **Siguiente**.
6. Haga clic en **Siguiente**.
7. Si quiere que ésta sea su impresora por defecto, haga clic en Configurar como impresora por defecto.
8. Haga clic en **Finalizar**.

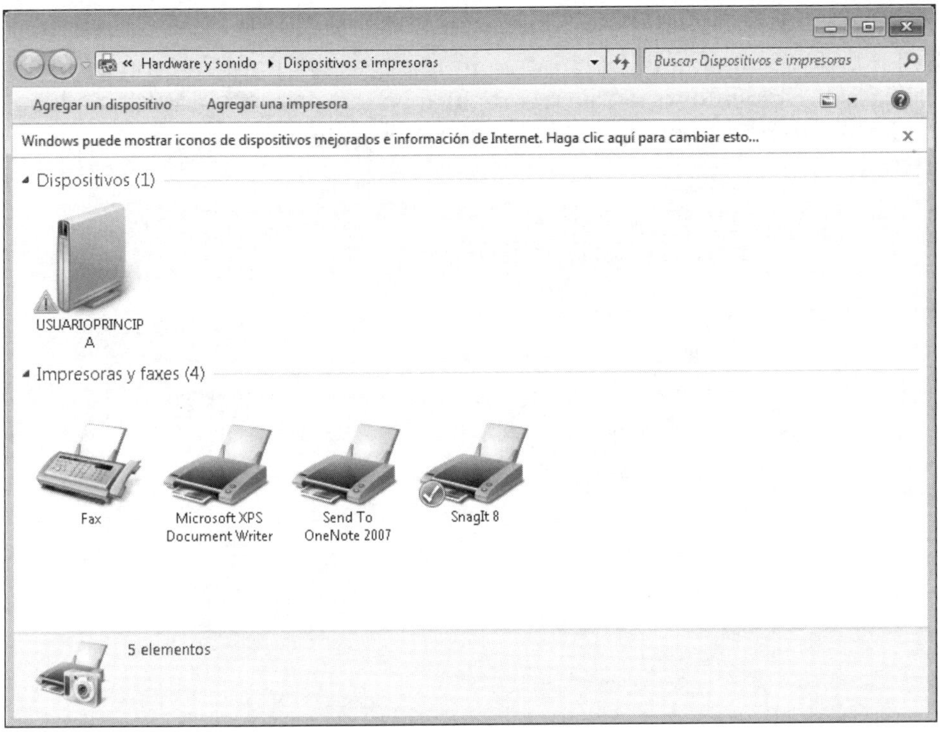

Figura 7.3. Instalación de una impresora de red en un PC remoto.

Una vez haya instalado su impresora de red, la impresora aparecerá en el listado de impresoras disponibles siempre que elija imprimir un documento o fotografía desde este PC.

Agregar un equipo a un Grupo Hogar

Windows 7 incorpora una nueva funcionalidad de Grupo Hogar que facilita la conexión en red de múltiples equipos domésticos. Un Grupo Hogar es una especie de red simplificada formada por otros ordenadores que funcionan con Windows 7. Todos los ordenadores conectados al Grupo Hogar pueden compartir archivos e impresoras de forma automática.
Para crear un nuevo Grupo Hogar, siga estos pasos.

1. Haga clic en el icono **Red** del área de notificaciones de la barra de tareas y seleccione Abrir centro de redes y recursos compartidos.
2. En el Centro de redes y recursos compartidos, haga clic en Elegir grupo en el hogar y opciones de uso compartido.

3. En la ventana Grupo Hogar, haga clic en Crear un grupo en el hogar.
4. En la siguiente pantalla, como se muestra en la figura 7.4, compruebe la clase de elementos que quiere compartir en red: Imágenes, Música, Vídeos, Documentos o Impresoras. Haga clic en **Siguiente**.

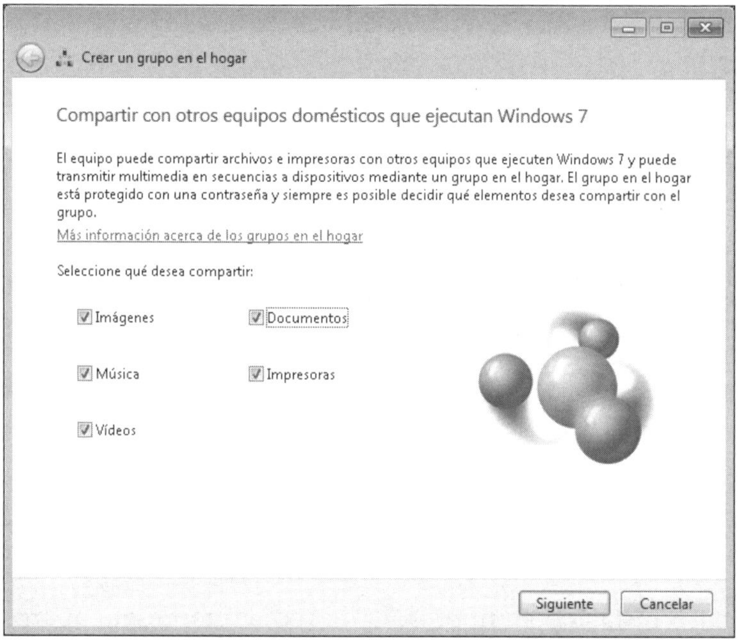

Figura 7.4. Crear un nuevo Grupo Hogar.

5. Haga clic en **Crear ahora**.
6. Escriba la contraseña del Grupo Hogar para poder utilizarla a la hora de configurar el resto de ordenadores de la red.
7. Haga clic en **Finalizar**.

Nota:

Solamente los PC que funcionen con Windows 7 pueden formar parte de un Grupo Hogar. Los PC que se ejecuten con versiones anteriores de Windows no disponen de esta funcionalidad, y deberán utilizar las funciones de red tradicionales. Por esta razón, tiene sentido habilitar el Grupo Hogar únicamente en aquellas redes formadas exclusivamente por ordenadores equipados con Windows 7.

Administrar la red

En Windows 7, todas las funciones de red pueden ser controladas y administradas a través del Centro de redes y recursos compartidos. Ya hemos visto el Centro de redes y recursos compartidos cuando hemos configurado los diversos elementos de una red, pero sus funciones van más allá de las estudiadas hasta ahora. Para abrir el Centro de redes y recursos compartidos que se muestra en la figura 7.5, haga clic en el botón de red de la barra de tareas. A continuación, haga clic en Abrir Centro de redes y recursos compartidos. Desde allí, puede configurar la funcionalidad de descubrimiento de redes (para ver el resto de los PC que conforman una red), uso compartido de archivos, carpetas públicas, impresoras, con protección mediante contraseña y uso compartido de medios (para archivos de música, vídeo e imágenes).

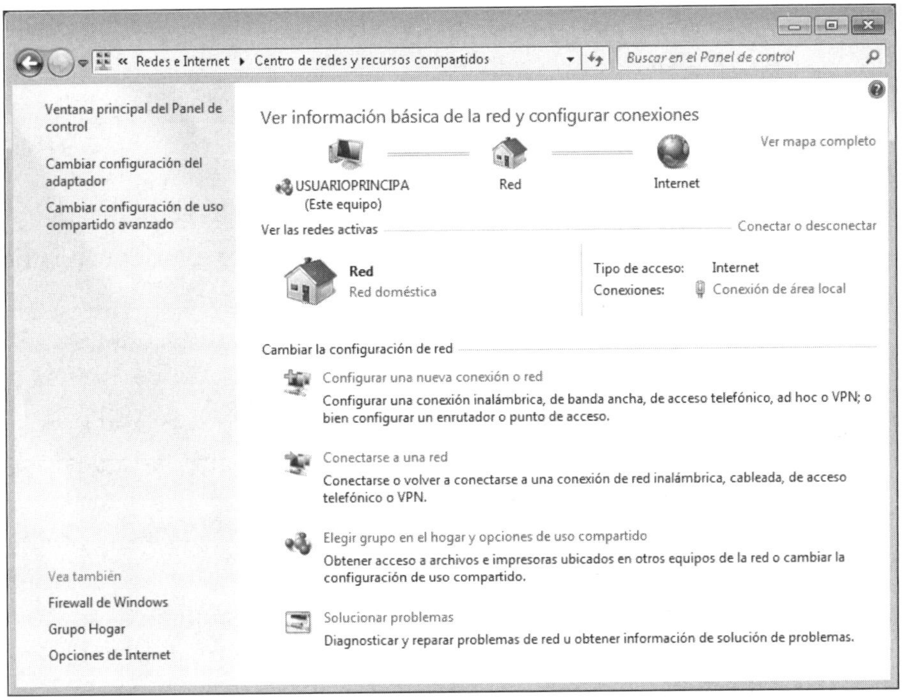

Figura 7.5. Centro de redes y recursos compartidos de Windows 7.

Truco:

Para mostrar todos los equipos que conforman una red, haga clic en el enlace Ver mapa completo.

Compartir una conexión a Internet

Otro de los aspectos que puede compartir en red es su conexión a Internet, especialmente si dispone de una conexión de banda ancha (por cable o ADSL). Para muchos usuarios, éste es el principal y en ocasiones el único motivo para crear una red doméstica.

Compartir una conexión a Internet es un proceso sencillo en Windows 7. Al conectar el ordenador al *router* de red, la conexión a Internet debería estar automáticamente disponible (suponiendo, claro está, que su módem de banda ancha esté conectado al *router*). No es necesario realizar ninguna configuración especial.

Nota:

Para obtener más información sobre cómo compartir una conexión a Internet, consulte el capítulo 16.

Resumen

Éstos son los aspectos más importantes que deberá tener en cuenta a la hora de crear una red doméstica:

- Para compartir información o hardware entre dos o más equipos, debe conectarlos en red.
- Existen dos tipos básicos de red: cableadas e inalámbricas (WiFi).
- Si ha configurado una red inalámbrica, active la seguridad inalámbrica para proteger la red de intrusos.
- Para compartir carpetas entre los distintos equipos de la red, habilite la opción de compartir archivos de Windows.
- Puede usar su red doméstica para compartir su conexión de banda ancha a Internet para que todos los ordenadores que conforman la red puedan acceder a Internet.

Capítulo 8

Operaciones rutinarias de mantenimiento

En este capítulo aprenderá a:

- Liberar espacio en disco eliminando archivos y programas innecesarios.
- Mejorar el rendimiento de su disco duro desfragmentándolo.
- Comprobar el estado del disco duro con ScanDisk.
- Mantener en buenas condiciones su hardware.
- Realizar una copia de seguridad de sus datos importantes mediante Centro de copias de seguridad y restauración.
- Mantener su hardware en un estado de óptimo.
- Mantener un ordenador portátil.

"Más vale prevenir que curar." Este antiguo refrán parece algo manido, pero es absolutamente cierto (especialmente cuando se trata de todo lo relacionado con un sistema informático). Dedicar unos minutos de nuestro tiempo a la semana a tareas preventivas de mantenimiento puede ahorrarnos costosos problemas en el futuro.

Para facilitarnos la tarea, Windows incluye diversas utilidades que nos ayudan a optimizar el rendimiento de nuestro sistema. Podemos utilizar dichas herramientas como parte de nuestra rutina de mantenimiento o cuando experimentemos problemas específicos con nuestro sistema.

Liberar espacio en el disco eliminando archivos y programas innecesarios

Incluso con la extraordinaria capacidad de los discos duros actuales, es probable que acumule un número excesivo de programas y archivos inútiles que ocupan una gran cantidad de espacio en el disco duro. Afortunadamente, Windows facilita la tarea de eliminar aquellos elementos que nunca utilizamos.

Borrado de archivos sin utilizar

Windows incluye una utilidad que identifica y elimina los archivos sin utilizar: la herramienta Liberador de espacio en disco. Ésta es la herramienta que debemos utilizar para liberar espacio en el disco duro para archivos utilizados con más frecuencia.

Para utilizar el Liberador de espacio en disco, siga estos pasos:

1. Haga clic en el botón **Inicio** para abrir el menú Inicio.
2. Seleccione Todos los programas>Accesorios>Herramientas del sistema>Liberador de espacio en disco.
3. Si el programa le pregunta, seleccione la unidad que desea limpiar.
4. El Liberador de espacio en disco analizará automáticamente los contenidos de su disco duro. Cuando el análisis haya concluido, los resultados se presentan en el cuadro de diálogo Liberador de espacio en disco, como se muestra en la figura 8.1.
5. Ahora puede eliminar diversos tipos de archivos: Archivos de programa descargados, Archivos temporales de Internet, Páginas sin conexión, Papelera de reciclaje, etc. Seleccione los archivos que desee eliminar.
6. Haga clic en **Aceptar** para iniciar la eliminación.

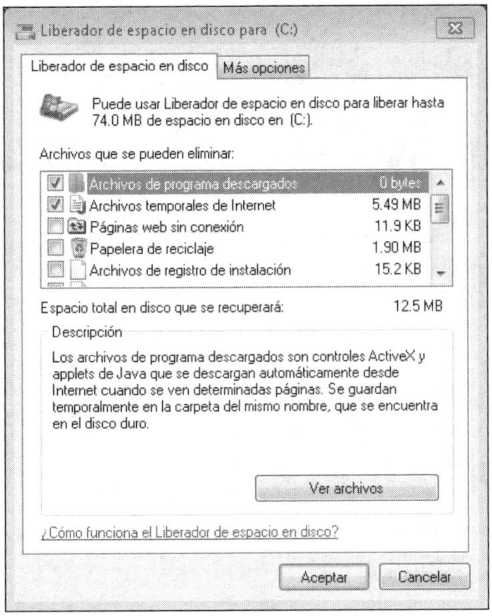

Figura 8.1. Utilice el Liberador de espacio en disco para eliminar del disco duro archivos sin utilizar.

Borrado de programas sin utilizar

Otra de las vías para liberar ese valioso espacio en el disco duro consiste en borrar aquellos programas que nunca se utilizan. Para ello, utilizaremos la utilidad de Windows Desinstalar o cambiar un programa. Siga estos pasos:

1. En el Panel de Control de Windows, haga clic en Desinstalar un programa (en la sección Programas).
2. Cuando aparezca la siguiente pantalla, tal y como se muestra en la figura 8.2, haga clic sobre el programa que desea borrar.
3. Haga clic en **Desinstalar**.

Truco:

La mayor parte de los PC recién adquiridos incluyen programas no deseados y versiones de prueba que vienen instalados de fábrica. Muchos usuarios prefieren borrar estos programas durante la ejecución inicial del PC.

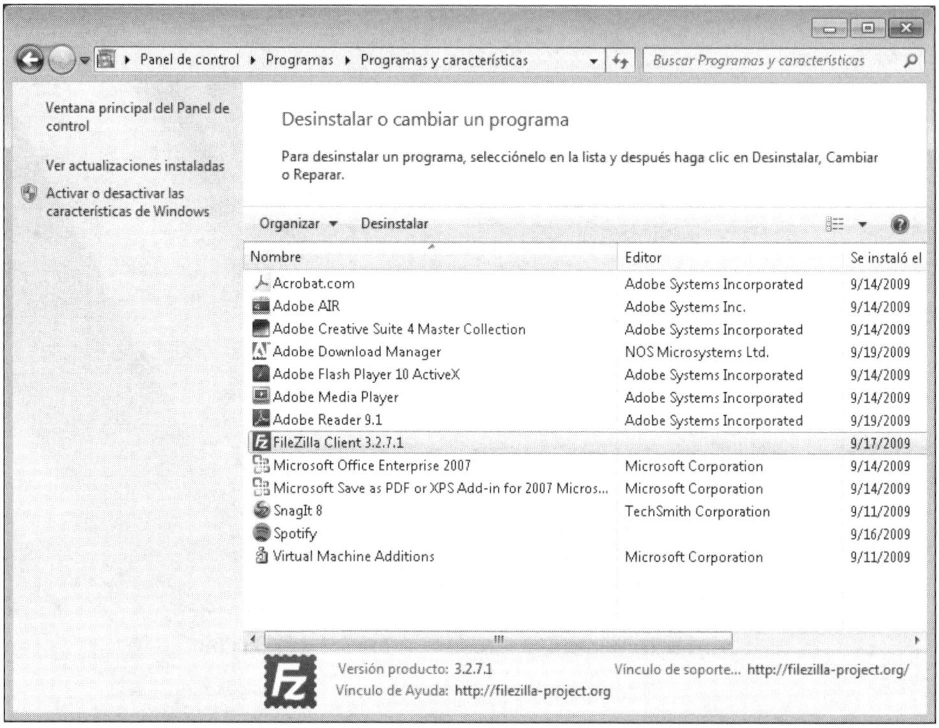

Figura 8.2. Desinstale cualquier programa que haya dejado de utilizar.

Cómo mejorar el rendimiento del disco duro mediante la desfragmentación

Si cree que su equipo tarda mucho más de lo normal en abrir archivos, o si advierte que la luz del disco duro permanece encendida más tiempo de lo normal, seguramente necesite desfragmentar su disco duro.

La fragmentación de archivos es algo parecido a coger las piezas de un rompecabezas y guardarlas en distintas cajas junto con las piezas de otros rompecabezas. Cuanto más dispersas estén las piezas, más tardaremos en montar el rompecabezas.

Esta dispersión de fragmentos y elementos de un archivo por el disco duro se produce siempre que instalamos, eliminamos o ejecutamos una aplicación o cuando modificamos, movemos, copiamos o eliminamos un archivo.

Si advierte que su sistema tarda mucho en abrir y cerrar archivos o en ejecutar aplicaciones, la causa radica en toda esa dispersión de fragmentos de archivos. La solución es colocar de nuevo todas las piezas del rompecabezas en las cajas apropiadas, algo que podemos realizar mediante la desfragmentación de nuestro disco duro.

Para desfragmentar su disco duro, debe emplear la utilidad Desfragmentador de disco de Windows. En Windows 7, el Desfragmentador de disco se ejecuta de forma periódica en segundo plano, desfragmentando automáticamente su disco duro en cuanto su ordenador se pone en marcha. También puede ejecutarlo manualmente para obtener resultados inmediatos.

Para desfragmentar su disco duro manualmente siga estos pasos:

1. Haga clic en el botón **Inicio** para abrir el menú Inicio.
2. Seleccione Todos los programas>Accesorios>Herramientas del sistema> Desfragmentador de disco para abrir la utilidad Desfragmentador de disco.
3. Si el programa le pregunta, seleccione la unidad que desee desfragmentar, normalmente la unidad C.
4. Haga clic en el botón **Desfragmentar ahora**.

La desfragmentación de un disco puede tardar tiempo en ejecutarse, especialmente si tiene un disco duro de gran tamaño o su unidad está realmente fragmentada. Por tanto, es recomendable que inicie la utilidad y deje que se ejecute, por ejemplo durante la noche.

Comprobar el rendimiento del disco mediante ScanDisk

Cada vez que ejecutamos una aplicación, movemos o eliminamos un archivo, o cerramos accidentalmente el sistema mientras se está ejecutando, corremos el riesgo de introducir errores en el disco duro. Dichos errores pueden dificultar la apertura de archivos, ralentizar el disco duro o producir la detención del sistema cuando abrimos o guardamos archivos o aplicaciones.

Afortunadamente, podemos localizar y reparar gran parte de estos errores directamente desde dentro de Windows. Lo único que tenemos que hacer es ejecutar la utilidad ScanDisk.

Para identificar y reparar errores en el disco duro, siga estos pasos:

1. Haga clic en el botón **Inicio** para abrir el menú Inicio.
2. Seleccione Equipo para abrir el Explorador del equipo.
3. Haga clic con el botón derecho del ratón en el icono de la unidad que desea examinar.

4. Seleccione la opción Propiedades del menú contextual.
5. Cuando se muestre el cuadro de diálogo Propiedades, seleccione la pestaña Herramientas.
6. Haga clic en el botón **Comprobar ahora** en la sección Comprobación de errores.
7. Seleccione las dos opciones Reparar automáticamente errores en el sistema de archivos y Examinar e intentar recuperar los sectores defectuosos.
8. Haga clic en **Iniciar**.

Windows analizará el disco duro e intentará reparar los errores que encuentre. Tenga en cuenta que quizás tenga que reiniciar su PC mientras comprueba la unidad C del sistema.

Centro de actividades de Windows

En Windows 7, la mejor manera de gestionar el mantenimiento y la seguridad de su PC es la nueva utilidad del Centro de actividades. Como puede observar en la figura 8.3, el Centro de actividades centraliza gran parte de las operaciones de mantenimiento, información de errores y operaciones de resolución de problemas.

Creación de copias de seguridad de datos importantes mediante Centro de copias de seguridad y restauración

Existe una tarea de mantenimiento adicional que puede resultar clave a la hora de obtener un rendimiento adecuado de su equipo. Nos referimos a la necesidad de realizar copias de seguridad de sus archivos de datos, de modo que si su ordenador se estropea, pueda disponer de todos los datos importantes, incluidos entre otros sus documentos, archivos de música y fotos digitales.

Advertencia:

Para muchos usuarios, lo peor que puede sucederles relacionado con un fallo de su PC es perder sus inestimables fotos digitales. Si no dispone de una copia de seguridad de sus archivos digitales, puede perder años de fotografías si se estropea el disco duro.

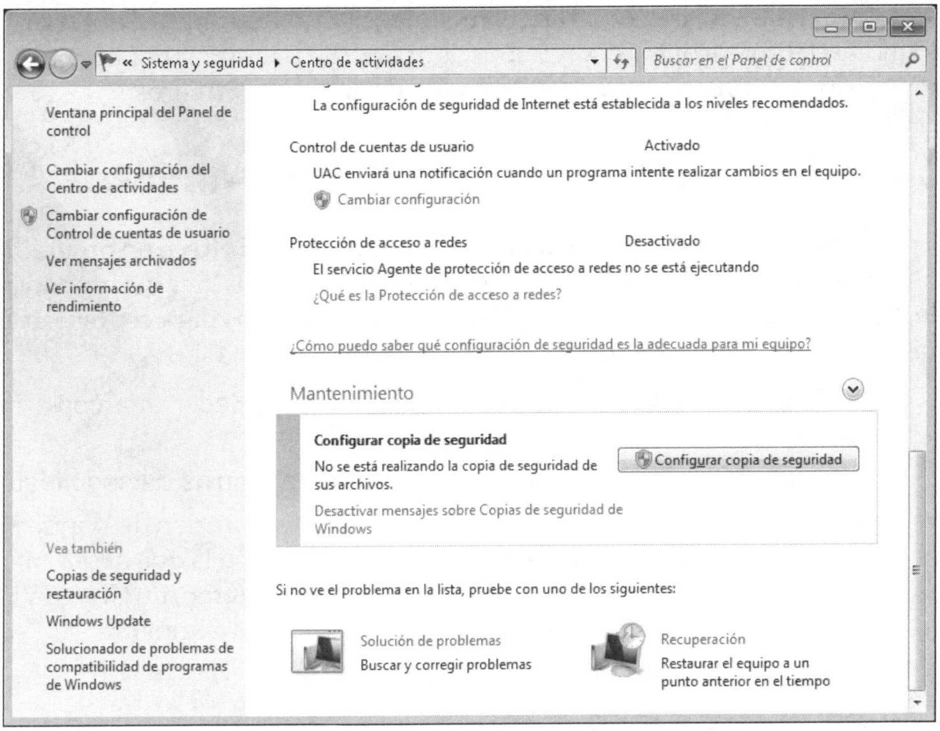

Figura 8.3. Gestión del mantenimiento del sistema en el Centro de actividades de Windows 7.

Elegir un dispositivo de copia de seguridad

El modo más sencillo de realizar una copia de seguridad de sus datos consiste en utilizar un disco duro externo. Puede encontrar unidades de 1TB a un precio aproximado de 100 euros, si bien la cantidad dependerá del tamaño del disco duro. Debería adquirir un disco duro de aproximadamente el mismo tamaño del disco duro de su PC.

Muchos de los discos duros externos se conectan al PC por medio de un puerto USB; algunos discos de gran capacidad utilizan la conexión FireWire, más rápida. Puede usar cualquiera de estos dos tipos de conexión, ya que los dos son muy sencillos de conectar e instalar.

Después de que haya conectado el disco duro externo, tendrá que ejecutar un programa que automatice el proceso de copia de seguridad. Muchas unidades externas de disco duro incluyen su propio programa de copia de seguridad, por lo general sencillos de utilizar. También puede usar una aplicación de copia de seguridad de algún fabricante que encuentre en su tienda de informática o de electrónica habitual, como Acronis True Image (www.acronis.com) o CMS Bounceback Professional (www.cmsproducts.com/product_bounceback_software.htm), con un coste aproximado de entre 40 y 80 euros.

Copia de seguridad automática en Windows

Si su PC está ejecutando Windows 7, el sistema operativo ofrece un programa integrado de copia de seguridad que permite programar la creación de copias de seguridad programadas de sus datos. Siga estos pasos para configurar la utilidad de Copias de seguridad y restauración:

1. En el Panel de control de Windows, haga clic en Hacer una copia de seguridad del equipo.
2. En la ventana que aparece, haga clic en Configurar copias de seguridad.
3. Se abrirá el programa de Copias de seguridad y restauración de Windows que se muestra en la figura 8.4. Seleccione la unidad en la que desea crear una copia de seguridad de los datos (un disco duro externo, un CD o DVD, o bien otro ordenador dentro de la red) y haga clic en **Siguiente**.

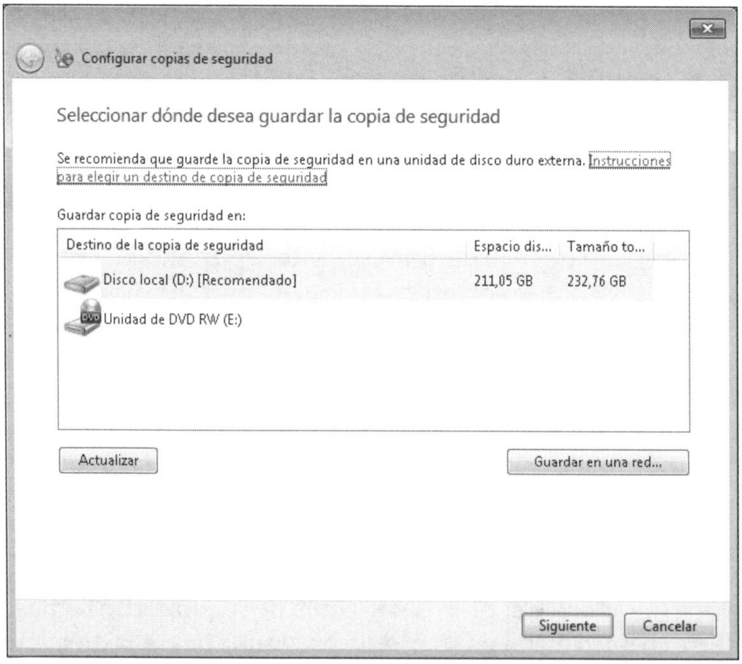

Figura 8.4. Use Copias de seguridad y restauración de Windows para realizar una copia de seguridad de sus archivos importantes.

4. En la siguiente pantalla, haga clic en Dejar que Windows elija y haga clic en **Siguiente**.
5. En la pantalla final, haga clic en Guardar ajustes de configuración y ejecutar copia de seguridad para crear la primera copia de seguridad.

Tenga en cuenta que la funcionalidad de Copias de seguridad y restauración de Windows creará una copia de seguridad incremental, es decir: no guardará todos los archivos a cada momento, sino que únicamente creará una copia de seguridad de aquellos archivos nuevos o que hayan sido modificados desde la creación de la última copia de seguridad.

Truco:

Por defecto, la funcionalidad de Copias de seguridad y restauración de Windows creará una copia de seguridad semanal los domingos a las 7:00 p.m. Para modificar la programación de la creación de copias de seguridad, haga clic en la opción de modificación para seleccionar con qué frecuencia, qué día y a qué hora deben crearse las copias de seguridad.

Mantener el hardware en buen estado

Son muchas las tareas preventivas de mantenimiento que podemos llevar a cabo físicamente en el hardware de nuestro equipo. Son tareas sencillas, pero que realmente pueden ayudarnos a alargar la vida útil de nuestro PC.

Unidad del sistema

La unidad del sistema del PC contiene muchos elementos electrónicos sensibles (desde los chips de memoria hasta los generadores de potencia, pasando por las unidades de disco). Tenga en cuenta estos consejos de mantenimiento para evitar que se estropee la unidad de su sistema:

- Coloque la unidad del sistema en un entorno limpio y sin polvo. Evite la luz del sol directa y los campos magnéticos fuertes. Asimismo, asegúrese de que la unidad del sistema y el monitor tienen el suficiente flujo de aire alrededor de ellos para evitar el sobrecalentamiento.
- Conecte la unidad del sistema a un dispositivo que evite las subidas de tensiones eléctricas.

- Evite encender y apagar la unidad del sistema con frecuencia; es mejor dejar el sistema encendido que someter a todos esos delicados elementos al "estrés" de encendidos frecuentes.
- Apague la unidad del sistema si va a estar fuera durante un tiempo prolongado (cualquier periodo superior a unos pocos días).
- Revise periódicamente las conexiones de cables. Asegúrese de que todos los conectores están firmemente conectados y los tornillos atornillados correctamente, y asegúrese de que los cables no están demasiado estirados o doblados para evitar daños internos.

Teclado

Incluso algo tan simple como el teclado requiere algún mantenimiento preventivo de vez en cuando. Tenga en cuenta los siguientes consejos:

- Coloque el teclado en un lugar fuera del alcance de niños y mascotas (podría ensuciarse o llenarse de plastilina; los niños suelen ejercer demasiada presión sobre las teclas).
- Mantenga el teclado alejado del polvo, la suciedad, el humo, la luz directa del sol y otros elementos medioambientales dañinos. Puede incluso considerar colocar un protector de polvo en el teclado cuando no lo utilice.
- Utilice un pequeño aspirador para limpiar el polvo y la suciedad de su teclado. Como opción alternativa, puede utilizar aire comprimido para quitar la suciedad. Utilice un trapo de algodón para limpiar entre las teclas. Si es necesario, quite las tapas de las teclas para limpiar los conmutadores que se encuentran debajo.
- Si se derrama algún líquido sobre el teclado, desconéctelo inmediatamente y limpie con un trapo todo el líquido vertido. Utilice un trapo de algodón para limpiar entre las teclas; si es necesario, utilice un destornillador para extraer las tapas de las teclas y limpiar cualquier filtración. Deje secar el teclado completamente antes de volver a utilizarlo.

Monitor

Para un correcto mantenimiento, piense en el monitor de su ordenador como si fuera un televisor. Tenga en cuenta los siguientes consejos:

- Al igual que sucede con otros elementos importantes del sistema, evite la luz directa, el polvo y el humo. Asegúrese de que está bien ventilado, especialmente por detrás; no cubra las salidas de ventilación con papel u otros objetos y no coloque nada sobre el equipo.

- No coloque imanes cerca del monitor (incluidos altavoces externos).
- Limpie la pantalla del monitor periódicamente con el monitor apagado. En el caso de que sea un monitor tradicional de tipo CRT, rocíe un paño (de tipo antiestático, si es posible) con un limpiador de cristal estándar y después limpie la pantalla. Si se trata de un monitor plano LCD, moje con agua un paño que no deje pelusas y limpie la pantalla; no aplique productos directamente sobre la misma. No utilice limpiadores que contengan alcohol o amoniaco, ya que pueden dañar la pantalla LCD. No obstante, puede usar las toallitas comerciales especialmente diseñadas para pantallas LCD.
- No olvide ajustar el brillo y el contraste del monitor de vez en cuando. Cualquier control se puede desajustar y el rendimiento del monitor cambia a medida que envejece. Un sencillo ajuste a tiempo le ayudará a mantener su monitor en estado óptimo.

Impresora

La impresora es un dispositivo complejo, con multitud de componentes móviles. Siga estos consejos para mantener en buenas condiciones este dispositivo:

- Utilice un paño suave, un mini-aspirador o aire comprimido para limpiar periódicamente la impresora por dentro y por fuera. En concreto, asegúrese de limpiar la ruta del papel y todo el polvo y las virutas de papel.
- Si tiene una impresora de inyección de tinta, limpie periódicamente los inyectores. Ejecute la utilidad de limpieza de cartuchos de la impresora o utilice un alfiler para asegurarse de que no están obstruidos.
- Si tiene una impresora láser, reemplace el cartucho de tóner siempre que sea necesario. Cuando reemplace el cartucho, recuerde limpiar la barra limpiadora de la impresora y otros componentes relacionados, siguiendo las instrucciones del fabricante.
- No utilice alcohol u otros disolventes para limpiar los componentes de plástico o de goma (será más dañino que beneficioso).

Mantenimiento de un ordenador portátil

Los consejos anteriores son aplicables al mantenimiento tanto de ordenadores de sobremesa como de ordenadores portátiles. No obstante, si dispone de un equipo portátil, tendrá que tener en cuenta algunas consideraciones adicionales a la hora de mantener su equipo en un estado óptimo.

Centro de movilidad de Windows

Comencemos por todos esos ajustes que son singulares de un PC portátil: el consumo de energía, el brillo del monitor, la funcionalidad inalámbrica de red, etc. Windows 7 ha colocado todos estos ajustes en un único panel de control conocido con el nombre de Centro de movilidad de Windows. Puede utilizar este centro para configurar y administrar prácticamente todos los elementos que le permiten optimizar el rendimiento de su PC portátil.

Para acceder al Centro de movilidad de Windows, haga clic en el botón **Inicio** y seleccione Todos los programas>Accesorios>Centro de movilidad de Windows. Haga clic en un botón o ajuste el deslizador para cada una de las opciones que desee modificar.

Nota:

Algunos fabricantes de ordenadores portátiles añaden sus propios ajustes de configuración personalizados al Centro de movilidad de Windows.

Cómo preservar la batería

Uno de los principales problemas de los ordenadores portátiles es la duración de la batería, aspecto éste de singular importancia cuando nos encontramos de viaje.

Cualquier ordenador portátil (incluidos los modelos de sustitución de sobremesa), ofrece como mínimo una hora de funcionamiento antes de que la batería se consuma. Si necesita una mayor duración de la batería, siga estas recomendaciones:

- **Modifique el esquema de consumo de energía:** Windows incluye diversos esquemas predefinidos de consumo energético que ofrecen una mayor duración de la batería o un mejor rendimiento de la misma (con frecuencia, tendrá que optar por una de las dos). Puede modificar los ajustes de configuración del consumo de energía en el Centro de movilidad de Windows, dentro de la sección de Estado de la batería, o bien haciendo clic en el icono de la batería del área de notificaciones de la barra de tarea de Windows.
- **Atenúe la pantalla:** Cuanto mayor sea el brillo de la pantalla, más energía utilizará su PC. Conserve energía atenuando el nivel de brillo de la pantalla del PC.

- **Apague el ordenador cuando no vaya a utilizarlo:** Un PC en reposo sigue consumiendo energía. Si va a alejarse del ordenador durante un periodo superior a un par de minutos, apague el PC para conservar energía, o bien deje el ordenador en estado de suspensión o hibernación, lo que reducirá el consumo energético.
- **No realice tareas excesivamente exigentes:** Siempre que escribimos o leemos un archivo del disco duro de nuestro portátil, utilizamos algo de energía. Lo mismo ocurre cuando utilizamos la unidad de CD o DVD; cada giro del disco contribuye a agotar la batería.

  Si utiliza su ordenador para ver películas en DVD, no espere que la batería dure tanto como si utilizara el ordenador únicamente para comprobar su correo electrónico o para navegar por la Web.
- **Compre una batería de mayor capacidad:** Muchos fabricantes venden baterías de diversas capacidades. Puede adquirir una batería con una vida mayor que la que venía de fábrica con su ordenador.
- **Compre una segunda batería:** Cuando la primera batería se agote, retírela y conecte una batería nueva.
- **Compre un PC portátil más pequeño:** Los modelos ultraportátiles utilizan menos energía y tiene una duración de la batería mayor que los portátiles medianos, que a su vez consumen menos energía que los modelos de sustitución de sobremesa.

  Cuanto más pequeña sea la pantalla y menos potente sea la CPU, más durará la batería del ordenador.

En el peor de los casos, esté alerta por si hay algún enchufe cerca. La mayor parte de las cafeterías y salas de espera de los aeropuertos tienen al menos un sitio libre junto a un enchufe: no olvide llevar el adaptador de la batería consigo y podrá conectarse a la corriente eléctrica siempre.

Proteja su portátil

Una de las ventajas más importantes de un ordenador portátil es que se trata de un dispositivo pequeño y fácilmente transportable, lo que a su vez se convierte en una de sus principales desventajas. Tome las medidas oportunas para proteger su ordenador cuando lo utilice en un lugar público: compre un candado para portátiles o algún dispositivo similar. Naturalmente, le ayudará mantenerse alerta: nunca deje su portátil sin vigilar en una cafetería o la terminal de un aeropuerto.

Además, tenga cuidado a la hora de transmitir datos privados en redes WiFi públicas. Evite la tentación de realizar compras en línea (y transmitir su número de tarjeta de crédito) desde una cafetería: espere hasta haberse conectado de forma segura a su red doméstica antes de enviar datos privados por las ondas WiFi.

Resumen

He aquí los aspectos más importantes de este capítulo:

- Dedicar unos minutos a la semana al mantenimiento del PC evitará que se produzcan serios problemas en el futuro.
- Para eliminar del disco duro archivos sin utilizar, utilice el Liberador de espacio en disco.
- Para desfragmentar un disco duro fragmentado, utilice el Desfragmentador de disco (que se ejecuta automáticamente en segundo plano en Windows Vista).
- Para buscar y reparar problemas de disco duro, utilice la herramienta ScanDisk.
- Mantenga el hardware alejado de la luz solar directa, el polvo y el humo y asegúrese de que la unidad del sistema está bien ventilada.
- Proteja sus archivos de datos importantes haciendo una copia de seguridad de ellos en una unidad externa de disco duro, usando un programa comercial de copia de seguridad o, en Windows Vista, la utilidad Copia de seguridad.
- Si dispone de un ordenador portátil, tome las medidas necesarias para conservar la batería… ¡y mantener su ordenador alejado de los ladrones!

Capítulo 9

Solucionar los problemas más comunes

En este capítulo aprenderá a:

- Solucionar los problemas del equipo.
- Solucionar los problemas del equipo en Modo seguro.
- Saber lo que tiene que hacer cuando Windows se congela.
- Enfrentarse a un fallo grave.
- Reparar los daños mediante la restauración del sistema.

Los ordenadores no son perfectos. Es posible (aunque improbable) que en algún momento algo vaya mal con su ordenador personal: podría negarse a arrancar, bloquearse, apagarse repentinamente y dejar de funcionar, etc.
Si su equipo deja de funcionar... ¡que no cunda el pánico! (aunque seguramente ésa será la sensación inicial). La mayoría de los problemas de los equipos tienen causas fáciles de encontrar y soluciones sencillas. La clave es mantener la calma para afrontar la situación con lógica y siguiendo los consejos proporcionados en este capítulo.

Cómo solucionar problemas del equipo

Independientemente del tipo de problema que encuentre en su equipo, existen seis pasos lógicos a seguir para identificar el origen del mismo. Siga estos pasos con tranquilidad y de forma sistemática: muy probablemente, no tardará en identificar el origen del problema e incluso podrá arreglarlo usted mismo.

1. **¡Que no cunda el pánico!:** El simple hecho de que su ordenador no funcione correctamente no es razón suficiente para perder los nervios. Es muy probable que no ocurra nada grave. Además, caer presa del pánico no le ayudará a resolver el problema. Confíe en sí mismo y proceda de forma lógica; así podrá descubrir cuál es el problema y solucionarlo.
2. **Compruebe si el usuario ha cometido algún error:** Compruebe si ha hecho algo mal. Quizá haya hecho clic sobre el botón equivocado, pulsado la tecla errónea o enchufado algo en el conector o puerto equivocado. Vuelva sobre sus pasos e intente identificar el problema. Es muy probable que éste no se vuelva a producir si no comete dos veces el mismo error.
3. **Compruebe que todo esté conectado en el lugar apropiado y que llega potencia suficiente a la unidad del sistema:** Ponga especial cuidado a la hora de asegurarse de que todos los cables están conectados de forma segura (las conexiones sueltas pueden generar todo tipo de problemas).
4. **Asegúrese de que dispone de las versiones más recientes del software instalado en su sistema:** Asegúrese de que dispone de las últimas versiones instaladas de los controladores de dispositivos para todos los periféricos instalados en su sistema.
5. **Intente aislar el problema conociendo cuándo y cómo se ha producido:** Estudie todos los pasos seguidos en el proceso para saber tratar de identificar el programa o controlador que pudiera estar en el origen del problema.

6. **Cuando todo lo demás falle, solicite ayuda profesional:** Si cree que se trata de un problema relacionado con Windows, contacte con el departamento de ayuda técnica de Microsoft. Si cree que se trata de un problema con un determinado programa, contacte con el servicio de asistencia técnica del fabricante de dicho programa. Si cree que es un problema relacionado con el hardware, contacte con el fabricante de su PC o con el suministrador del mismo (y no descarte pedir ayuda a los departamentos técnicos del lugar donde compró su PC, ya que muchos suministradores de equipos informáticos disponen de este tipo de departamentos). Los profesionales están ahí por una buena razón; cuando necesite ayuda técnica, solicítela.

Advertencia:

¿Un determinado problema con el equipo le ha dejado perplejo? Aprenda a solucionar problemas con la ayuda de otros libros sobre solución de problemas.

Solucionar problemas en modo seguro

Si tiene problemas para que Windows se inicie, es probable que algún parámetro no esté correctamente configurado o que algún controlador no funcione correctamente. El problema es: ¿cómo entramos en Windows para solucionar un problema cuando no podemos abrir Windows?

La solución pasa por hacerse con el control del equipo antes de que Windows se haga cargo de él, y obligar a nuestro ordenador a arrancar sin el elemento que está causando el problema. Para ello, observe la pantalla del equipo durante el arranque y pulse la tecla **F8** justo antes de que se inicie Windows. Así podrá ver el menú Inicio de Windows, seleccione la opción Modo seguro.

El modo seguro es un modo de funcionamiento especial que carga Windows con una configuración simplificada. Dentro de este modo, podemos buscar conflictos entre dispositivos o restaurar el sistema a una configuración anterior que funcionase correctamente (con la utilidad Restaurar sistema que explicaremos más adelante en el capítulo).

Nota:

Dependiendo de la gravedad del problema, Windows podría iniciarse en Modo seguro automáticamente.

Qué hacer cuando Windows se bloquea

Probablemente el problema más común sea el bloqueo de Windows, que se produce cuando el PC se detiene. La pantalla presenta un aspecto normal, pero nada funciona (no podemos escribir nada en pantalla ni hacer clic sobre ningún botón).

Si el sistema se bloquea, lo bueno es que seguramente no exista ningún elemento de hardware dañado. Lo malo es que es más que probable que el problema radique en el sistema operativo.

Esta afirmación no significa que el sistema esté dañado. Simplemente, nos encontramos ante un fallo técnico del que podremos recuperarnos. Recuerde: que no cunda el pánico. Encare la situación con tranquilidad y de forma racional.

¿Por qué se bloquea Windows?

Existen muchas causas por las que Windows se bloquea, entre ellas:

- Podría estar ejecutando un programa de software o un juego más antiguo que no sea compatible con Windows. En este caso, actualice el programa.
- Podría existir un conflicto de memoria entre aplicaciones o entre una aplicación y el propio Windows. Pruebe a ejecutar menos programas simultáneamente o a ejecutar los programas problemáticos uno a uno para evitar posibles conflictos de memoria.
- Podría tener instalada una cantidad insuficiente de memoria. Actualice la cantidad de memoria adecuada para su PC.
- Podría no haber suficiente espacio libre en el disco duro del equipo. Elimine cualquier archivo innecesario de su disco duro.
- El disco duro podría tener errores o sectores dañados. Revise el disco duro en busca de errores (lea la sección dedicada a ScanDisk en el capítulo 8).

Cómo enfrentarse a un bloqueo de Windows

Cuando Windows se bloquea, tendremos que desbloquearlo y ejecutarlo de nuevo. Para ello, tendrá que apagar el equipo. Pulse las teclas **Control-Alt-Supr** para mostrar el Administrador de tareas de Windows y elegir **Apagar**. Si eso no funciona, pulse y mantenga pulsado el botón de encendido y apagado de la unidad del sistema hasta que el equipo se apague. Posteriormente, podrá volver a iniciar el equipo. Es muy probable que cuando vuelva a encenderlo, todo funcione correctamente. Si el sistema se bloquea con frecuencia, consulte con un profesional. La detección de este tipo de problemas puede resultar difícil para usuarios inexpertos.

Cómo enfrentarse a un programa bloqueado

Algunas veces, Windows funciona bien pero puede que algún programa de software concreto se quede bloqueado. Afortunadamente, Windows es un entorno extraordinariamente seguro. Cuando una aplicación individual se bloquea, raras veces puede estropear un sistema completo. Para cerrar la aplicación problemática sin que otros programas de Windows se vean afectados, podemos utilizar la herramienta Administrador de tareas de Windows.

Cuando una aplicación se bloquee, pulse **Control-Alt-Supr**; se abrirá el Administrador de tareas de Windows, mostrado en la figura 9.1. Seleccione la ficha Aplicaciones; a continuación, seleccione la aplicación bloqueada de la lista. Ahora haga clic en el botón **Finalizar tarea**. Pasados unos segundos, se abrirá una ventana de espera o cierre; confirme que desea cerrar la aplicación seleccionada y haga clic en el botón **Finalizar tarea**.

Figura 9.1. Utilice el Administrador de tareas de Windows para cerrar programas que no responden.

Se cerrará la aplicación que tiene problemas y podrá seguir trabando en Windows. Si tiene múltiples aplicaciones que se bloquean con regularidad, es probable que la situación pueda atribuirse a la escasez de memoria. Consulte con el suministrador de su equipo sobre la posibilidad de agregar memoria RAM a su unidad.

Cómo enfrentarse a un fallo repentino del sistema

Es probable que lo peor que pueda ocurrir en un ordenador personal sea un fallo generalizado y repentino del sistema: el ordenador se apaga sin previo aviso. Si se encuentra este problema, mantenga la calma y no caiga presa del pánico. Respire hondo, tranquilícese y prepárese para seguir.

Cuando un equipo se cierra bruscamente, deberá esperar 60 segundos antes de volver a encenderlo, ya que ocasionalmente los componentes se reinician y restablecen por sí mismos. Cuente lentamente hasta 60 y después presione el botón de encendido del PC.

Un 90 por 100 de las veces el sistema arrancará normalmente, como si nada hubiera pasado. Si éste es el caso, ¡enhorabuena! Por el contrario, si el sistema no funciona con normalidad, tendrá que solucionar el problema de fondo, tal como explicaremos más adelante en este mismo capítulo.

Aunque su sistema vuelva a comportarse como siempre, el cierre repentino podría haber provocado algún daño. A veces, un cierre repentino del sistema puede dañar algunos programas de software que se estuviesen ejecutando en ese momento, así como cualquier documento abierto cuando se produjo el cierre. Puede que tenga que volver a instalar un programa dañado o recuperar un documento dañado desde un archivo de copia de seguridad.

Cómo deshacer los daños causados con la herramienta Restaurar sistema

Si sufre un apagón repentino del sistema, lo más probable es que la mejor solución sea utilizar la herramienta Restaurar sistema de Microsoft. Esta utilidad restaura automáticamente nuestro sistema al estado que tenía antes de que se produjese el cierre repentino y nos ahorrará el problema de tener que volver a instalar los programas de software dañados. Es una extraordinaria herramienta de seguridad cuando las cosas van mal.

La herramienta Restaurar sistema funciona controlando nuestro sistema y anotando cualquier cambio producido al instalar nuevas aplicaciones. Cada vez que la aplicación nota un cambio, crea automáticamente lo que se conoce como "punto de restauración". Básicamente, un punto de restauración es una "instantánea" de los archivos claves del sistema, que se realiza tras la instalación de la nueva aplicación. Si el sistema falla, puede utilizar la herramienta Restaurar sistema para reparar el equipo. Elija un punto de restauración anterior al problema (por ejemplo, un punto anterior a una nueva instalación), y la aplicación deshará todos los cambios realizados en los archivos que controla desde la creación del punto de restauración. El equipo volverá al estado anterior a la instalación, es decir, al último punto en el que funcionó correctamente. Para restaurar el sistema a partir de un punto de restauración, siga estos pasos:

1. Haga clic en el botón **Inicio** para abrir el menú Inicio.
2. Seleccione Todos los programas>Accesorios>Herramientas del sistema>Restaurar sistema para abrir la ventana Restaurar sistema.
3. Seleccione Crear punto de restauración y haga clic en **Siguiente**.
4. En la ventana que se muestra en la figura 9.2, puede elegir el punto de restauración recomendado por Windows, o bien elegir un punto de restauración distinto (haga clic en Mostrar más puntos de restauración). Elija la opción deseada y haga clic en **Crear**.
5. En la pantalla de confirmación, haga clic en **Finalizar**.

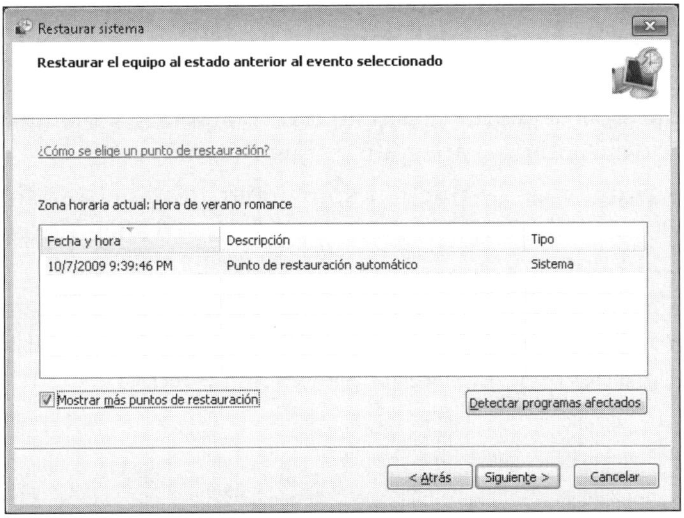

Figura 9.2. Utilice la herramienta Restaurar sistema para reparar los programas o archivos del sistema dañados.

Windows restaurará el sistema. Asegúrese de que todos los programas están cerrados, puesto que Windows tendrá que reiniciarse durante el proceso de restauración.

Cuando el proceso haya finalizado, el sistema funcionará correctamente. No obstante, tenga en cuenta que la restauración del sistema puede tardar medio hora o más en finalizar... ¡pida una pizza y cene tranquilamente mientras espera a que finalice la tarea!

Advertencia:

Restaurar sistema le ayudará a recuperar todos los programas y archivos de sistema dañados, pero no le permitirá recuperar documentos o archivos de datos dañados.

Resumen

He aquí los aspectos más importantes de este capítulo:

- Si algo extraño sucede con su equipo... ¡que no cunda el pánico!
- La mayoría de los problemas con el equipo en realidad son el resultado de un error del usuario: retroceda y vuelva a realizar el mismo proceso, prestando mucha atención.
- Para cerrar programas bloqueados desde el Administrador de tareas de Windows, pulse **Control-Alt-Supr**.
- También puede utilizar el Administrador de tareas para reiniciar manualmente su ordenador; si esto no funciona, pulse y mantenga pulsado el botón de encendido y apagado de su ordenador.
- Algunos problemas se pueden solucionar desde el Modo seguro de Windows; para ello, reinicie su equipo y pulse **F8** antes de que se abra la pantalla de Windows.
- Si el sistema se comporta de una forma extraña tras la instalación de un nuevo programa de software o hardware, utilice la herramienta Restaurar sistema para devolver el sistema a su estado anterior a la instalación.

Capítulo 10

Proteja su PC de virus, spam y otros elementos molestos

En este capítulo aprenderá a:

- Proteger su sistema frente a los virus informáticos.
- Localizar el software espía.
- Defenderse ante los ataques del equipo.
- Luchar contra el correo no deseado
- Detectar problemas de suplantación de identidad.
- Proteger a sus hijos de contenido inapropiado.

Conectarse a Internet es como abrir la caja de Pandora: gusanos informáticos, virus, *spyware*, *spam* y otros elementos dañinos pueden atacar su sistema y hacer que funcione con lentitud, o que deje de funcionar. Además de estos programas de software malicioso (conocidos como "malware") que pueden infectar su ordenador, es probable que se tope con toda clase de contenidos inapropiados que preferiría evitar. El mundo *on-line* puede resultar bastante desagradable.

Afortunadamente, protegernos de estos peligros es sencillo. Todo lo que necesita son algunas utilidades de software... ¡y mucho sentido común!

Proteja su sistema frente a los virus informáticos

Un virus informático es un programa de software dañino diseñado para dañar un sistema informático, mediante la eliminación de archivos o controlando el PC para lanzar ataques sobre otros sistemas. Un virus ataca el equipo cuando abrimos un programa de software infectado, iniciando una serie de actividades que con frecuencia tienen resultados catastróficos.

Signos de infección

¿Cómo podemos saber si un equipo está infectado?

En general, siempre que el equipo empiece a actuar de forma anormal, es posible que esté infectado por un virus. Podemos ver mensajes o gráficos extraños mostrándose en la pantalla o darnos cuenta de que programas que hasta el momento habían funcionado bien, actúan de forma descontrolada. Podemos encontrarnos con determinados archivos que de repente faltan, con que el sistema actúa con extraordinaria lentitud, o que no se inicia. Podría ocurrir que nuestros amigos estuvieran recibiendo mensajes con nuestro remite (mensajes que nunca hemos enviado) con archivos adjuntos sospechosos.

Si su equipo muestra alguno de estos síntomas (especialmente si acaba de descargar un archivo de Internet o ha recibido un mensaje de correo electrónico sospechoso) el diagnóstico no es bueno: probablemente, su equipo está infectado.

Nota:

Muchos ataques informáticos se producen a través del uso de ordenadores personales afectados por un virus informático. Estos "ordenadores zombi" funcionan por control remoto en una red atacante conocida con el nombre de botnet. Los programas de firewall le ayudarán a protegerse de los ataques entrantes y controladores botnet.

Cómo se transmite un virus

Siempre que compartimos datos con otros equipos o usuarios, corremos el riesgo de exponer nuestro equipo a algún virus. Existen muchas formas de compartir datos y muchas formas de transmitir un virus:

- Abrir un archivo infectado adjunto a un mensaje de correo electrónico.
- Abrir un archivo de programa infectado descargado de Internet.
- Compartir un CD de datos, unidad de memoria USB o disquete que contenga un archivo infectado.
- Compartir un archivo a través de una red que contenga un archivo infectado.

De todos estos métodos, el medio más común de infección por virus es a través del correo electrónico. Siempre que abra un archivo adjunto a un mensaje de correo electrónico, se está exponiendo a infectar el equipo con un virus, incluso aunque el archivo se lo haya enviado un conocido o una persona de confianza. La razón es que muchos virus "falsean" el nombre del remitente y dan la sensación de que el correo electrónico le ha sido remitido por algún colega o conocido. Lo importante es saber que ningún documento adjunto en un mensaje de correo electrónico es seguro, a no ser que lo espere expresamente.

Prácticas de seguridad

Como no va a dejar de realizar estas actividades, nunca estará a salvo al cien por cien de la amenaza de los virus informáticos. Sin embargo, existen algunos pasos que puede seguir para reducir el riesgo:

- No abra documentos adjuntos en mensajes de correo electrónico remitidos por personas desconocidas, o incluso de personas conocidas en aquellos casos en los que no espere ningún archivo de su parte. Algunos virus pueden apropiarse de la libreta de direcciones de un PC infectado y enviar mensajes de correo electrónico infectados sin que lo sepa el propietario del PC. Leer el correo electrónico no provocará ningún daño; el daño se produce al abrir el archivo adjunto al correo.
- No acepte archivos que le envíen mediante mensajería instantánea; al igual que ocurre con los adjuntos de los correos electrónicos, los archivos que se envían a través de MI pueden verse fácilmente infectados de virus y *spyware*.

- Descargue archivos sólo de sitios Web de confianza, como por ejemplo Download.com (`www.download.com`) o Tucows (`www.tucows.com`).
- No acceda a ni descargue archivos desde redes para compartir música y vídeos, famosas por estar plagadas de virus y *spyware*. Descargue música y películas de sitios legítimos, como por ejemplo iTunes Store o las descargas en formato MP3 de Amazon.
- No ejecute programas que encuentre en los grupos de noticias Usenet o en mensajes de foros Web o *blogs*.
- No haga clic en enlaces enviados por desconocidos a través de la mensajería instantánea o en una sala de chat.
- Comparta discos y archivos únicamente con usuarios conocidos y en los que confíe.
- Utilice un software antivirus y manténgalo actualizado con las definiciones de virus más recientes.

Advertencia:

De este capítulo, no olvide lo siguiente: nunca abra un documento adjunto inesperado. ¡Punto!

Todas estas precauciones (especialmente la primera de ellas) le protegerán adecuadamente frente a la amenaza de los virus informáticos.

Desinfección del sistema con un software antivirus

Los programas antivirus pueden detectar virus conocidos y proteger su sistema frente a virus nuevos desconocidos. Estos programas revisan su sistema en busca de virus cada vez que se inicia y se pueden configurar para revisar cualquier programa descargado de Internet. También se utilizan para desinfectar su sistema si éste se infecta con un virus.
Los programas antivirus más conocidos son:

- AVG Anti-Virus (`www.grisoft.com`).
- Avira AntiVir (`www.free-av.com`).
- Kaspersky Anti-Virus Personal (`www.kaspersky.com`).
- McAfee VirusScan (`www.mcafee.com`).

- Norton AntiVirus (`www.symantec.com`).
- Trend Micro AntiVirus + AntiSpyware (`www.trendmicro.com`).
- Microsoft Security Essentials (`www.microsoft.com/security_essentials`).

Advertencia:

Su software antivirus es inútil si no lo actualiza al menos semanalmente. Un programa antivirus sin actualizar no podrá reconocer ni proteger a su equipo de los últimos virus informáticos.

Todos estos programas realizan su trabajo correctamente, si bien los precios de los mismos varían notablemente. Por ejemplo, tanto AVG Anti-Virus como Avira AntiVir están disponibles de forma gratuita y funcionan a la perfección, mientras que las suscripciones anuales a Norton Anti-Virus y McAfee VirusScan tienen un coste aproximado de unos 40 euros. Independientemente del programa antivirus que elija, tendrá que conectarse periódicamente para actualizar la base de datos de definición de virus, es decir, el programa utilizado para buscar archivos de virus conocidos. Como semanalmente se crean nuevos virus, este archivo de virus conocidos tiene que actualizar en consecuencia.

Cómo identificar software espía

Otro de los elementos dañinos que más proliferan en la actualidad son los programas de software espía. Estos programas se autoinstalan en el equipo; posteriormente, envían información sobre la forma en que usamos nuestro PC a una tercera parte interesada, sin nuestro conocimiento. Normalmente el software espía se instala en segundo plano cuando instalamos otro programa. Una de las mayores fuentes de software espía son las redes P2P de intercambio de archivos musicales (no así las tiendas de música en línea, como iTunes); al instalar el software de intercambio de archivos, también se instala el software espía.

Tener un software espía en el sistema es especialmente desagradable, tanto como haber sido infectado por un virus informático. Algunos programas de software espía incluso pueden apoderarse de nuestro equipo y lanzar ventanas emergentes y anuncios al visitar determinadas páginas Web. Si tiene algún programa de software espía en su PC, definitivamente tendrá que deshacerse de él.

Lamentablemente, la mayoría de los programas antivirus no son capaces de detectar el software espía, ya que éste no es un virus. Para localizar y desinstalar estos programas, necesitará ejecutar una utilidad anti-software espía, como Windows Defender (mostrado en la figura 10.1), incluido de forma gratuita en Windows 7. Windows Defender está disponible para su descarga gratuita en sistemas informáticos más antiguos.

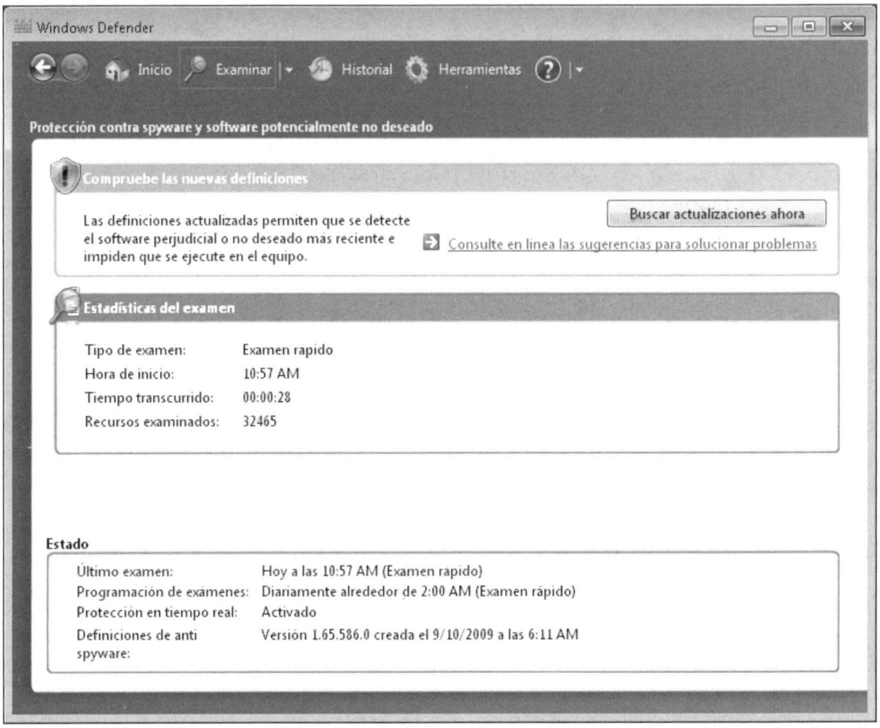

Figura 10.1. Windows Defender es capaz de detectar software espía.

Éstos son algunos de los mejores programas contra el software espía:

- Ad-Aware (`www.lavasoftusa.com`).
- Windows Defender (`www.microsoft.com/athome/security/spyware/software/`).
- Spy Sweeper (`www.webroot.com`).
- Spybot Search & Destroy (`www.safer-networking.org`).
- ZoneAlarm Anti-Spyware (`www.zonelabs.com`).

Además, algunas de las *suites* de seguridad de Internet más importantes, como Norton Internet Security y McAfee Internet Security Suite, incluyen módulos antispyware. Compruebe la lista de funcionalidades del programa antes de comprarlo.

Cómo defenderse de un ataque informático

La conexión a Internet es una vía de doble sentido: no sólo nuestro PC puede acceder a otros equipos *on-line*, sino que además otros equipos también pueden acceder a nuestro PC.

Esto significa que, a no ser que tomemos las precauciones necesarias, los piratas informáticos pueden leer nuestros datos privados, dañar el hardware y software de nuestro sistema e incluso utilizar nuestro software (vía control remoto) para dañar a otros equipos.

Para proteger nuestro equipo frente a ataques externos, puede bloquear la ruta de acceso del atacante mediante el uso de un cortafuegos (*firewall*). Un cortafuegos es un programa de software que forma una barrera virtual entre nuestro equipo e Internet. El cortafuegos filtra de forma selectiva los datos que se pasan entre ambos extremos de la conexión y protege a nuestro sistema de un ataque externo.

El firewall de Windows

Afortunadamente, Windows ha incluido una funcionalidad de firewall en Windows 7. El firewall de Windows está activado por defecto, si bien es recomendable comprobar que el cortafuegos esté activado y que funcione correctamente. Para ello, abra el Panel de Control y seleccione Sistema y Seguridad>Firewall de Windows.

Software para firewall de terceros

Para la mayor parte de usuarios, el Firewall de Windows es suficiente protección frente a los ataques informáticos. Dicho esto, existen diversos programas de firewall de terceros, muchos de los cuales son más robustos y ofrecen un nivel de protección mayor que el del Firewall de Windows. Entre ellos, merece la pena destacar los siguientes:

- McAfee Total Protection (`www.mcafee.com`).
- Norton Internet Security (`www.symantec.com`).
- ZoneAlarm Free Firewall (`www.zonelabs.com`).

Combata los mensajes de correo electrónico no deseado

Los virus no son los únicos elementos molestos que solemos recibir a través del correo electrónico. Casi la mitad de los mensajes que un usuario medio recibe son mensajes no solicitados o no deseados (*spam*). Este tipo de mensajes son los equivalentes *on-line* a la publicidad que recibimos en nuestro buzón de correo normal, y constituyen un problema importante.

Aunque es casi imposible librarse del correo no deseado (al igual que tampoco podemos evitar que depositen publicidad no deseada en nuestro buzón), existen vías para reducir la cantidad de correo no deseado. Cuanto mayor sea su carga de correo no deseado, más medidas tendrá que adoptar.

Cómo proteger su dirección de correo electrónico

Los remitentes de mensajes de correo no deseado acumulan direcciones de correo electrónico a través de diversos métodos. Algunos utilizan métodos de alta tecnología para recopilar las direcciones que aparecen en páginas Web públicas y publicaciones de los tablones de mensajes. Otros utilizan la conocida solución de comprar direcciones de empresas dedicadas a su venta. Otros incluso generan automáticamente direcciones utilizando un "diccionario" de nombres y dominios comunes.

Una de las vías para reducir la cantidad de mensajes no deseados recibidos es limitar el uso público de su dirección de correo electrónico. Es sencillo de entender: cuanto más expuesta esté su dirección de correo electrónico, más remitentes de mensajes de correo no deseado serán capaces de encontrarla... y de utilizarla. Por este motivo, evite escribir su dirección de correo electrónico en su página Web o en la página Web de su empresa. También debe evitar incluir su dirección de correo electrónico en cualquier publicación que envíe a tablones de mensajes basados en la Web o a grupos de noticias Usenet. Asimismo, debe evitar incluir su dirección de correo electrónico en un chat o en el transcurso de una sesión de mensajería instantánea.

Otra estrategia consiste en utilizar dos direcciones de correo electrónico: utilice su dirección de correo electrónico principal (la proporcionada por su ISP) únicamente para un círculo cerrado de amigos o familiares; no utilice esta dirección para enviar ningún mensaje público ni para registrarse en sitios Web. Obtenga una segunda dirección de correo electrónico (puede obtener una gratuita dirección de forma gratuita en `www.hotmail.com`, `mail.yahoo.com` o `gmail.google.com`) y utilícela para todas las actividades públicas que lleve a cabo. Cuando publique un mensaje en un tablón de anuncios o en un grupo de noticias, utilice esta segunda dirección. Utilice esta segunda dirección cuando realice algún pedido en línea o a la hora de registrarse para poder acceder a un sitio Web. Con el tiempo, la segunda dirección atraerá a los remitentes de mensajes de correo no deseado y su primera dirección quedará relativamente libre de este tipo de mensajes.

Truco:

Si escribe su dirección de correo electrónico en un foro público, puede insertar un bloqueador de correo no deseado en su dirección (una palabra inesperada o una frase que, si bien se puede eliminar fácilmente, confundirá al software que utilizan los remitentes de correo no deseado). Por ejemplo, si su dirección de correo electrónico es `juanjara@miisp.com`, *puede cambiar la dirección para que se lea* `juanSPAMBLOCKjara@miisp.com`. *Los demás usuarios sabrán que tienen que eliminar* `SPAMBLOCK` *de la dirección antes de enviarle un mensaje de correo electrónico, pero el software que recopila datos para enviar mensajes de correo electrónico no deseado verá frustrada su misión.*

Cómo bloquear el correo no deseado en los programas de correo electrónico

Muchos de los programas de correo electrónico y servicios de correo electrónico Web disponen de alguna vía para bloquear el *spam*. Por ejemplo, Windows Live Mail envía automáticamente el correo sospechoso de ser *spam* a la carpeta de correo no deseado. Si algún mensaje de *spam* consigue eludir el filtro, selecciónelo y pulse en el botón correspondiente al correo no deseado para enviarlo a dicha carpeta. Es recomendable activar las funcionalidades anti-spam del correo electrónico para bloquear la mayor parte de mensajes no deseados.

Truco:

Es recomendable revisar de forma periódica los mensajes que aparezcan en su carpeta de correo no deseado y comprobar que no se trata de mensajes legítimos que se han enviado por error a la misma.

Utilizar un software antispam

Si la cantidad de correo no deseado en su bandeja de entrada le resulta especialmente molesta, quizás deba considerar la compra de un programa de software específico para evitar el correo no deseado. Muchos de estos programas de software tienen alguna combinación de bloqueo de correo no deseado y filtrado de contenidos que mantendrá el correo no deseado alejado de su bandeja de entrada; su efectividad varía, pero disminuirá su cantidad de correo no deseado.
Los programas de software antispam más conocidos son:

- ANT 4 MailChecking (`www.ant4.com`).
- MailWasher (`www.mailwasher.net`).
- RoadBlock (`www.roadblock.net`).

Además, muchos antivirus y programas de filtrado de contenidos incluyen módulos antispam. Si utiliza un antivirus o una *suite* de seguridad, compruebe si la *suite* incluye un filtrado de *spam* para el correo electrónico.

Cómo luchar contra la suplantación de identidad

El *phishing*, o suplantación de identidad, es una técnica utilizada por expertos dedicados a robar identidades en línea, engañando a los usuarios para que revelen su identidad y proporcionen al timador información personal relevante, como contraseñas, números de tarjeta de crédito y otros datos económicos. Tenga mucho cuidado: podría confundir un mensaje de correo electrónico de suplantación de identidad con uno real, y abrir la puerta al robo de su identidad.
La suplantación de la identidad normalmente comienza con un mensaje de correo electrónico que parece provenir de una fuente fidedigna, como por ejemplo un banco, eBay o PayPal. Tras hacer clic sobre el enlace que contiene el mensaje de correo de suplantación de identidad, accederá a un sitio Web falso enmascarado con el mismo aspecto del sitio real, repleto de logotipos y texto de aspecto oficial. Le animarán a introducir su información personal en los formularios de la página Web; cuando lo haga, el timador recibirá sus datos personales y usted se convertirá en una víctima más del robo de identidad. Cuando sus datos caigan en manos ajenas, se podrán utilizar para acceder a sus cuentas bancarias, realizar cargos no autorizados en su tarjeta de crédito e incluso dejar a cero su cuenta bancaria.

Hasta hace poco tiempo, la única protección frente a este tipo de timos era el sentido común. O lo que es lo mismo: nunca haga caso a un enlace de un mensaje de correo electrónico que le pida cualquier tipo de información personal, como su número de cuenta bancaria o su contraseña de eBay.

Incluso si el mensaje tiene un aspecto oficial, es probable que no lo sea; las instituciones y sitios Web auténticos nunca incluyen este tipo de enlaces en sus mensajes oficiales (véase la figura 10.2). En su lugar, debería acceder a su información personal usando su navegador Web para acceder directamente al sitio Web en cuestión. ¡No haga clic en estos enlaces!

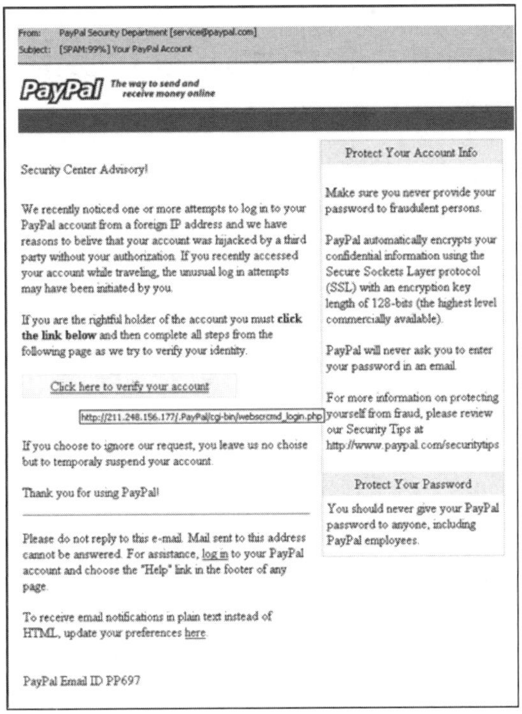

Figura 10.2. Un mensaje falso de phishing: ¡es muy parecido a la página Web real!

Afortunadamente, Windows 7 incluye algunos elementos que le permitirán protegerse de estos timos. Por ejemplo, Internet Explorer 8 incluye un nuevo Filtro SmartScreen que le alertará cuando visite potenciales sitios de *phishing*. Cuando intente visitar un sitio de *phishing* conocido o bien un sitio que pueda serlo, el explorador le mostrará un mensaje de alerta.

No escriba ningún tipo de información en estos sitios: regrese a la página de inicio.

Además, el programa Windows Live Mail (que puede descargarse de forma gratuita como parte de Windows Live Essentials) incluye un filtro anti-phishing de características similares. Si recibe un mensaje sospechoso de ser *phishing*, el programa le mostrará una alerta al respecto.

Sea cual sea el programa utilizado, no olvide utilizar el sentido común: no haga clic en vínculos sospechosos dentro de un correo electrónico, y jamás escriba su información personal y contraseña hasta no estar absolutamente seguro de que se encuentra en un sitio oficial (y no simplemente en un sitio de "aspecto" oficial).

Cómo proteger a los niños frente a contenidos inapropiados

Internet contiene un suministro prácticamente ilimitado de información contenida en decenas de miles de millones de páginas Web. Aunque la mayoría de estas páginas contienen información muy útil, existe una triste realidad: el contenido de algunas páginas puede ser bastante ofensivo para algunas personas, y hay usuarios de Internet que se aprovechan de los menores.

Como padres responsables, tenemos la obligación de proteger a nuestros hijos de cualquier contenido y personas maliciosas cuando están conectados a Internet, al tiempo que les proporcionamos acceso a todos los contenidos útiles que la red contiene. ¿Cómo conseguirlo?

Utilice un software de filtrado de contenidos

Si no puede confiar en que sus hijos no vayan a acceder a un contenido Web inapropiado, instale un software que contenga una funcionalidad de filtrado de funciones para las sesiones *on-line*. Estos programas de navegación segura evitan que se pueda acceder a una lista preseleccionada de sitios o temas específicos, y bloquean el acceso a aquellos sitios que reúnen los criterios seleccionados. Tras la instalación del software, sus hijos no podrán acceder a los sitios realmente dañinos de la Web.

He aquí algunos de los programas de filtrado de contenidos más populares:

- CyberPatrol (`www.cyberpatrol.com`).
- Cybersitter (`www.cybersitter.com`).
- Net Nanny (`www.netnanny.com`).

Microsoft ofrece además una herramienta de Seguridad Familiar, como parte de su *suite* de programas Windows Live Essential. Puede descargar esta utilidad de forma gratuita desde `get.live.com`. Asimismo, muchas de las grandes *suites* de seguridad para Internet (como las de McAfee y Norton/ Symantec) integran módulos de filtrado de contenidos.

Nota:

La herramienta Family Safety (conocida anteriormente como Control Parental) se incluía anteriormente en Windows Vista; en Windows 7 se ha excluido del núcleo del sistema operativo.

Búsqueda segura para niños

Si no desea instalar un software de filtrado, puede al menos dirigir a sus hijos a algunos de los sitios más seguros de la Web. Los mejores sitios ofrecen una búsqueda segura para niños que filtra todos los sitios inapropiados de los resultados de la búsqueda.
Los mejores sitios de búsqueda y directorios para niños son:

- AltaVista -AV Family Filter (`www.altavista.com`; seleccione el vínculo de filtro de familia en las opciones de búsqueda avanzada).
- Ask Jeeves for Kids (`www.ajkids.com`).
- Fact Monster (`www.factmonster.com`).
- Google SafeSearch (`www.google.es`; en la página Preferencias, seleccione la opción de filtrado Filtro Safesearch).
- Yahoo! Kids (`kids.yahoo.com`).

Truco:

Es recomendable que los sitios de búsquedas seguras para niños cumpla la función de página de inicio para el explorador de sus hijos, ya que podrán realizar búsquedas cuyo contenido seguro está garantizado.

Cómo fomentar las prácticas seguras

Aunque utilice software de filtrado de contenido y sitios Web para búsquedas seguras, lo más importante como padre es crear un entorno que fomente un uso apropiado de Internet: nada puede reemplazar la tradicional tarea supervisora de los padres, que en última instancia son los responsables de las actividades que sus hijos realizan en Internet. Ofrezca a sus hijos los consejos necesarios para convertir Internet en un lugar divertido y educativo que puedan visitar. Su familia se lo agradecerá.

Éstos son algunos consejos que puede seguir para asegurarse de que su familia va a tener una experiencia más segura en Internet:

- Asegúrese de que sus hijos sepan que nunca deben dar información que pueda identificarles (dirección de casa, nombre del colegio, número de teléfono, etc.) ni enviar sus fotografías a otros usuarios en Internet. Incluimos aquí el no colocar información o fotografías personales en sus páginas de MySpace o Facebook.
- Proporcione a sus hijos un apodo, para que no tengan que utilizar su nombre verdadero cuando se conecten a la red.
- No permita a sus hijos reunirse en persona con otros usuarios de Internet sin su permiso y supervisión. Si se organiza un encuentro con un desconocido, asegúrese primero de que se va a llevar a cabo en un lugar público, y acompáñeles.
- Enseñe a sus hijos que las personas que conocen en Internet pueden no ser quienes dicen ser; sólo porque alguien diga que tiene 10 años no significa necesariamente que realmente esa persona tenga esa edad.
- Considere plantear la exploración de Internet como una actividad conjunta con sus hijos o colocando el PC de su hijo en una sala pública (como el cuarto de estar o un estudio), en lugar de hacerlo en una habitación privada.
- Establezca unas reglas razonables para el uso del equipo por parte de sus hijos. Sopese la posibilidad de limitar la cantidad de horas o minutos que pueden dedicar a Internet cada día.
- Supervise las actividades de Internet de sus hijos. Pídales que lleven un registro de todos los sitios Web que visitan; supervise cualquier sesión en chats en las que participen, revise los archivos descargados e incluso considere compartir una cuenta de correo electrónico (especialmente con sus hijos más pequeños) para poder supervisar sus mensajes.
- No permita que los niños respondan a mensajes sugerentes, obscenos, agresivos o amenazadores o que les haga sentirse mal. Anime a sus hijos a que le digan si han recibido este tipo de mensajes y denuncie al remitente ante su proveedor de servicios de Internet.
- Instale un software de filtrado de contenido en su PC y elija uno de los sitios de búsqueda diseñados para niños (tratados con anterioridad en esta sección) como la página de inicio del navegador.

Enseñe a sus hijos que el acceso a Internet no es un derecho, sino un privilegio que deben ganarse y que solamente podrán mantener mientras el uso que hagan de la red cumpla sus expectativas.

Resumen

He aquí los aspectos más importantes de este capítulo:

- Evite los virus; no abra documentos adjuntos de correo electrónico no solicitado y utilice un programa de software antispam.
- Utilice herramientas antispam, como por ejemplo Windows Defender, para rastrear y eliminar programas de *spyware* de su ordenador.
- Proteja su equipo de ataques procedentes de Internet activando el firewall de Windows o utilizando un programa de firewall de terceros.
- Combata el correo no deseado manteniendo su dirección de correo electrónico lo más privada posible; actualícese a un programa de correo con más funcionalidades y utilice un software antispam.
- Evite la suplantación de identidad, reconocible por el falso aspecto oficial del mensaje de correo electrónico.
- Para protegerse de los contenidos inapropiados en Internet, instale un software de filtrado de contenidos y asegúrese de que sus hijos utilizan sitios Web de búsquedas seguras apropiadas para niños.

Parte IV
Utilizar el software del ordenador

Capítulo 11

Instalación de nuevo software

En este capítulo aprenderá a:

- Realizar una instalación automática.
- Realizar una instalación manual.
- Instalar software desde Internet.

Es probable que su nuevo sistema incluya muchos programas preinstalados en su disco duro. A pesar de lo útiles que puedan ser dichos programas, en algún momento seguro que desea agregar algo nuevo.

Quizá desee actualizarse a Microsoft Office desde Microsoft Works, agregar un programa de software educativo para los niños o bien adquirir un programa de productividad para uso personal. O quizá sólo utilice su ordenador para jugar.

Independientemente del tipo de software que esté sopesando adquirir, la instalación de dicho software en su sistema es una tarea sencilla. Normalmente la instalación de un nuevo software es una tarea tan automática que solamente es necesario insertar el CD-ROM de instalación en la unidad CD-ROM y hacer clic en un par de botones. Incluso aunque no sea una tarea automática, Windows le guiará paso a paso a través del proceso de instalación. Muy pronto podrá disfrutar de su nuevo software.

Instalación automática

Casi todos los programas de software tienen un programa de instalación incorporado. La instalación de este software es sencilla: basta con ejecutar esta aplicación incorporada.

Si el programa que está instalando viene en CD-ROM o DVD, insértelo en la unidad de CD-ROM/DVD. Es probable que aparezca una ventana de notificación, como la que se muestra en la figura 11.1. Haga clic en la opción correcta para instalar el programa o configurar las opciones de instalación.

Figura 11.1. Verá esta ventana cuando inserte un disco de instalación de software en la unidad de CD/DVD de su ordenador.

El programa de instalación se iniciará automáticamente; siga las instrucciones que aparecen en pantalla y, si su ordenador se lo solicita, reinícielo para finalizar el proceso de instalación.

Instalación manual

Si el programa que está instalando no tiene un programa de instalación automatizado, tendrá que ejecutarlo de forma manual. Para ello, haga clic en el botón **Inicio**, seleccione Equipo y haga doble clic en el icono correspondiente a la unidad de su CD o DVD para abrir la unidad y mostrar los contenidos del disco de instalación. Busque un archivo llamado `setup.exe` o `install.exe`, y haga doble clic sobre dicho icono. Esta acción ejecutará el programa de instalación del software; siga las instrucciones que aparecerán en pantalla.

Instalar software desde Internet

Hoy en día, muchos fabricantes de software ponen a disposición de los usuarios sus productos para que puedan descargarse desde Internet. Muchos usuarios se muestran encantados con esta opción, ya que pueden obtener sus programas de forma inmediata y ahorrarse el viaje a su tienda de informática.

La descarga de un programa desde el sitio Web del fabricante suele ser un proceso sencillo. Probablemente tenga que leer alguna página con recomendaciones y prohibiciones, los acuerdos de licencia del fabricante, y finalmente hacer clic en un botón para iniciar la descarga. Si va a comprar un programa comercial en línea, naturalmente tendrá que proporcionar al fabricante el número de su tarjeta de crédito. A continuación, tras especificar en qué lugar del disco desea guardar el archivo, se iniciará la descarga.

Una vez finalizada la descarga, recibirá una notificación que aparecerá en un cuadro de diálogo en pantalla. Cuando se le indique, ejecute el programa que acaba de descargar. Siga las instrucciones en pantalla.

Truco:

La mayoría de los fabricantes de software que ofrecen software descargable le permitirán asimismo solicitar una versión en CD-ROM del programa en cuestión, si bien es posible que tenga que pagar algún dinero extra para obtener una copia física del programa.

Advertencia:

A no ser que esté descargando un programa desde un sitio de descargas de confianza, el archivo descargado podría tener un virus. Consulte el capítulo 10.

Ocasionalmente, la descarga de ciertos programas de Internet exige el uso de controles ActiveX, controles que normalmente Internet Explorer bloquea por motivos de seguridad. Si va a instalar un programa y no sucede nada, busque un mensaje debajo de la barra de direcciones. Si está seguro de que se trata de un elemento legítimo del programa, podrá instalarlo haciendo clic en el mensaje y seleccionando Instalar control ActiveX del menú desplegable. La instalación procederá normalmente desde este punto.

Resumen

He aquí los puntos más importantes de este capítulo:

- La mayoría de los programas incluyen sus propios programas de instalación; la instalación debería iniciarse automáticamente al insertar el CD-ROM de instalación del programa.
- Si el programa de instalación no se inicia de forma automática, tendrá que ejecutar el programa manualmente. Para ello, abra la unidad de CD/DVD desde el Explorador del equipo.
- También puede descargar algunos programas desde Internet (¡tenga cuidado de las infecciones de virus!).

Capítulo 12

Introducción a Microsoft Office

En este capítulo aprenderá a:

- Introducirse en el mundo de Microsoft Word.

Al encender por primera vez su ordenador personal, quizás le haya sorprendido ver su escritorio poblado por un montón de iconos de acceso directo correspondiente a diversos programas. Son los programas preinstalados de fábrica por el fabricante del ordenador. Los programas preinstalados pueden variar dependiendo del tipo de acuerdo al que haya llegado el fabricante del PC con el suministrador del software.

Muchos fabricantes de PC preinstalan algún tipo de *suite*, una colección de programas de productividad. Para muchos usuarios, estos programas bastarán a la hora de realizar tareas informáticas básicas, como por ejemplo redactar un documento o realizar cálculos numéricos.

Las dos *suites* de software más populares en la actualidad son Microsoft Works y Microsoft Office. Algunos ordenadores de gama baja incluyen Microsoft Works como *suite* preinstalada; otros ordenadores incluyen una versión de prueba de Microsoft Office, una *suite* con funcionalidades y características más amplias que las más sencillas de Microsoft Works. Veamos en qué consiste Microsoft Office.

Introducción a Microsoft Office

La *suite* de software más utilizada, especialmente en el entorno corporativo, es Microsoft Office, una *suite* que ofrece aplicaciones profesionales que disponen de mejores prestaciones que otros paquetes, como Microsoft Works. La versión más reciente de Microsoft Office es Office 2007, aunque la anterior versión Office 2003 sigue utilizándose de forma generalizada.

Versiones de Office

Si desea actualizar Microsoft Office, debe saber que Microsoft ofrece distintas versiones de su *suite*. Cada versión de Office contiene un conjunto diferente de programas:

- **Microsoft Office 2007 Basic:** Incluye Microsoft Word (procesador de textos), Excel (hoja de cálculo) y Outlook (correo electrónico y planificador).
- **Microsoft Office 2007 Standard:** Incluye Word, Excel, Outlook y PowerPoint (presentaciones).
- **Microsoft Office 2007 Hogar y Estudiantes:** Incluye Word, Excel, PowerPoint y OneNote (organizador de notas).

- **Microsoft Office 2007 PYME:** Incluye Word, Excel, PowerPoint, Outlook (con Business Contact Manager) y Publisher (autoedición).
- **Microsoft Office 2007 Professional:** Incluye Word, Excel, PowerPoint, Outlook (con Business Contact Manager), Publisher y Access (gestión de bases de datos).
- **Microsoft Office 2007 Professional Plus:** Incluye Word, Excel, PowerPoint, Outlook, Publisher, Access, OneNote, Communicator (mensajería instantánea), InfoPath (recolección de información) y contenido basado en servidor y gestión de formularios.
- **Microsoft Office 2007 Ultimate:** Incluye Word, Excel, PowerPoint, Outlook (con Business Contact Manager), Publisher, Access, InfoPath, Groove (colaboración en grupo), OneNote y varias herramientas orientadas a la empresa.
- **Microsoft Office 2007 Enterprise:** Incluye Word, Excel, PowerPoint, Outlook, Publisher, Access, InfoPath, Groove, OneNote, Communicator y diversas herramientas orientadas a la empresa.

Si su nuevo PC incluye Office 2007, seguramente sea la versión Basic. Puede actualizar si lo desea otra versión para obtener más aplicaciones de Office.

Nota:

Otra suite de oficina que podría encontrar preinstalada en algunos PC es Corel WordPerfect, que incluye el procesador de textos WordPerfect, la hoja de cálculo Quattro Pro y el programa de bases de datos Paradox.

La nueva interfaz de Office 2007

Las aplicaciones de Office poseen una interfaz común. En el anterior Office 2003, era prácticamente idéntica a la mayoría de las aplicaciones de Windows. En Office 2007, no obstante, Microsoft ofrece una interfaz completamente rediseñada.

Como puede ver en la figura 12.1, todas las interfaces de Office 2007 han prescindido de las barras de herramientas y menús, y muestran una colección de botones de funciones colocados en una cinta de opciones que varía dependiendo del contexto. Cada cinta de opciones dispone de una serie de pestañas; seleccionando una pestaña distinta se obtiene un conjunto diferente de botones de funciones. La cinta de opciones cambia automáticamente dependiendo de qué tipo de tarea esté realizando, por lo que las operaciones más comunes deberían mostrarse siempre en la parte superior de la pantalla. Todas las aplicaciones de Office 2007 disponen de una cinta de opciones similar; utilice la aplicación que utilice, ya sea Word, Excel o PowerPoint, el modo de manejarla será similar.

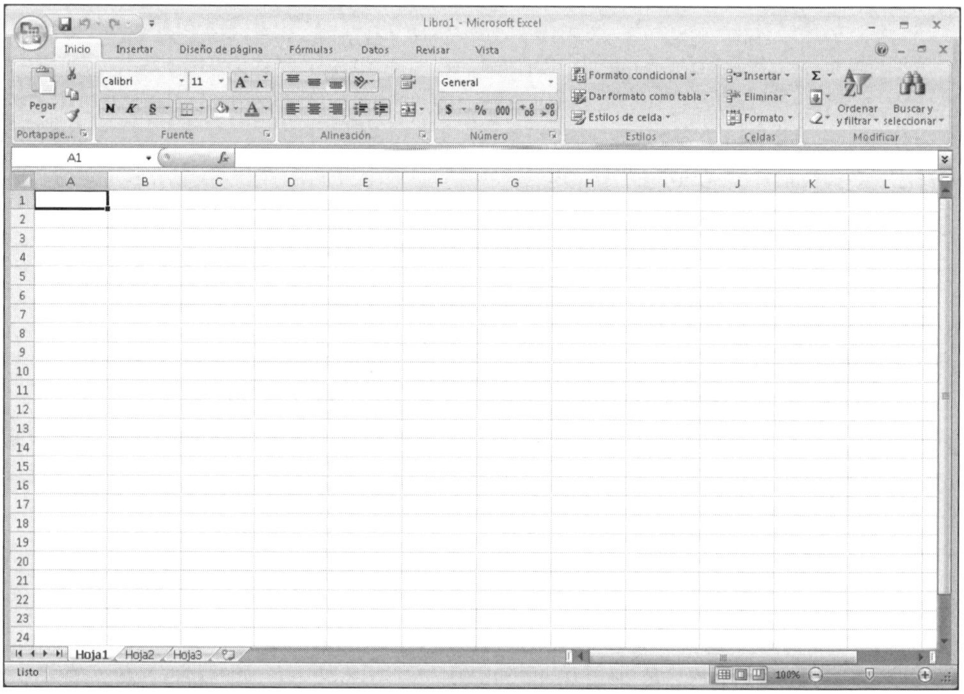

Figura 12.1. La interfaz de Office 2007 (en Excel), con la Cinta de opciones modificable en función del contexto.

Si estaba acostumbrado a utilizar Office 2003, la cinta de opciones le resultará un tanto confusa al principio, ya que prácticamente todos los elementos se encuentran en una ubicación distinta. Por ejemplo, ¿dónde está el menú Archivo? En Office 2007, muchas de las funcionalidades del menú Archivo se encuentran en algún lugar de la barra, o haciendo clic sobre el **Botón de Office** que podrá encontrar en la esquina superior izquierda. De hecho, el menú que se muestra al hacer clic sobre el **Botón de Office** es muy similar al antiguo menú Archivo, aunque probablemente es más sencillo acceder a las operaciones directamente desde la cinta de opciones.

Una vez que se acostumbre a la nueva interfaz, utilizar las aplicaciones de Office 2007 será lo mismo que en el caso de los programas homónimos de Office 2003. Sea cual sea la versión que utilice, Office contiene muchas más funcionalidades que Microsoft Works. Así pues, si utiliza Works pero lo encuentra algo limitado (es decir, si no puede realizar todas las tareas que necesita), considere la posibilidad de actualizarse a Office: la diferencia de precio merecerá la pena.

Resumen

Éstos son los aspectos más importantes que debe recordar en este capítulo:

- La mayoría de ordenadores personales incluyen diversas aplicaciones preinstaladas; las dos más populares son Microsoft Works y Microsoft Office.
- El administrador de tareas de Works permite abrir programas, crear nuevos documentos a través de la elección de una plantilla o proyecto específico, abrir documentos antiguos sobre los que ya hemos trabajado, o crear y administrar proyectos importantes.
- Microsoft Office es la *suite* de aplicaciones más completa de Microsoft.
- Existen diferentes ediciones de Office que incluyen diferentes conjuntos de programas; la edición Basic, preinstalada en la mayor parte de nuevos PC, incluye Microsoft Word, Excel y Outlook.
- Microsoft Office 2007 presenta una nueva interfaz basada en Cintas, diferente de los menús y barras de herramientas tradicionales.

Capítulo 13

Cartas, memorandos y otros documentos: trabajar con Microsoft Word

En este capítulo aprenderá a:

- Explorar la interfaz de Word.
- Trabajar con documentos.
- Trabajar con texto.
- Imprimir un documento.
- Dar formato a un documento.
- Trabajar con un esquema.
- Trabajar con imágenes.

Cuando quiera escribir una carta o un memorando, redactar un informe o generar un boletín de noticias, tendrá que utilizar un programa de software conocido con el nombre de "procesador de textos". Microsoft Word es el procesador de textos elegido por una gran mayoría de usuarios. Word es un procesador de textos con muchas opciones, incluido en Microsoft Office y en muchas versiones de Microsoft Works. Puede utilizar Word para todas sus necesidades de escritura (desde cartas básicas hasta boletines de noticias, o cualquier otro tipo de documento).

Explorar la interfaz de Word

Antes de empezar, demos un paseo rápido por el área de trabajo de Word para saber dónde están ubicados todos sus elementos.
Puede abrir Microsoft Word desde el menú Inicio de Windows; en Word 2007, seleccione Inicio>Todos los programas>Microsoft Office>Microsoft Office Word 2007. Cuando se abre Word, aparece un nuevo documento en blanco dentro del área de trabajo de Word.

Truco:

Si no está seguro de qué función realiza un botón de la cinta de opciones o de la barra de herramientas, sepa que no es el único; esos pequeños iconos son en ocasiones un tanto difíciles de descifrar. Para mostrar el nombre de cualquier botón, deje flotar el puntero sobre él hasta que aparezca su descripción.

Elementos de Word 2007

Al abrir un nuevo documento en Word 2007, podrá ver que se muestra un documento contenido dentro del área de trabajo. Los elementos clave del área de trabajo, tal y como se muestran en la figura 13.1, son los siguientes:

- Barra de título: Aquí podrá encontrar el nombre de archivo del documento que se está editando, así como los botones que le permitirán minimizar, maximizar y cerrar la ventana del documento de Word.
- Cinta de opciones: En Word 2007, Microsoft ha abandonado el uso de los tradicionales menús, barras de herramientas y barras laterales de las anteriores versiones del programa. En su lugar, todas estas funciones se han colocado en una cinta de opciones, una colección de botones y controles

que se encuentra en la parte superior del área de trabajo de Word. Las distintas pestañas de la cinta de opciones muestran diferentes colecciones de funciones.

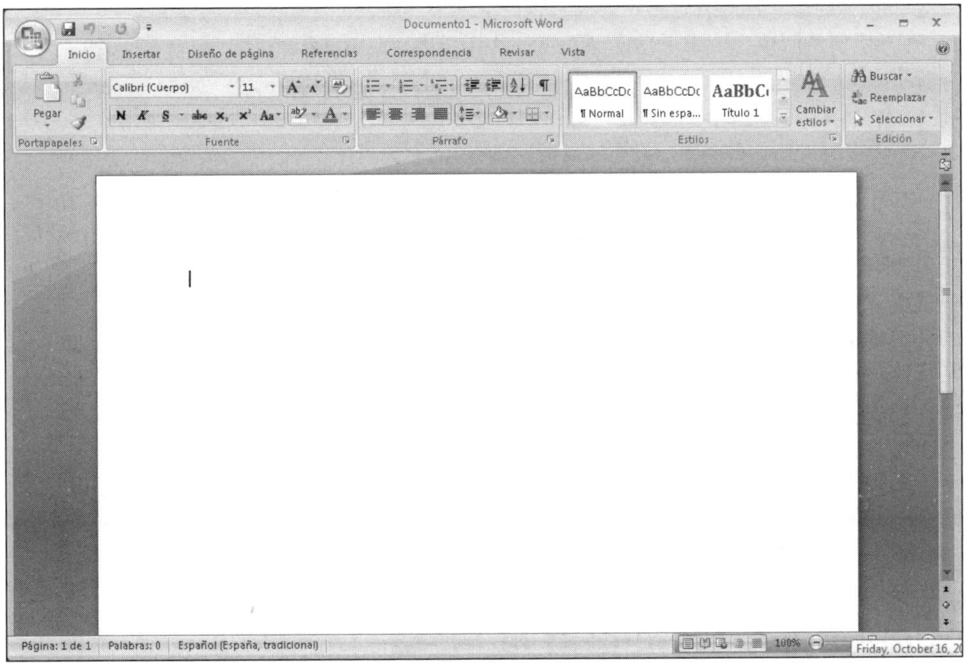

Figura 13.1. Área de trabajo de Word 2007; todas las funciones se encuentran en la cinta de opciones.

- Documento: En esta área se muestra el documento de Word en el que está trabajando.
- Barras de desplazamiento: Las barras de desplazamiento de la parte inferior de la ventana le permite mover la página a la izquierda y a la derecha; con las barras de desplazamiento del lateral del documento podrá moverse por el documento desde el principio al fin.

Modos de visualización de un documento en Word

Word puede mostrar un documento de cinco formas diferentes. Para seleccionar una vista, utilice los botones de vista que se encuentran en la parte inferior de Word.

Cada vista tiene una determinada forma de presentar el documento:

- Borrador: Ésta es una vista basada principalmente en texto, ya que no muestra determinados tipos de objetos (fondos, encabezados y pies de página, así como algunas imágenes). No es la vista recomendable cuando se quieren mostrar los diversos elementos que componen la página.
- Diseño de impresión: Ésta es la vista que debe utilizar para diseñar las páginas de un documento (con todos los elementos visibles), incluyendo gráficos y fondos.
- Lectura de pantalla completa: Esta vista facilita la lectura de documentos que no tenemos que modificar. Se ocultan todas las barras de herramientas y se redimensiona el texto para una mejor visualización.
- Diseño Web: Esta vista es la que debe usar para crear un documento para la Web. En esta vista se muestran todos los elementos del documento (incluidos gráficos y fondos), tal y como se verían en un explorador Web.
- Esquema: He aquí una magnífica opción de visualización para ver la estructura de un documento, con una presentación del texto sin gráficos en un esquema clásico. En esta vista puede contraer un documento esquematizado para ver sólo los títulos principales, o expandir el documento para mostrar todos los títulos (o los títulos seleccionados) y el texto normal.

Aumentar y disminuir la vista

Si Word muestra el documento demasiado grande o demasiado pequeño para su gusto, es fácil cambiar el tamaño de la presentación del documento. En Word 2007, podrá aumentar o disminuir la vista del documento utilizando la barra deslizante Zoom ubicada en la parte inferior derecha de la pantalla.

Trabajar con documentos

Cualquier elemento que generemos con Word recibe el nombre de "documento". Un documento no es más que un archivo que se puede copiar, mover, y eliminar o modificar desde Word.

Crear un nuevo documento

Cualquier documento nuevo de Word que creemos se basa en lo que Word denomina una "plantilla". Una plantilla combina estilos y configuraciones de documentos seleccionados y, algunas veces, texto escrito previamente o campos de cálculo previos, para crear los bloques sobre los que se va a basar un determinado documento. Utilice las plantillas para empezar a trabajar sobre tipos específicos de documentos. Para crear un nuevo documento en Word 2007 basado en una plantilla específica, siga estos pasos:

1. Haga clic en el **Botón de Office** y seleccione Nuevo.
2. Cuando aparezca el cuadro de diálogo Nuevo documento, como se muestra en la figura 13.2, seleccione un tipo de plantilla en la lista plantillas de la parte izquierda de la ventana. Puede escoger las plantillas instaladas en su PC u otras plantillas ubicadas en Microsoft Office Online.

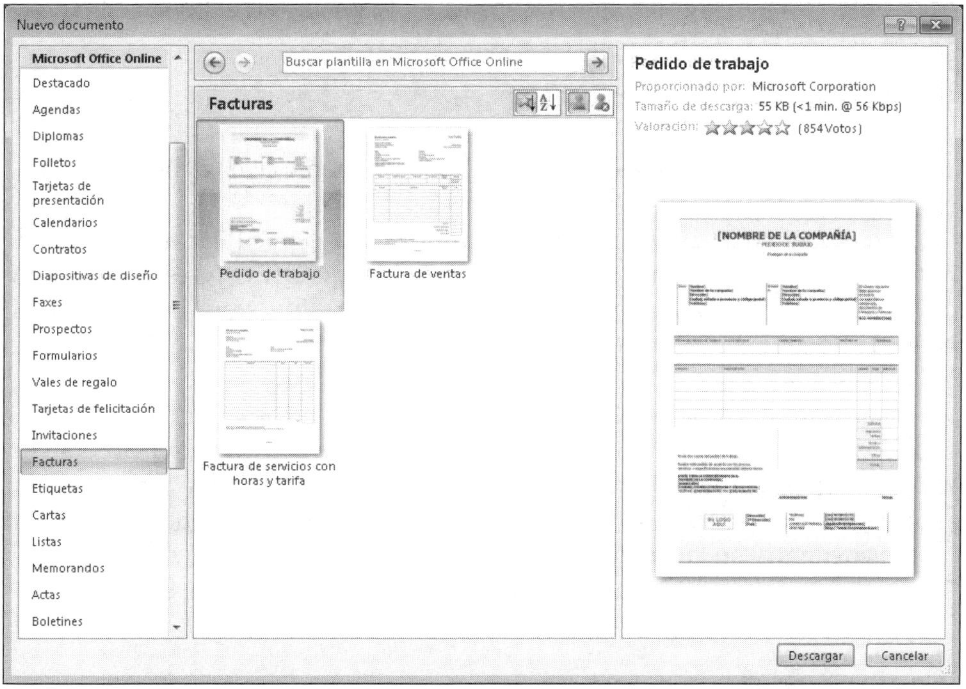

Figura 13.2. Crear un nuevo documento a partir de una plantilla.

3. Las plantillas disponibles en cada categoría se muestran en el panel central de la ventana; en la parte derecha aparecerá un documento de ejemplo. Haga doble clic en la plantilla que desea utilizar.

Si no sabe muy bien cuál es la plantilla que debe utilizar para su nuevo documento, haga clic en el enlace Documento en blanco de la lista de plantillas. Se abrirá la plantilla Normal de Word. Se trata de una plantilla muy básica con tan sólo algunos estilos de texto definidos, un buen punto de inicio para cualquier documento nuevo.

Nota:

Si selecciona una plantilla de Microsoft Office Online, la plantilla se descargará a su PC, razón por la cual deberá estar conectado a Internet si quiere utilizar la plantilla seleccionada.

Abrir un documento existente

Para abrir un documento creado anteriormente en Word 2007, haga clic en el **Botón de Office** y seleccione Abrir. Cuando se muestre el cuadro de diálogo Abrir, seleccione el archivo que desea abrir y haga clic en el botón **Abrir**.

Guardar el documento

Todos los documentos que creamos (y deseamos conservar) deben guardarse en un archivo.
La primera vez que guarde el archivo, tendrá que especificar un nombre de archivo y una ubicación. Haga clic en el **Botón de Office** y escoja Guardar como. Cuando se muestre el cuadro de diálogo Guardar como, seleccione un formato de archivo, elija su ubicación, escriba un nombre y haga clic en el botón **Guardar**.
Al hacer cambios adicionales en un documento, tendrá que guardar dichos cambios. Afortunadamente, tras haber guardado un archivo por primera vez, no tendrá que seguir toda la rutina de Guardar como de nuevo. Para guardar rápidamente un archivo existente, basta con hacer clic en el botón **Guardar** que se encuentra en la barra de herramientas de acceso rápido de Word 2007. También puede hacer clic en el **Botón de Office** y seleccionar Guardar.

Trabajar con texto

Ahora que sabe crear y guardar documentos Word, veamos cómo escribir nuestras palabras sobre el papel... o, mejor dicho, sobre la pantalla.

Escribir texto

En un documento de Word, el texto se introduce en el punto de inserción que aparece en pantalla con forma de cursor parpadeante. Al empezar a escribir, el texto se agrega en el punto de inserción.

Mueva el punto de inserción con el ratón haciendo clic en una nueva posición sobre el texto. Para mover el punto de inserción con el teclado, utilice las teclas del cursor del teclado.

Modificar texto

Cuando haya introducido texto, será el momento de modificarlo. Con Word puede eliminar, cortar, copiar y pegar texto (o gráficos) hacia y desde cualquier parte de su documento o entre documentos.

No obstante, antes de poder modificar texto, tendrá que seleccionarlo. La forma más sencilla de hacerlo es con el ratón; mantenga pulsado el botón del ratón y arrastre el cursor sobre el texto que desea seleccionar. También puede seleccionar texto utilizando su teclado; para ello, utilice la tecla **Mayús** (en combinación con otras teclas) para resaltar bloques de texto. Por ejemplo, **Mayús-Flecha izda.** selecciona un carácter a la izquierda; **Mayús-Fin** selecciona todo el texto hasta el final de la línea activa.

Cualquier texto seleccionado aparece como un texto blanco frente a un resaltado negro. Tras haber seleccionado un bloque de texto, podrá modificarlo de distintas formas, tal como se detalla en la tabla 13.1.

Tabla 13.1. Operaciones de modificación en Word.

Operación	Teclas
Eliminar	**Supr**
Copiar	**Control-Ins** o **Control-C**
Cortar	**Mayús-Supr** o **Control-X**
Pegar	**Mayús-Ins** o **Control-V**

Dar formato al texto

Una vez introducido y modificado el texto, puede utilizar las numerosas opciones de formato de Word para dar formato a su documento. Es más sencillo modificar texto cuando se trabaja en la vista Diseño de impresión ya que podemos ver el documento tal y como aparecerá impreso. Para cambiar a esta vista, haga clic en el botón **Diseño de impresión** de la parte inferior derecha de la ventana de Word.

Formatear texto es muy fácil. Por regla general, podemos dar formato a un texto desde la pestaña Inicio de la cinta de opciones de Word 2007. Ambos elementos incluyen botones para negrita, cursiva y subrayado así como fuente, tamaño de fuente y color de fuente. Para dar formato a un bloque de texto, resáltelo y haga clic en el botón de formato deseado.

Revisión de ortografía y gramática

Si comete muchas faltas de ortografía, sabrá apreciar las virtudes del revisor de ortografía y gramática de Word. Puede verlo en acción sobre la pantalla de forma automática; deliberadamente, escriba una palabra de forma incorrecta: verá una línea roja ondulada debajo de dicha palabra. Ésta es la forma que tiene Word de indicarnos que hemos cometido un error ortográfico.

Cuando vea esta línea roja ondulada, sitúe su cursor sobre la palabra mal escrita y haga clic con el botón derecho del ratón: Word le mostrará un menú contextual con diversas sugerencias para la corrección ortográfica. Puede elegir una palabra de la lista o volver a su documento y cambiar la palabra manualmente.

Algunas veces, Word se encuentra ante una palabra que no reconoce, aunque la palabra esté escrita correctamente. En este caso, puede agregar una nueva palabra al diccionario de Word haciendo clic con el botón derecho del ratón en la palabra y seleccionando Agregar al diccionario en el menú contextual.

Word también incluye un revisor gramatical integrado. Cuando Word identifica un error gramatical en el documento, subraya la palabra o palabras con una línea verde ondulada. Haga clic con el botón derecho del ratón para ver las sugerencias gramaticales de Word.

Imprimir un documento

Cuando haya terminado de modificar su documento, puede indicarle a Word que envíe una copia a la impresora.

Vista preliminar antes de imprimir

Es recomendable realizar una vista preliminar del documento a imprimir en pantalla antes de imprimirlo realmente (de este modo, podrá realizar cambios de última hora sin malgastar papel).

Para ver su documento en la vista preliminar de Word, haga clic en el **Botón de Office** y seleccione Imprimir>Vista preliminar. El documento listo para imprimir aparecerá en pantalla con todas las páginas del mismo y presentadas como una pequeña miniatura. Para ampliar o reducir la vista del documento, haga clic en **Zoom** y después haga clic con el cursor en cualquier parte del documento. Cuando haya terminado, haga clic en el botón **Cerrar vista preliminar**.

Impresión básica

La forma más rápida de imprimir un documento es mediante la opción de impresión rápida de Word. Para activar esta opción, haga clic en el **Botón de Office** y elija Imprimir>Impresión rápida.

Cuando utilizamos la impresión rápida, el documento se envía directamente a la impresora predeterminada, omitiendo el cuadro de diálogo Imprimir (explicado a continuación) y el resto de opciones de configuración.

Cambiar las opciones de impresión

Algunas veces, la impresión rápida no es la mejor forma de imprimir. Por ejemplo, es posible que desee imprimir múltiples copias del documento o imprimir en una impresora distinta a la predeterminada. Para éstas y otras situaciones similares, es necesario utilizar el cuadro de diálogo Imprimir de Word.

Para abrir el cuadro de diálogo Imprimir, que se muestra en la figura 13.3, haga clic en el **Botón de Office** y elija Imprimir>Imprimir.

Cuando se abra el cuadro de diálogo Imprimir, podrá elegir cualquiera de las opciones específicas para este trabajo de impresión en concreto. Tras realizar su selección, haga clic en el botón **Aceptar** para iniciar la impresión.

Dar formato al documento

A la hora de crear un documento complejo, seguramente tendrá que darle formato.

Dar formato a párrafos

Cuando tenga que formatear párrafos completos, tendrá que utilizar la cinta de opciones Diseño de página. Haga clic en la pestaña Diseño de página de la cinta de opciones para acceder a todas las opciones de formato: márgenes, orientación, columnas, color de la página, bordes, etc.

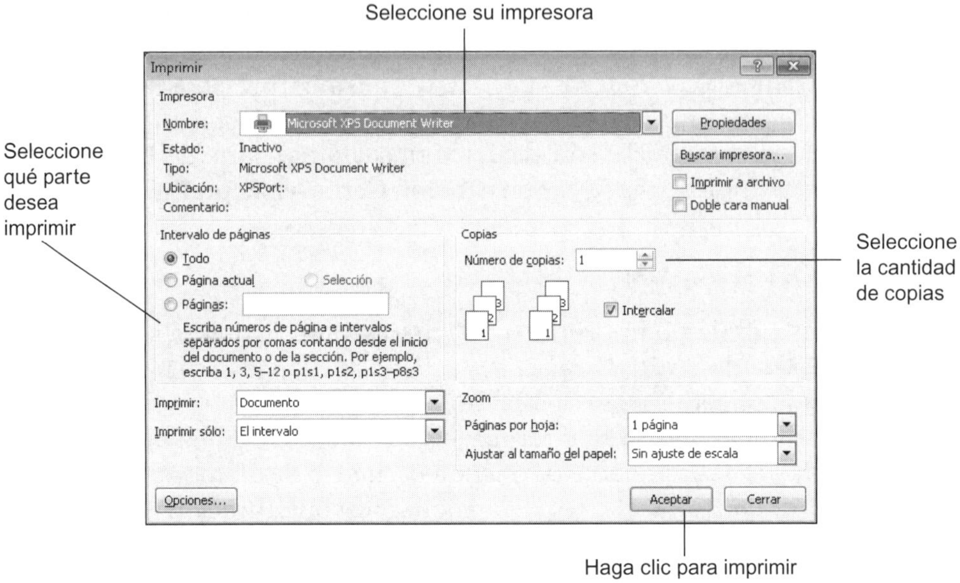

Figura 13.3. Imprima su documento con opciones en Word 2007.

Utilizar estilos de Word

Si tiene un formato de párrafo preferido que quiere utilizar una y otra vez, no es necesario dar formato a cada párrafo por separado. En su lugar, puede asignar todos sus formatos a un estilo de párrafo para posteriormente asignar dicho estilo a un párrafo específico de su documento. La mayoría de las plantillas incluyen una selección de estilos prediseñados que se pueden modificar. También se pueden crear estilos personalizados propios.

Los estilos incluyen formatos para fuentes, párrafos, tabulaciones, bordes, numeración y muchas otras funciones. Para aplicar un estilo a un párrafo en Word 2007, coloque el punto de inserción en cualquier parte dentro del párrafo y haga clic en el estilo que desee en la sección Estilos de la cinta de opciones. Puede elegir un nuevo conjunto de estilos haciendo clic en el botón **Cambiar estilos**; seleccione Conjunto de estilos y elija uno de ellos.

Trabajar con un esquema

Si está trabajando sobre un documento realmente largo, puede que le resulte más fácil trabajar con las diversas secciones en forma de esquema. Para ello, Word proporciona la vista Esquema que se muestra en la figura 13.4. Haga clic en el botón **Esquema** de la parte inferior de la ventana de Word.

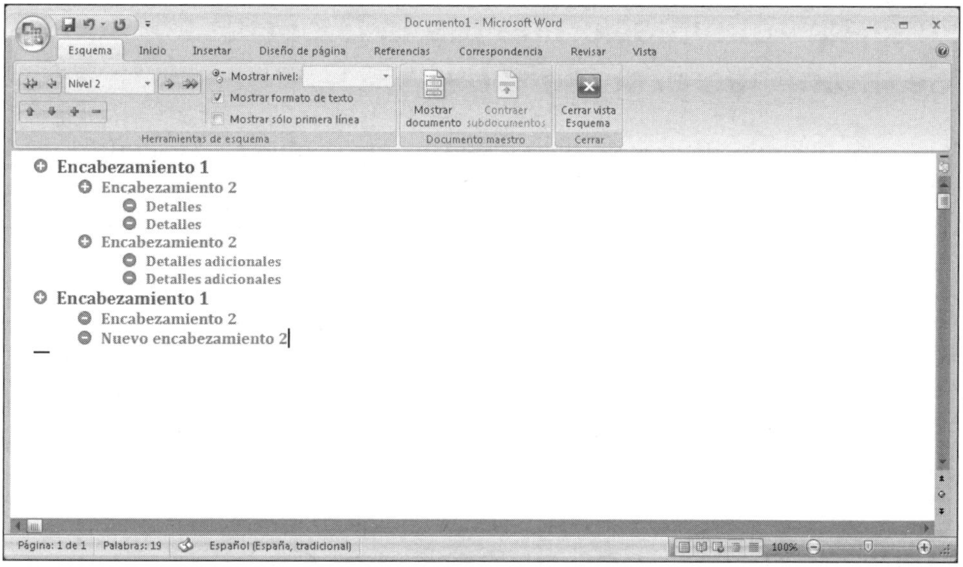

Figura 13.4. Utilice la vista Esquema para reorganizar las secciones que componen el documento.

En esta vista, Word muestra los títulos como distintos niveles del esquema. El texto formateado con el estilo Título 1 aparece como Nivel 1 en el esquema, el texto formateado como Subtítulo, aparece como Nivel 2, y así sucesivamente.

Para que sea más fácil trabajar con el esquema, puede seleccionar la cantidad de niveles de títulos que se muestran. Abra la lista desplegable Mostrar nivel y seleccione el número apropiado. También puede elegir expandir o contraer diversas secciones del esquema haciendo clic en los iconos **+** (más) y **-** (menos) ubicados en la parte lateral de cada nivel de texto del esquema.

La vista Esquema facilita la reorganización de las secciones del documento. En la vista Esquema, puede mover una sección completa de un lugar a otro, seleccione el título de nivel y haga clic en los botones de **Flecha arriba** y **Flecha abajo**. También puede arrastrar secciones de una posición a otra dentro del esquema.

Trabajar con imágenes

Aunque los memorandos y las cartas no quedan mal sólo con texto, otro tipo de documentos (boletines de noticias, informes, etc.) pueden mejorar si añadimos imágenes y otros elementos gráficos a los mismos.

Insertar una imagen desde la Galería de imágenes prediseñadas

La forma más sencilla de añadir a su documento es utilizar la Galería de imágenes prediseñadas de Word. Esta galería es una colección de ilustraciones y fotografías de fácil uso, organizadas por temas, que se pueden pegar directamente en los documentos de Word.
Para insertar una imagen prediseñada en Word 2007, seleccione la cinta de opciones Insertar y haga clic en el botón **Imágenes prediseñadas**. Se mostrará el panel de Imágenes prediseñadas. Escriba una o más palabras en el cuadro de texto Buscar y haga clic en **Buscar**. Las imágenes que coincidan con el criterio descrito se muestran en el panel; haga doble clic en un gráfico para insertarlo en el documento.

Insertar otros tipos de archivos de imagen

No tiene por qué limitarse a utilizar solamente gráficos de la galería de imágenes prediseñadas. Word le permite insertar cualquier tipo de archivo gráfico en el documento, incluyendo archivos de formato GIF, JPG, BMP, TIF y otros formatos gráficos conocidos.
Para insertar un archivo gráfico en un documento de Word 2007, seleccione la cinta de opciones Insertar y haga clic en el botón **Imagen**. Cuando se muestre el cuadro de diálogo Insertar imagen, localice y seleccione la imagen que desea insertar; haga clic en el botón **Insertar**.

Dar formato a la imagen

Tras haber insertado una imagen en el documento, es posible que necesite darle formato para mejorar el aspecto del documento.
Para dar formato a una imagen en Word 2007, haga clic sobre la misma. Se mostrará la cinta de opciones Herramientas de imagen, como se muestra en la figura 13.5. Podrá elegir varios tipos de marco para fotos, cambiar el brillo y el contraste, modificar la posición y definir cómo fluye el texto a su alrededor e incluso cortar la imagen para configurar un nuevo tamaño.
Para desplazar la imagen a otra posición en el documento, utilice el ratón para arrastrarla a su nueva posición. También puede redimensionar la imagen haciendo clic sobre la misma y arrastrando un controlador de selección para redimensionar ese lado o esquina de la imagen.

Figura 13.5. Utilice la cinta de opciones Herramientas de imagen para editar y dar formato a sus fotografías.

Resumen

He aquí los aspectos más importantes del capítulo:

- Microsoft Word es un potente programa de procesamiento de textos incluido en Microsoft Works Suite y en Microsoft Office.
- El área de trabajo de Word 2007 sustituye los menús desplegables, barras de herramientas y la barra lateral por la cinta de opciones. Esta cinta contiene botones y controles de todas las funciones del programa.
- Existen diversos métodos para ver un documento de Word, que se pueden seleccionar desde los pequeños botones de vista que se encuentran en la esquina inferior izquierda del área de trabajo. Las vistas más útiles son Borrador (Normal) y la vista Diseño de impresión; también podemos utilizar la vista Esquema para ver el documento como un esquema jerárquico.
- Si va a utilizar en más de una ocasión un formato similar a lo largo del documento, es recomendable utilizar un estilo de Word para aplicar formatos similares a múltiples párrafos.
- Inserte un archivo de imagen prediseñada o cualquier otro archivo de imagen seleccionando la cinta de opciones Insertar de Word 2007; puede editar la imagen usando la cinta de opciones Herramientas de imagen.

Capítulo 14

Cuestión de números: Trabajar con Microsoft Excel

En este capítulo aprenderá a:

- Conocer las hojas de cálculo.
- Introducir datos.
- Insertar y eliminar filas y columnas.
- Utilizar fórmulas y funciones.
- Ordenar un rango de celdas.
- Formatear una hoja de cálculo.
- Crear un gráfico.

A la hora de realizar cálculos numéricos, podemos utilizar un programa conocido con el nombre de "hoja de cálculo". Existen diferentes programas de hojas de cálculo disponibles en el mercado. El programa más utilizado de todos, tanto para realizar cálculos modestos como para realizar operaciones más serias, es Microsoft Excel, que forma parte de la *suite* de Microsoft Office. Ésta es la hoja de cálculo que vamos a analizar en este capítulo.

Hojas de cálculo

Una hoja de cálculo no es más que una lista enorme que puede contener cualquier tipo de datos (texto, cifras e incluso fechas). A partir de cualquier cifra contenida en la lista, podemos calcular una nueva. También se pueden ordenar los elementos de la lista e imprimir los puntos más importantes en forma de informe. Incluso se pueden utilizar dichas cifras para crear gráficos de líneas, barras o sectores.

Todos los programas de hoja de cálculo funcionan de forma similar. En una hoja de cálculo, todo se guarda en unos pequeños cuadros denominados celdas. La hoja de cálculo se divide en muchas de estas celdas, cada una de ellas ubicada en un sitio específico sobre una cuadrícula gigante formada por filas y columnas. Cada celda representa la intersección de una fila y columna determinadas.

Como puede ver en la figura 14.1, cada columna tiene un encabezamiento alfabético (A, B, C y así sucesivamente). Por otro lado, cada fila tiene un encabezamiento numérico (1, 2, 3, etcétera). La ubicación de cada celda corresponde a la combinación de la situación de una fila y una columna; por ejemplo, la celda de la esquina superior izquierda de una hoja de cálculo se encuentra en la columna A y en la fila 1; por consiguiente, su ubicación es A1. La celda que se encuentra a su derecha es la B1 y la celda que se encuentra debajo de la A1 es la A2. La ubicación de la celda seleccionada (o celda activa) aparece en el Cuadro de nombres.

Junto al Cuadro de nombres se encuentra la Barra de fórmulas, que muestra el contenido de la celda activa. La introducción de datos se lleva a cabo directamente en la Barra de fórmulas o en la celda activa.

Introducir datos

Introducir texto o números en una hoja de cálculo es sencillo: recuerde, no obstante, que los datos se introducen en cada celda de forma independiente; posteriormente, podrá rellenar una hoja de cálculo con cientos o miles de celdas con sus propios datos.

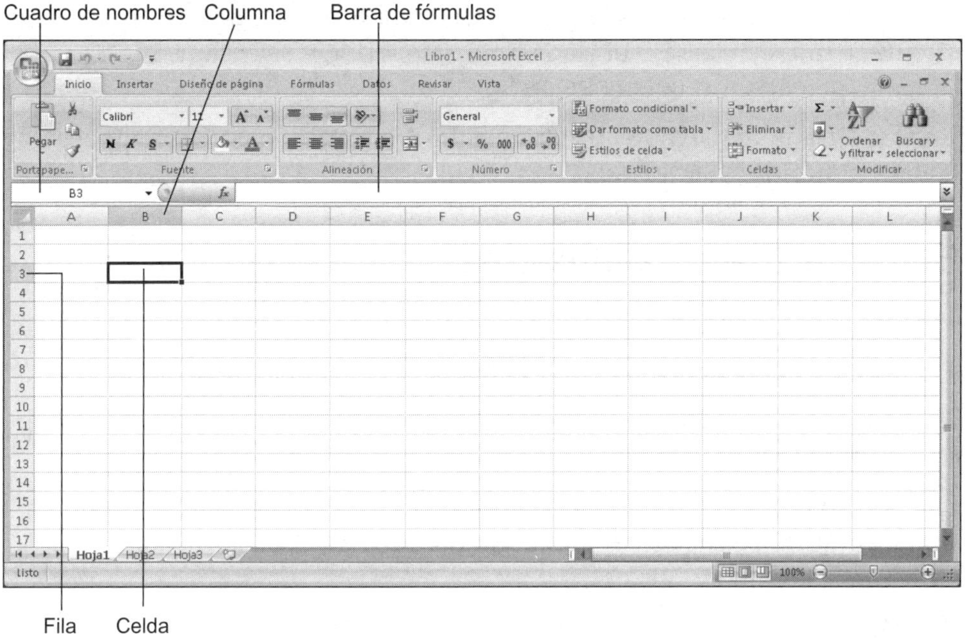

Figura 14.1. Una hoja de cálculo de Excel está dividida en muchas filas y columnas.

Para introducir datos en una celda concreta siga estos pasos:

1. Seleccione la celda en la que desee introducir los datos.
2. Escriba su texto o números en la celda; los datos se mostrarán en la Barra de fórmulas que se encuentra en la parte superior de la pantalla.
3. Cuando haya terminado de introducir datos en la celda, pulse **Intro**.

Insertar y eliminar filas y columnas

En ocasiones tendrá que volver atrás a una hoja de cálculo existente para insertar una nueva información.

Insertar filas o columnas

Para insertar una nueva fila o columna en una hoja de cálculo siga estos pasos:

1. Haga clic en el encabezado de la fila o columna situado inmediatamente después de la fila o columna en la que desea realizar la inserción.

2. En Excel 2007, acceda a la sección Celdas de la cinta de opciones y haga clic en la **Flecha abajo** ubicada junto a Insertar, y seleccione Insertar filas de hoja o Insertar columnas de hoja.

Excel inserta una nueva fila o columna, bien encima o bien a la izquierda de la fila o columna seleccionada.

Eliminar filas o columnas

Para eliminar una fila o columna existente siga estos pasos:

1. Haga clic en el encabezado de la fila o columna que desee eliminar.
2. En Excel 2007, acceda a la sección Celdas de la cinta de opciones y haga clic en el botón **Eliminar**.

La fila o columna seleccionada se eliminará y el resto de filas o columnas se desplazarán arriba o hacia un lado para rellenar el hueco dejado.

Ajustar el ancho de una columna

Si los datos introducidos en una celda son muy largos, sólo podremos ver la primera parte de los mismos (el contenido de la derecha parecerá cortado). Evidentemente no lo está; únicamente no podemos verlo todo, ya que es demasiado largo para el ancho de la columna actual.

Este problema se puede solucionar ajustando el ancho de la columna. Las columnas más anchas nos permiten ver más datos; las columnas más estrechas nos permiten mostrar más columnas por página.

Para cambiar el ancho de una columna, desplace su cursor hasta el encabezado de la columna y sitúelo en la línea divisoria en la parte derecha de la columna que desea ajustar. Cuando el cursor cambie de forma, haga clic con el botón izquierdo del ratón y arrastre la división de la columna hacia la derecha (para ensanchar una columna) o hacia la izquierda (para reducir el ancho de la columna). Suelte el botón del ratón cuando la columna tenga la anchura deseada.

Truco:

Para que una columna tenga la anchura exacta para la cantidad más larga de datos introducidos, sitúe el cursor sobre la línea divisoria a la derecha del encabezado de la columna y haga doble clic con su ratón. Así, la columna fijará la anchura exactamente para "encajar" los datos actuales.

Fórmulas y funciones

Excel nos permite introducir cualquier tipo de fórmula algebraica en cualquier celda. Podemos utilizar estas fórmulas para sumar, restar, multiplicar, dividir y ejecutar cualquier combinación anidada de estas operaciones.

Crear una fórmula

Excel sabe que estamos introduciendo una fórmula en cuanto escribimos el signo igual (=) en cualquier celda. El inicio de la fórmula es dicho signo; tras él, introduciremos las operaciones.
Por ejemplo, si desea sumar 1 y 2, debe introducir esta fórmula en una celda: `=1+2`. Al pulsar **Intro**, la fórmula desaparece de la celda y se muestra el resultado, o valor.

Operadores básicos

En la tabla 14.1 se recogen los operadores algebraicos que podemos utilizar en las fórmulas de Excel.

Tabla 14.1. Operadores matemáticos de Excel.

Operación	Operador
Suma	+
Resta	-
Multiplicación	*
División	/

Por tanto, si desea multiplicar 10 por 5, debe introducir `=10*5`. Si desea dividir 10 entre 5, debe introducir `=10/5`.

Incluir otras celdas en la fórmula

Si únicamente tiene que restar y sumar números, puede utilizar una simple calculadora: las hojas de cálculo se tornan herramientas útiles cuando necesitamos realizar operaciones basadas en el contenido de celdas específicas.

Para ejecutar cálculos con valores de otras celdas de la hoja de cálculo, introduzca la ubicación de la celda en la fórmula. Por ejemplo, si desea sumar las celdas A1 y A2, introduzca esta fórmula: `=A1+A2`. Si los números de la celda A1 o de la celda A2 cambian en algún momento, el total de la fórmula cambiará automáticamente.

Un método más sencillo de realizar cálculos que impliquen el uso de celdas de hoja de cálculo es seleccionarlas con el ratón mientras introducimos la fórmula. Para ello, siga estos pasos:

1. Seleccione la celda que va a contener la fórmula.
2. Escriba =.
3. Haga clic en la primera celda que desee incluir en la fórmula; la ubicación de dicha celda se introducirá automáticamente en la fórmula.
4. Escriba un operador algebraico, como +, -, * o /.
5. Haga clic en la segunda celda que desee incluir en la fórmula.
6. Repita los pasos 4 y 5 para incluir otras celdas en la fórmula.
7. Pulse **Intro** cuando haya completado la fórmula.

Sumas rápidas con la función Autosuma

La operación más común en cualquier hoja de cálculo es la suma de un grupo de números. Excel facilita la suma de una fila o una columna de números a través de la función Autosuma.

Para ello, siga estos pasos:

1. Seleccione una celda que se encuentre en el extremo de la fila o columna de números donde desee que aparezca el total.
2. Haga clic en el botón **Autosuma** de la sección Modificar de la cinta de opciones (Excel 2007), como se muestra en la figura 14.2.

Figura 14.2. Utilice la función Autosuma (aquí se muestra la Cinta de opciones de Excel 2007) para sumar automáticamente una fila o columna de números.

Excel suma automáticamente todos los números precedentes y coloca el total en la celda seleccionada.

Otras operaciones de la función Suma

La función Autosuma de Excel también incluye otros cálculos automáticos. Al hacer clic en la flecha desplegable que se encuentra en un lateral del botón **Autosuma**, puede ejecutar las siguientes operaciones:

- Promedio: Calcula el promedio de las celdas seleccionadas.
- Contar números: Cuenta la cantidad de celdas seleccionadas.
- Máx: Calcula el valor máximo en las celdas seleccionadas.
- Min: Calcula el valor mínimo en las celdas seleccionadas.

Funciones

Además de las operaciones algebraicas básicas descritas anteriormente, Excel incluye también una variedad de funciones que reemplazan los pasos complejos presentes en muchas fórmulas. Por ejemplo, si desea el total de todas las celdas de la columna A, puede introducir la fórmula `=A1+A2+A3+A4` o bien utilizar la función SUMA, que le permite sumar una columna o fila de números sin tener que escribir todas las celdas en la fórmula. (Al utilizar Autosuma, simplemente está aplicando la función SUMA.)

Truco:

Al hacer referencia a celdas consecutivas en una fórmula, sólo tiene que introducir el primer y último número o serie separados por dos puntos. Por ejemplo, las celdas A1 a A4 pueden escribirse como `A1:A4`.

En resumen, una función es un tipo de fórmula preconstruida.
La función se introduce con el siguiente formato: `=función(argumento)`, siendo `función` el nombre de la función y `argumento` el rango de celdas u otros datos que desee calcular. Con este último ejemplo, para sumar las celdas desde A1 hasta A4 utilizaríamos la siguiente fórmula basada en una función: `=SUMA(A1;A2;A3;A4)`.
Excel incluye cientos de funciones, a las que podemos acceder desde cualquier función de Excel siguiendo estos pasos:

1. Seleccione la celda donde desee insertar la función.
2. En Excel 2007, seleccione la cinta de opciones Fórmulas, como se muestra en la figura 14.3.

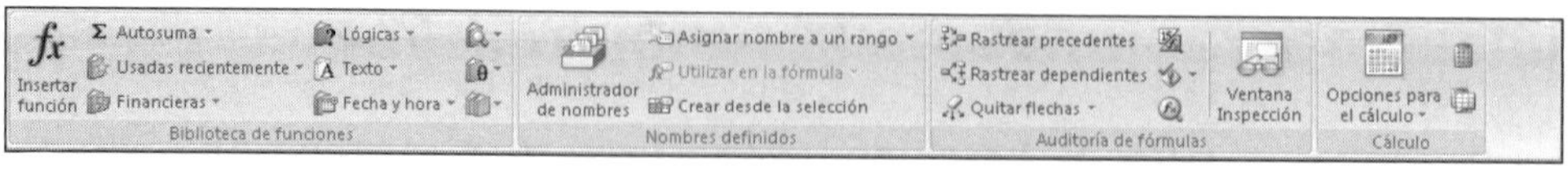

Figura 14.3. Elija una de los centenares de funciones de Excel 2007 en la cinta de opciones Fórmulas.

3. Aquí puede hacer clic sobre una categoría de función para ver todas las funciones de un tipo específico o hacer clic en el botón **Insertar función** para mostrar el cuadro de diálogo Insertar función. Seleccione la función que desee.
4. Si la función tiene argumentos relacionados, aparecerá un cuadro de diálogo Argumentos de función; introduzca el argumento y haga clic en **Aceptar**.
5. La función que ha seleccionado se inserta ahora en la celda actual y podrá introducir manualmente las celdas o números en el argumento de la función.

Ordenar un rango de celdas

Si tiene una lista de texto o números, puede que desee volver a ordenar la lista para un propósito diferente. Excel nos permite ordenar los datos por columna, tanto en orden ascendente como descendente.

Para ordenar un rango de celdas, siga estos pasos:

1. Seleccione todas las celdas que desee ordenar.
2. En Excel 2007, acceda a la categoría Ordenar y filtrar de la cinta de opciones; seleccione Ordenar de A a Z, Ordenar de Z a A u Ordenar.
3. Si selecciona Ordenar, podrá acceder al cuadro de diálogo Ordenar, que se muestra en la figura 14.4. Aquí podrá seleccionar varios niveles de orden; seleccione la columna por la que se realizará el orden y el tipo de ordenamiento que desea aplicar. Haga clic en el botón **Agregar nivel** para ordenar usando columnas adicionales.

Dar formato a una hoja de cálculo

No tiene por qué conformarse con hojas de cálculo de aspecto aburrido: puede dar a sus hojas de cálculo un formato específico para mostrar los datos (incluida la posibilidad de dar formato a los datos numéricos en sí).

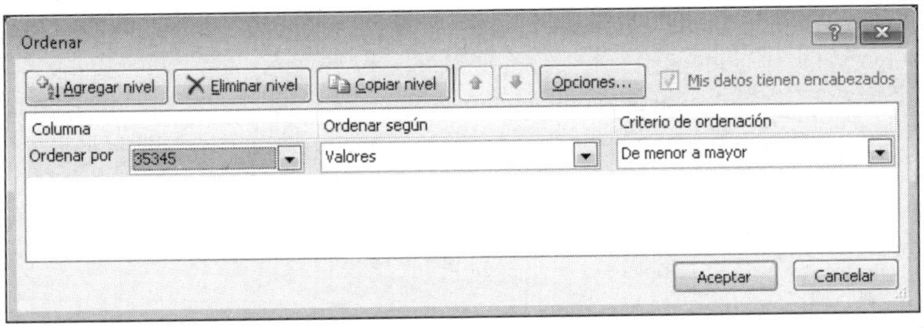

Figura 14.4. Ordene su lista por cualquier columna, en cualquier orden.

Aplicar formatos de número

Cuando introducimos un número en una celda, Excel aplica a dicho número lo que se conoce como formato "general" (simplemente presenta el número alineado a la derecha, sin puntos ni signos de moneda). Sin embargo, podemos aplicar un formato de número específico a cualquier celda en una hoja de cálculo que contenga números. En Excel 2007, todas las opciones de formato de números se encuentran en la sección Número de la cinta de opciones. Haga clic en el icono Formato de número de contabilidad para escoger un formato de contabilidad, utilice el botón **Estilo porcentual** para elegir un formato de tanto por ciento, el botón **Millares** para seleccionar un formato de separador de miles; o el botón **General** para escoger cualquiera de los formatos disponibles.

También puede emplear los botones **Aumentar decimales** y **Disminuir decimales** para mover el punto decimal hacia la izquierda o derecha.

Dar formato al contenido de una celda

Podemos aplicar diversas opciones de formato al contenido de las celdas. Podemos formatear en negrita o en cursiva un texto, cambiar el tipo de fuente o el tamaño o incluso añadir un sombreado o bordes a las celdas seleccionadas. En Excel 2007, estas opciones de formato se recogen en las secciones Fuente y Alineación de la cinta de opciones. Simplemente seleccione las celdas a las que desea aplicar el formato y haga clic en el botón apropiado.

Crear un gráfico

Es cierto que las cifras están muy bien, pero, a veces, la historia que se esconde detrás de los números se puede contar mejor a través de una imagen. Para generar una imagen a partir de un conjunto de números, utilizamos un gráfico como el mostrado en la figura 14.5.

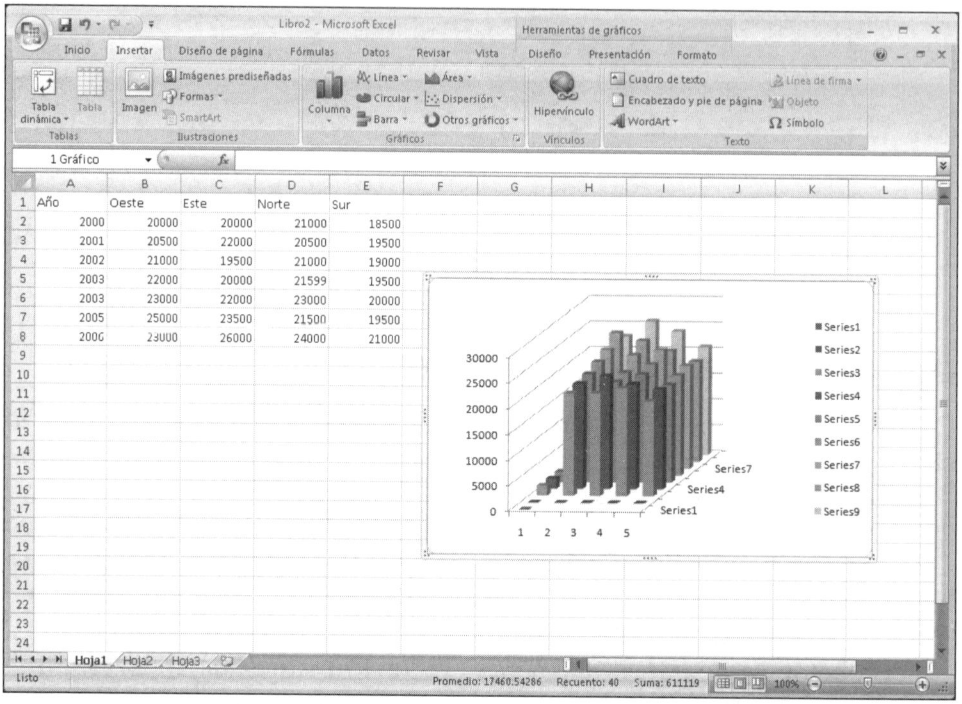

Figura 14.5. Algunas cifras se representan mejor a través de un gráfico.

Para crear un gráfico basándose en las cifras introducidas previamente en su hoja de cálculo siga estos pasos:

1. Seleccione el rango de celdas que desee incluir en el gráfico. (Si el rango tiene ahora una fila o columna de encabezado, incluya dicha fila o columna cuando seleccione las celdas.)
2. Seleccione la cinta de opciones Insertar.
3. En la sección Gráficos de la cinta de opciones, haga clic en el botón que represente el tipo de gráfico que desea crear.
4. Excel muestra los tipos de gráfico contenidos en dicha categoría. Seleccione el tipo de gráfico que desee crear.
5. Cuando aparezca el gráfico en la hoja de cálculo, seleccione la cinta de opciones Diseño para modificar el tipo de gráfico, su disposición y su estilo.

   También puede seleccionar la cinta de opciones Presentación para modificar las etiquetas, ejes y fondo del gráfico.

Resumen

Éstos son los puntos más importantes de este capítulo:

- Microsoft Excel es el programa de hoja de cálculo más utilizado en la actualidad.
- Una hoja de cálculo está compuesta de filas y columnas; la intersección de una fila y columna específicas se denomina celda.
- Cada celda puede contener texto, números o fórmulas.
- Las fórmulas en Excel se empiezan con el signo igual (=), tras el que se colocan los números específicos (o las ubicaciones de las celdas) y los operadores (como +, −, * y /).
- Para mostrar gráficamente los datos de una hoja de cálculo, use la cinta de opciones Insertar de Excel 2007.

Capítulo 15

Presentaciones con Microsoft PowerPoint

En este capítulo aprenderá a:

- Conocer Microsoft PowerPoint.
- Crear una nueva presentación.
- Dar formato a las diapositivas.
- Agregar gráficos.
- Aplicar transiciones de diapositivas.
- Ver una presentación.

Cuando necesite presentar cierta información a un grupo de personas, utilice una presentación de PowerPoint. Tanto si utiliza un retroproyector como diapositivas tradicionales o un proyector digital, PowerPoint puede ayudarle a crear gráficos y presentaciones con viñetas de aspecto magnífico.

Si trabaja en una oficina, es probable que al menos vea una presentación de PowerPoint a la semana. Los profesores utilizan PowerPoint para presentar materiales de clase. Incluso los más pequeños utilizan PowerPoint para preparar lo que antiguamente eran presentaciones orales en clase.

Adentrémonos en PowerPoint y aprendamos a crear presentaciones con extraordinarias diapositivas con PowerPoint.

Microsoft PowerPoint

Microsoft PowerPoint es un programa de presentaciones incluido en la mayoría de las versiones de Microsoft Office. En este capítulo, nos ocuparemos de la última versión del programa, PowerPoint 2007.

Área de trabajo de PowerPoint

Como puede ver en la figura 15.1, PowerPoint 2007 es una aplicación muy parecida al resto de aplicaciones de Office 2007. En la parte superior de la pantalla se encuentra la cinta de opciones; en el centro de la pantalla está la diapositiva activa.

En la parte izquierda del área de trabajo, se encuentra el panel Esquema y Diapositivas, que muestra todas las diapositivas de la presentación como texto (Esquema) o como gráficos (Diapositivas). Debajo de la diapositiva activa se encuentra el panel Notas, que permite escribir notas de la presentación. En la parte inferior de la ventana, cerca de la esquina derecha, se encuentran los botones de vistas, que le permiten elegir entre distintas vistas de su presentación.

Cambiar la vista

La vista predeterminada de PowerPoint es la vista Normal, pero PowerPoint ofrece otras dos formas más de visualización que se pueden seleccionar desde los botones de vista o desde el menú Ver. Estas vistas son:

- Normal: La vista Normal es la vista predeterminada que presenta los paneles Notas, Esquema y Diapositivas.

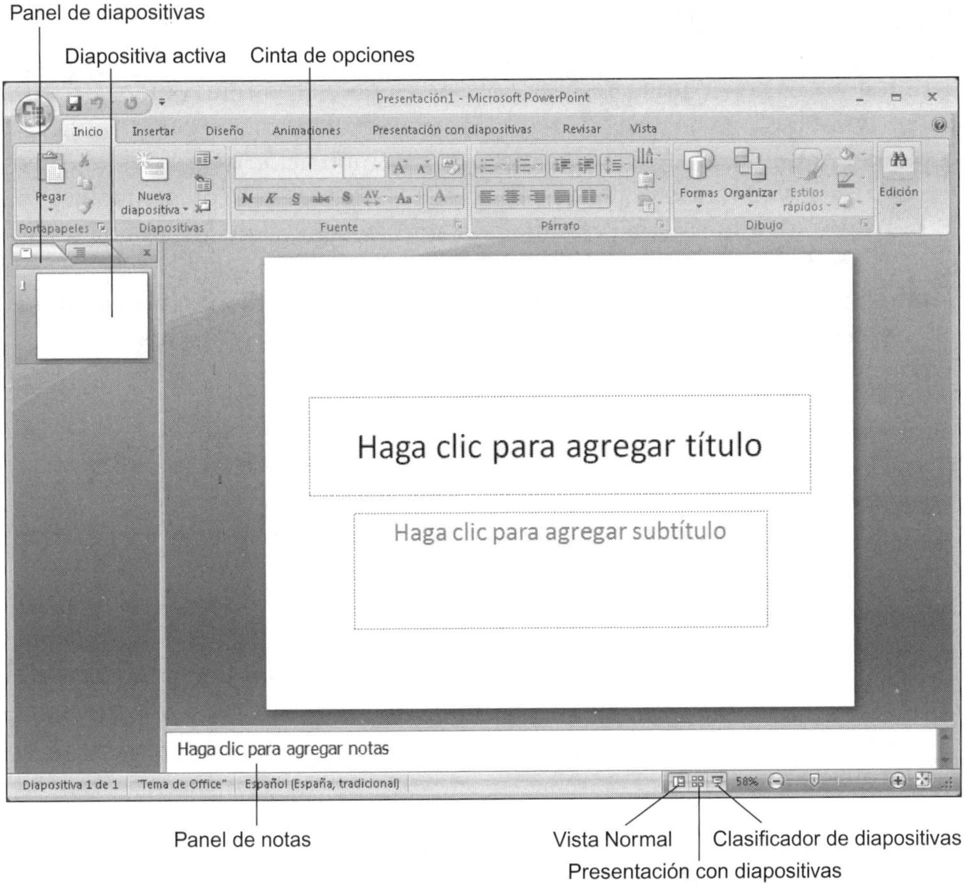

Figura 15.1. El área de trabajo de PowerPoint 2007 en vista Normal.

- Clasificador de diapositivas: Esta vista muestra las miniaturas de todas las diapositivas en una presentación.
- Presentación con diapositivas: Abre una "presentación con diapositivas" en pantalla completa de la totalidad de la presentación.

Crear una nueva presentación

Al iniciarse PowerPoint, se abre una presentación en blanco lista para ser utilizada. Si desea crear una presentación basada en una plantilla prediseñada, haga clic en el **Botón Office** en PowerPoint 2007 y seleccione Nuevo; esto mostrará el panel Nueva presentación, lo que le permitirá elegir una de las plantillas disponibles. Haga clic en una plantilla para empezar a trabajar en ella.

Aplicar un tema

A la hora de diseñar una presentación, no es necesario reinventar la rueda: PowerPoint incluye decenas de temas de presentaciones que puede aplicar a cualquier presentación. Un tema especifica la combinación de colores, las fuentes, el diseño y el fondo para cada diapositiva creada en la presentación.

Para aplicar un tema a una presentación abierta, seleccione la cinta de opciones Diseño (se muestra en la figura 15.2) y elija un tema nuevo de la sección Temas. Asegúrese de echar un vistazo a todos los temas disponibles; también puede elegir aplicar sólo los esquemas de colores, fuentes y efectos utilizando los controles de la derecha de la sección Temas.

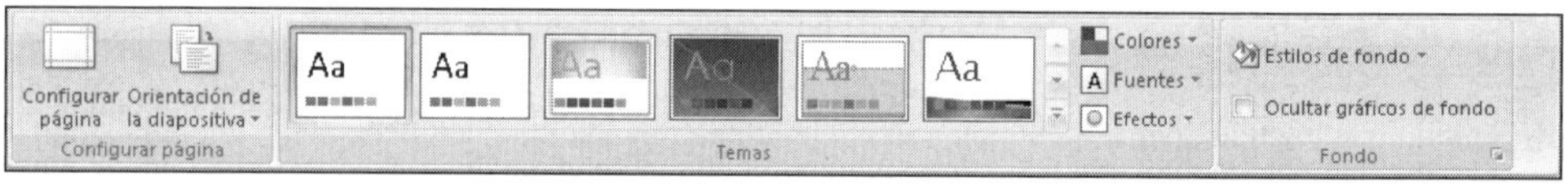

Figura 15.2. Utilice la cinta de opciones Diseño para aplicar un nuevo tema a la presentación.

Es así de sencillo. Todos los colores y fuentes y todos los elementos del tema se aplican automáticamente a todas las diapositivas de la presentación; cada nueva diapositiva que añada contendrá también el mismo estilo seleccionado.

Insertar nuevas diapositivas

Al crear una nueva presentación, PowerPoint se abre con una sola diapositiva: la diapositiva de título. Naturalmente, tendrá que insertar diapositivas adicionales para crear una presentación completa. PowerPoint nos permite insertar diferentes tipos de diapositivas con diversos tipos de diseños para distintos tipos de información.

Para insertar una nueva diapositiva en PowerPoint 2007, siga estos pasos:

1. Haga clic en el botón **Flecha abajo** al lado del botón **Nueva diapositiva** en la cinta de opciones.
2. Se mostrarán una serie de diferentes diseños de diapositivas en un menú desplegable; haga clic sobre el diseño de diapositiva que desea insertar.

Continúe añadiendo tantas diapositivas como necesite para completar su presentación.

Nota:

No confunda el diseño de la diapositiva, el cual define qué elementos aparecen en la diapositiva, con el tema de la diapositiva, que define los colores y fuentes utilizados.

Trabajar con un esquema

En lugar de crear una presentación insertando las diapositivas una por una, algunos usuarios prefieren crear un esquema previo que contenga la presentación al completo. Para este fin, PowerPoint ofrece el panel Esquema, ubicado en la parte izquierda del área de trabajo. Seleccione la ficha Esquema y PowerPoint mostrará cada una de las diapositivas que conforman la presentación en forma de esquema.

Para introducir texto para un nivel de esquema, sólo tiene que escribir. Para añadir otra diapositiva al esquema, pulse **Intro**. Para añadir un texto con viñetas a una diapositiva, pulse la tecla **Tab**. Para añadir una subviñeta, pulse **Tab** de nuevo. Cuando haya terminado de introducir viñetas, pulse **Mayús-Tab** para desplazar hacia arriba la jerarquía y crear una nueva diapositiva.

Añadir texto

Como acaba de comprobar, una forma de añadir texto a sus diapositivas es a través del panel Esquema. También puede introducir texto directamente en cada diapositiva. Cuando PowerPoint crea una nueva diapositiva, el área para la entrada de texto se diseña con el marcador de posición Haga clic para agregar título (para el título de la diapositiva) o con el marcador de posición Haga clic para agregar subtítulo (para texto normal o puntos de viñeta). Agregar texto es tan fácil como hacer clic en el marcador de posición e introducir su propio texto y números. Pulse **Intro** para moverse a una nueva línea o viñeta. Para introducir una subviñeta, pulse primero la tecla **Tab**; para volver atrás un nivel, pulse **Mayús-Tab**.

Dar formato a las diapositivas

Acaba de comprobar cómo se pueden utilizar las plantillas de estilo para una presentación completa. Ahora vamos a aplicar formatos a diapositivas individuales.

Dar formato al texto

Dar formato al texto de una diapositiva es un proceso idéntico al de dar formato al texto en un documento de procesador de textos. Seleccione el texto que desee formatear y haga clic en el botón apropiado en la sección Fuente de la cinta de opciones.

Truco:

Una de las operaciones de formato singulares de PowerPoint es aplicar el efecto de sombra, que podemos añadir haciendo clic en el botón **S** *de la cinta de opciones o en la barra de herramientas* Formato. *Se añadirá una sombra paralela detrás del texto seleccionado, consiguiendo "destacar" realmente el texto frente a un fondo coloreado o con textura.*

Cambiar los fondos

¿No le gusta el fondo de la diapositiva de la plantilla actual? ¡Cámbielo! Puede crear fondos monocolor, fondos degradados entre dos colores diferentes e incluso fondos que incorporen un gráfico o una fotografía.

Para aplicar un nuevo fondo a todas las diapositivas de su presentación de PowerPoint 2007, seleccione la cinta de opciones Diseño y haga clic en el botón **Estilos de fondo**. Se mostrarán varios fondos distintos; seleccione el fondo deseado, que se aplicará a la presentación completa.

Si desea acceder a más opciones de fondos, haga clic en el botón **Estilos de fondo** y seleccione la opción Formato del fondo. Se mostrará el cuadro de diálogo Dar formato al fondo, como se muestra en la figura 15.3, donde podrá elegir entre varios tipos de fondos de relleno y de imágenes.

Agregar gráficos

Una presentación que solamente contenga texto es muy aburrida. Para mejorar las diapositivas, es necesario añadir algunas imágenes.

Insertar imágenes

Podemos insertar cualquier tipo de dibujo o fotografía en una diapositiva de PowerPoint. No obstante, es más fácil empezar con un diseño de diapositiva que anticipe la adición de una imagen. Siga estos pasos:

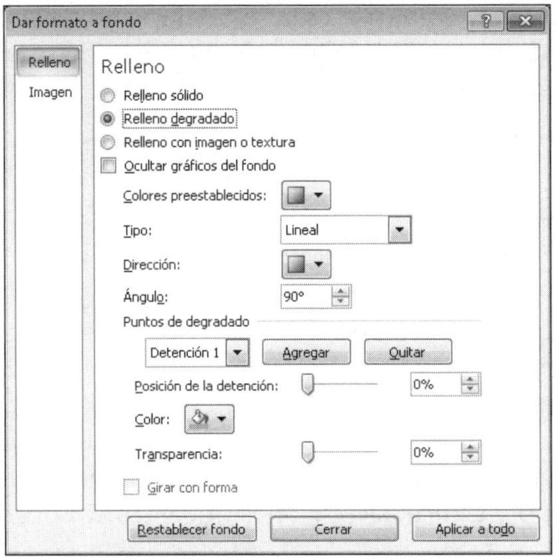

Figura 15.3. Utilice el cuadro de diálogo Dar formato al fondo para crear sofisticados fondos de diapositiva.

1. Partiendo de una diapositiva en blanco, acceda a la sección Diapositivas de la cinta de opciones y haga clic en el botón **Diseño**; seleccione el diseño Título y objetos. El diseño de la presentación cambiará como se muestra en la figura 15.4, lista para aceptar diferentes tipos de contenido.

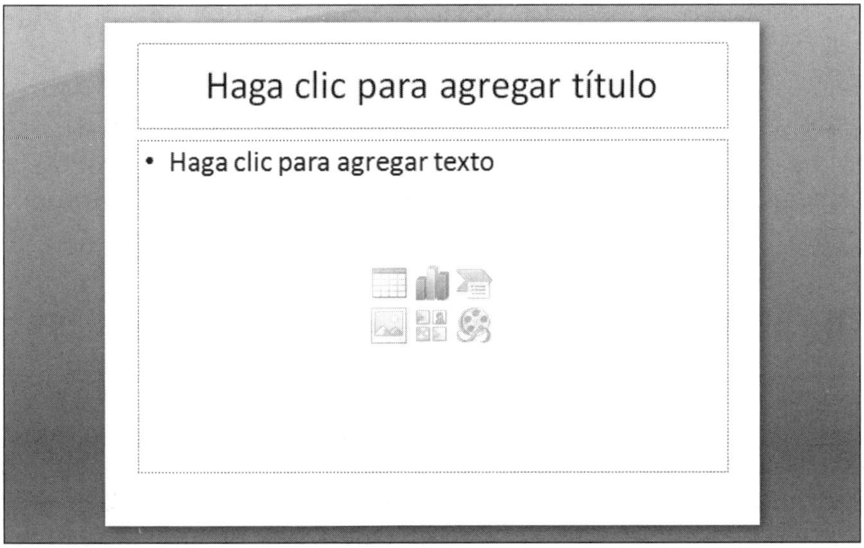

Figura 15.4. Una presentación formateada con el diseño Título y objetos.

2. Para añadir imágenes prediseñadas a la diapositiva, haga clic en el botón **Imágenes prediseñadas**, y busque la imagen que desea insertar en el panel Imágenes prediseñadas.
3. Para añadir una imagen a su diapositiva, haga clic en el botón **Insertar imagen desde archivo**; busque y seleccione la imagen que desea insertar.
4. Para añadir iconos, botones y gráficos de este tipo a la diapositiva, haga clic en el botón **Insertar gráfico SmartArt**; seleccione después un gráfico del cuadro de diálogo.

Una vez agregada la imagen, podrá aplicarle diversos formatos.

Para rotar un elemento gráfico, gire el controlador verde que se encuentra encima del elemento gráfico, hacia la izquierda o hacia la derecha. Para volver a cambiar el color de un elemento gráfico o añadir un borde, añadir una sombra detrás del elemento gráfico o recortar una imagen, seleccione la cinta de opciones Diseño y utilice las opciones que encontrará en ella.

Crear gráficos

Otra forma de mejorar las presentaciones es presentar datos numéricos en forma de gráfico, como se muestra en la figura 15.5. El método más sencillo de crear un gráfico en PowerPoint 2007 consiste en empezar con un diseño de diapositiva de Título y objetos y seguir estos pasos:

1. Haga clic en el botón **Gráfico**.
2. Cuando se muestre el cuadro de diálogo Insertar gráfico, elija un tipo de gráfico.
3. Se mostrará en la pantalla una hoja de cálculo de Excel: introduzca los datos del gráfico en la hoja de cálculo y ciérrela cuando termine.
4. El gráfico aparecerá en la diapositiva. Seleccione la cinta de opciones Diseño para escoger un diseño o estilo de gráfico distinto, o bien la cinta de opciones Presentación para dar formato a los distintos apartados del gráfico.

Aplicar animaciones de diapositivas

Si ha preparado una presentación de diapositivas que vaya a mostrarse en formato electrónico con un equipo conectado a un gran monitor o proyector, es necesario añadir transiciones entre cada una de las diapositivas. PowerPoint nos permite utilizar una amplia variedad de transiciones de diapositivas, una opción más interesante que simplemente pasar de una diapositiva a la siguiente con un corte brusco.

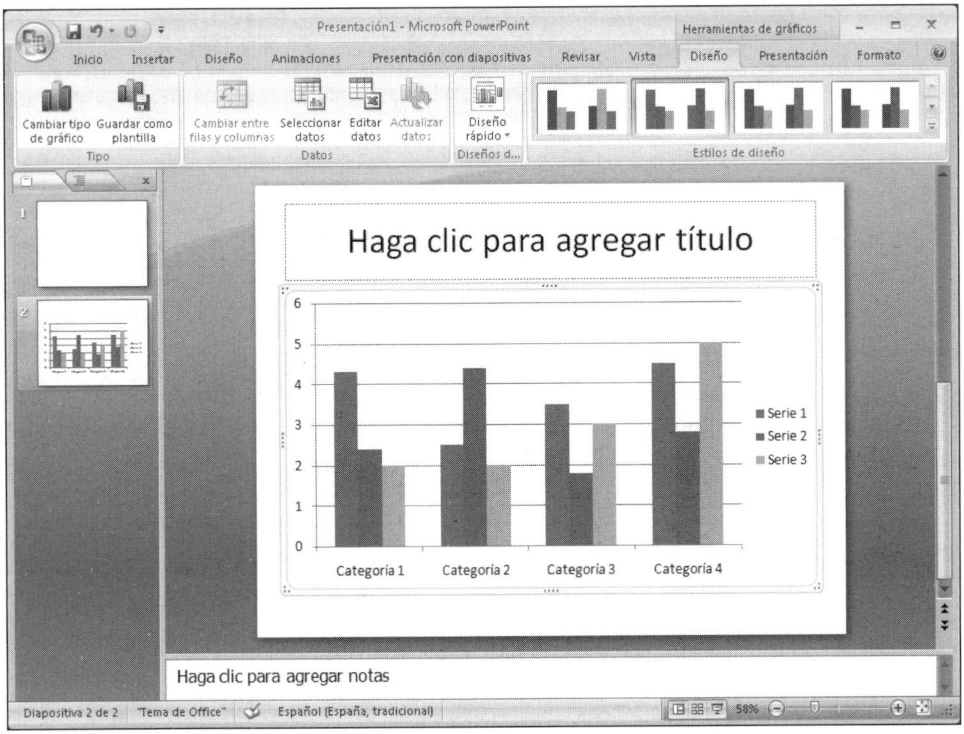

Figura 15.5. Agregar un gráfico a su presentación.

Para aplicar transiciones de diapositivas en PowerPoint 2007, seleccione la cinta de opciones Animaciones, que puede ver en la figura 15.6. Escoja una de entre la amplia variedad de transiciones en la sección Transición a esta diapositiva; asegúrese de que hace clic sobre los botones de desplazamiento para ver todas las transiciones disponibles.

Figura 15.6. Escoja una animación desde la cinta de opciones Animaciones.

También puede utilizar la cinta de opciones Animaciones para añadir sonidos a la transición o definir la velocidad de la misma. Asimismo, puede aplicar una transición a todas las diapositivas, o únicamente a un conjunto de diapositivas concretas. ¡Diviértase!

Truco:

No es obligatorio utilizar la misma transición en todas las diapositivas. Su presentación será mucho más interesante visualmente si utiliza diversas transiciones en el transcurso de la presentación.

¡Que empiece el espectáculo!

Para reproducir la presentación con diapositivas junto con sus transiciones correspondiente, haga clic en el botón **Presentación con diapositivas** ubicado en la esquina inferior derecha del área de trabajo de PowerPoint, o en el panel Transición de diapositiva. Para desplazarse de una diapositiva a la siguiente sólo tiene que hacer clic con el ratón.

Resumen

He aquí los aspectos más importantes de este capítulo:

- Para crear diapositivas, transparencias y presentaciones electrónicas con diapositivas utilice PowerPoint.
- El aspecto del conjunto de la presentación se define a través del tema o la plantilla de estilo elegida.
- Cada una de las diapositivas incluidas en la presentación puede tener un estilo diferente, dependiendo de su función.
- Una diapositiva puede incluir texto, viñetas, imágenes y gráficos.
- Cuando realice una presentación electrónica con diapositivas, añada transiciones entre diapositivas.

Parte V
Internet

Capítulo 16

Conectarse a Internet dentro y fuera de casa

En este capítulo aprenderá a:

- Conocer los distintos tipos de conexiones existentes.
- Conocer todo lo que necesita antes de conectarse.
- Configurar una nueva conexión.
- Compartir una conexión de Internet.
- Conectarse a un punto WiFi de acceso público.

Hace algunos años, era bastante frecuente que la mayor parte de usuarios que adquirían un equipo informático lo hicieran para trabajar (procesamiento de textos, hojas de cálculo, bases de datos y todos aquellos programas que siguen conforman el núcleo de Microsoft Works y Microsoft Office). Sin embargo, hoy en día muchos usuarios adquieren un PC para acceder a Internet (enviar y recibir mensajes de correo electrónico, navegar por la Web y contactar con otros usuarios en algún chat).

Diferentes tipos de conexiones

El primer paso para conectarse es establecer una conexión entre su equipo e Internet. Para ello, tendremos que contratar un Proveedor de Servicios de Internet (ISP, del inglés *Internet Service Provider*) que, como su propio nombre indica, nos permitirá conectar nuestro hogar a Internet.
Dependiendo de las soluciones disponibles en nuestra zona, podrá elegir entre dos tipos principales de conexiones: acceso mediante marcado analógico, o una conexión de banda ancha. El acceso mediante marcado analógico es más lento que las conexiones de banda ancha, pero también es más barato. La marcación telefónica está en vías de extinción; si se conecta con mucha frecuencia a Internet para navegar por la Web, probablemente merezca la pena pagar un poco más por una conexión de banda ancha más rápida. Independientemente del tipo de conexión que elija, tendrá que conectar su PC a un módem, que a su vez se conectará a la línea entrante de teléfono o de cable del hogar. La mayoría de los PC vienen equipados con un módem analógico integrado; si opta por un servicio de banda ancha tendrá que obtener un módem externo de su ISP.

Acceso tradicional mediante marcado analógico

Las conexiones analógicas mediante marcado telefónico proporcionan servicios de Internet a través de la línea telefónica tradicional. Las conexiones por marcación más rápidas transmiten datos a 56,6 Kbps (kilobits por segundo), una cantidad suficiente para navegar por la Web, aunque no lo bastante rápida para descargar música o vídeos.

Conexión DSL de banda ancha

La tecnología DSL es una tecnología basada en el uso de la línea telefónica que funciona a la misma velocidad que la banda ancha. El servicio DSL funciona a través de la línea telefónica existente, transformándola en una conexión digital de alta velocidad. La tecnología DSL no sólo es más rápida que la conexión mediante marcado analógico (de 1 Mbps a 4Mbps, dependiendo del ISP) sino que además no es necesario renunciar a la línea telefónica normal para navegar por la Web; las conexiones DSL son conexiones permanentemente activas.

Cable de banda ancha

El tipo más popular de conexión de banda ancha actual se encuentra disponible en la propia empresa de cable local. Internet por cable de banda ancha se ejecuta a través de la línea de televisión por cable normal, proporcionando velocidades comprendidas entre 500 Kbps y 3 Mbps, dependiendo del proveedor.

Satélite de banda ancha

Si no puede acceder a un servicio de Internet DSL o por cable en su zona, tiene otra opción: conectarse a Internet vía satélite. Hogares y empresas pueden recibir en la actualidad señales de datos digitales desde un satélite geosincrónico a 700 Kbps.

Antes de conectarse

Al contratar un servicio ISP, tanto el proveedor como la persona que contrata los servicios tienen que proporcionarse entre sí determinada información. El suscriptor debe proporcionar al ISP su nombre, dirección y número de tarjeta de crédito o cuenta bancaria; el ISP tiene que ofrecer una diversa información de carácter técnico, en la que se incluyen los siguientes datos:

- Un nombre de usuario y contraseña.
- La dirección de correo electrónico.
- El nombre de cuenta y contraseña del correo electrónico.
- Los nombres de los servidores de correo entrante y saliente del ISP.
- El número de teléfono a marcar (en una conexión de marcado analógico).

Necesitará toda esta información para configurar su conexión a Internet en Windows, como veremos a continuación.

Truco:

En la mayoría de los ISP, su nombre de usuario, el nombre de su cuenta de correo electrónico y la primera parte de su dirección de correo electrónico serán idénticos. También es muy probable que se le asigne una sola contraseña tanto para el inicio de sesión inicial como para el acceso al correo electrónico.

Configurar una nueva conexión

Naturalmente, tendrá que configurar su equipo para que funcione con su ISP. En Windows 7, el proceso es muy sencillo.

Si dispone de una conexión de banda ancha, probablemente no necesite configurar nada para conectarse a Internet: bastará con conectar su ordenador al módem de banda ancha (o bien en una red doméstica, al *router* de red conectado al módem de banda ancha). Windows hará el resto. La próxima vez que abra su navegador Web podrá conectarse a Internet.

Si por el contrario se conecta a Internet mediante una conexión de marcado analógico, o bien por medio de una conexión de banda ancha que requiera el uso de un nombre de usuario y una contraseña, deberá configurar su conexión siguiendo estos pasos.

1. Haga clic en el botón de **Red** en la barra de tareas de Windows y seleccione Abrir Centro de redes y recursos compartidos.
2. En el Centro de redes, elija Configurar una nueva conexión o red.
3. En la ventana de configuración de la conexión o red, seleccione la opción Conectarse a Internet y haga clic en **Siguiente**.
4. Indique cómo desea conectarse. Elija Banda ancha o Acceso telefónico.
5. Si selecciona Banda ancha, introduzca el nombre de usuario y la contraseña que le suministró su proveedor de acceso a Internet.
6. Si selecciona Acceso telefónico, siga las instrucciones que aparecerán en pantalla para seleccionar qué módem está usando e introducir el número de teléfono de su proveedor de acceso, su nombre de usuario y contraseña.

Eso es todo. Windows configurará correctamente su conexión a Internet de forma automática sin necesidad de tomar medidas adicionales.

Compartir una conexión a Internet

Si tiene más de un PC en su hogar, puede conectar los equipos entre sí para que compartan la misma conexión a Internet, algo particularmente útil si dispone de una conexión de banda ancha de alta velocidad.

Para compartir su conexión a Internet entre varios equipos, conecte el módem de banda ancha a la red doméstica. Independientemente de si dispone de una red cableada o inalámbrica, la conexión es similar en ambos casos. Lo único que tiene que hacer es llevar un cable Ethernet desde el módem de banda ancha al concentrador o *router* de su red y Windows se encargará del resto, conectando su módem a la red para que todos los equipos puedan acceder a la conexión.

Para conocer más detalles sobre este tipo de conexión, consulte el capítulo 7.

Conectarse a un punto WiFi de acceso público

Si dispone de un ordenador portátil, tiene la opción de conectarse a Internet cuando esté fuera de casa. Muchas cafeterías, restaurantes, bibliotecas y hoteles ofrecen un servicio de conexión inalámbrica a Internet vía WiFi, ya sea de forma gratuita o por una tarifa por horas o diaria. Asumiendo que su portátil integra un adaptador WiFi (probablemente sea el caso), la conexión a un punto de acceso WiFi será instantánea.

Cuando se encuentre cerca de un punto de acceso WiFi, su PC debería captar automáticamente la señal inalámbrica. Asegúrese de que su adaptador WiFi está encendido (algunos portátiles disponen de un interruptor en el frontal o en el lateral) y haga clic en el icono de red del área de notificaciones de la barra de tareas de Windows. Como puede ver en la figura 16.1, se mostrará un listado de las conexiones inalámbricas disponibles. Seleccione la red a la que desea conectarse, y haga clic en el botón **Conectar**.

Nota:

Un punto de acceso inalámbrico, conocido como hotspot, es un lugar en el que puede conectarse de forma inalámbrica a Internet utilizando tecnología WiFi. Algunos puntos de acceso son gratuitos y de libre acceso; otros pueden requerir un pago previo para el uso del servicio.

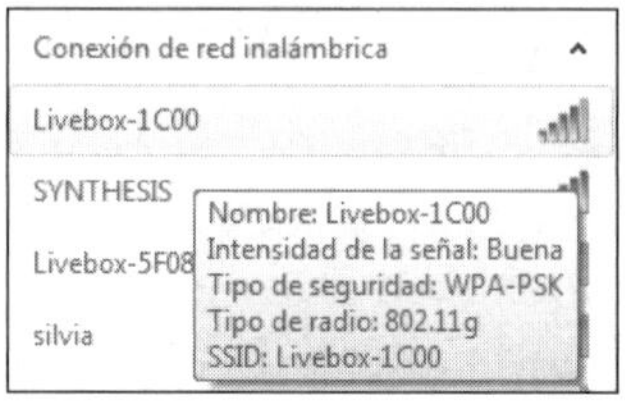

Figura 16.1. Conexión a un punto de acceso inalámbrico con Windows 7.

Después de que Windows se haya conectado al punto de acceso seleccionado, podrá acceder a la red inalámbrica. Por regla general, para acceder a Internet basta con abrir Internet Explorer o cualquier otro navegador. Si el punto inalámbrico es de acceso público, podrá navegar con normalidad. Si requiere una contraseña, un pago u otro tipo de acceso, en lugar de mostrarse la página que desea abrir, verá la página de acceso. Introduzca la información apropiada y podrá comenzar a navegar de inmediato.

Resumen

A la hora de configurar su sistema informático para conectarse a Internet, tenga en cuenta los siguientes puntos:

- La conexión a Internet se lleva a cabo a través de un proveedor de servicios de Internet; para poder conectarse a la red, necesitará contratar un servicio con un ISP.
- Puede contratar un servicio de acceso telefónico analógico (más lento y barato) o un servicio de banda ancha (más rápido y caro).
- Existen tres tipos diferentes de servicio de banda ancha: DSL, cable y satélite.
- Una vez haya contratado una línea con su proveedor de servicios, tendrá que configurar Windows para poder utilizar la nueva cuenta.
- Si tiene más de un equipo en su casa, puede compartir su conexión a Internet conectando su módem de banda ancha a una red doméstica.
- Si dispone de un ordenador portátil, puede conectarse a Internet de forma inalámbrica utilizando un punto de acceso inalámbrico público, un servicio que se ofrece en establecimientos tales como hoteles y cafeterías.

Capítulo 17

Navegar en la Web con Internet Explorer

En este capítulo aprenderá a:

- Conocer la Web.
- Elegir un navegador Web.
- Utilizar Internet Explorer 8.
- Conocer los aspectos básicos de la exploración Web.
- Utilizar la navegación por pestañas.
- Ejecutar opciones avanzadas.
- Conocer la seguridad en Internet con IE8.
- Administrar cookies.
- Navegar en modo InPrivate.

Una vez haya contratado una cuenta con un proveedor de servicios de Internet y haya configurado una conexión a Internet, habrá llegado el momento de empezar a explorar la Web. La *World Wide Web* es un elemento particular de Internet con todo tipo de contenidos y servicios, que podemos explorar gracias a un elemento de software conocido como "explorador Web".

En la actualmente, el explorador Web más popular es Microsoft Internet Explorer, debido en gran medida a que se incluye de forma gratuita en Microsoft Windows. Este capítulo le enseñará a utilizar Internet Explorer y le guiará a través de un viaje rápido por la Web.

Conocer la Web

Antes de empezar a explorar la Web tendrá que conocer su funcionamiento.

La información en la *World Wide Web* se presenta en páginas. Una página Web es similar a la página de un libro, compuesta por texto y elementos gráficos. Sin embargo, la página Web se diferencia de la página de un libro en que incluye otros elementos, como por ejemplo elementos de audio y vídeo, así como vínculos a otras páginas Web.

Esta capacidad de enlazar con otras páginas Web es la responsable de que la Web sea una forma tan dinámica de presentar información. Un vínculo a una página Web puede apuntar a otra página Web en el mismo sitio o en un sitio diferente. La mayoría de los vínculos se incluyen como parte de un texto de la página y se denominan "vínculos de hipertexto" o simplemente "hipervínculos". Si un vínculo forma parte de un elemento gráfico, se conoce como "vínculo gráfico". Estos vínculos normalmente tienen un color diferente al resto del texto y suelen estar subrayados; al hacer clic en un vínculo, nos desplazaremos directamente a la página vinculada.

Las páginas Web residen en un "sitio" Web. Un sitio Web no es más que una colección de páginas Web (cada una en su propio archivo informático individual) que residen en un equipo anfitrión. El equipo anfitrión, o *host*, está conectado permanentemente a Internet para poder acceder al sitio (y a sus páginas Web) siempre que accedamos a Internet. La página principal de un sitio Web normalmente se conoce como "página de inicio" o "página inicial" (*home page*) y sirve como pantalla introductoria que proporciona un breve resumen y un menú de todo lo que podremos encontrar en el sitio. La dirección de una página Web se denomina URL, acrónimo de la expresión inglesa Localizador de Recursos Uniformes (*Uniform Resource Locator*). La mayoría de los URL empiezan con `http://`, añaden `www.`, continúan con el nombre del sitio y terminan con `.com` o `.es`.

Truco:

Normalmente no es necesario escribir la parte `http://` *en el explorador Web. La mayoría de las veces, podemos incluso dejar de escribir la parte* `www.` *y simplemente empezar con la parte del dominio de la dirección.*

Cómo elegir un explorador Web

Como ya hemos apuntado, para navegar por la Web necesitaremos un programa conocido como "explorador Web". El explorador más popular hoy en día es Internet Explorer, el navegador de Windows. Pero no es el único disponible. La mayoría de los exploradores cuentan con funcionalidades muy similares entre sí, pero algunos usuarios prefieren alguno de ellos frente a todos los demás.

He aquí un listado alfabético de todos los exploradores Web que puede instalar en su sistema informático de Windows:

- Google Chrome (`www.google.com/chrome`).
- Internet Explorer (`www.microsoft.com/windows/Internet-explorer/`).
- Mozilla Firefox (`www.mozilla.com/firefox/`).
- Opera (`www.opera.com`).
- Safari (`www.apple.com/safari`).

Todos estos navegadores funcionan prácticamente de la misma manera. Algunos de ellos disponen de funcionalidades avanzadas algo diferentes; otros, como por ejemplo Google Chrome, cargan las páginas con más rapidez que otros. La elección de un navegador es una decisión completamente personal.

Nota:

Para navegar por la Web, puede utilizar cualquier explorador. Las instrucciones que se muestran en este capítulo funcionan también en los demás navegadores más utilizados, como Mozilla Firefox, Google Chrome, Opera o Safari. Todos estos exploradores pueden descargarse e instalarse de forma gratuita en su ordenador.

Internet Explorer 8

El navegador Web incluido en Windows es Internet Explorer (IE). En Windows 7, la versión de IE es Internet Explorer 8 (podrían haberlas sincronizado, ¿no cree?). Internet Explorer 8 es un programa muy fácil de usar. Para abrir IE, haga clic sobre el icono de Internet Explorer ubicado en la barra de tareas de Windows. La figura 17.1 muestra las diversas partes del programa de IE; la tabla 17.1 indica qué hace cada uno de los botones de la barra de herramientas.

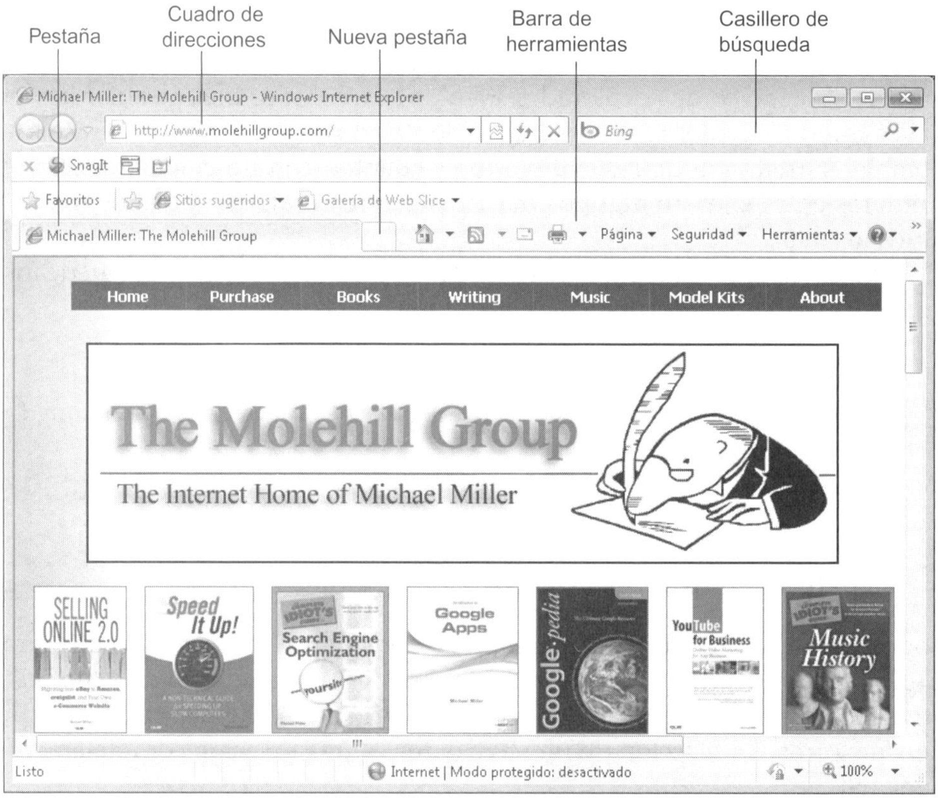

Figura 17.1. Explorador Web Internet Explorer 8 de Microsoft.

Tabla 17.1. Botones de la barra de herramientas de Internet Explorer.

Botón	Operación
Regresar a	Vuelve a la página visualizada anteriormente
Ir a	Ver página siguiente
Detener	Detiene la carga de la página actual

Botón	Operación
Actualizar	Vuelve a cargar la página actual
Centro de favoritos	Abre el panel Favoritos
Agregar a Favoritos	Añade la página actual a la lista Favoritos
Pestañas rápidas	Muestra todas las páginas cargadas en las pestañas en una única página
Nueva pestaña	Abre una nueva pestaña en la que abrir otra página Web
Página principal	Vuelve a la página de inicio preestablecida
Ver fuentes	Muestra los titulares más recientes de una fuente de noticas RSS
Imprimir	Imprime la página actual
Página	Ofrece varias operaciones relacionadas con la página (cortar, copiar, zoom, enviarla por correo, etc.)
Seguridad	Ajustes de configuración de acceso relacionados con la seguridad
Herramientas	Permite configurar IE

Exploración Web básica

Internet Explorer nos permite navegar con rapidez y facilidad por la *World Wide Web* con un simple clic de ratón. He aquí un paseo paso a paso por las funciones básicas de Internet Explorer:

1. Al abrir por primera vez Internet Explorer, se cargará la página inicial predefinida.
2. Escriba una dirección Web en el cuadro de direcciones y pulse **Intro**. Internet Explorer cargará la nueva página.
3. Haga clic en cualquier vínculo en la página Web actual. Internet Explorer cargará la nueva página.
4. Para volver a la página anterior, haga clic en el botón **Atrás** (o pulse la tecla **Retroceso**). Si ha visitado varias páginas y desea volver a la última página visitada, haga clic en el botón **Adelante**.
5. Para volver a su página de inicio, haga clic en el botón **Página principal**.

Truco:

Para cambiar la página de inicio de Internet Explorer, navegue hasta la página que quiere convertir en página de inicio, haga clic en la flecha situada junto al botón **Inicio**, *y seleccione la opción* Agregar o cambiar la página principal. *Cuando se equipo lo solicite, elija la opción* Usar esta página Web como la única página principal, *y haga clic en* **Aceptar**.

Navegación por pestañas

Internet Explorer 8 utiliza una interfaz de múltiples documentos que permite mostrar múltiples páginas Web en pestañas separadas dentro de una única ventana del navegador. Este uso de las pestañas permite mantener varias páginas Web abiertas de forma simultánea, lo cual es estupendo cuando queremos mantener páginas visitadas con anterioridad abiertas para futura referencia, o cuando queremos ejecutar aplicaciones basadas en la Web en segundo plano.

Para abrir una página Web en una nueva pestaña, haga clic sobre la siguiente pestaña (vacía) e introduzca la dirección de la página. También puede abrir un enlace en una nueva pestaña haciendo clic con el botón derecho del ratón sobre el mismo y seleccionando Abrir en una nueva pestaña.

Puede cambiar de pestaña haciendo clic sobre las pestañas o pulsando la combinación de teclas **Control-Tab**. También puede recolocar las pestañas utilizando el método de arrastrarlas y soltarlas en una nueva ubicación.

Puede ver el contenido de todas las pestañas abiertas con la función Pestañas rápidas. Cuando haga clic en la herramienta **Pestañas rápidas** o pulse **Control-Q**, todas las páginas Web abiertas se muestran con una representación en miniatura en una única ventana, como se muestra en la figura 17.2. Haga clic sobre cualquier miniatura para mostrar esa pestaña a pantalla completa.

Opciones avanzadas

Internet Explorer 8 va mucho más allá de la simple navegación. Veamos a continuación algunas operaciones avanzadas en Internet Explorer que pueden simplificar sobremanera nuestra actividad en línea.

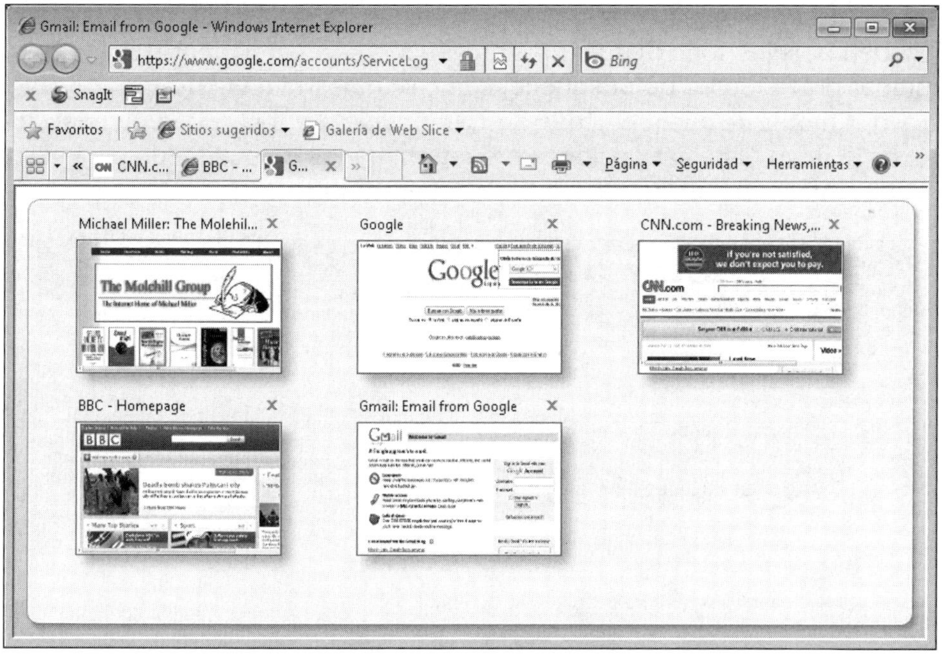

Figura 17.2. La función Pestañas rápidas permite ver múltiples páginas.

Búsquedas desde el navegador

Si realiza muchas búsquedas en la Web, perderá una gran cantidad de tiempo accediendo al buscador favorito. Afortunadamente, Internet Explorer nos permite acelerar las búsquedas escribiendo los términos de búsqueda desde la propia ventana del explorador, a través de la caja de texto de Búsqueda instantánea, ubicada junto a la casilla de direcciones. Podrá realizar búsquedas en la Web sin necesidad de navegar a un sitio Web diferente.

Para realizar una búsqueda desde IE8, escriba los términos de búsqueda en la caja Búsqueda instantánea y pulse **Intro**. La búsqueda se envía a través de IE e Internet al proveedor de búsquedas seleccionado. El buscador recibe la petición, realiza una consulta en su índice de páginas Web y devuelve una página de resultados, que se muestra en la ventana de Internet Explorer. Así de sencillo.

Por omisión, IE envía sus búsquedas al sitio Web Windows Live Search de Microsoft. Si prefiere utilizar otro motor de búsqueda, como por ejemplo Google, puede cambiarlo. Haga clic en la **Flecha abajo** al lado del cuadro Búsqueda instantánea y seleccione Cambiar opciones predeterminadas de búsqueda; cuando aparezca el siguiente cuadro de diálogo, escoja el motor de búsqueda que desea utilizar y haga clic en el botón **Predeterminar**.

Si el motor de búsqueda que desea no se encuentra en la lista **Proveedores de búsquedas**, seleccione **Buscar más proveedores**. Cuando aparezca la página **Agregar proveedores de búsqueda**, como se muestra en la figura 17.3, haga clic en el motor de búsqueda que desea emplear. Ahora podrá volver al cuadro de diálogo **Cambiar opciones predeterminadas de búsqueda** para elegir el nuevo motor de búsqueda como predeterminado.

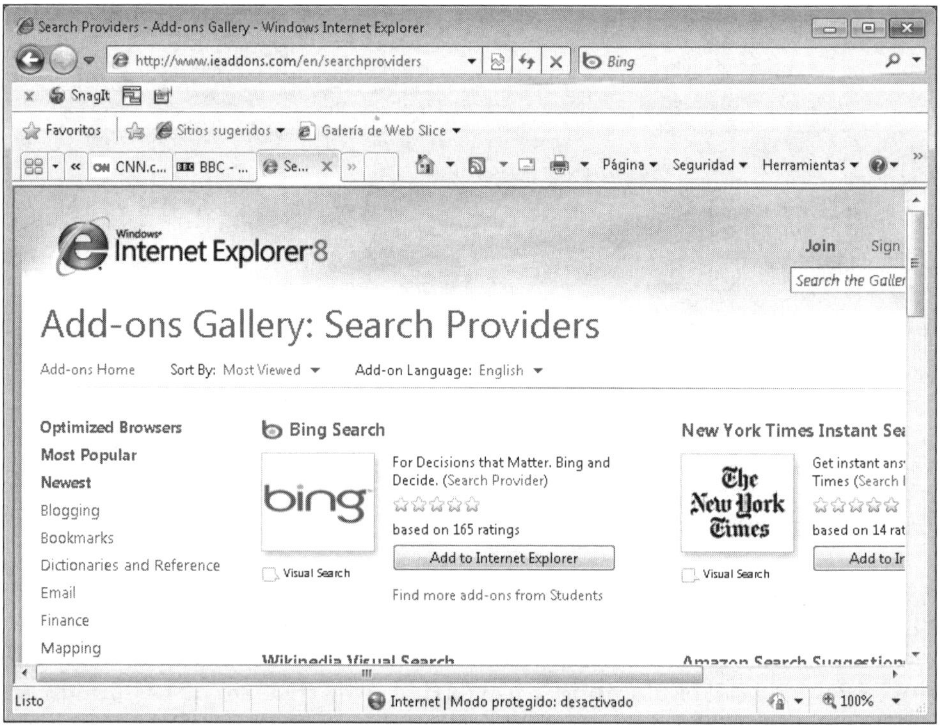

Figura 17.3. Internet Explorer 8 le permite escoger un nuevo motor de búsquedas.

Nota:

Puede obtener más información sobre la búsqueda en la Web en el capítulo 18.

Guardar sus páginas favoritas

Cuando encuentre una página que le guste, puede añadirla a su lista **Favoritos** dentro de Internet Explorer. De esta forma podrá acceder fácilmente a cualquiera de sus sitios favoritos sólo seleccionándolo de la lista.

Para agregar una página a la lista Favoritos:

1. Diríjase a la página que desea agregar a su lista Favoritos.
2. Haga clic sobre el botón **Favoritos** para abrir el panel de favoritos, que se muestra en la figura 17.4.

Figura 17.4. Haga clic en el botón de Favoritos para mostrar el panel de Favoritos.

3. Haga clic en Agregar a favoritos.
4. Cuando se abra el cuadro de diálogo Agregar un favorito, confirme el nombre de la página y seleccione la carpeta donde desea guardarlo.
5. Haga clic en **Agregar**.

Para ver una página de su lista de Favoritos, siga estos pasos:

1. Haga clic en el botón **Favoritos**.
2. Haga clic en la pestaña de **Favoritos** en este nuevo panel.
3. Haga clic sobre cualquier carpeta del panel de Favoritos para mostrar el contenido de esa carpeta.
4. Haga clic en una página favorita para abrir la página en el navegador.

Historial

Internet Explorer tiene tres formas de mantener un registro de las páginas Web visitadas para poder volver a visitarlas sin tener que volver a escribir sus direcciones.

Para volver a visitar la última página visitada, haga clic en el botón **Regresar** de la barra de tareas. Para ir a la primera página visitada, siga pulsando dicho botón. Para volver a visitar la última media docena de páginas (aproximadamente) visitadas en el transcurso de una sesión activa, haga clic en la flecha desplegable del botón **Adelante**. Se abrirá un menú desplegable con las últimas nueve páginas visitadas. Resalte cualquier página en este menú para ir directamente a dicha página. Para volver a visitar páginas visitadas en los últimos días, utilice el panel Historial de IE. Siga estos pasos:

1. Haga clic en el botón de **Favoritos** para mostrar el panel Favoritos.
2. En este nuevo panel, haga clic en el botón **Historial**.
3. Haga clic en el botón **Ver por** para seleccionar cómo desea ver su historial: por fecha, por sitio, por el más visitado, o por orden de los más visitados hoy.
4. Haga clic en una página específica para ver dicha página en el panel derecho.

Imprimir

La impresión de una página Web es un proceso sencillo: haga clic en el botón **Imprimir**. Si desea realizar una vista preliminar de la página antes de imprimirla, haga clic en la flecha situada junto al botón **Imprimir** y seleccione Vista previa de impresión.

Seguridad de Internet con IE8

Internet Explorer 8 incluye diversas tecnologías que le ayudarán a navegar por la red de forma más segura. He aquí algunas de ellas.

Protección contra el secuestro de identidad

En el capítulo 10 tratamos el tema de la suplantación de identidad. Para protegerle frente a las suplantaciones de identidad, IE8 incorpora el Filtro de suplantación de identidad de Microsoft. Este filtro se conecta automáticamente a un servicio en línea que contiene una enorme base de datos de sitios Web sospechosos y le alerta si intenta acceder a uno de estos sitios. Si hace clic sobre el enlace a un sitio de suplantación de identidad ya identificado como tal, el Filtro de suplantación de identidad de Microsoft bloquea el acceso al sitio, hace que la barra de direcciones se coloree de rojo, carga una página neutra y muestra un mensaje de advertencia. Dicho de otro modo, si el sitio en cuestión es un sitio fraudulento, IE8 no le dejará acceder a él.

Además, el Filtro de suplantación de identidad le ayuda a protegerse de los sitios potencialmente falsos. Si hace clic en el enlace a un sitio que no se encuentre en la lista de de sitios fraudulentos pero cuyo comportamiento sea similar, el Filtro de suplantación de identidad de Microsoft hará que la barra de direcciones se coloree de amarillo y le advertirá de que se trata de un contenido potencialmente sospechoso. A menos que esté seguro de que se trata de un sitio auténtico, no siga navegando por él.

En IE8, el Filtro de suplantación de identidad está activado por defecto. Además, puede hacer que el Filtro de suplantación de identidad compruebe manualmente cualquier sitio Web. Para ello, haga clic en Seguridad>Filtro SmartScreen>Comprobar este sitio Web. El filtro comprobará el sitio y le mostrará el resultado en un nuevo cuadro de diálogo.

Bloqueo de publicidad emergente

Si lleva tiempo navegando por la Web, es probable que ya haya advertido la presencia de esas molestas ventanas emergentes que aparecen al visitar determinados sitios Web. Internet Explorer 8 incorpora un Bloqueador de elementos emergentes, una funcionalidad activada por defecto que bloquea la apertura automática de ventanas desplegables no deseadas.

Cuando Internet Explorer bloquea un sitio Web que está intentando abrir una ventana emergente, se mostrará una notificación en la barra de Información de la ventana del explorador. Si hace clic sobre dicha notificación, podrá permitir las ventanas emergentes de forma temporal o permanente en dicho sitio. De otro modo... ¡diga adiós a las ventanas emergentes!

Administrar las cookies

Incluso si utiliza su ordenador personal en privado, la navegación por la red no es en absoluto privada. Todos los sitios Web que visite quedan registrados automáticamente, lo que permite a cualquier persona que pueda acceder a su ordenador recuperar el historial de su actividad de navegación. No nos referimos únicamente al listado de los sitios que aparecen en el panel Historial: el registro de los sitios visitados queda grabado en los archivos del sistema de su ordenador.

¿Qué son las cookies?

Una de las maneras en las que la actividad en la Web se registra es a través de un pequeño archivo conocido con el nombre de *cookie*. Todos los sitios Web crean y almacenan *cookies* en el disco duro de su ordenador: estos archivos contienen información sobre usted y sobre las actividades que realiza en la Web.
Por ejemplo, un archivo *cookie* de un sitio concreto puede contener su nombre de usuario, contraseña, información de tarjeta de crédito y las páginas más recientemente visitadas en dicho sitio. El sitio Web accede al archivo *cookie* creado cada vez que visitamos la página, y utiliza la información contenida en la *cookie*.

Ajustar el nivel de privacidad

Si valora su privacidad, puede controlar la creación y almacenamiento de *cookies* en su ordenador. Internet Explorer permite ajustar el nivel de privacidad de su explorador para determinar qué tipo de *cookies* se aceptan automáticamente y cuáles se rechazan. Para ello, haga clic en el botón **Herramientas** y seleccione Opciones de Internet. En el cuadro de diálogo de Opciones de Internet, seleccione la pestaña Privacidad, como se muestra en la figura 17.5. Ajuste el regulador en el nivel de privacidad deseado, y haga clic en **Aceptar**.
Internet Explorer cuenta con seis niveles de administración de *cookies*, que van desde aceptar todas las *cookies* a rechazarlas en su totalidad:

- Aceptar todas las cookies: Acepta tanto las *cookies* directas como las *cookies* de terceros.
- Baja: Se aceptan todas las *cookies* de origen, pero se bloquean todas las *cookies* de terceros procedentes de sitios que no cuentan con directivas de seguridad. Al cerrar IE, se borran automáticamente todas las *cookies* de terceros de aquellos sitios que utilizan nuestra información personal sin nuestro consentimiento implícito.
- Media: Cuando IE se cierra, se borran automáticamente todas aquellas *cookies* de origen procedentes de sitios que utilizan nuestra información personal sin nuestro consentimiento. Se bloquean las *cookies* de terceros procedentes de sitios que no cuentan con directivas de seguridad, o de sitios que utilizan nuestra información personal sin nuestro consentimiento implícito.

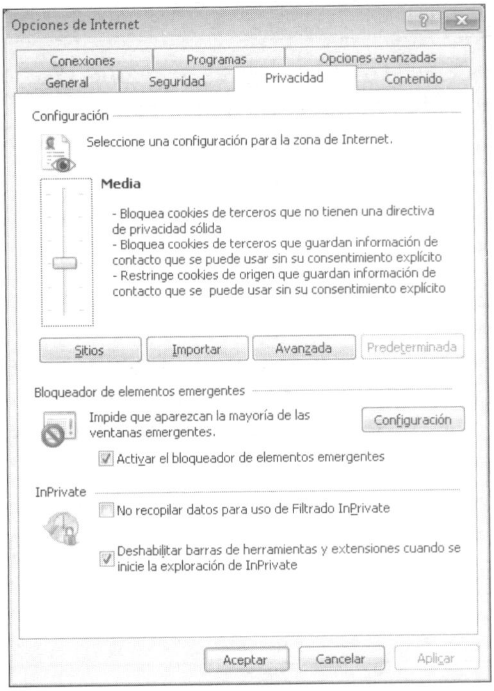

Figura 17.5. Configuración de las opciones de cookies y privacidad en Internet Explorer.

- Media alta: Bloquea todas las *cookies* de origen procedentes de sitios que utilizan nuestra información personal sin nuestro consentimiento implícito. Bloquea las *cookies* de terceros de sitios que no cuentan con directivas de privacidad o de sitios que utilizan nuestra información sin nuestro consentimiento explícito.
- Alta: Bloquea todas las *cookies* de sitios que no tienen una directiva de privacidad sólida o de sitios que utilizan nuestra información personal sin nuestro consentimiento explícito.
- Bloquear todas las cookies: Bloquea todas las *cookies*. Los sitios Web, incluso los que las han creado, no pueden leer las *cookies*.

El ajuste de configuración por defecto es Media, con lo que se bloquean todas las *cookies* relacionadas con la publicidad y se borran todas aquellas *cookies* que contengan información personal al cerrar Internet Explorer.

Si prefiere que ningún sitio Web almacene su información personal a menos que dé su consentimiento de forma explícita, elija el ajuste de configuración Alta.

Nota:

Una cookie de origen se origina en el sitio Web que se está visualizando; por lo general, se utiliza para almacenar las preferencias del usuario en dicho sitio. Una cookie de terceros se origina en un sitio Web diferente del sitio que estamos visitando, y por regla general suele utilizarse para enviar anuncios desde sitios diferentes.

Borrar todas las cookies

Internet Explorer permite borrar automáticamente todas las *cookies* almacenadas en su ordenador. Se trata de una funcionalidad útil si quiere borrar todas las huellas de los sitios Web que ha visitado; sin las *cookies*, ni su jefe ni su pareja sabrán qué sitios ha visitado.

Para borrar todas las *cookies*, haga clic en el botón **Seguridad** y seleccione la opción Eliminar el historial de exploración. En el cuadro de diálogo correspondiente, haga clic en Cookies y elija **Eliminar**.

Truco:

También puede utilizar el cuadro de diálogo Eliminar el historial de exploración *para borrar todos los archivos temporales de Internet (caché), el historial de exploración, los datos de formularios y cualquier contraseña que haya introducido para un sitio Web determinado.*

Exploración de InPrivate

En ocasiones, es posible que quiera visitar un sitio Web que no quiera que otras personas sepan que ha visitado. Cuando no quiera que una sesión de navegación específica quede registrada en el historial o las *cookies* de IE8, puede utilizar la nueva funcionalidad de Exploración de InPrivate para navegar por la red de forma anónima. Una vez habilitada esta funcionalidad, no quedará ningún registro de las páginas visitadas y nadie sabrá qué lugares ha visitado en la Web.

Para activar la Exploración de InPrivate, haga clic en **Seguridad** y seleccione Exploración de InPrivate. Se abrirá una nueva ventana del explorador con el logotipo de InPrivate junto a la barra de direcciones. Cuando navegamos a través de una ventana de InPrivate, Internet Explorer no almacena ningún dato sobre las páginas Web que visitamos: las *cookies*, los archivos temporales y el historial se desactivan.

Resumen

He aquí algunos de los aspectos más importantes sobre la exploración de la Web:

- Para explorar la Web es necesario un programa denominado explorador Web, como por ejemplo Internet Explorer, Google Chrome o Mozilla Firefox.
- La versión más reciente de IE, Internet Explorer 8, forma parte de Windows 7.
- Para visitar una determinada página Web, introduzca la dirección de la misma en el cuadro de direcciones y pulse **Intro**; haga clic en un hipervínculo en una página Web para dirigirse a la página vinculada.
- IE8 permite la navegación por pestañas; las nuevas ventanas se pueden abrir en pestañas adicionales. Haga clic sobre una pestaña para mostrar esa página.
- IE8 le permite realizar búsquedas en la Web desde el propio navegador, gracias al cuadro de texto Búsqueda instantánea de la parte superior de la ventana.
- IE8 incluye además un bloqueador de elementos emergentes, un filtro contra la suplantación de la identidad y la posibilidad de navegar de forma anónima por la red.

Capítulo 18

Realizar búsquedas en la Web

En este capítulo aprenderá a:

- Realizar búsquedas en la Web.
- Buscar, ¿dónde buscar?
- Buscar personas y empresas.

Ahora ya sabe cómo explorar la Web, pero ¿sabe cómo encontrar la información exacta que precisa? Afortunadamente, existen multitud de sitios que nos ayudan a buscar información específica en la red. No es casualidad que sean los sitios más populares de Internet.

Este capítulo le permitirá adentrarse en las búsquedas en la Web. Conocerá los mejores portales para realizar búsquedas y los métodos de búsqueda recomendados. Incluso haremos algo de trampa y le contaremos cuáles son los portales más populares a la hora de encontrar determinada información. ¿Listo? Tome asiento, inicie el navegador y prepárese... ¡a buscar!

Cómo realizar búsquedas en la Web

Los "motores de búsqueda" de Internet son portales que utilizan programas de software especiales, denominados arañas (*spiders*) o robots (*crawlers*), que exploran automáticamente en la Web recopilando todo lo que encuentran y enviando dicha información a un gigantesco banco de ordenadores. A continuación, estos mismos ordenadores crean índices gigantes de la Web, con cientos de millones de páginas.

Cuando realizamos una búsqueda en un motor de búsqueda, nuestra consulta se envía al índice del mismo. (En realidad nunca realizamos búsquedas en la propia Web, sino únicamente en el índice creado por los programas araña encargados de rastrearla). El motor de búsqueda crea entonces un listado de páginas que, de un modo u otro, coinciden en su índice con la consulta introducida.

Cómo crear una consulta

Casi todos los sitios de búsqueda en la Web se componen de dos partes esenciales: un casillero de búsqueda y un botón de búsqueda. Para realizar una búsqueda debemos escribir la misma (una o más palabras clave que describan los elementos de la búsqueda) en el cuadro de búsqueda y hacer clic en el botón de búsqueda (o bien pulsar la tecla **Intro**). El sitio de búsqueda nos mostrará un listado de páginas Web que coincidan con nuestra consulta; al hacer clic en cualquiera de los vínculos, nos dirigiremos directamente a la página en cuestión.

La forma de construir la consulta determinará la relevancia de los resultados que recibamos. Es importante centrarse en el uso de palabras clave, ya que los portales de búsqueda buscan dichas palabras en el momento de procesar la consulta. Las palabras clave se comparan con las páginas Web que el portal de búsqueda conoce; cuantas más palabras clave se encuentran en una página, mayor será el número de resultados coincidentes.

Debe elegir las palabras clave que mejor describan la información que está buscando (tantas palabras clave como sean necesarias). No tenga miedo de utilizar demasiadas palabras clave; de hecho, utilizar pocas palabras es un defecto común de muchos principiantes. Cuantas más palabras clave utilice, más idea tendrá el motor de búsqueda de qué es exactamente lo que estamos buscando.

Buscar una frase exacta

Por regla general, una consulta de múltiples palabras busca páginas Web que incluyan todas las palabras de la consulta, en cualquier orden. Sin embargo, existe un método para buscar una frase exacta: basta con entrecomillar la consulta. Por ejemplo, si quisiéramos buscar información sobre Monty Python, no escribiríamos **Monty Python**, sino **"Monty Python"** (entrecomillado). Al entrecomillar la frase, obtendremos resultados concretos relacionados con este grupo de actores de comedia, pero si introducimos las palabras individualmente, obtendremos una gran cantidad de páginas en las que aparecen animales y personas llamadas Monty.

Dónde buscar

Ahora que ya sabe cómo buscar, ¿dónde debe hacerlo? Existe una opción obvia, y muchas alternativas.

Google: el sitio de búsquedas más popular de la Web

El mejor (y más conocido) motor de búsqueda de la actualidad es Google (`www.google.es`). Google es muy rápido y fácil de usar. Es un motor de búsqueda que muestra resultados muy relevantes, ya que indexa más páginas que ningún otro sitio en la red (miles de millones de páginas).

La mayoría de los usuarios de Google realizan búsquedas varias veces a la semana, cuando no varias veces al día. La página inicial de Google, que se muestra en la figura 18.1, es una maravilla del diseño, una página Web sencilla y elegante. Introduzca una o más palabras clave en el cuadro de búsqueda y haga clic en el botón **Buscar con Google**. Obtendrá un listado de resultados ordenados por orden de relevancia, como el mostrado en la figura 18.2. Haga clic en el vínculo de un resultado para ver dicha página.

Figura 18.1. Realizar búsquedas en Google.

Figura 18.2. Resultados de una búsqueda de Google.

Google también ofrece diversas opciones de búsqueda para ayudarnos a ajustar nuestra búsqueda. En la versión global de Google (`www.google.com`), algunas de estas opciones se muestran en el panel de Opciones que aparece al hacer clic en el enlace **Show options** (Mostrar opciones). Estas opciones permiten filtrar los resultados por tipo (**Vídeos**, **Foros** y **Reseñas**), tiempo (**Últimas 24 horas**, **Última semana**, etc.) y otros factores. Es una herramienta útil para reducir el número de resultados.

Además, existen opciones adicionales ubicadas en la página de **Búsqueda avanzada**, a la que podemos acceder haciendo clic en el vínculo **Búsqueda avanzada** en la página inicial de Google. Para reducir los resultados de la búsqueda, no tiene más que elegir entre las diversas opciones que se le presenten.

Otra de las ventajas de Google es la cantidad de búsquedas especializadas que ofrece. La tabla 18.1 recoge los detalles de algunas de estas opciones de búsqueda "ocultas":

Tabla 18.1. Opciones de búsqueda de Google.

Búsqueda	URL	Descripción
Froogle	`froogle.google.com`	Comparación de precios de tiendas
Google Blog Search	`blogsearch.google.com`	Búsquedas en *blogs* y publicaciones en *blogs*
Google Book Search	`books.google.com`	Búsqueda en el texto de miles de libros
Google Directory	`directory.google.com`	Resultados de búsqueda seleccionados por el editor
Google Groups	`groups.google.com`	Búsqueda de grupos de noticias Usenet
Google Image Search	`images.google.com`	Búsquedas de imágenes
Google Local	`local.google.com`	Búsqueda de comercios locales
Google Maps	`maps.google.com`	Muestra mapas y direcciones, así como algunas fotografías de satélite
Google News	`news.google.com`	Búsqueda de los titulares más recientes, así como archivos históricos de noticias de hasta dos siglos de antigüedad
Google Scholar	`scholar.google.com`	Búsqueda de artículos académicos

Búsqueda	URL	Descripción
Google U.S. Government Search	`www.google.com/ig/usgov`	Búsqueda en sitios gubernamentales de los Estados Unidos
Google University Search	`www.google.com/options/universities.html`	Búsquedas en sitios Web de universidades y escuelas superiores

Google también es propietario de sitios Web relacionados de interés. En concreto, es propietario de Blogger (`www.blogger.com`), que alberga miles de *blogs*, y de YouTube (`www.youtube.com`), el sitio más importante para la publicación y visualización de vídeos en línea.

Truco:

También puede utilizar Google para ver la información de la bolsa, obtener respuestas a cálculos matemáticos y realizar conversiones de medidas. Google también permite realizar un seguimiento de paquetes de USPS, UPS y FedEx (basta con introducir el número de albarán), así como seguir el progreso de los vuelos de las aerolíneas comerciales (introduzca la aerolínea y el número de vuelo).

Otros motores de búsqueda

Aunque Google es, con diferencia, el motor de búsqueda más popular, existen otros muchos motores de búsqueda que proporcionan resultados excelentes (y en ocasiones, algo diferentes). Estos motores de búsqueda son:

- AltaVista (`www.altavista.com`).
- Ask (`www.ask.com`).
- Bing de Microsoft (`www.bing.com`).
- Open Directory (`www.dmoz.org`).
- Yahoo! (`www.yahoo.com`).

Cómo encontrar a personas y empresas

A pesar de la utilidad de Google y otros sitios a la hora de encontrar páginas Web, no siempre ofrecen los mismos resultados cuando queremos encontrar a una persona (aunque para ser sinceros, Google está mejorando en este

sentido). Si desea localizar a una persona (o bien encontrar una dirección o un número de teléfono), tendrá que utilizar un sitio especializado en búsqueda de personas.
Los listados de personas en la Web se denominan directorios de páginas blancas, igual que las tradicionales guías telefónicas blancas. Estos directorios nos permiten introducir todo el nombre de una persona o parte del mismo y buscar direcciones de correo electrónico, direcciones comerciales y números de teléfono personales.
En el mundo de habla inglesa, los mejores directorios son:

- AnyWho (`www.anywho.com`).
- InfoSpace (`www.infospace.com`).
- Switchboard (`www.switchboard.com`).
- WhitePages.com (`www.whitepages.com`).

Asimismo, todos estos directorios de páginas blancas también sirven como directorios de páginas amarillas para localizar negocios o empresas. Para encontrar sitios Web en España, escriba "páginas blancas" o "páginas amarillas" en el buscador.

Resumen

He aquí los aspectos más importantes de este capítulo:

- Cuando necesite buscar información específica en Internet, puede utilizar uno de los numerosos motores de búsqueda y directorios existentes en la Web.
- El motor de búsqueda más popular de Internet es Google, que indexa miles de millones de páginas Web individuales.
- Otros motores de búsqueda y directorios conocidos son Yahoo, Windows Live Search y Ask.com.
- Es recomendable buscar a personas (así como su número de teléfono y dirección) en sitios de búsqueda específicos, como por ejemplo InfoSpace o Switchboard.

Capítulo 19

Buscar información en Wikipedia

En este capítulo aprenderá a:

- Comprender el funcionamiento de Wikipedia.
- Leer artículos en Wikipedia.
- Realizar búsquedas en Wikipedia.
- Contribuir al desarrollo de Wikipedia.
- Saber si Wikipedia es fiable a la hora de investigar.

Internet es un espacio fantástico para investigar: en Internet podemos encontrar montones de información... si sabemos dónde encontrarla.
Si bien muchos usuarios utilizan Google o Yahoo! para obtener información, lo cierto es que realizar búsquedas en la Web para obtener una información precisa puede ser, en más de una ocasión, lo mismo que tener que buscar una aguja en un pajar: la información que obtenemos nos llega sin ningún tipo de filtrado y no siempre es correcta. Una vía más recomendable a la hora de investigar en la red pasa por utilizar la Wikipedia, que rápidamente se está convirtiendo en la principal fuente de Internet en la Web.

¿Cómo funciona la Wikipedia?

Wikipedia (`www.wikipedia.com`) es una gigantesca enciclopedia en línea, si bien no es una enciclopedia en el sentido tradicional del término. Frente a lo que ocurre con las enciclopedias tradicionales, los contenidos de la Wikipedia son creación exclusiva de los usuarios del sitio, en un proyecto que ha dado como resultado el proyecto de colaboración en línea de mayor envergadura del mundo.
En la actualidad, Wikipedia contiene más de 2,8 millones de artículos en lengua inglesa y al menos el mismo número de artículos disponibles en más de 250 idiomas diferentes. Decenas de miles de voluntarios escriben y revisan las entradas. Son usuarios que ofrecen voluntariamente su tiempo y su conocimiento de forma gratuita en beneficio del proyecto global de Wikipedia.
No es necesario ser un académico para escribir en la Wikipedia, como tampoco es necesario ser estudiante para utilizarla. Cualquier persona poseedora de algún conocimiento especializado puede escribir un artículo para que el resto de usuarios puedan consultarlo.

Consultar artículos de la Wikipedia

La información en el sitio Web de Wikipedia se organiza en forma de artículos. Como puede ver en la figura 19.1, cada artículo está compuesto por un breve resumen y una serie de secciones secundarias. Los artículos más largos disponen de una tabla de contenidos, debajo del resumen. La información más importante suele presentarse en una barra lateral, ubicada a la derecha del artículo.

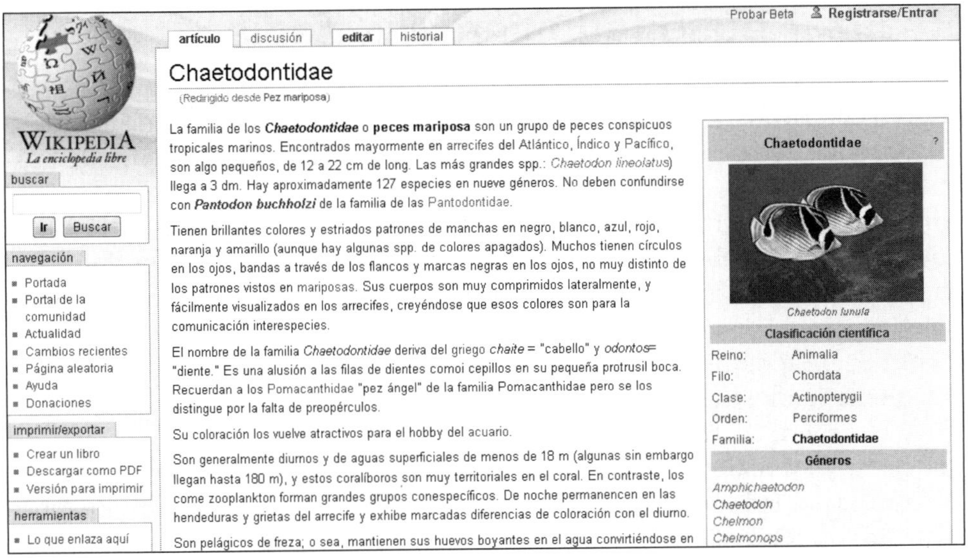

Figura 19.1. Artículo típico de Wikipedia.

Una de las cosas que más me gustaban cuando leía enciclopedias de niño era la posibilidad de ir saltando de un artículo a otro. Hoy en día, esa forma de lectura es más fácil que nunca gracias a Wikipedia, puesto que el texto de los artículos contiene hipertexto marcado en azul con vínculos a artículos relacionados dentro de la base de datos de Wikipedia: haga clic sobre estos enlaces para saltar a otro artículo. Si desea conocer la fuente de la información contenida en el artículo, desplácese al final de la página: allí encontrará las fuentes de las que se han extraído los datos más importantes en forma de nota al final. Al final de la página aparecen también referencias e información adicional sobre el tema de la entrada. Dado que los usuarios actualizan constantemente los artículos de la Wikipedia, es recomendable repasar el historial de actualizaciones del artículo. Podrá consultar el texto del artículo antes de la revisión más reciente. Para consultar el historial de un artículo, haga clic en la pestaña Historial: se mostrará un listado con actualizaciones, así como el nombre de los usuarios que las han realizado. Además, puede utilizar la pestaña Historial para leer versiones anteriores del artículo.

Truco:

Algunos artículos contiene debates entre los usuarios que ocasionalmente pueden proporcionarle información adicional de interés. Haga clic en la pestaña Discusión *para leer y participar en los debates activos.*

Realizar búsquedas en Wikipedia

¿Cómo encontrar los artículos que queremos consultar? Muy sencillo: realizar una búsqueda en Wikipedia es muy parecido a utilizar un motor de búsqueda tradicional.

Para encontrar un artículo sobre un tema determinado, escriba los términos de búsqueda en el casillero de la página de inicio de Wikipedia y a continuación haga clic en el botón de flecha derecha. Si existe algún artículo que coincida exactamente con su búsqueda, Wikipedia le mostrará el artículo directamente. Si existen diferentes artículos que podrían coincidir con su búsqueda, Wikipedia le mostrará un listado de artículos organizados por tipo o tema. Haga clic sobre el artículo deseado para leerlo.

Por ejemplo, si realizásemos una búsqueda en Wikipedia sobre John Adams, Wikipedia nos mostrará el artículo correspondiente al político estadounidense John Adams. Pero si por el contrario escribiéramos **Adams**, se nos mostrará una página conocida como "página de desambiguación" con diferentes secciones correspondientes a personas y lugares que contienen el nombre "Adams", como se muestra en la figura 19.2. A partir de ese listado, podrá encontrar el artículo correspondiente al segundo presidente de Estados Unidos, así como muchos otros artículos.

Figura 19.2. Página de desambiguación, resultado de una búsqueda demasiado general.

Cómo contribuir a Wikipedia

Uno de los aspectos más destacables de Wikipedia es el hecho de que estamos ante un proyecto de naturaleza verdaderamente cooperativa. Cualquier persona puede aportar artículos originales o editar artículos escritos por terceros. Para ello, no es necesario poseer ninguna cualificación profesional: basta con poseer un conocimiento adecuado sobre la materia elegida. Si encuentra un artículo que en su opinión contiene información incorrecta, puede modificarlo. Todos los artículos enviados a Wikipedia pueden editarse. Todos los usuarios de Wikipedia pueden insertar información adicional o revisar la información anteriormente redactada por otros usuarios. De este modo, los propios usuarios mejoran y actualizan constantemente la información de Wikipedia.

Cómo crear un nuevo artículo

Aun cuando se trata de una enciclopedia gigantesca, Wikipedia no incluye artículos sobre todos los temas imaginables. Si realiza una búsqueda sobre un tema que aún no exista en Wikipedia, puede redactar su propia entrada y agregarla a Wikipedia.

El primer paso a la hora de crear un nuevo artículo pasa por realizar una búsqueda del tema sobre el que queramos escribir. Si aparece algún artículo, no será necesario crearlo de nuevo. Pero si no aparece ningún artículo, Wikipedia le informará de que no existe ningún artículo que coincida con su búsqueda.

El siguiente paso es hacer clic en el enlace Crear página; aparecerá una página donde podrá editar el nuevo artículo, como se muestra en la figura 19.3. Escriba el contenido del artículo en la ventana de texto y haga clic en el botón **Guardar página** cuando haya finalizado. El artículo se guardará en Wikipedia.

Nota:

Para crear un artículo, debe disponer de una cuenta de usuario en Wikipedia (gratuita) y haber iniciado sesión. No es necesario disponer de una cuenta para editar un artículo.

Cómo editar un artículo

Todos los artículos de Wikipedia se actualizan constantemente. A los usuarios se les anima a corregir y ampliar cualquier artículo de la enciclopedia; esta colaboración en grupo tiene por objeto generar una información más completa y correcta para todos.

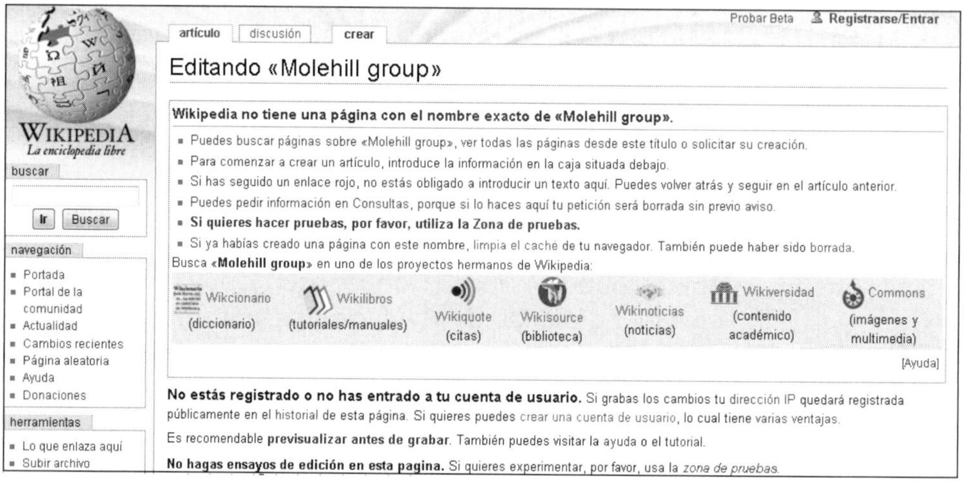

Figura 19.3. Crear un artículo de Wikipedia.

Para editar un artículo ya existente en Wikipedia, diríjase al artículo en cuestión y haga clic en la pestaña Editar. Aparecerá el código subyacente del artículo, tal y como se muestra en la figura 19.4. Puede aplicar los cambios directamente en el código; a continuación, tendrá que escribir un resumen de los cambios introducidos en el casillero correspondiente a la educación del resumen. Cuando haya terminado, haga clic en el botón **Grabar la página**; los cambios realizados serán visibles de inmediato.

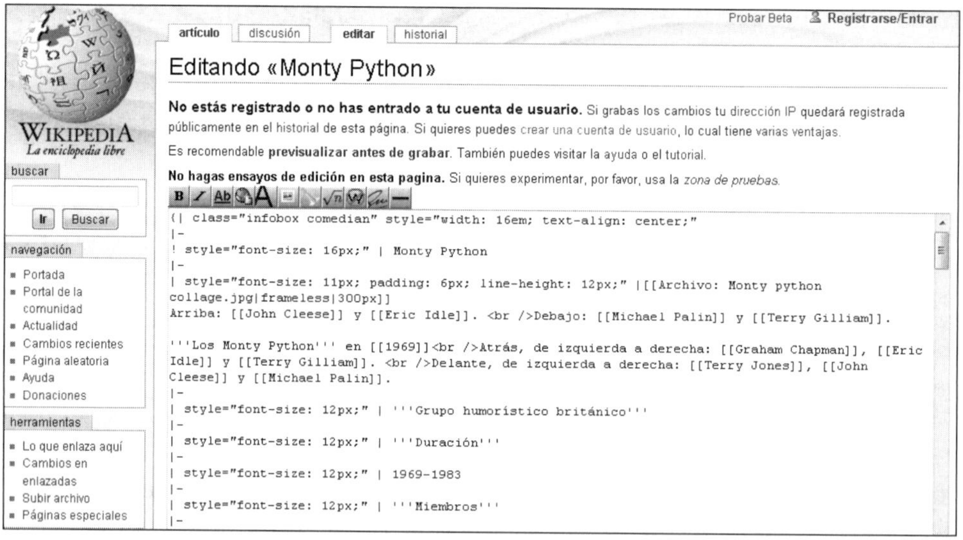

Figura 19.4. Editar un artículo ya existente en Wikipedia.

Advertencia:

Ni se le ocurra escribir información incorrecta o equívoca en un artículo de Wikipedia. Dado que otros usuarios no tardarán en leer y analizar los cambios que haya introducido, la propia comunidad de usuarios modificará o borrará los cambios que haya realizado.

¿Es Wikipedia válida para tareas de investigación?

Wikipedia no gusta a todo el mundo. En opinión de algunos docentes, Wikipedia fomenta la vagancia de sus alumnos; muchos investigadores ponen en duda la precisión de sus contenidos. Después de todo, si cualquier persona con acceso a Internet puede escribir o editar un artículo, ¿cómo saber si la información es correcta?

Evidentemente, es posible que los artículos de Wikipedia estén incompletos, no sean del todo equilibrados o simplemente que estén equivocados. Y, si bien la comunidad de Wikipedia se autorregula y la información contenida en sus artículos suele ser correcta, es posible que cierta información incorrecta se "cuele" en el sitio.

Los usuarios pueden introducir (intencionadamente o no) información correcta o equívoca, cuya falsedad quizás nunca sea descubierta por la base de usuarios que conforman la comunidad. Al resto de usuarios tendría que preocuparle lo suficiente el artículo en cuestión y tendrían que tener los conocimientos suficientes como para eliminar los datos erróneos, cosa que no siempre ocurre.

Por esta razón, confiar en Wikipedia como la única fuente para una investigación es peligroso. Si un artículo contiene información errónea, su trabajo también contendrá equivocaciones.

Es recomendable considerar la Wikipedia como punto de partida, pero nunca como la solución definitiva. A la hora de escribir un artículo de índole académica o profesional, no es recomendable que se utilice Wikipedia como única fuente, sino más bien como guía a la hora de consultar fuentes adicionales.

Además, es conveniente comprobar las notas a pie de página, así como el resto de referencias contenidas en un artículo de Wikipedia, para confirmar el origen de la información contenida en el artículo. Los mejores artículos cuentan siempre con fuentes sólidas.

Advertencia:

Dado que son los usuarios de Wikipedia quienes sugieren los contenidos que deben incluirse en la misma, es posible que algunos temas de cultura popular tengan una cobertura más amplia que otros temas de corte más intelectual. Todo ello depende del número de autores interesados en un tema concreto. Por esta razón, no siempre podemos depender de Wikipedia y confiar en sus contenidos sobre un tema dado.

Resumen

He aquí los aspectos más importantes de este capítulo:

- Wikipedia es una enciclopedia en línea que contiene artículos redactados por su base de usuarios.
- Todos los artículos de Wikipedia contienen vínculos a artículos relacionados, así como notas al pie que conducen a las fuentes de las que se ha extraído la información.
- Puede visualizar el historial de cambios de cada artículo, así como participar en las discusiones sobre el contenido del mismo.
- Si encuentra incorrecciones u observa que falta información en un artículo dado, puede editarlo para mejorar la calidad de sus contenidos.
- Además, puede redactar nuevos artículos sobre temas que aún no se hayan cubierto.
- Dado que Wikipedia depende de su base de usuarios para corregir y mejorar el contenido de sus artículos, es recomendable no confiar exclusivamente en esta enciclopedia como única fuente a la hora de redactar artículos o informes.

Capítulo 20

Comprar en línea

En este capítulo aprenderá a:

- Comprar en línea.
- Buscar los mejores precios en línea.
- Comprar de forma segura.
- Hacer reservas de viaje en línea.

Muchos usuarios han descubierto que Internet es un sitio extraordinario para comprar todo tipo de productos. Hoy en día, todo tipo de proveedores y comerciantes facilitan la compra de libros, CD y otro tipo de mercancías con un solo clic. A pesar de la popularidad de las ventas *on-line*, muchos usuarios siguen mostrándose reticentes a la hora de realizar compras por Internet. Si bien es cierto que el fraude *on-line* es una realidad (exactamente igual que existe el fraude en el mundo real), por regla general Internet es un lugar bastante seguro para comprar siempre que siga una serie de reglas básicas y tome ciertas precauciones.
Siga leyendo para descubrir los mejores precios de las tiendas *on-line* y cómo comprar de forma segura.

Cómo comprar en línea

Si no ha comprado nunca *on-line*, probablemente se esté preguntando qué es lo que puede esperar. Comprar en la Web es en realidad bastante fácil; lo único que necesita es un ordenador y una tarjeta de crédito, así como una conexión rápida a Internet.
El proceso de compra en Internet es bastante similar en cualquier portal, independientemente de la tienda en la que compre. Por lo general, tendrá que seguir los siguientes pasos:

1. **Buscar un producto:** Explore la tienda *on-line* o realice una búsqueda en el sitio del minorista.
2. **Examinar el producto:** Consulte las fotografías e información sobre el producto en un listado.
3. **Realizar el pedido del producto:** Haga clic en el botón **Comprar ahora** de la página de listado de productos y coloque el producto en el carrito de la compra.
4. **Pagar en caja:** Introduzca su información para el pago y el envío.
5. **Confirmar el pedido:** Espere a que el minorista envíe la mercancía.

Veamos a continuación cada uno de estos pasos de forma individual.

Paso 1: Buscar un producto

El primer paso a la hora de realizar una compra *on-line* es buscar el producto que queremos adquirir, es decir: buscar el portal donde desea comprar y, o bien dar un vistazo a los diferentes productos por categoría, o bien utilizar la funcionalidad de búsqueda del sitio en cuestión para localizar un producto concreto. El análisis de las distintas categorías de productos *on-line* es un proceso parecido al de buscar un producto en los diferentes departamentos de una tienda. Por lo general, tendrá que hacer clic en un vínculo para acceder a la categoría principal de productos y volver a hacer clic de nuevo en las distintas subcategorías dentro de la categoría principal. Por ejemplo, una categoría principal podría ser Ropa; las subcategorías podrían ser Ropa de hombre, Ropa de mujer o Ropa de niño. Al hacer clic en el enlace Ropa de hombre, podría ver una lista de más subcategorías como Ropa de vestir, Pantalones, Chaquetas, etc. Siga haciendo clic hasta llegar al tipo de artículo que esté buscando.

Normalmente, la búsqueda de un producto es mucho más sencilla si previamente ya tiene una idea de qué tipo de producto está buscando. Por ejemplo, si está buscando una chaqueta de vestir de hombre, puede introducir las palabras "chaqueta de vestir de hombre" en el cuadro de búsqueda de la tienda *on-line* y obtener una lista de artículos que coincidan con dicho criterio. El único problema con la búsqueda es que puede que no sepa exactamente lo que está buscando; si éste es el caso, no es recomendable utilizar la opción de búsqueda. Pero si sabe lo que quiere y no desea ver artículos irrelevantes, la búsqueda es la opción más rápida.

Truco:

Cuando busque artículos en un minorista en línea, puede utilizar las mismas pautas de búsqueda general que para realizar búsquedas en la red.

Paso 2: Examinar el producto

Tanto si decide explorar la tienda como si decide utilizar la opción de búsqueda, probablemente termine viendo un listado con diferentes productos que se mostrarán en una página Web. Estos listados ofrecen descripciones de una línea de cada artículo. En la mayoría de las ocasiones, esta sucinta descripción no bastará para tomar la decisión definitiva de adquirir el producto.

A continuación, haga clic en el vínculo del artículo en el que esté interesado. Se abrirá una página dedicada al producto junto con una imagen y la descripción del mismo. En este punto, podrá obtener información adicional sobre el artículo seleccionado. Algunas páginas de productos incluyen distintas vistas del artículo, imágenes del producto en distintos colores, vínculos a información adicional y posiblemente incluso una lista de accesorios opcionales para el artículo.

Si le gusta lo que ve, puede realizar su pedido. Si desea ver otros artículos, sólo tiene que hacer clic en el botón **Atrás** del explorador para volver atrás al listado de productos.

Paso 3: Pedir el producto

En alguna parte de la página correspondiente a la descripción del producto debería haber un botón **Comprar**, **Comprar ahora** o similar. Para comprar el producto elegido, tendrá que hacer clic en dicho botón. Tenga en cuenta que el hecho de visualizar la descripción del producto no significa que lo haya comprado; para realizar el pedido, tendrá que hacer clic en el botón **Comprar**.

Al hacer clic en el botón **Comprar** o **Comprar ahora**, el producto elegido se añadirá al carro de la compra. Las tiendas *on-line* ofrecen a sus usuarios la posibilidad de utilizar un carro de compra virtual que funciona exactamente igual que un carro de la compra en el mundo real: todos los productos elegidos se añaden al carro de la compra.

Una vez haya colocado el producto en el carrito de la compra, puede seguir comprando otros productos en el mismo sitio, o bien pasar a la siguiente fase. Es importante señalar que el hecho de haber colocado un producto en el carrito de la compra virtual no quiere decir que haya comprado el producto de forma definitiva. Puede seguir comprando (y añadiendo elementos al carro de compra) durante el tiempo que quiera.

Puede incluso decidir abandonar su carro de compra y no comprar nada en ese momento. Para ello, salga del sitio Web: no se realizará ningún cargo en su tarjeta. Es el equivalente a dejar su carro de compra en una tienda y salir por la puerta sin él; no tiene que pagar nada hasta que no pase por caja. No obstante, en algunas tiendas *on-line* el carrito de la compra no se vacía, con lo que los productos que haya elegido le estarán esperando la próxima vez que compre allí.

Paso 4: Pagar en caja

Para finalizar su compra, es necesario pasar por caja en la tienda virtual. El proceso es idéntico a cuando pasamos por caja en una tienda tradicional: tendrá que "pasar" el carrito por caja, donde se calculará el total de su compra, y pagar.

El pago en línea normalmente consiste en rellenar uno o más formularios Web. Si ya ha realizado alguna visita al minorista, es posible que el sitio en cuestión recuerde parte de la información personal de su visita anterior. En caso contrario, tendrá que introducir su nombre, dirección y número de teléfono, así como la dirección a la que desea que le sea remitido el pedido (si es diferente a la dirección de facturación). También tendrá que pagar el importe, normalmente introduciendo un número de tarjeta de crédito.

Truco:

Los mejores minoristas en línea suelen indicar la disponibilidad del artículo en la página de descripción del producto o en el proceso de pago. Busque esta información para ayudarle a decidir cómo agrupar sus elementos para el envío.

Este paso es la última oportunidad de realizar modificaciones en el pedido. Puede eliminar artículos que no quiera comprar, o cambiar las cantidades correspondientes a cualquier artículo. En algunos minoristas, puede incluso optar por envolver el producto en papel de regalo y hacer que el pedido le sea enviado como regalo. Todas estas opciones deberían estar en alguna parte dentro del proceso de pagar en caja.

Es posible que el minorista le ofrezca la posibilidad de seleccionar entre diferentes modalidades de envío. Muchos minoristas ofrecen modalidades de envío por correo normal o por mensajería (esta última, con un coste adicional).

Otra opción que ofrecen algunos minoristas es la de agrupar todos los artículos en un único envío para reducir el coste del porte o enviar elementos de forma individual a medida que se encuentren disponibles. Agrupar artículos es una solución muy atractiva por su bajo coste, pero si alguno de los artículos no se encuentra disponible, podrían pasar semanas o meses antes de recibir los productos que podrían haberse despachado de inmediato.

Truco:

Las mejores tiendas on-line le indicarán, ya sea en la página de descripción del producto o bien durante el proceso de pago, si el producto elegido está disponible o no. Tenga en cuenta la disponibilidad del producto a la hora de decidir cómo quiere que le sean enviados los productos elegidos.

Paso 5: Confirmar el pedido

Tras haber introducido toda la información necesaria, podrá realizar el pedido. Para ello, tendrá que hacer clic en el botón **Realizar pedido** o similar. Es así de fácil. Es posible que se le muestre una segunda pantalla preguntándole si realmente desea hacer su pedido, por si ha cambiado de idea.

Tras hacer el pedido, verá una pantalla de configuración en la que se mostrará el número de su pedido. Escriba o imprima este número: lo necesitará si decide contactar con el servicio de atención al cliente. La mayoría de minoristas le enviarán un mensaje de confirmación a través del correo electrónico que contendrá la misma información.

Eso es todo: visite la tienda, examine el producto, realice el pedido, pague en caja y confirme su compra. ¡Así de sencillo!

Cómo encontrar los mejores precios en línea

Ahora que ya sabe comprar en línea, se preguntará dónde gastar su dinero. Hasta hace pocos años, para buscar las mejores ofertas en la Web era necesario visitar los sitios de docenas de minoristas *on-line* diferentes, un proceso que requería mucho tiempo. En la actualidad, existen numerosos sitios que comparan precios de forma automática por nosotros. Diríjase a uno de estos sitios de comparativas, encuentre el producto que quiere comprar, y el sitio le mostrará un listado de minoristas que ofrecen dicho producto, junto con los precios en vigor. Elija el minorista que prefiera y... ¡listo para comprar!

Sitios de comparativas de precios

Los mejores sitios de comparativas de precios ofrecen mucho más que simple información sobre los precios. Dichos sitios nos permiten ordenar y filtrar los resultados de búsqueda de distintas formas y normalmente ofrecen información al cliente sobre los productos y los minoristas disponibles. Algunos incluso nos permiten realizar comparativas de múltiples productos, algo estupendo si todavía no ha decidido qué producto desea comprar. Los sitios de comparativas de precios de mayor popularidad y utilidad son los siguientes:

- BizRate (`www.bizrate.com`).
- Google Product Search (`froogle.google.com`).
- mySimon (`www.mysimon.com`).
- NexTag (`www.nextag.com`).
- PriceGrabber.com (`www.pricegrabber.com`).
- Shopping.com (`www.shopping.com`).
- Yahoo! Shopping (`shopping.yahoo.com`).

Comparación de precios en Shopping.com

Todos estos sitios de comparativas de precios son excelentes, pero nuestro favorito es Shopping.com (mostrado en la figura 20.1). Lo que realmente nos gusta de Shopping.com es que proporciona algo más que una simple comparativa de precios; además, ofrece al cliente informes sobre los productos y los minoristas y nos ayuda a tomar las mejores decisiones de compra.

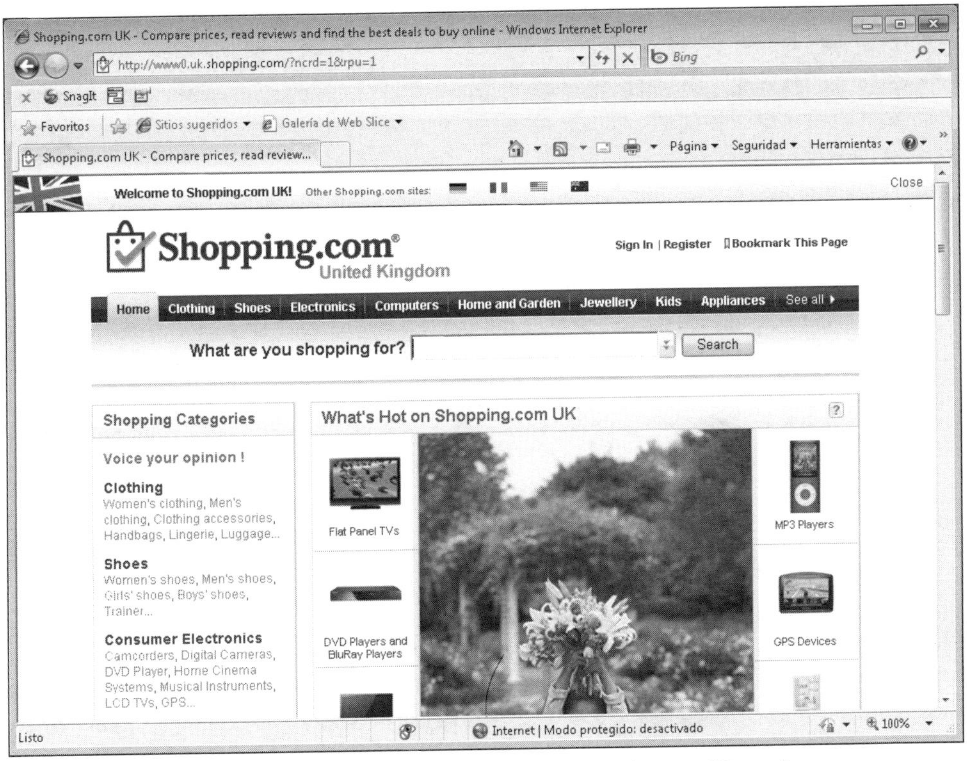

Figura 20.1. Comparativa de productos y precios en Shopping.com.

Al igual que ocurre con otros sitios de comparativas de precios, Shopping.com nos permite buscar productos específicos o explorar a través de las principales categorías de productos. Tanto si realiza una búsqueda en la página como si decide explorarla, obtendrá un listado de productos como la mostrada en la figura 20.2. Desde ahí puede filtrar el resultado por precio, tipo de producto, marca u otros atributos del producto. Puede ordenar los resultados por criterio de coincidencia (predeterminado), precio o clasificación del producto. (La clasificación del producto la proporcionan los clientes en Epinions.com, un sitio asociado a Shopping.com.) También puede ver los productos en forma de cuadrícula en lugar de como listado, haciendo clic en el vínculo View as a Grid (Ver como cuadrícula).

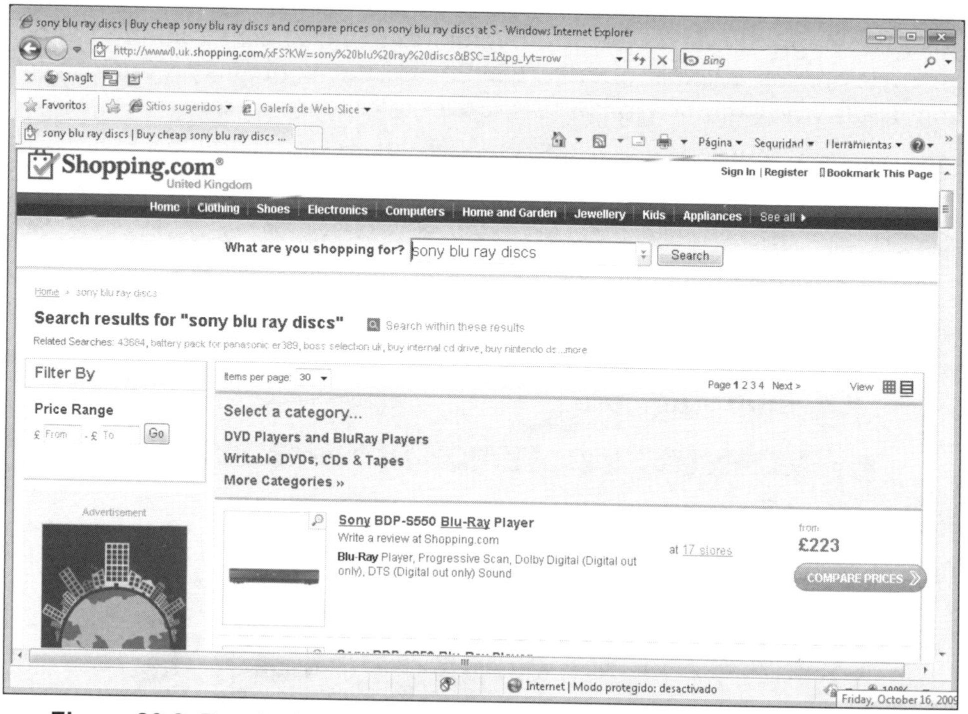

Figura 20.2. Resultados de la búsqueda de un producto en Shopping.com.

Durante el proceso de elegir un producto determinado, Shopping.com nos facilita la elección comparando un producto junto a otro. Basta con seleccionar las casillas Select to Compare (Seleccionar para comparar) que se encuentran junto a cada producto y hacer clic en el botón **Compare Selectec Item** (Comparar los productos seleccionados). Obtendremos un gráfico con las características de cada uno de los artículos mostrados en formato de tabla.

Para conocer más sobre un producto determinado, haga clic en el botón **Compare Prices** (Comparar precios). Así se abrirá una página del producto donde podrá leer información detallada sobre el producto, si hace clic en el vínculo See Product Details (Ver detalles del producto) o informes de clientes, si hace clic en el vínculo Consumer Reviews (Leer informes de consumidores).

Debajo de la imagen del producto encontrará un listado con todas las tiendas que venden dicho producto. Puede ordenar la lista por nombre de la tienda, clasificación de la misma (de los clientes de Epinions), precio base o precio total. Cuando esté preparado para comprar, haga clic en el botón **Buy it** (Comprar el producto) para dirigirse directamente a la página de producto del minorista.

Truco:

Para ver el precio total (que incluye impuestos y gastos de envío), introduzca su código postal en el cuadro Enter ZIP *(Introducir código postal) y haga clic en el botón* **Calculate** *(Calcular). Evidentemente, el precio total es más importante que el precio base, ya que los minoristas no tienen en cuenta los gastos de envío ni de manipulación del producto.*

Comprar de forma segura

Comprar en línea es tan seguro como comprar en un minorista tradicional. Los grandes minoristas *on-line* son tan de confianza como los minoristas tradicionales que ofrecen formas seguras de pago, una compra rápida y un servicio de calidad.

¿Cómo saber que estamos comprando en un minorista *on-line* de confianza? Muy sencillo: busque una tienda que le ofrezca las siguientes características:

- **Pago con tarjeta de crédito:** No aceptar tarjetas de crédito es signo de un minorista muy pequeño o poco fiable.
- **Un servidor seguro que cifre la información de la tarjeta de crédito y que evite que los ladrones roben la numeración de nuestra tarjeta:** Sabrá que está utilizando un sitio seguro cuando aparezca un pequeño icono en forma de candado en la esquina inferior derecha del explorador Web.
- **Información de contacto:** El sitio debe mostrar una dirección de correo electrónico, dirección postal, número de teléfono, número de fax, etc., para poder contactar físicamente con el minorista si algo va mal.
- **Una política explícita de devoluciones y una garantía de satisfacción:** Asegúrese de que podrá disfrutar del derecho de devolución si no queda satisfecho con el producto.
- **Una política explícita de privacidad que proteja su información personal:** De este modo, el minorista no podrá compartir su dirección de correo electrónico e información de compras con ningún otro minorista (o potenciales personas que envíen correo electrónico no deseado).
- **Información antes de finalizar el pedido:** Esta información debe indicar si el artículo está disponible y lo que tardará en ser enviado.

Reservas en línea

Existe otro tipo específico de compras en línea que merece una cobertura especial. Hablamos de las reservas de viajes (billetes de avión, habitaciones de hotel, alquiler de coches, etcétera). Afortunadamente, existen multitud de sitios Web diseñados para ayudarle a reservar el viaje perfecto, entre los que se incluyen los siguientes:

- Expedia (`www.expedia.es`).
- Hotwire (`www.hotwire.com`).
- Orbitz (`www.orbitz.com`).
- Priceline (`www.priceline.com`).
- TravelNow.com (`www.travelnow.com`).
- Travelocity (`www.travelocity.com`).

Estos sitios de viajes *on-line* ofrecen contenidos y servicios similares, incluida la posibilidad de reservar billetes de avión y habitaciones de hotel y alquilar coches en un mismo portal. La mayoría de estos portales (como por ejemplo el portal de Expedia, mostrado en la figura 20.3) permiten realizar búsquedas de las tarifas más económicas o vuelos y alojamientos que coincidan con nuestras necesidades específicas.

Truco:

A la hora de hacer reservas en línea, busque un sitio que emplee a trabajadores de carne y hueso, que le proporcione un número de teléfono de contacto al que llamar si algo va mal. Hablar por teléfono con una persona de carne y hueso puede ser crucial si se queda en mitad de una ciudad desconocida sin una reserva de hotel.

Resumen

He aquí los aspectos más importantes de este capítulo:

- Podemos encontrar todo tipo de artículos para comprar en Internet.
- Comprar en línea es igual que comprar en una tienda tradicional: tendremos que buscar el producto deseado, pasar por caja y pagar.
- Para encontrar el precio más bajo, utilice un sitio de comparativas de precios, como Shopping.com o Google Product Search.

- Comprar por Internet es muy seguro, especialmente si compra en un minorista importante que ofrezca un servidor seguro y una buena política de devolución.
- Internet también es una opción excelente a la hora de hacer reservas utilizando un portal de viajes *on-line*, como Expedia u Orbitz.

Figura 20.3. Reservas de billetes de avión y habitaciones de hotel en Expedia.

Capítulo 21

Comprar y vender en subastas en línea de eBay

En este capítulo aprenderá a:

- Saber quién vende en eBay.
- Conocer cómo funcionan las subastas de eBay.
- Participar en una subasta de eBay, paso a paso.

Algunas de las mejores ofertas de la Web provienen de otros usuarios que, al igual que nosotros, venden sus artículos en eBay. eBay es el mercado en línea más grande del mundo, un portal que facilita las transacciones entre personas y empresas que desean vender productos, y los clientes que quieren comprarlos.

La mayoría de las transacciones en eBay se realizan mediante subastas en línea. Una subasta en línea es una versión Web de una subasta tradicional. En primer lugar, buscaremos el producto que queramos comprar y pujaremos por él. Otros usuarios también pujan para adquirir el artículo; al final de la subasta (normalmente transcurrido un plazo de siete días) la puja más alta es la ganadora.

No obstante, no todas las transacciones en eBay son subastas. eBay ofrece ventas a precio cerrado gracias a la funcionalidad del ¡Cómpralo ya!, así como a través de aquellos comerciantes minoristas que tienen tienda propia en eBay.

Todos los días se subastan más de 36 millones de productos en eBay; no tardará en encontrar algún producto que quiera comprar. eBay lo tiene todo: desde objetos raros de coleccionista hasta recuerdos deportivos, pasando por ropa de moda o los aparatos electrónicos más recientes.

¿Quién vende en eBay?

eBay comenzó siendo un portal que únicamente ofrecía subastas en línea. eBay se dedicaba a albergar las listas de subastas y a facilitar las transacciones entre compradores y vendedores. Fíjese en que la empresa eBay no vende nada, ni dispone de ningún tipo de inventario; todas las transacciones se realizan entre compradores y vendedores particulares; eBay se limita a ser el intermediario.

En los inicios del portal, los vendedores de eBay eran exclusivamente particulares, gente como usted y yo que deseaban vender objetos que no iban a utilizar. eBay funcionaba como un mercadillo: un particular deseaba vender un objeto, lo mostraba en eBay y otro particular decidía comprarlo. El segundo particular pagaba al primero, que enviaba el objeto al comprador. Era algo muy sencillo.

No obstante, hoy en día eBay ofrece mucho más que transacciones entre particulares. Muchos de los vendedores pioneros de eBay han crecido considerablemente y ofrecen cientos de subastas cada semana. Han convertido sus ventas en eBay en un verdadero negocio. Además, muchos de los negocios existentes emplean eBay como un canal de ventas adicional. Al realizar una compra en eBay, es posible comprar a un particular que únicamente venda unos cuantos objetos, a un particular que se ha montado un negocio en casa, o a un gran comerciante que vende sus productos en eBay.

Pero, compre a quien compre, el proceso de compra es siempre el mismo, así como las precauciones que debe tomar. El mercado de eBay es un mercado de primera categoría, donde todos los compradores y vendedores siguen las mismas reglas. El proceso de puja y compra es el mismo independientemente de quién sea el vendedor; simplemente, recuerde que el proceso de compraventa se lleva a cabo con un vendedor particular y que eBay no interviene en la transacción.

¿Cómo funciona eBay?

Si nunca ha utilizado eBay, quizás albergue cierto temor ante lo que supone. No tema: participar en las subastas *on-line* es sencillísimo: son millones los usuarios que han realizado compras antes que usted. No reinvente la rueda: los procedimientos que debe seguir están bien documentados y bien establecidos.

Una subasta de eBay es una versión de la subasta tradicional basada en Internet: imagínese a un subastador hablando a toda velocidad delante de una audiencia e intentado captar potenciales compradores para que ofrezcan "un poquito más" a la hora de comprar el producto. La única diferencia entre eBay y una subasta tradicional es que en el primero de los casos no existe ningún subastador *on-line* (el proceso de puja se realiza a través de un software especial de subastas alojado en el propio portal) y sus compañeros pujadores no se encuentran en la misma sala que usted (de hecho, pueden encontrarse en cualquier parte del mundo). Cualquiera puede ser un pujador, siempre que tenga acceso a Internet.

Nota:

El registro en eBay es gratuito, pero si desea vender sus artículos tendrá que proporcionar el número de su tarjeta de crédito y un número de cuenta bancaria. eBay utiliza esta información para ayudarle a evitar a los potenciales estafadores y contar con un medio de pago para cobrar la tarifa de eBay.

En términos generales, así es cómo funciona una subasta:

1. Regístrese en eBay, ya sea como comprador o como vendedor. Para ello, haga clic en el vínculo Registrarse o en el botón **Regístrate** de la página inicial de eBay (véase la figura 21.1).

Figura 21.1. Aquí es donde empiezan todas las subastas: la página de inicio de eBay.

2. El vendedor crea un anuncio del artículo que desea vender en el sitio de subastas (eBay cobra una pequeña tarifa por presentar un artículo en la lista). En el listado de artículos, el vendedor especifica la duración de la subasta (1, 3, 5, 7 o 10 días) y la puja mínima que aceptará por el artículo.
3. Un comprador potencial que busca un determinado tipo de artículo (o que simplemente esté explorando la lista de mercancías en una categoría específica) lee el listado de artículos y decide pujar por uno de los artículos. El pujador especifica la cantidad máxima que está dispuesto a pagar; esta cantidad debe ser igual o superior a la puja mínima del vendedor, o superior al resto de pujas existentes.
4. El software de subastas integrado en el portal de eBay refleja automáticamente la oferta correspondiente al pujador que ofrezca la mejor oferta, pero no revela la oferta máxima del pujador. Por ejemplo, la oferta actual de un artículo podría ser de 25 euros. Supongamos que un pujador desea pagar hasta 40 euros por dicho artículo e introduce una oferta máxima de 40 euros. El software *proxy* de eBay coloca una oferta para el nuevo pujador por la

cantidad de 26 euros (superior a la oferta actual, pero menor que el precio máximo especificado). Si no existen otras ofertas, el pujador ganará la subasta con una oferta de 26 euros. Sin embargo, otros compradores potenciales pueden hacer ofertas adicionales; a no ser que sus ofertas máximas sean superiores a la oferta máxima de 40 euros, se les informará (a través de un correo electrónico) de que están por debajo del precio máximo ofertado y la oferta del primer pujador subirá automáticamente hasta coincidir con las nuevas ofertas (hasta el precio máximo especificado).

5. Al finalizar una subasta, eBay informa al pujador que haya realizado la oferta más alta que ha ganado la subasta. El vendedor es el responsable de contactar con la persona que ha ganado la oferta y de acordar el pago. Una vez ha recibido el pago del comprador (por cheque, transferencia o tarjeta de crédito), el vendedor envía el artículo directamente al comprador.
6. En el momento del cierre de la subasta, eBay factura al vendedor un pequeño porcentaje del precio final del artículo subastado (a partir de un 8,75 por 100). Este porcentaje sobre la venta se factura directamente a la tarjeta de crédito del vendedor.

Las subastas de eBay, paso a paso

Pujar en una subasta *on-line* es como comprar en el portal de un minorista *on-line*, con la diferencia de que en eBay no se realizan compras en sentido estricto, sino que se realizan ofertas que permiten comprar el artículo si nuestra oferta es la más elevada de la puja.
Veamos cómo funciona:

1. En primer lugar, busque el artículo o artículos que le interesan utilizando la función de búsqueda de eBay (a través del cuadro de búsqueda de la página inicial de eBay) o explorando a través de las diversas categorías de productos.
2. Cuando encuentre un artículo en el que está interesado, examine todos los detalles del mismo. En un listado típico (como el mostrado en la figura 21.2) se incluyen una fotografía del artículo, una breve descripción del mismo, la información relativa al proceso de compra y el pago, e instrucciones de cómo optar a la subasta.
3. Ha llegado el momento de pujar a través de la sección Acciones para este artículo que se encuentra en la parte inferior de la página. Recuerde que en este momento no está comprando el artículo; únicamente está indicándole

a eBay la cantidad que está dispuesto a pagar por el producto. Su puja tiene que estar por encima de la cantidad que se refleja en el portal. Nuestra recomendación es que determine la cantidad máxima que está dispuesto a pagar por el artículo y pujar con dicha cantidad (independientemente del nivel de puja en el que se encuentre el artículo).

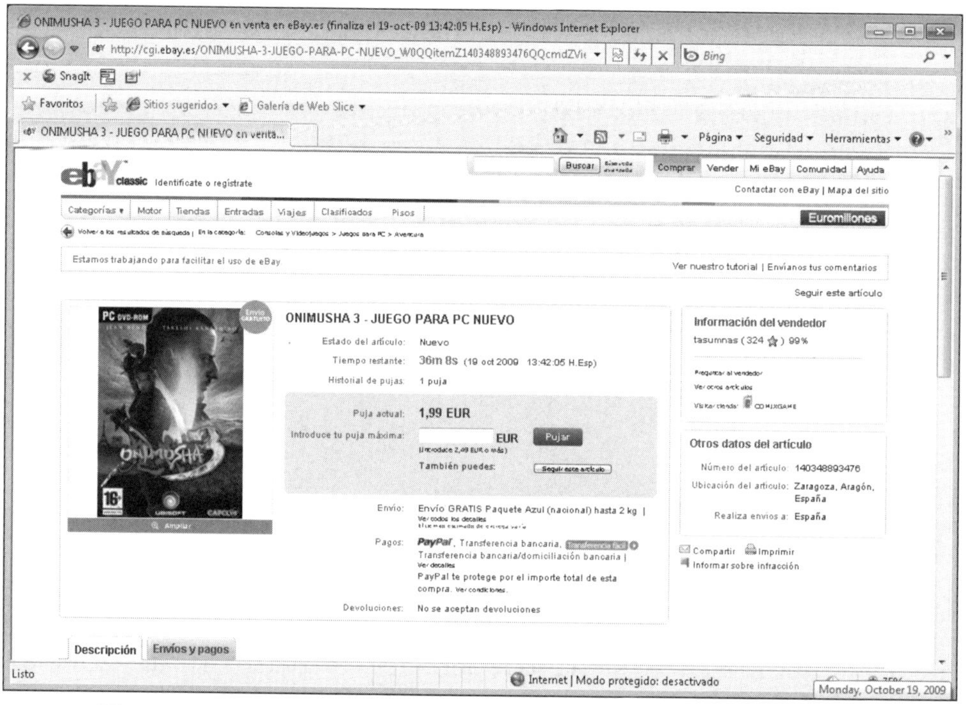

Figura 21.2. Listado de artículos de eBay. ¿Preparado para pujar?

4. eBay utiliza un software de subastas *proxy* automatizado que controla de forma automática el progreso de la puja. Indique el precio máximo que está dispuesto a pagar por el artículo; el software de subastas *proxy* de eBay introducirá la oferta mínima necesaria, sin revelar cuál es la cantidad máxima de su oferta. Su puja se elevará automáticamente (nunca por encima de la cantidad máxima especificada) cuando pujen otros usuarios.

Nota:

Algunas subastas tienen un precio de reserva. La puja más alta debe estar por encima de dicho precio (oculto) para ganar la subasta. Si las pujas no alcanzan el precio de reserva, el vendedor no está obligado a vender el artículo.

5. La subasta prosigue. La mayoría de las subastas se prolongan durante 7 días, aunque los vendedores pueden escoger entre 1, 3, 5 y 10 días.
6. Si al finalizar la subasta ha conseguido la puja más elevada, eBay le informará (a través de correo electrónico) de que ha resultado ganador de la subasta.
7. Puede pagar inmediatamente (a través de PayPal) haciendo clic en el enlace de pago que se encuentra al final de la notificación. El pago debe incluir el coste del artículo (la cantidad de la puja ganadora) y una cantidad añadida razonable en concepto de gastos de envío previamente acordada con el vendedor.
8. El vendedor le enviará el artículo.

Nota:

Si un producto determinado aparece en la lista con un precio fijo, verá un botón **¡Cómpralo ya!**, *en lugar del botón de puja. Haga clic en este botón para comprar el producto por el precio marcado, tal y como se describe más adelante en este mismo capítulo.*

Tenga en cuenta que, aunque haya utilizado los servicios del sitio eBay, en última instancia la transacción tiene lugar entre el vendedor y la persona que ha ganado la subasta. No tiene que pagar nada a eBay, que actúa únicamente como intermediario.

Nota:

PayPal, propiedad de eBay, es un servicio que permite a los compradores aceptar en sus subastas pagos mediante tarjeta de crédito. PayPal funciona como intermediario; el comprador paga a PayPal (a través de una tarjeta de crédito) y PayPal deposita la cantidad en la cuenta bancaria del vendedor. Como la mayoría de usuarios prefieren pagar mediante tarjeta de crédito, es necesario utilizar PayPal para aceptar pagos mediante tarjeta de crédito.

Truco:

Para aumentar sus posibilidades en una subasta, aguante su oferta hasta los segundos previos a la finalización de la misma. Si puja muy alto y está lo suficientemente cerca del final de la subasta, otros pujadores no tendrán tiempo de responder a su puja y podrá ganar la subasta.

¡Cómpralo ya!

¿Está cansado de esperar al final de una subasta y descubrir que no ha sido el ganador de la misma? En realidad, es posible comprar productos a subasta sin necesidad de tener que pasar por todo el proceso de subasta. Para ello, utilice la opción ¡Cómpralo ya! Algunos vendedores, aunque no todos, añaden esta opción a sus pujas. Con la opción ¡Cómpralo ya! el artículo se vende (y la subasta termina) en cuanto el primer pujador puja con un determinado precio. Por esta razón, algunos se refieren a las subastas de este tipo como subastas de "precio fijo", si bien son ligeramente diferentes de los listados reales de precio fijo de eBay. Comprar un artículo con la opción ¡Cómpralo ya! es muy sencillo. Si encuentra un artículo identificado con un precio ¡Cómpralo ya! (como el mostrado en la figura 21.3), sólo tiene que introducir una puja por el valor del precio mostrado. Será notificado inmediatamente de que ha ganado la subasta y ésta se cerrará oficialmente.

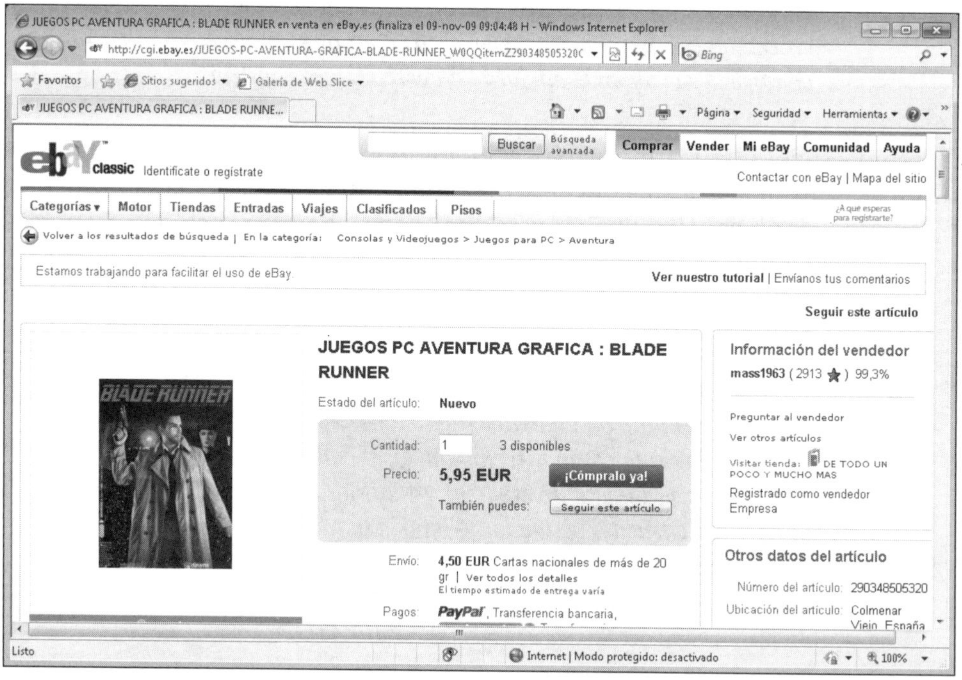

Figura 21.3. Un artículo con la opción ¡Cómpralo ya! de eBay.

Otros vendedores de eBay obvian el proceso de pujas y venden sus productos con un precio cerrado. Estas ventas también muestran el botón **¡Cómpralo ya!** pero sin la opción que permite pujar. Los artículos de precio cerrado son bastante comunes en las tiendas de eBay, donde los grandes vendedores ofrecen un suministro constante de mercancías de precio cerrado disponibles durante todo el año.

Truco:

Incluso si el vendedor ofrece la opción ¡Cómpralo ya!, *no tiene por qué pujar por el precio indicado. Puede pujar un precio inferior y esperar que su puja sea la ganadora; a partir de ahí, proceda con normalidad. La opción* ¡Cómpralo ya! *desaparece cuando se realiza la primera puja o, si es una puja con puja mínima, cuando se alcance el precio mínimo.*

Protegerse de vendedores fraudulentos

Cuando pujamos para comprar artículos en eBay, entramos en un terreno en el que el comprador debe mostrar cierta cautela. En realidad, estamos comprando un artículo casi invisible a una persona de la que no sabemos prácticamente nada. Pagamos el artículo y esperamos obtener algo a cambio: el artículo correcto, y en buenas condiciones. Si no le gusta el producto recibido, o si no ha recibido nada en absoluto, el vendedor sigue teniendo nuestro dinero. ¿A quién podemos recurrir?

Utilizar el sistema de información del vendedor

La primera línea de defensa frente al fraude es elegir con inteligencia a las personas con las que trata. En eBay, la mejor forma de hacerlo es a través del sistema de información del vendedor.

Junto al nombre del vendedor, verá un cuadro con un número y un porcentaje, que representa la puntuación del vendedor. Revise siempre esta puntuación antes de pujar. Si el número de puntos recibidos es alto y el vendedor cuenta con un porcentaje elevado de votos positivos, puede estar más tranquilo que ante un vendedor con votos negativos. Para una protección incluso mayor, haga clic en el nombre del vendedor en el listado de artículos para ver su perfil, donde podrá leer más información y comentarios sobre dicho vendedor. Sea inteligente y evite a aquellos vendedores con un mal historial.

Truco:

Si es un recién llegado a eBay, puede crear rápidamente su información comprando algunos artículos de bajo coste (preferiblemente utilizando la opción de compra rápida). Antes de empezar a vender sus propios artículos, es recomendable tener una puntuación de 20 puntos o superior.

Obtener ayuda tras una transacción fallida

¿Qué puede hacer si sigue todos estos consejos y sigue recibiendo mercancía inaceptable, o si no ha recibido ningún artículo? Afortunadamente, eBay ofrece un Programa de protección del comprador para cualquier transacción fallida. Para beneficiarse del Programa de protección del comprador, la transacción debe cumplir los siguientes requisitos:

- Es necesario haber utilizado el sistema de pagos de PayPal.
- Es obligatorio haber realizado un único pago (los artículos pagados mediante el plan de pago a plazos de PayPal no están incluidos en el programa de protección).
- Puede interponer una reclamación en un plazo no superior a los 45 días después de haber realizado el pago.
- El producto debe estar incluido en el programa de protección del comprador; busque el logotipo del programa en la página del producto.

Para interponer una reclamación a través del Programa de protección del comprador, haga clic en el enlace de Centro de resolución de Paypal y siga las instrucciones. Una vez más, recuerde que debe interponer la reclamación en un plazo no superior a los 45 días una vez realizado el pago del producto. El comprador tendrá 7 días para responder. Si al octavo día no se han tomado las medidas oportunas, podrá volver al Centro de resolución de Paypal e interponer una queja formal.

Si PayPal falla a su favor, se le devolverá el dinero. En Estados Unidos, la protección del producto garantiza la devolución de la cantidad total; en otros países la cobertura es diferente. Consulte las condiciones de PayPal.

Vender en eBay, paso a paso

¿Tiene algún trasto viejo en su garaje o ático y quiere deshacerse de él? Sopese la posibilidad de venderlo en eBay. Vender en eBay es más complicado que pujar, pero puede generar beneficios si lo hace bien. Veamos cómo funciona:

Nota:

eBay rentabiliza su negocio cargando a los vendedores dos tipos de tarifas. (Los compradores no pagan nada a eBay.)
Las llamadas "tarifas de inserción" se basan en el precio de puja o precio mínimo del artículo. Las tarifas de valor final se cargan cuando vende un artículo basándose en el precio de venta final del mismo. Las tarifas se cargan normalmente en la tarjeta de crédito del vendedor.

1. Si todavía no ha registrado una cuenta de vendedor de eBay, hágalo. Tendrá que proporcionar a eBay el número de su cuenta bancaria o de tarjeta de crédito para su verificación y facturación.
2. Antes de incluir en la lista su primer artículo, tendrá que determinar lo que va a vender y su duración, así como la forma en que va a describir su artículo. Prepare la información que va a usar para describir el artículo y haga algunas fotografías digitales del mismo para incluirlas en la página del producto.
3. Es el momento de crear el propio listado de la subasta. Haga clic sobre la ficha Vender de la página principal de eBay. Como puede ver en la figura 21.4, eBay muestra una serie de formularios que deberá rellenar; la información que introduzca en dichos formularios se utilizará para crear la página del artículo.

   Seleccione una categoría para su artículo, escriba un título o descripción, determine la duración de la subasta y el tipo de pago que acepta, inserte una fotografía del artículo si dispone de alguna, e introduzca la cantidad mínima inicial para la puja.
4. Después de introducir toda la información, eBay crea y muestra una versión preliminar de su producto. Si le gusta, haga clic en **Poner el artículo en venta** para iniciar la subasta.
5. Siga el progreso de la subasta.
6. Cuando la subasta haya terminado, recibirá una notificación de eBay a través del correo electrónico con la máxima puja y la dirección de correo electrónico del pujador ganador.
7. Muchos pujadores ganadores pagarán a través de la tarjeta de crédito (utilizando el servicio de PayPal) en cuanto termine la subasta, haciendo clic en el vínculo de pago correspondiente cuando reciban la notificación de haber sido los ganadores de la subasta.

Si el pujador no paga inmediatamente, envíele un mensaje de correo electrónico con una factura en la que aparezca el precio final y los gastos de envío/manipulación.

8. Una vez confirmado el pago, empaquete el artículo y envíelo.

¡Eso es todo! Acaba de completar una subasta en eBay.

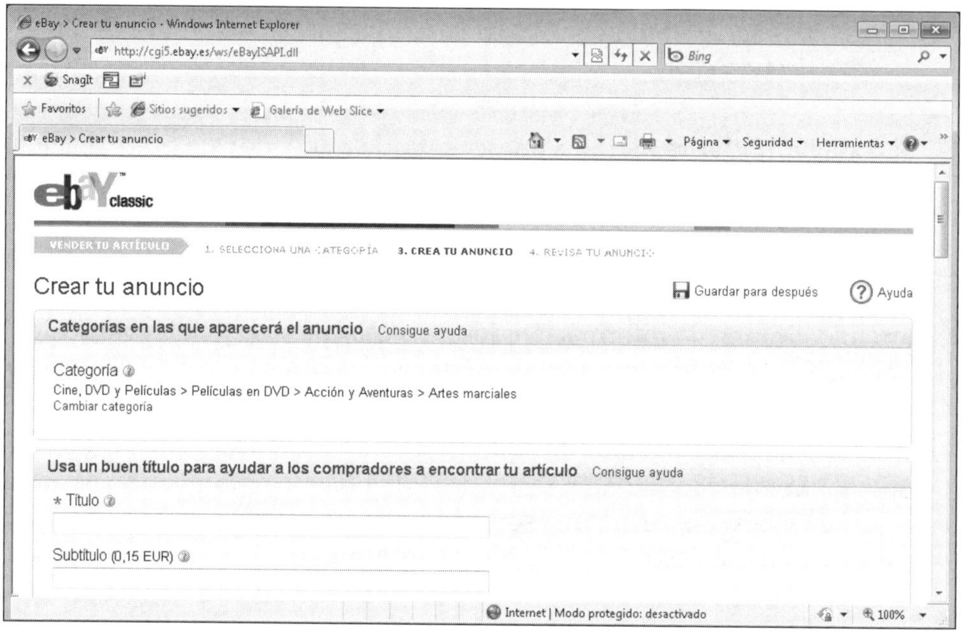

Figura 21.4. Crear un nuevo listado de artículo en eBay.

Truco:

Puede controlar el progreso de sus subastas utilizando la página Mi eBay. *Haga clic en el enlace* Mi eBay *ubicado en la parte superior de la página inicial de eBay.*

Resumen

He aquí los aspectos más importantes de este capítulo:

- Las subastas de eBay funcionan exactamente igual que una subasta en el mundo real; un vendedor presenta una lista de artículos para su venta y las personas interesadas en su compra pujan por el artículo. El pujador con la oferta más alta gana la subasta.

- Para subastar un artículo, introduzca el precio más alto que esté dispuesto a pagar por el mismo y deje que el software de subastas *proxy* haga el resto.
- Muchos artículos ofrecen la opción de compra rápida ¡Cómpralo ya!, que permite comprar el artículo inmediatamente por un precio fijo, sin necesidad de esperar a que finalice la subasta.
- Para protegerse frente a los vendedores fraudulentos, consulte la información del vendedor antes de pujar; si una transacción no sale bien, eBay dispone de un proceso para protegerle.
- A la hora de vender un artículo, asegúrese de tener toda la información necesaria para escribir una descripción detallada del artículo, así como algunas fotografías del mismo.

Capítulo 22

Reproducir vídeos en la Web

En este capítulo aprenderá a:

- Buscar vídeos en la Web.
- Ver vídeos en YouTube.
- Ver y descargar vídeos de Google Video.
- Descargar vídeos desde iTunes Store.

¿Tiene ganas de ver una vez más algún programa de televisión que se haya emitido la noche anterior? ¿O quizá ver un vídeo de música de su grupo favorito? ¿Qué me dice de la última edición del telediario? ¿Y ese vídeo tan gracioso del que todo el mundo habla?

Es lo último en la Web: ver sus programas de televisión favoritos, películas y vídeos en línea a través de su navegador. Suponiendo que disponga de una conexión a Internet lo suficientemente rápida, puede encontrar toneladas de programas, tanto gratuitos como de pago, que podrá ver en docenas de sitios Web distintos. Si además dispone de un Apple Video iPod o una Sony PlayStation Portable, puede transferir los vídeos que encuentre a sus dispositivos portátiles para verlos cuando no esté en casa.

Siga leyendo para obtener más información.

Buscar vídeos en la Web

Para ver vídeos en su PC, lo primero que debe hacer es... encontrar vídeos en los que esté interesado. No es difícil; existen numerosos portales especializados en la emisión de vídeos *on-line*, así como portales Web generalistas que ofrecen vídeos como parte de su contenido.

Vídeos en sitios Web generalistas

Por ejemplo, el portal de CBS News (`www.cbsnews.com`) ofrece todo tipo de vídeos en su página de inicio. Como se muestra en la figura 22.1, puede ver por ejemplo un previo de la emisión de la tarde en CBS Evening News, además de noticas exclusivas elaboradas para la Web. Seleccione el vídeo que desee visualizar y haga clic en el botón **Reproducción** del reproductor de vídeo; no se ejecutará ningún software adicional.

Igualmente, puede acceder al portal Web de la NBC (`www.nbc.com`) para ver los episodios completos de sus programas más importantes, como puede ver en la figura 22.2.

Nota:

Muchos portales emiten sus vídeos de forma gratuita. Otros cobran cierta cantidad de dinero para ver o descargar sus vídeos. En este momento no existe ningún estándar para determinar qué contenidos son gratuitos y cuáles son de pago: explore la red antes de dar el número de su tarjeta de crédito a ningún desconocido.

Figura 22.1. Vea las noticias de forma gratuita en el sitio de noticias de la CBS.

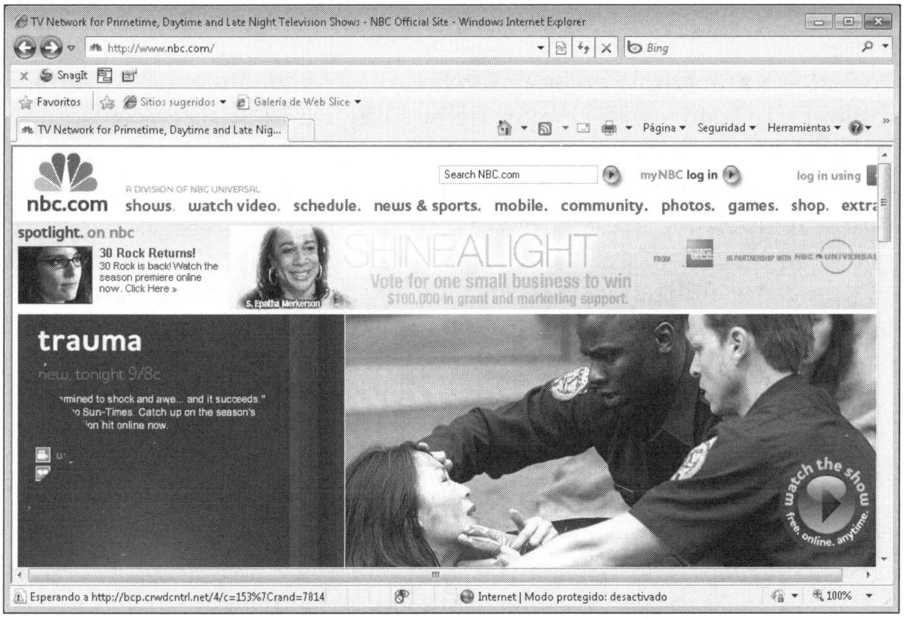

Figura 22.2. Los programas más importantes en línea en el portal de la cadena de televisión NBC.

Muchas cadenas de televisión ofrecen emisiones gratuitas de vídeo. Visite ABC.com (`abc.go.com`), CBS.com (`www.cbs.com`), Fox on Demand (`www.myspace.com/fox`) y Comedy Central (`www.comedycentral.com`). Para ver sus vídeos musicales favoritos, tanto actuales como clásicos, acceda a MTV.com (`www.mtv.com`) y VH1.com (`www.vh1.com`). Si le gusta el deporte, pruebe el enlace Motion Video del portal ESPN (`espn.go.com`).

Portales Web especializados en vídeo

Existen diversos portales Web especializados en la emisión de vídeos. Estos portales únicamente emiten vídeos, normalmente de forma gratuita. Los portales más famosos son:

- AOL Video (`video.aol.com`).
- Google Video (`video.google.com`).
- Metacafe (`www.metacafe.com`).
- MSN Video (`video.msn.com`).
- Yahoo! Video (`video.yahoo.com`).
- YouTube (`www.youtube.com`).

Todos estos portales ofrecen una mezcla de vídeos comerciales y caseros. Por ejemplo, Hulu (tal y como se muestra en la figura 22.3), ofrece episodios de las principales series de televisión, así como películas clásicas y novedades cinematográficas. YouTube, por el contrario, ofrece cientos de miles de vídeos gratuitos subidos por sus usuarios.

Sea cual sea el servicio que utilice, lo normal es ver los vídeos directamente en el navegador utilizando la técnica del *streaming*. No es necesario realizar ninguna descarga, salvo quizás un *plug-in* para inicializar el visionado: podrá ver el vídeo directamente desde el portal Web en tiempo real. Haga clic en el botón de reproducción y disfrute del espectáculo.

Nota:

Aquellos portales específicamente dedicados a la venta de sus vídeos, permiten descargar vídeos a un PC. Una vez descargados, podrá verlos cuando desee y, en algunas ocasiones, copiar el vídeo a su iPod o PSP. Consulte este mismo capítulo para obtener más información sobre la descarga de vídeos en la tienda de iTunes.

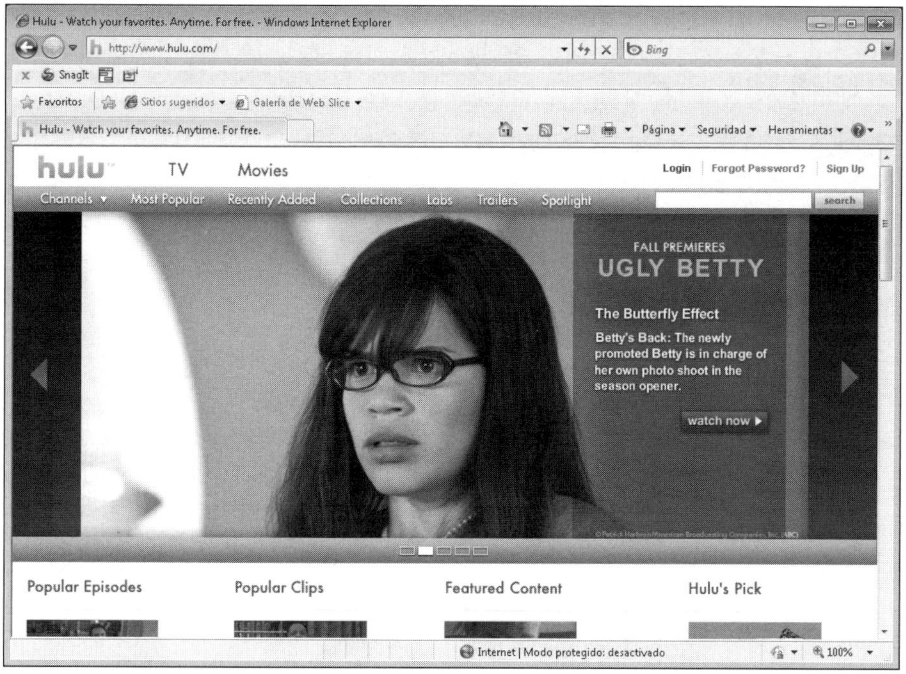

Figura 22.3. Visionado de series de TV y películas en Hulu.

Ver vídeos en YouTube

Sin lugar a dudas, el portal de vídeos más importante de la Web es YouTube (`www.youtube.com`), mostrado en la figura 22.4. Lo mejor de YouTube es que todos los vídeos han sido subidos por otros usuarios, por lo que podrá acceder a una mezcla de vídeos tanto de calidad profesional, como vídeos realizados por aficionados.

Buscar vídeos

¿Está buscando un vídeo de los Beatles? ¿O un anuncio de un juguete de los años 70? ¿O quizá una mezcla de vídeos caseros amenizados con música hip hop? Busque lo que busque, es más que probable que lo encuentre en YouTube; utilice el cuadro de búsqueda de la parte superior de la página.

El resultado de la búsqueda aparece en una página como la que se muestra en la figura 22.5. Aparecerá una vista previa de todos los vídeos que coincidan con su búsqueda; además, se mostrará la duración del vídeo, una descripción breve (así como etiquetas descriptivas), el nombre del usuario que lo subió y una calificación de las personas que lo han visto (de cero a cinco estrellas).

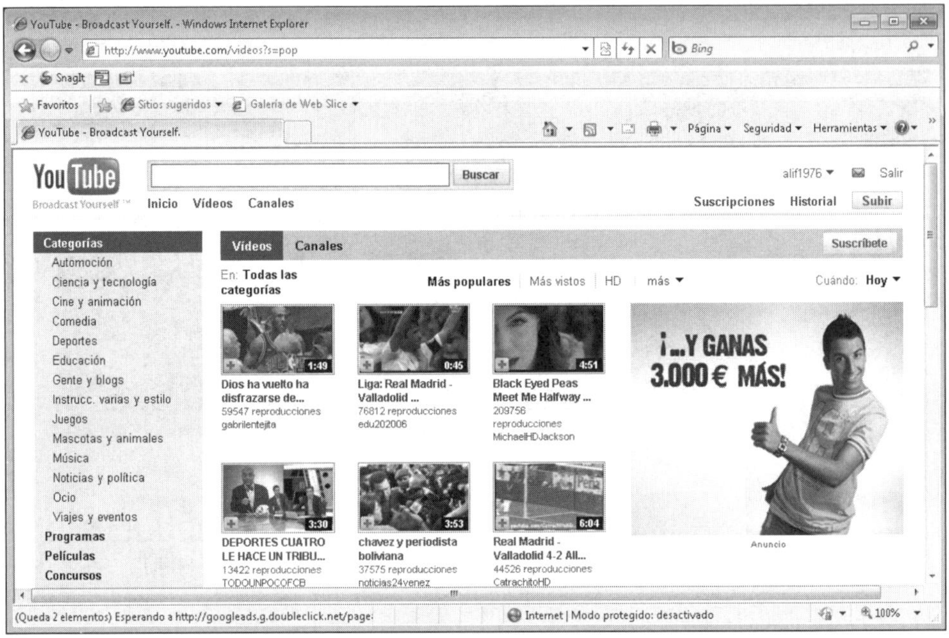

Figura 22.4. Ver vídeos subidos por usuarios en YouTube.

Ver vídeos

Cuando encuentre un vídeo que le guste, haga clic en la imagen o en su título, y se abrirá una nueva página. Como puede ver en la figura 22.6, esta página incluye un reproductor de vídeo integrado, que comienza a reproducir el vídeo automáticamente. Puede utilizar los controles **Pausa** y **Reproducción** para reproducir el vídeo.

Compartir vídeos

Cuando miles de usuarios comparten un vídeo, éste se extiende de forma viral. La forma más fácil de compartir un vídeo de YouTube es a través del correo electrónico. YouTube permite a sus usuarios enviar un correo electrónico con un enlace al vídeo que queremos que vean nuestros amigos. Cuando nuestros amigos reciben el correo en cuestión, sólo tienen que hacer clic en el enlace contenido en el mensaje para reproducir el vídeo en YouTube.

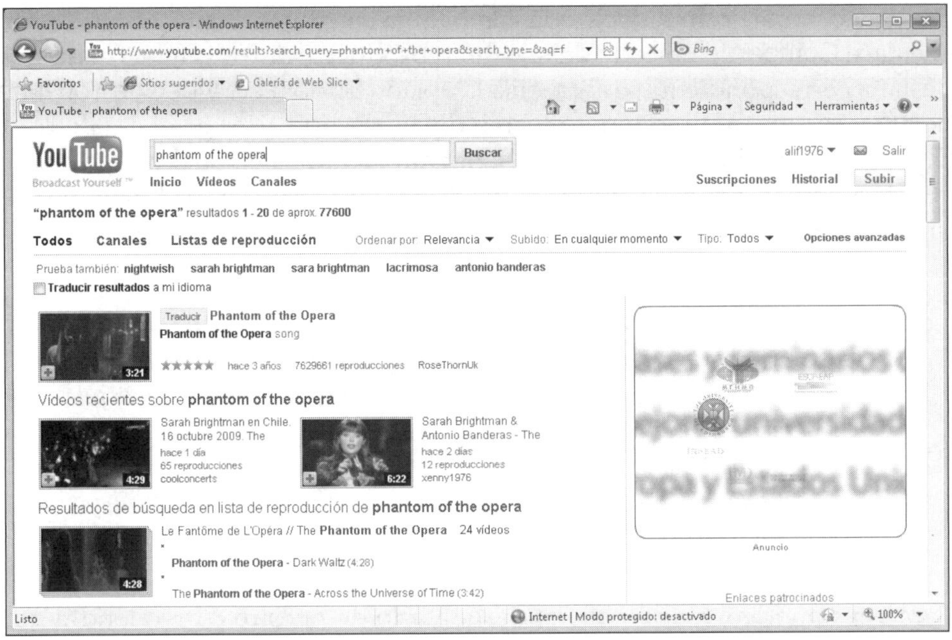

Figura 22.5. Buscar vídeos en YouTube.

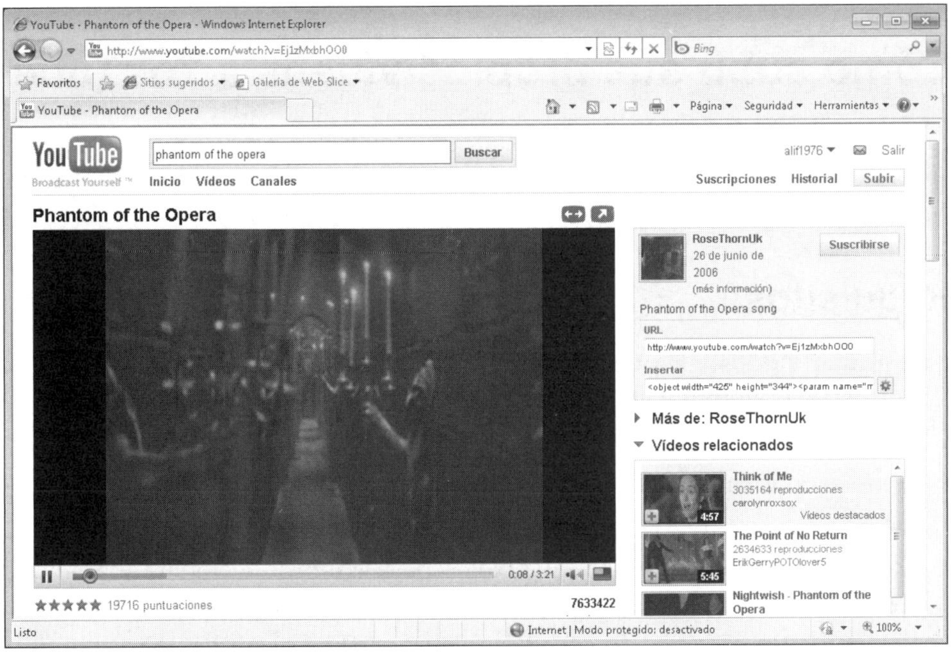

Figura 22.6. Ver un vídeo en YouTube.

Si desea compartir un vídeo, vaya a la página correspondiente y haga clic en el enlace Compartir, ubicado debajo del reproductor de YouTube. Cuando la pestaña correspondiente se abra, elija la opción Enviar este vídeo de YouTube desde y escriba la dirección de correo de los destinatarios en el casillero A:. Separe las direcciones con comas. Escriba un mensaje personal y haga clic en el botón **Enviar**. En pocos minutos, los destinatarios recibirán el mensaje con un enlace al vídeo en cuestión.

Truco:

La mayoría de los vídeos de YouTube pueden reproducirse en el modo de pantalla completa; haga clic en el botón de pantalla completa, ubicado en la parte inferior del reproductor. Si el vídeo está disponible en alta definición, haga clic en el botón **HD** *para verlo en alta solución. Si no ve ningún botón de alta definición, el vídeo no podrá visualizarse en esta modalidad.*

Para ver un vídeo, todo lo que el destinatario de nuestro correo tendrá que hacer es clic en el enlace que contiene el mensaje: se abrirá un navegador para acceder a YouTube y dará inicio la reproducción del vídeo.

Cómo subir sus propios vídeos a YouTube

Cualquier usuario puede subir un vídeo o película a YouTube. Una vez subido, podrá ver el vídeo en el portal y, con un poco de suerte, millones de personas lo verán.

Requisitos

Para grabar vídeos que puedan subirse al portal de YouTube, necesitará una cámara Web o bien una cámara de vídeo. Asegúrese de que los vídeos cumplen con las normas del portal:

- Vídeos en formato MPEG-4 y codecs DivX o XviD.
- Formato de audio MP3 o AAC.
- Resolución mínima de 320x240 píxeles; para la reproducción de alta calidad se exige una resolución mínima de 640x480 píxeles; para la reproducción en formato panorámico, 720x480 píxeles, y para la reproducción en alta definición, una resolución de 1.280x720 píxeles.

- 24 fotogramas por segundo o superior (30 FPS recomendados).
- Una duración de 10 minutos o menos.
- El archivo no puede superar los 2 GB de tamaño.

Cómo subir un vídeo

Suponiendo que el vídeo tiene el formato adecuado, siga estos pasos para subirlo al portal de YouTube:

1. Haga clic en el botón **Subir** ubicado en la parte superior de cualquier página de YouTube. A continuación, seleccione **Subir vídeo**.
2. En la página Subida de archivo de vídeo, haga clic en el botón **Subir vídeo**.
3. En el cuadro de diálogo que aparece a continuación, seleccione el archivo que desea subir; haga clic en el botón **Abrir**.
4. Una vez cargado el vídeo, se le pedirá cierta información sobre el mismo, incluido el título, la descripción, etiquetas, categoría y nivel de privacidad, tal y como se muestra en la figura 22.7. Para guardar los cambios, haga clic en el botón **Guardar cambios**.

Eso es todo: después de subir el vídeo, YouTube convertirá el archivo al formato correcto y creará una página donde podrá reproducir el vídeo. Haga clic en Mis vídeos y posteriormente haga clic en la miniatura correspondiente al vídeo en cuestión.

Descargar vídeos desde iTunes Store

Si es el afortunado dueño de un Apple iPod con función de reproducción de vídeo (o si dispone de un iPod sin esta función pero desea ver vídeos en su PC), encontrará materiales listos para descargar en la tienda de Apple, iTunes Store. Abra el reproductor iTunes y haga clic en el enlace iTunes Store en el panel de la izquierda. Cuando se muestre la página Web de la tienda, haga clic sobre cualquiera de los enlaces que aparecen para descargar el vídeo deseado.

Comprar vídeos

iTunes ofrece diversos materiales en la modalidad de comprar y descarga. La mayoría de los episodios de series televisivas se ofrecen por un precio aproximado de 1,99 euros por capítulo, si bien también puede adquirir un "pase de temporada" para ver todos los episodios de una temporada con un descuento. La figura 22.8 muestra algunos de los programas disponibles en la modalidad de compra. Los vídeos musicales tienen un coste aproximado de 1,99 euros, y las películas oscilan entre los 9,99 euros y los 14,99, dependiendo de la franja de edad y de la productora.

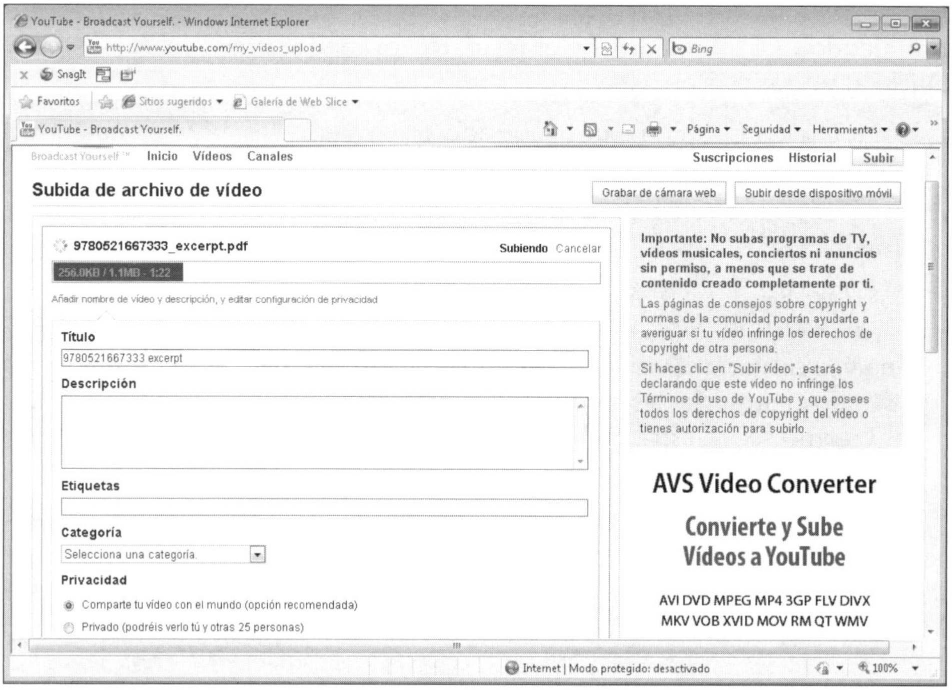

Figura 22.7. Escriba la información pertinente sobre el vídeo que ha subido.

Para comprar un vídeo, haga clic sobre el botón **Comprar vídeo**. Podrá pagarlo con su tarjeta de crédito para que el vídeo se descargue automáticamente a su ordenador. Una vez finalizada la descarga, aparecerá en la biblioteca de iTunes. Podrá ver el vídeo desde el reproductor de iTunes; selecciónelo en la Biblioteca y haga clic en el botón **Reproducción**.

Transferir vídeos a su iPod

Si dispone de un iPod con funciones de vídeo, puede transferir los vídeos que haya descargado a su dispositivo portátil por medio del software de iTunes. Marque los elementos a transferir en la ventana Biblioteca, conecte su iPod y deje que la transferencia se realice automáticamente.

Figura 22.8. Programas de TV a la venta en iTunes Store.

Recuerde, no obstante, que los archivos de vídeo son mucho más grandes que los de música; llenará el espacio de almacenamiento de su iPod rápidamente si intenta cargarlo con muchos vídeos.

Resumen

He aquí los aspectos más importantes que debe recordar de este capítulo:

- Existen multitud de portales Web que ofrecen vídeos para su visualización *on-line* o su descarga.
- La mayoría de las cadenas de televisión permiten ver vídeos en línea.
- El portal de descargas de vídeos más popular de la actualidad es YouTube, que además permite a sus usuarios subir vídeos a la red para que otros usuarios puedan verlos.
- Portales como YouTube y Google Video permiten ver (y en ocasiones descargar) vídeos de todo tipo.

Capítulo 23

Aplicaciones basadas en la Web

En este capítulo aprenderá a:

- Comprender en qué consisten las aplicaciones basadas en la Web.
- Saber qué son los calendarios basados en la Web.
- Conocer qué es la gestión de tareas basada en la Web.
- Saber qué son las suites de Office basadas en la Web.
- Reconocer qué es el procesamiento de texto basado en la Web.
- Saber qué son las hojas de cálculo basadas en la Web.
- Descubrir qué son las presentaciones basadas en la Web.

¿Sabe que puede escribir memorandos y crear un presupuesto en línea sin necesidad de tener que instalar o comprar un programa de software como Microsoft Word o Excel? Las conocidas como "aplicaciones basadas en la Web" ofrecen la mayor parte de las funcionalidades de los programas tradicionales de software que se ejecutan en Internet: ahora, podrá acceder a sus documentos desde cualquier ordenador personal siempre que quiera. Es un método fantástico a la hora de trabajar: en casa, en la oficina, o mientras está de viaje.

¿Qué son las aplicaciones basadas en la Web?

Las aplicaciones basadas en la Web son idénticas a las aplicaciones de software, con la salvedad de que se ejecutan en Internet. Para acceder a una de estas aplicaciones, es necesario dirigirnos con nuestro navegador al sitio Web de la aplicación que queramos utilizar; desde allí, podremos ejecutar la aplicación y abrir los documentos con los que queramos trabajar.

En las aplicaciones tradicionales de software, es necesario instalar una copia de la aplicación en los ordenadores que poseamos: cuantos más ordenadores utilicemos, más cara resulta el uso de dichas aplicaciones. Las aplicaciones basadas en la Web son mayoritariamente gratuitas. No sé a usted, pero a mí la palabra "gratis" me suena bastante atractiva en los tiempos que corren.

En segundo lugar, está la cuestión de los documentos. En las aplicaciones de software tradicional, los documentos creados se almacenan en el ordenador en el que se crearon. Si queremos editar un documento de trabajo en casa, tendremos que transferir el documento de un ordenador a otro y, posteriormente, gestionar las diferentes "versiones" del documento que vayamos creando.

La gestión de documentos sigue un proceso distinto en el caso de las aplicaciones basadas en la Web. La razón es que los documentos no se almacenan en nuestro ordenador, sino en Internet (al igual que las propias aplicaciones). Podrá acceder a sus documentos basados en la Web desde cualquier ordenador, en cualquier parte del mundo. De este modo, le resultará mucho más sencillo poder acceder a sus documentos en casa, o bien cuando está de viaje.

Truco:

Las aplicaciones basadas en la Web constituyen además un medio estupendo para la colaboración en grupo. Múltiples usuarios en diferentes ubicaciones pueden acceder al mismo documento a través de Internet en tiempo real.

Nota:

La computación basada en la Web suele recibir el nombre de "computación en nube" o cloud computing, ya que todo está almacenado en una "nube" formada por servidores basados en Internet.

Calendarios basados en la Web

En mi opinión, los calendarios basados en la Web tienen mucho sentido. Una cosa es mantener un calendario personal en nuestro PC, pero la mayoría de nosotros tenemos una agenda en la que se incluyen multitud de eventos de naturaleza pública o compartida. Reconozcámoslo: mantener un calendario personal en el PC de casa no nos permite tomarlo como referencia desde el trabajo o cuando estamos de viaje, lo cual limita considerablemente su utilidad.

Ésta es la razón por la que, en lugar de utilizar un calendario vinculado a un solo ordenador, muchos usuarios optan en la actualidad por calendarios basados en la Web. Los servicios de calendario basados en la Web almacenan nuestro calendario en la red, calendario al que podremos acceder desde cualquier ordenador equipado con una conexión a Internet. De este modo, podrá consultar su agenda mientras está de viaje, incluso si su ayudante o su pareja han añadido nuevas citas desde que salió de casa. Los calendarios basados en la Web pueden además compartirse con otros usuarios en cualquier lugar, lo que los convierte en una magnífica herramienta para proyectos de naturaleza colaborativa.

La mayor parte de calendarios basados en la Web son gratuitos y ofrecen una serie de funcionalidades de uso compartido y colaboración muy parecidas entre sí. Veamos a continuación algunos de los más populares:

- 30Boxes (`www.30boxes.com`).
- AOL Calendar (`calendar.aol.com`).
- Apple MobileMe Calendar (`www.apple.com/mobileme/`).
- CalendarHub (`www.calendarhub.com`).
- Famundo (`www.famundo.com`).
- Google Calendar (`calendar.google.com`), mostrado en la figura 23.1.
- Hunt Calendars (`www.huntcal.com`).
- Windows Live Calendar (`mail.live.com/mail/calendar.aspx`).
- Yahoo! Calendar (`calendar.yahoo.com`).

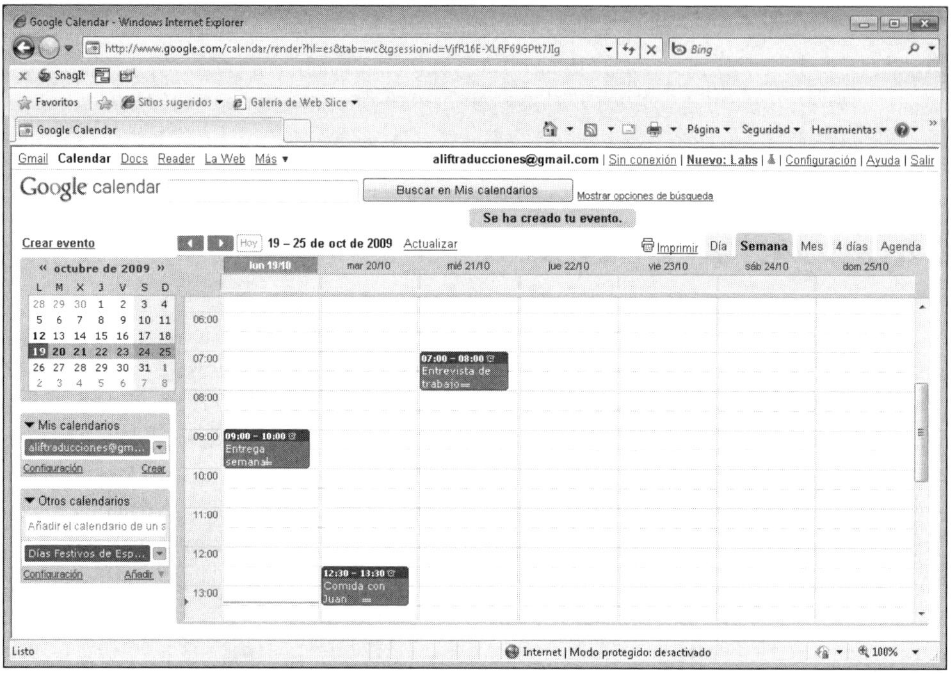

Figura 23.1. Calendario de Google Calendar, uno de los calendarios más populares basados en la Web.

Administración de tareas basada en la Web

Al igual que resulta sencillo realizar un seguimiento de todas nuestras citas utilizando un calendario basado en la Web, es posible realizar un seguimiento de nuestras tareas pendientes gracias a las aplicaciones de gestión de tareas basadas en la red. Estas aplicaciones nos permiten administrar en Internet todo tipo de asuntos, desde sencillos listados a complejas tareas de grupo, en colaboración con otros usuarios.

Las aplicaciones de gestión de tareas basadas en la Web más populares son:

- Bla-Bla List (`www.blablalist.com`).
- HiTask (`www.hitask.com`).
- Hiveminder (`www.hiveminder.com`).
- iPrioritize (`www.iprioritize.com`).
- Remember the Milk (`www.rememberthemilk.com`).
- Ta-da List (`www.tadalist.com`).

- TaskTHIS (`taskthis.elucidate-apps.com`).
- Trackslife (`www.trackslife.com`).
- Tudu list (`www.tudulist.com`).
- Vitalist (`www.vitalist.com`).
- Voo2Do (`www.voo2do.com`).
- Zoho Planner (`planner.zoho.com`).

Suites de ofimática basadas en la Web

Microsoft Office es la aplicación más utilizada en la actualidad. En realidad, es una *suite* de aplicaciones. Por ello, ya son varias las compañías que ofrecen *suites* de ofimática basadas en la Web que compiten con Microsoft Office. La mayoría de ellas ofrecen aplicaciones de procesamiento de texto, hojas de cálculo y componentes para la preparación de presentaciones.
Las *suites* de ofimática basadas en la Web más populares son:

- Glide Business (`www.glidedigital.com`).
- Google Docs (`docs.google.com`).
- Peepel Online Office (`www.peepel.com`).
- Think-Free Office (`www.weboffice.com`).
- Zoho Office (`office.zoho.com`).

Entre todas ellas, mis favoritas son Google Docs y Zoho Office. Ambas ofrecen funcionalidades muy similares a las que ofrecen las principales aplicaciones, si bien Zoho Office ofrece un mayor número de componentes.

Nota:

Para obtener más información sobre Microsoft Office, consulte el capítulo 12.

Procesamiento de textos basado en la Web

El componente más popular de las *suites* de ofimática es el procesador de textos. Los procesadores de texto, como por ejemplo Microsoft Office, se utilizan para redactar memorandos, cartas, notas de agradecimiento, encabezamientos de fax, informes o folletos. Son una parte esencial de nuestro trabajo informático.

Dicho esto, existen diversos sustitutos basados en la Web para Microsoft Word. Todos estos programas permiten al usuario redactar cartas, memorandos e informes desde cualquier ordenador, sin necesidad de instalar ningún tipo de software, siempre que el ordenador esté conectado a Internet. Todos los documentos que cree se alojarán en la Web, de manera que no tendrá que preocuparse de llevar su trabajo consigo. Estamos ante un excelente ejemplo de lo que supone la computación en nube.

Los procesadores de texto basados en la Web de mayor popularidad son:

- Adobe Buzzword (`buzzword.acrobat.com`), mostrado en la figura 23.2.

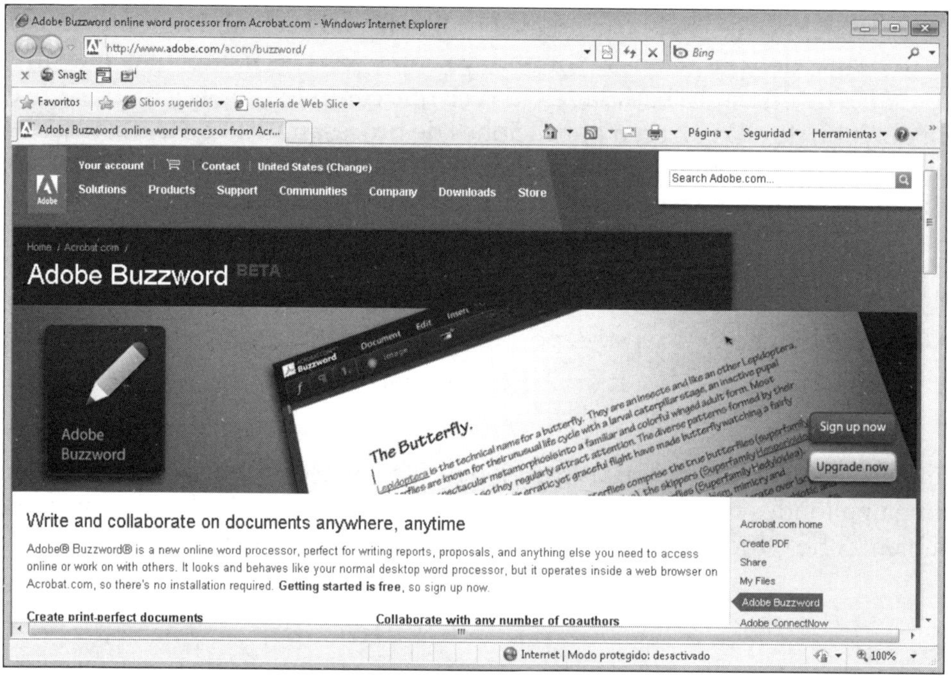

Figura 23.2. Procesador de textos Adobe Buzzword basado en la Web.

- Glide Write (`www.glidedigital.com`).
- Google Docs (`docs.google.com`).
- iNetWord (`www.inetword.com`).
- KBDocs (`www.kbdocs.com`).
- Peepel WebWriter (`www.peepel.com`).
- ThinkFree Write (`www.thihkfree.com`).
- Zoho Writer (`writer.zoho.com`).

Nota:

Para obtener más información sobre Microsoft Word, consulte el capítulo 13.

Hojas de cálculo basadas en la Web

Existen diversas aplicaciones de hojas de cálculo basadas en la Web que pueden considerarse dignas competidoras de Microsoft Excel. Si está interesado en trasladar todas sus operaciones numéricas y análisis financieros a la gran nube de la computación, estas aplicaciones pueden resultarle de ayuda:

- EditGrid (`www.editgrid.com`).
- eXpresso (`www.expressocorp.com`).
- Glide Crunch (`www.glidedigital.com`).
- Google Spreadsheets (`docs.google.com`).
- Num Sum (`www.numsum.com`).
- Peepel WebSheet (`www.peepel.com`).
- ThinkFree Calc (`www.thinkfree.com`).
- Zoho Sheet (`sheet.zoho.com`), mostrado en la figura 23.3.

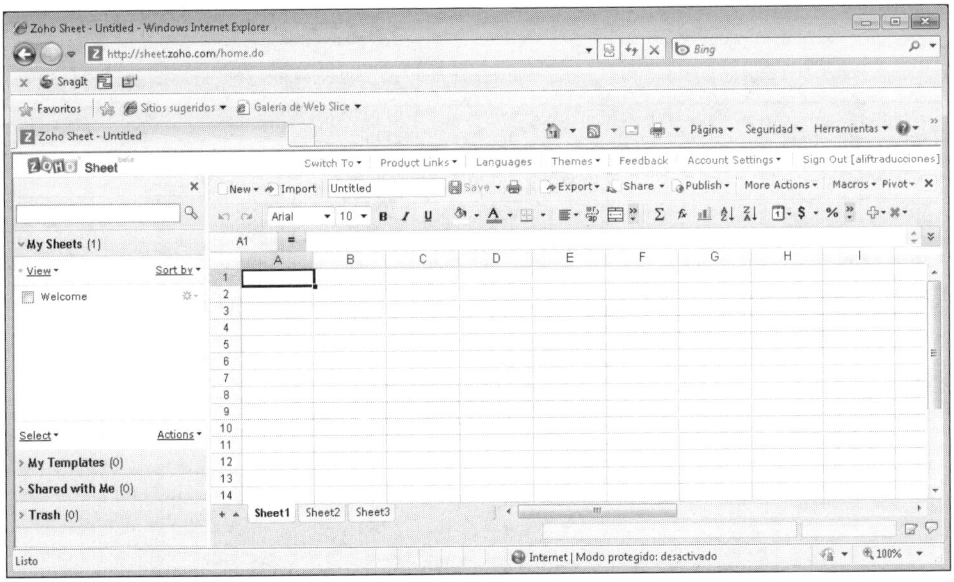

Figura 23.3. Zoho Sheet, aplicación de hojas de cálculo basada en la Web.

Nota:

Para obtener más información sobre Excel, consulte el capítulo 14.

Presentaciones basadas en la Web

Los programas de presentación basados en la Web nos permiten crear, ofrecer y colaborar en la elaboración de presentaciones a través de Internet. Si bien ninguno de estos programas incluye todas las funcionalidades de Microsoft PowerPoint, algunos de ellos ofrecen posibilidades muy atractivas para grupos necesitados de colaborar en sus presentaciones.
Entre las mejores aplicaciones para presentaciones se incluyen las siguientes:

- Brink Pad (`www.brinkpad.com`).
- Empressr (`www.empressr.com`).
- Google Presentations (`docs.google.com`), mostrado en la figura 23.4.

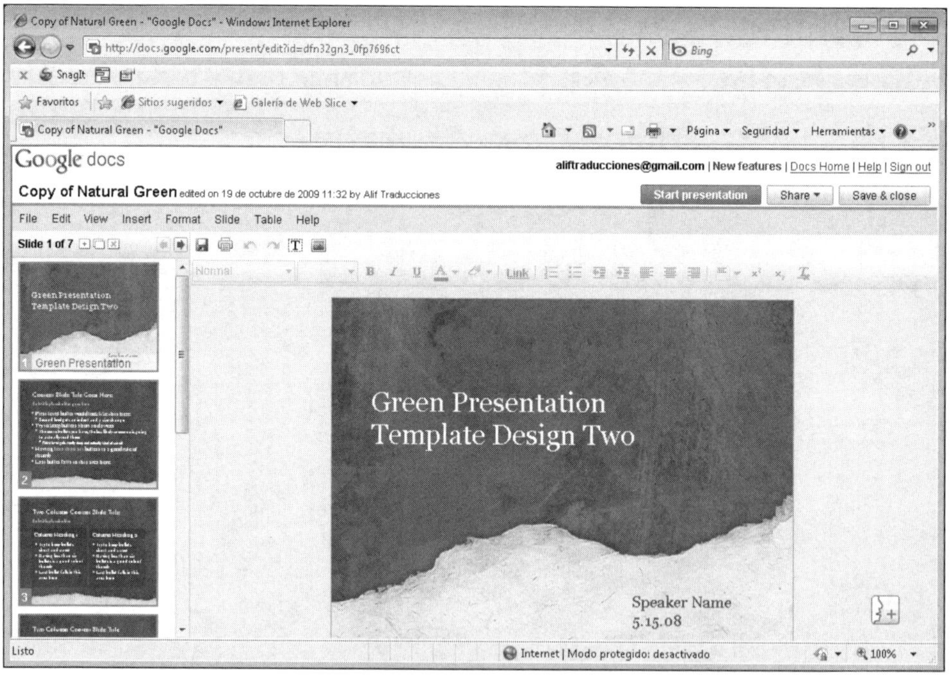

Figura 23.4. Google Presentations, una aplicación que permite crear presentaciones basadas en la Web.

- Preezo (`www.preezo.com`).
- Presentation Engine (`www.presentationengine.com`).
- PreZentit (`www.prezentit.com`).
- SlideRocket (`www.sliderocket.com`).
- ThinkFree Show (`www.thinkfree.com`).
- Zoho Show (`show.zoho.com`).

Nota:

Para obtener más información sobre PowerPoint, consulte el capítulo 15.

Resumen

He aquí los aspectos más importantes de este capítulo:

- Las aplicaciones basadas en la Web le permitirán redactar memorandos, realizar cálculos numéricos y gestionar todas sus citas desde cualquier ordenador con conexión a Internet.
- Las aplicaciones basadas en la Web se ejecutan en el navegador; los documentos se almacenan en Internet, no en su ordenador.
- Existen versiones para Web de las aplicaciones más populares, incluyendo calendarios, listados de tareas pendientes, procesadores de texto, hojas de cálculo y aplicaciones para crear presentaciones.

Capítulo 24

Crear su propia página Web

En este capítulo aprenderá a:

- Crear una página Web en una comunidad de páginas Web.
- Utilizar un software de diseño de páginas.
- Alojar sus páginas Web en un servidor.

Explorar portales en la Web está bien, pero... ¿qué me dice de la posibilidad de crear su propia página o portal en la red? Afortunadamente, cualquier usuario puede crear una página o portal propio en la Web. Para ello, no necesita más que un programa de edición de páginas Web (para crear sus páginas) y una comunidad en la que alojar sus páginas. Muchos portales de alojamiento Web ofrecen ambas funcionalidades.
Siga leyendo este capítulo para saber cómo puede crear su propia página personal en la red.

Crear una página Web en una comunidad de páginas Web

Si desea una solución rápida para crear y alojar sus propias páginas Web, diríjase a una de las comunidades de páginas Web de la Web. Estos sitios no sólo le ayudarán a crear su propia página Web sino que, además, le ayudarán a alojar su página en la red. En muchas ocasiones, el servicio básico de alojamiento es gratuito.

Truco:

Muchos de estos sitios también ofrecen herramientas para construir y hospedar su propio blog personal. Consulte el capítulo 29.

Visitar las comunidades

Las comunidades de páginas Web más conocidas son:

- Angelfire (`angelfire.lycos.com`).
- Bravenet (`www.bravenet.com`).
- FortuneCity (`www.fortunecity.com`).
- Freeservers (`www.freeservers.com`).
- Google Sites (`sites.google.com`).
- Homestead (`www.homestead.com`).
- Microsoft Office Live (`office.microsoft.com/en-us/officelive/`).
- Rediff (`homepages.rediff.com`).
- Tripod (`www.tripod.lycos.com`).
- Yahoo! GeoCities (`es.geocities.yahoo.com`).

Truco:

Muchos proveedores de servicios Internet también ofrecen páginas personales gratuitas a sus clientes; consulte con su ISP.

Al unirse a una comunidad determinada, se le asignará una cantidad limitada de espacio en sus servidores, entre 15 MB y 1 GB, cantidad suficiente para poder alojar sus páginas personales. Posteriormente, podrá utilizar las herramientas que el portal pone a su disposición para crear sus propias páginas o subir a la red las páginas ya creadas.

Todas las comunidades más importantes funcionan de forma similar. Aquellas comunidades que no cobran ninguna cuota mensual intentan ganar dinero mediante la inserción de publicidad en sus páginas. Son los portales, no usted, quienes reciben los ingresos por publicidad. Incluso aquellos portales que se definen como gratuitos suelen ofrecer diversos servicios adicionales de pago, y le cobrarán cierta cantidad por espacio de almacenamiento extra, registrar el nombre de su dominio, poner a su disposición herramientas de comercio electrónico y otras funcionalidades similares.

Crear una página Web con Google Sites

Google hospeda una de las comunidades de más reciente creación y más sencillas de utilizar. Google Sites no sólo le permite crear su propia página Web personal, sino que también hospedará las páginas que diseñe de forma gratuita.

Para utilizar Google Sites, necesita crear una cuenta gratuita en Gmail. Una vez creada la cuenta, haga clic en el botón **Sign in** de la página inicial de Google Sites. Para crear su sitio Web, siga estos pasos:

1. Para comenzar a crear su sitio Web, haga clic en el botón **Create site** (Crear sitio).
2. En el casillero Site name (Nombre del sitio) escriba el nombre que desea dar a su sitio Web.
3. A continuación, escriba una breve descripción del sitio Web en Site description (Descripción del sitio).
4. Elija uno de los temas disponibles y, tras introducir el código de verificación, haga clic en Create site (Crear sitio). Una vez creado el sitio, Google Sites le mostrará la página de administración de su sitio Web, tal y como se muestra en la figura 24.1.

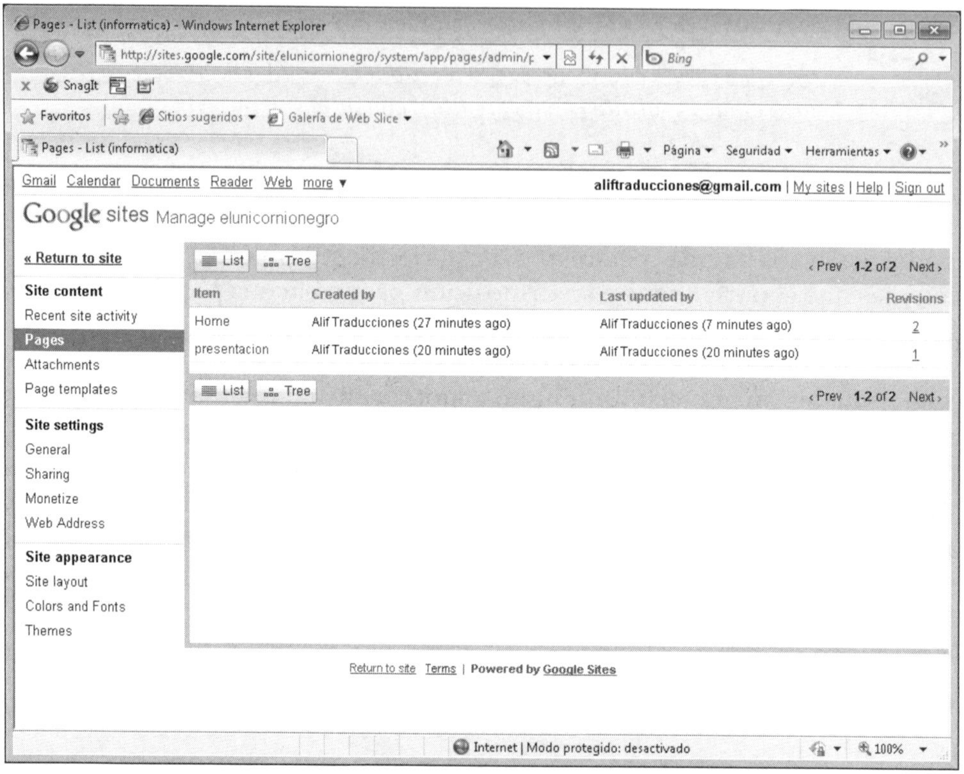

Figura 24.1. Google Sites le permite crear su propia página Web sin necesidad de tener conocimientos técnicos.

Para crear una nueva página, siga estos pasos:

1. En la página de selección de plantillas (Page template), seleccione una plantilla para su página.
2. Haga clic en **Return to site**; haga clic en el botón **Create page**.
3. Seleccione uno de los cuatro estilos de página predeterminados: Web Page (Página Web), Announcements (Anuncios), File Cabinet (Archivador), o List (Listado).
4. En el casillero Name (Nombre), escriba un nombre para la página.
5. Decida si quiere ubicar la página en el nivel superior del sitio (Put page at top level) o si prefiere ubicarla bajo el directorio de la página de Inicio (Put page under Home).
6. Haga clic en Create Page (Crear página).
7. Se mostrará la página de edición, como puede observar en la figura 24.2.

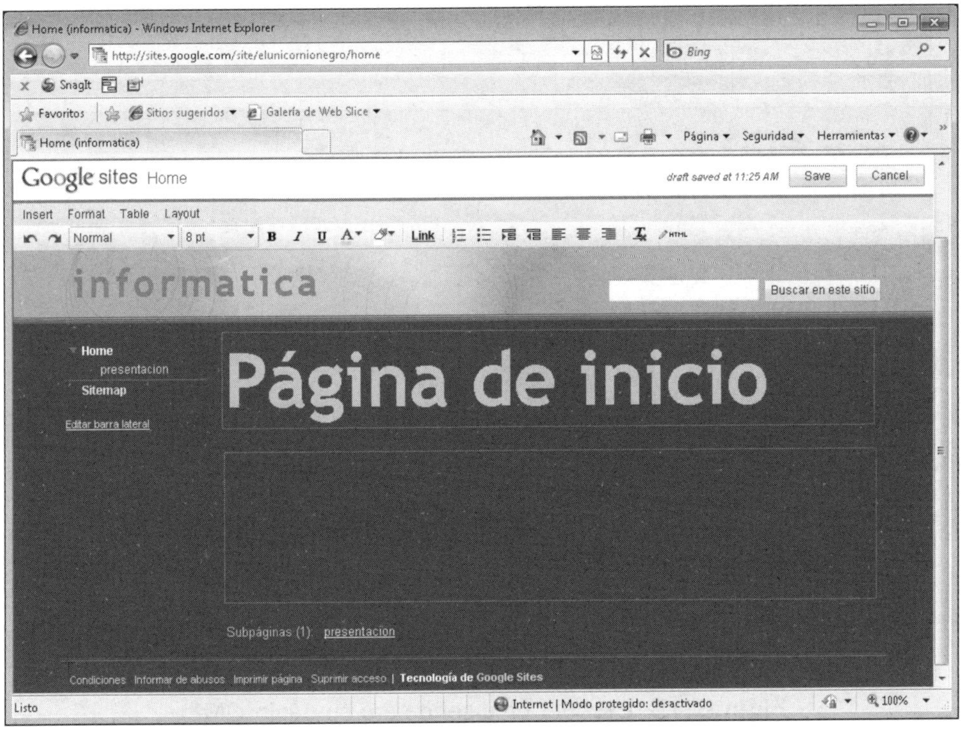

Figura 24.2. Su nueva página Web, lista para su edición.

Puede modificar el aspecto de su página Web utilizando uno de los temas que Google pone a su disposición. Para modificar el aspecto, siga estos pasos:

1. Diríjase a la página de administración de su cuenta de Google Sites y haga clic en Site appearance>Themes (Apariencia del sitio>Temas). Se mostrarán los diferentes temas que Google ofrece para el diseño de su sitio Web.
2. Cuando encuentre un diseño de su gusto (véase la figura 24.3), haga clic sobre el mismo para aplicarlo a su página. Si lo prefiere, puede hacer clic en el enlace Preview (Vista previa) que se encuentra debajo de cada imagen de muestra para obtener una vista previa más amplia del diseño de página.
3. A continuación, podrá editar la disposición de la página haciendo clic en el enlace Change Layout (Modificar diseño).
4. El cuadro de diálogo Change side layout (Modificar diseño de plantilla), que se muestra en la figura 24.4, muestra diferentes opciones de diseño para su página. Configure los parámetros deseados para conseguir el diseño que desea para su página Web.

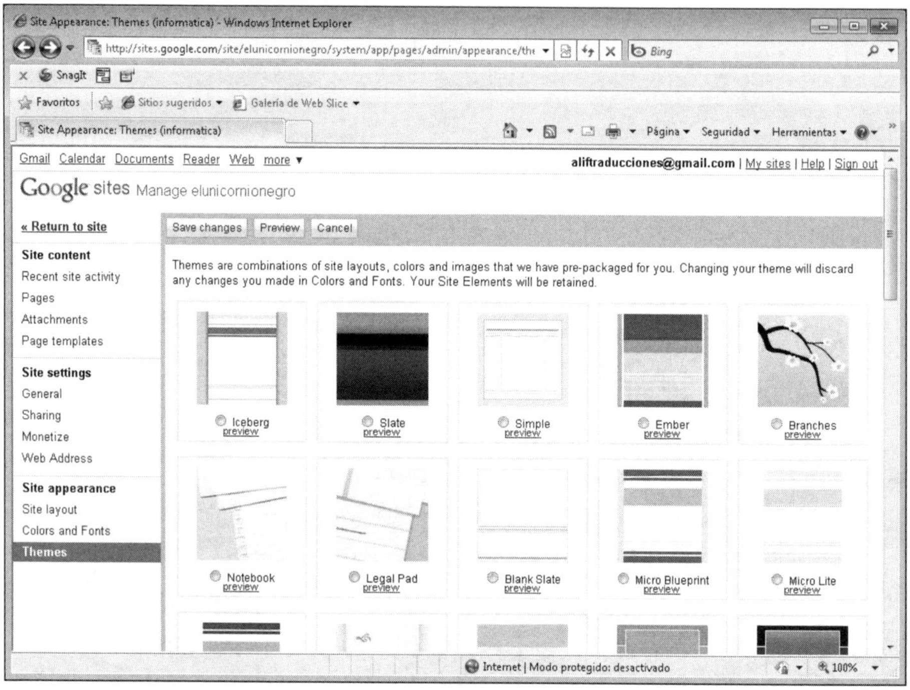

Figura 24.3. Escoger un diseño para su página Web.

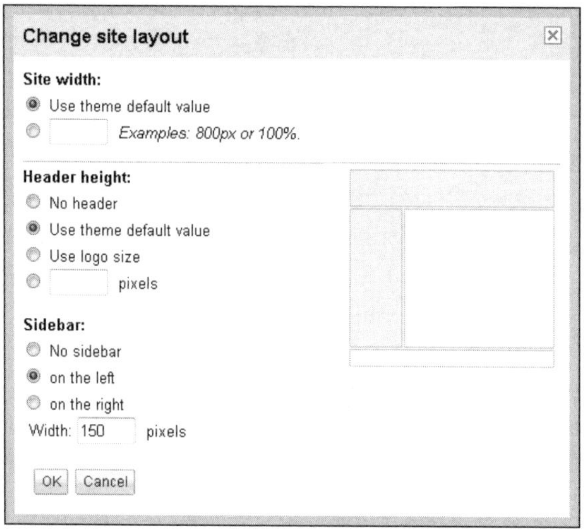

Figura 24.4. Configuración de las opciones de diseño para su página Web.

5. Ahora puede dotar de contenido a su página Web. Comience por hacer clic en la sección del subtítulo y escriba un subtítulo para su página.

6. Haga clic en el resto de secciones de su página para crear el contenido del área principal y de la barra lateral.
7. Para añadir una imagen a su página, coloque el puntero donde desee que aparezca la imagen. Haga clic en Insert>Image (Insertar>Imagen) en la parte superior izquierda de la página. Cuando se muestre el cuadro de diálogo Add an Image, podrá elegir entre subir una imagen desde su PC o enlazar una imagen hospedada en otro sitio Web.
8. Para insertar un enlace a otra Web, seleccione el texto a partir del cual desea crear el enlace y haga clic en Insert>Link. Puede crear un enlace a otra página que tenga en el sitio Web de Google (Your Pages), un archivo que suba desde su PC (Your Files) u otra página en la Web (Web Address). También puede insertar un enlace a una dirección de correo que los usuarios puedan pulsar para enviarle un mensaje (Email Address).
9. Aplique a su texto el formato que desee, utilizando los controles de formato en la columna de la izquierda.
10. Cuando haya terminado de crear su página, haga clic en el botón **Save**.
11. Para que su página sea visible en Internet, haga clic en el botón **More actions>Share site** (Compartir sitio).
12. Puede elegir que su página sea visible para los colaboradores que elija, o bien hacer la página pública para que cualquier persona pueda visitarla.

Utilizar un software de diseño de páginas Web

La página Web que acabamos de crear en el portal de alojamiento es una página relativamente sencilla. Si desea crear una página más complicada (o múltiples páginas) en un sitio Web completo, necesitará una herramienta más eficaz. Afortunadamente, existen numerosos programas de software de diseño de páginas Web disponibles que puede utilizar para crear páginas Web extraordinarias. A continuación le mostramos un breve listado de los programas de software de diseño de páginas disponibles en la actualidad. Los dos programas de edición de páginas Web más completos son Adobe Dreamweaver (`www.adobe.com/products/dreamweaver/`) y Microsoft Expression Web Designer (`www.microsoft.com/products/expression/`). Ambos programas le permitirán diseñar cualquier tipo de página, desde una página personal sencilla hasta portales Web de comercio en línea; puede construir las páginas utilizando una interfaz gráfica, o bien mediante la utilización de código HTML.

Alojar sus páginas

Si utiliza un programa como Dreamweaver o Expression Web Designer para crear su página Web, necesitará un sitio Web en el que alojar sus páginas. Yahoo! GeoCities y las otras comunidades de páginas Web ofrecen servicios de alojamiento de páginas (normalmente pagando una determinada cuota), orientados a páginas Web personales. Si necesita alojar un portal Web completo (por ejemplo, para una pequeña empresa) es recomendable contratar los servicios de alojamiento de una empresa especializada. Las empresas dedicadas al alojamiento de páginas Web administran todos los aspectos relacionados con su portal. A cambio de una cuota mensual, recibirá una cantidad de espacio fijo en sus servidores, su propia dirección Web (así como un dominio personalizado en el caso de que decida contratar este servicio) y diversas herramientas de administración. Los precios de dichos servicios suelen tener un coste mínimo de unos 10 euros mensuales, y varían en función de sus características. La mejor forma de buscar un alojamiento de sitio Web es acceder a un directorio de servicios de alojamiento. La mayoría de ellos le permiten buscar alojamiento en función de diversos parámetros, incluido el coste mensual, el espacio en disco proporcionado, la programación y plataformas admitidas y las opciones adicionales ofrecidas. Entre los mejores sitios de alojamiento Web se encuentran los siguientes:

- HostIndex.com (`www.hostindex.com`).
- HostSearch (`www.hostsearch.com`).
- TopHosts.com (`www.tophosts.com`).

Resumen

He aquí los aspectos más importantes de este capítulo:

- Una página Web se crea utilizando el lenguaje de programación HTML, si bien para crear una página sencilla no es necesario saber programar.
- Para crear una página Web, seleccione una de las comunidades de creación de páginas disponibles, como por ejemplo Tripod o Angelfire o Google.
- Para crear una página Web o un portal más completo, utilice un programa de diseño de páginas Web como Adobe Dreamweaver o Microsoft Expression Web Designer.

Capítulo 25

Explorar otros sitios Web

En este capítulo aprenderá a:

- Consultar noticias, deportes e información el tiempo.
- Obtener información económica, médica, religión, etc.
- Obtener fotos, clip art y otro tipo de imágenes.
- Consultar mapas y guías de viaje.
- Buscar empleo y conocer más alternativas de diversión.
- Obtener información sobre aspectos educativos y conseguir juegos.
- Descubrir portales para niños y mayores.

Hasta este momento, hemos explorado diferentes tipos de portales Web, tales como motores de búsqueda, portales de subastas en línea y comparativas de precios, e incluso portales dedicados al visionado de vídeos en línea. Pero la Web ofrece mucho más.
Aquí es donde comienza este capítulo. Sin más preámbulo, procedemos a presentarle algunos de los sitios Web más populares de la red, entre los que se encuentran algunos de mis favoritos.

Las noticias, los deportes y el tiempo

Internet es un lugar excelente donde leer noticias y artículos de análisis algo más especializados. La mayoría de los portales Web de noticias se actualizan en tiempo real: tendrá la última hora esperándole en la pantalla de su ordenador.

Portales de noticias

Algunos de los portales de noticias más populares pertenecen a las redes de noticias por cable y distribuidores, o a los periódicos nacionales más importantes. Puede acceder a estos portales para consultar los titulares más recientes y, en muchos casos, seguir las emisiones de audio y vídeo en directo.
Los portales de noticias más importantes son:

- BBC News (`news.bbc.co.uk`).
- CNN (`www.cnn.com`).
- El País (`www.elpais.com`).
- El Mundo (`www.elmundo.es`).
- New York Times (`www.nytimes.com`).

Portales de deportes

La Web es también un excelente recurso para los amantes de cualquier tipo de deporte. Ya sea aficionado o deportista, seguro que existe algún portal en la Web dedicado a su deporte preferido.
Los mejores portales Web de deportes son similares a los mejores portales de noticias. Ofrecen todo tipo de contenidos y servicios, incluidos marcadores en tiempo real, resúmenes de partidos, análisis detallados, etc. Si busca información deportiva en línea, he aquí unos cuantos portales que pueden interesarle:

- CBS SportsLine (`www.sportsline.com`).
- FOXSports (`msn.foxsports.com`).
- Marca (`www.marca.com`).
- NBC Sports (`www.nbcsports.com`).
- Sport (`www.sport.es`).
- SportingNews.com (`www.sportingnews.com`).

Truco:

Si prefiere echar un rápido vistazo a los titulares más recientes, conéctese a Google News (`news.google.com`). El portal de noticias de Google ofrece los titulares más importantes de una amplia variedad de sitios de noticias; haga clic sobre cualquier titular para leer la historia completa.

Truco:

Si es seguidor de algún equipo deportivo, consulte el portal de dicho equipo en la Web. Es probable que encuentre una cobertura especializada que no podrá encontrar en otros lugares.

Portales sobre meteorología

Hablemos del tiempo: aunque es cierto que no es mucho lo que está en nuestras manos para controlar el tiempo, sí podemos encontrar mucha información en la Web.

Para empezar, debe saber que la mayoría de los portales de noticias más importantes y sitios Web locales ofrecen servicios meteorológicos específicos para su zona. Encontrará además multitud de portales especializados en los que se incluyen predicciones meteorológicas de ámbito local y nacional, mapas, imágenes vía satélite, etc.

Éstos son algunos de los portales meteorológicos más importantes de la Web:

- AccuWeather.com (`www.accuweather.com`).
- Instituto Nacional de Meteorología (`www.inm.es`).
- Weather.com (`www.weather.com`).

Información económica

Internet es un lugar magnífico donde encontrar información en tiempo real sobre acciones en bolsa y otros valores del mercado. Existen multitud de sitios y servicios especializados en ofrecer las cotizaciones de las acciones en tiempo real (o con un ligero retardo), de forma gratuita.
He aquí un listado de los mejores sitios sobre economía de la Web:

- Cinco Días (`www.cincodias.com`).
- CNN/Money (`money.cnn.com`).
- Expansión (`www.expansion.com`).
- Invertia (`http://www.invertia.com/`).
- MSN Money (`moneycentral.msn.com`).
- Yahoo! Finance (`finance.yahoo.com`).

Información médica

Cuando desee obtener información médica de utilidad, no tendrá que acudir a la consulta de su médico de cabecera. Existen numerosos portales Web que ofrecen información detallada sobre enfermedades, dolencias y medicamentos. Muchos de estos portales se centran en la medicina preventiva y la salud; la mayoría le ayudarán a identificar síntomas con enfermedades y posibles tratamientos. De hecho, algunos de estos portales ofrecen acceso a la misma base de datos médica que utilizan la mayoría de los médicos... sin necesidad de esperar a la cita.

Advertencia:

Pese a la utilidad de estos portales, no pueden ni deben sustituir la opinión de un médico profesional.

He aquí algunos de los mejores portales médicos de la red:

- KidsHealth (`www.kidshealth.org`).
- National Library of Medicine (`www.nlm.nih.gov`).
- Saludalia (`www.saludalia.com`).
- WebMD (`www.webmd.com`).

Truco:

También puede utilizar la Web para buscar en su ciudad un nuevo médico o especialista.

Fotos, clip art y otro tipo de imágenes

Veamos a continuación algunos portales donde podrá ver y descargar fotos, gráficos, clip art y otros materiales gráficos. Algunos de estos sitios le permiten utilizarlos de forma gratuita; otros le cobrarán por descargar sus imágenes.

- Classroom Clipart (`www.classroomclipart.com`).
- Clip Art Center (`www.clip-art-center.com`).
- Clipart.com (`www.clipart.com`).
- Corbis (`pro.corbis.com`).
- Freefoto.com (`www.freefoto.com`).
- Getty Images (`www.getty-images.com`).
- Google Image Search (`images.google.com`).
- MediaBuilder (`www.mediabuilder.com`).
- Photos.com (`www.photos.com`).
- Smithsonian Photographic Services (`photo2.si.edu`).

Mapas y guías de viaje

Si va a salir de viaje, la Web es un excelente recurso donde conseguir información. Estos sitios le ofrecerán desde mapas y direcciones a guías de viaje muy completas:

- AAA Travel Service (`www.aaa.com`).
- AOL CityGuide (`cityguide.aol.com`).
- Concierge.com (`www.concierge.com`).
- Fodors (`www.fodors.com`).
- Frommer's Travel Guides (`www.frommers.com`).
- Google Maps (`maps.google.com`).
- Lonely Planet (`www.lonelyplanet.com`).
- MapQuest (`www.mapquest.com`).

- Rand McNally (`www.randmcnally.com`).
- Rincones del mundo (`www.rinconesdelmundo.com`).
- Rough Guides (`www.roughguides.com`).
- TopRural (`www.toprural.com`).
- TripAdvisor (`www.tripadvisor.com`).
- ViaMichelin (`www.viamichelin.es`).
- VirtualTourist.com (`www.virtualtourist.com`).
- Windows Live Maps (`maps.live.com`).
- Yahoo! Maps (`maps.yahoo.com`).

Búsqueda de empleo

¿Desea cambiar de trabajo? Consulte algunos de los siguientes portales de empleo: la mayoría le permiten publicar su currículum en línea y buscar ofertas de trabajo tanto a nivel local como global.

- Career.com (`www.career.com`).
- Infojobs (`www.infojobs.net`).
- jobfind.com (`www.jobfind.com`).
- Monster (`www.monster.es`).
- Yahoo! Hot Jobs (`hotjobs.yahoo.com`).

Religión

La Web ofrece una ingente cantidad de información sobre las religiones más importantes del mundo. Podrá encontrar de todo, desde una base de datos de la Biblia a portales completamente dedicados a temas espirituales. He aquí un breve listado:

- Bible Search (`www.biblesearch.com`).
- BuddhaNet (`www.buddhanet.net`).
- Gospelcom.net (`www.gospelcom.net`).
- Hindu Universe (`www.hindunet.org`).
- Web Islam (`www.webislam.com`).
- Santa Sede (`www.vatican.va`).
- World of Religions (`www.religionworld.org`).

Entretenimiento

La Web es también una gran fuente de información sobre todo aquello relacionado con la industria del entretenimiento, desde críticas sobre las últimas películas hasta primicias sobre estrenos y programas de televisión. Aquí tiene una muestra de los mejores portales Web de entretenimiento:

- All-Movie Guide (`www.allmovie.com`).
- All-Music Guide (`www.allmusic.com`).
- E! Online (`www.eonline.com`).
- Film.com (`www.film.com`).
- Film Affinity (`www.filmaffinity.com`).
- Internet Movie Database (`www.imdb.com`).
- LaNetro (`www.lanetro.es`).
- People.com (`people.aol.com`).
- TeleTexto.com (`www.teletexto.com`).

Educación y fuentes de referencia

Tanto si desea buscar algún hecho relevante como obtener ayuda con sus tareas académicas o escolares, la red es el lugar ideal para realizar su búsqueda. He aquí un listado de portales educativos y fuentes de referencia:

- arteHistoria (`www.artehistoria.jcyl.es`).
- Awesome Library (`www.awesomelibrary.org`).
- Encarta (`es.encarta.msn.com`).
- Fact Monster (`www.factmonster.com`).
- Internet Public Library (`www.ipl.org`).
- KidsClick (`www.kidsclick.org`).
- Library of Congress (`www.loc.gov`).
- MadSci Network (`www.madsci.org`).
- Wikipedia (`es.wikipedia.org`).
- Word Central (`www.wordcentral.com`).

Juegos

Internet sería aburrida si todo fuese trabajar y más trabajar y no dedicásemos algunos minutos a divertirnos. Por ello, cuando haya terminado sus deberes, aceda a alguno de estos magníficos sitios de juegos:

- All Game Guide (`www.allgame.com`).
- ArcadeTown.com (`www.arcadetown.com`).
- GameSpot (`www.gamespot.com`).
- GameSpy (`www.gamespy.com`).
- GameZone (`www.gamezone.com`).
- GameZone's KidZone! (`www.gzkidzone.com`).
- Internet Chess Club (`www.chessclub.com`).
- Internet Park Word Games (`www.internet-park.com`).
- Meristation (`www.meristation.com`).
- MSN Gaming Zone (`zone.msn.com`).
- Xbox Live (`www.xbox.com/live/`).

Portales para niños

Si es usted un padre que desea buscar sitios divertidos y seguros para sus hijos, no busque más. A continuación le presentamos un listado con alguno de los portales infantiles más populares de la Web:

- Disney (`www.disney.es`).
- FamilyFun.com (`familyfun.go.com`).
- Funology.com (`www.funology.com`).
- Grossology (`www.grossology.org`).
- KiddoNet (`www.kiddonet.com`).
- Kids' Space (`www.kids-space.org`).
- KidsCom (`www.kidscom.com`).
- MaMaMedia (`www.mamamedia.com`).
- Nenes.es (`www.nenes.es`).
- MSN para niños (`www.msn.es/kids/`).
- World Kids Network (`www.worldkids.net`).
- Yahooligans! (`www.yahooligans.com`).

Portales para nuestros mayores

Al igual que la Web ofrece multitud de sitios para los más jóvenes, también encontrará muchos sitios para un público de otras edades. Aquí tiene unos cuantos sitios dedicados a nuestros mayores:

- AARP (`www.aarp.org`).
- AgeNet Eldercare Network (`www.agenet.com`).
- En Plenitud (`www.enplenitud.com`).
- Senior Women Web (`www.seniorwomen.com`).
- ThirdAge (`www.thirdage.com`).
- Today's Seniors (`www.todaysseniors.com`).

Resumen

He aquí los aspectos más importantes de este capítulo:

- Existen multitud de portales Web que contienen la información más reciente sobre las noticias de actualidad, los deportes y el tiempo.
- En Internet encontrará abundante información financiera, así como información relacionada con la salud.
- La Web ofrece de manera gratuita multitud de imágenes, tanto gratuitas como de pago, que puede descargar a su PC.
- Si está planeando sus vacaciones, busque mapas, direcciones y guías de viaje en línea.
- Puede comprar y vender objetos en su ciudad por medio de la página de Segundamano o un sitio Web de anuncios clasificados.
- La Web es también un magnífico recurso si desea cambiar de trabajo.
- Encontrará además numerosos sitios Web especializados en otro tipo de información, como religión, entretenimiento, etc.
- Los más pequeños podrán encontrar todo tipo de información útil para realizar sus deberes o para pasar un buen rato con juegos en línea.

Parte VI
Comunicación en Internet

Capítulo 26

Enviar y recibir mensajes de correo electrónico

En este capítulo aprenderá a:

- Conocer el funcionamiento del correo electrónico.
- Conocer las diferencias entre correo POP y correo Web.
- Utilizar Gmail.
- Enviar archivos a través de Gmail.

El correo electrónico es el medio más habitual en la actualidad para comunicarse con amigos, familiares y compañeros de trabajo. Un mensaje de correo electrónico es igual que una carta, con la salvedad de que se redacta por vía electrónica y se entrega prácticamente de forma inmediata a través de Internet.

Para enviar y recibir correos electrónicos desde su ordenador personal, puede utilizar un programa de correo electrónico, como Microsoft Outlook o Windows Live Mail, o bien utilizar un servicio de correo electrónico basado en la Web como por ejemplo Gmail o Hotmail para administrar todas sus cuentas de correo electrónico desde cualquier explorador u ordenador. Cualquier vía le servirá y le permitirá crear, enviar y leer mensajes electrónicos de sus amigos, familiares y compañeros.

¿Cómo funciona el correo electrónico?

El correo electrónico es parecido al correo postal tradicional, salvo en el hecho de que los mensajes se redactan de forma electrónica y se entregan a través de Internet. Cuando enviamos un mensaje de correo electrónico a otro usuario de Internet, el mensaje viaja desde nuestro ordenador al ordenador de ese usuario a través de una serie de conexiones y servidores de Internet, prácticamente de forma instantánea. Los mensajes de correo electrónico pueden ser tan largos como queramos, y pueden incluir archivos adjuntos de diverso tipo. Para asegurarnos de que nuestro mensaje llega al destinatario correcto, utilizaremos la dirección de correo del destinatario. Cada usuario de Internet tiene una dirección personal de correo electrónico, compuesta por tres elementos distintos:

- Nombre de usuario.
- Signo de arroba (`@`).
- Nombre del dominio del usuario (que por lo general se corresponde con el nombre del proveedor de servicios de Internet).

Por ejemplo, si utiliza Telefónica como proveedor de servicios (donde el nombre del dominio sería `telefonica.net`) y su nombre de inicio de sesión es jimbo, su dirección de correo electrónico será `jimbo@telefonica.net`.

Correo POP y correo Web

En realidad, existen dos formas diferentes de enviar y recibir correos electrónico por Internet. La vía tradicional para enviar y recibir correos electrónicos utiliza un protocolo conocido como Protocolo de Correo Postal o POP, del inglés *Post Office Protocol*. El correo POP exige la utilización de un programa dedicado de software de correo electrónico y a nivel del proveedor de servicios de Internet, servidores de correo electrónico diferenciados para el envío y la recepción de mensajes. La segunda vía para enviar y recibir correos es a través de los servicios de correo electrónico basados en la Web, también conocida como "correo Web". Frente al correo POP, podemos acceder al correo Web desde cualquier ordenador utilizando cualquier explorador y sin necesidad de utilizar ningún software específico.

Correo POP

El correo POP es la cuenta de correo estándar que recibimos al contratar una conexión de Internet con un proveedor de servicios. Se nos asigna una cuenta de correo electrónico con una dirección personalizada y se nos proporciona la información necesaria para configurar el programa de correo electrónico que utilizaremos para acceder a esta cuenta. Para utilizar el correo POP, es necesario utilizar un programa de correo electrónico como Microsoft Outlook o Windows Live Mail. Además, es necesario configurar este programa para el envío de correos electrónicos hacia el servidor de salida del correo de nuestro proveedor (conocido como "servidor SMTP") y para recibir correo procedente del servidor de correo entrante (conocido como "servidor POP3" o "servidor IMAP"). Si desea acceder a su cuenta de correo electrónico desde otro ordenador, tendrá que utilizar un programa de correo similar y volver a configurar la cuenta en un nuevo ordenador.

Los programas de correo electrónico POP de mayor popularidad son:

- Microsoft Outlook (incluido en la *suite* de Microsoft Office).
- Microsoft Outlook Express (incluido en Windows XP y versiones anteriores de Windows).
- Windows Mail (incluido en Windows Vista).
- Windows Live Mail (no incluido en Windows 7, pero descargable de forma gratuita desde `download.live.com`).
- Mozilla Thunderbird (se puede descargar de forma gratuita desde `www.mozillamessaging.com`).

Correo Web

No obstante, no estamos limitados a utilizar obligatoriamente el correo electrónico POP que ofrece nuestro ISP; además, podemos enviar y recibir correos electrónicos utilizando alguno de los numerosos servicios de correo Web, como por ejemplo Gmail de Google o Windows Live Hotmail de Microsoft. Estos servicios de correo electrónico Web nos permiten acceder al correo desde cualquier ordenador, utilizando cualquier explorador Web.

Truco:

Es posible que su proveedor de servicios de Internet ofrezca una modalidad de acceso Web para su correo POP, lo cual resulta muy cómodo cuando estamos de viaje y necesitamos leer nuestro correo electrónico.

Si utiliza un ordenador personal en distintos lugares (en el trabajo, en casa o mientras está de viaje) el correo Web representa una fórmula muy cómoda a la hora de comprobar su correo electrónico a cualquier hora del día, independientemente de su ubicación.
No es necesario tener que repetir ninguna de las pesadas rutinas de configuración que son necesarias cuando utilizamos la modalidad de correo POP. Diríjase al sitio Web del servicio de correo electrónico, introduzca su nombre de usuario y contraseña, y estará listo para empezar a enviar y recibir mensajes.
La mayor parte de servicios de mensajería electrónica son gratuitos. Algunos ofrecen tanto versiones gratuitas como de pago; las versiones de pago ofrecen una capacidad de almacenamiento extra y funcionalidades añadidas.
Los servicios de correo electrónico basados en la Web más importantes son:

- AOL Mail (`webmail.aol.com`).
- Gmail (`mail.google.com`).
- Lycos Mail (`mail.lycos.com`).
- Mail.com (`www.mail.com`).
- Windows Live Hotmail (`www.hotmail.com`).
- Yahoo! Mail (`mail.yahoo.com`).

Gmail

Uno de los servicios de correo electrónico basados en la Web más importantes hoy en día es Gmail de Google. Es el servicio que utilizo y que recomiendo sin ningún género de duda.

Cómo navegar por Gmail

Puede acceder a Gmail a través de la página de inicio, en `mail.google.com`. Si aún no dispone de una cuenta de Google, tendrá que crear una. Es gratuito.

Una vez activada su cuenta de correo de Gmail, se le asignará una dirección de correo electrónico (`nombre@gmail.com`) y podrá acceder a la página de su bandeja de entrada.

La vista por defecto de Gmail es la página de la bandeja de entrada que se muestra en la figura 26.1, donde se almacenan todos los mensajes recibidos. Para cambiar a otras vistas, seleccione los enlaces adecuados ubicados en la parte superior izquierda de la página o bien en la parte superior o inferior. Por ejemplo, para ver todos los correos enviados, haga clic en el enlace Enviados de la izquierda; para ver todos los mensajes no leídos, haga clic en el enlace No leídas de la parte inferior o superior.

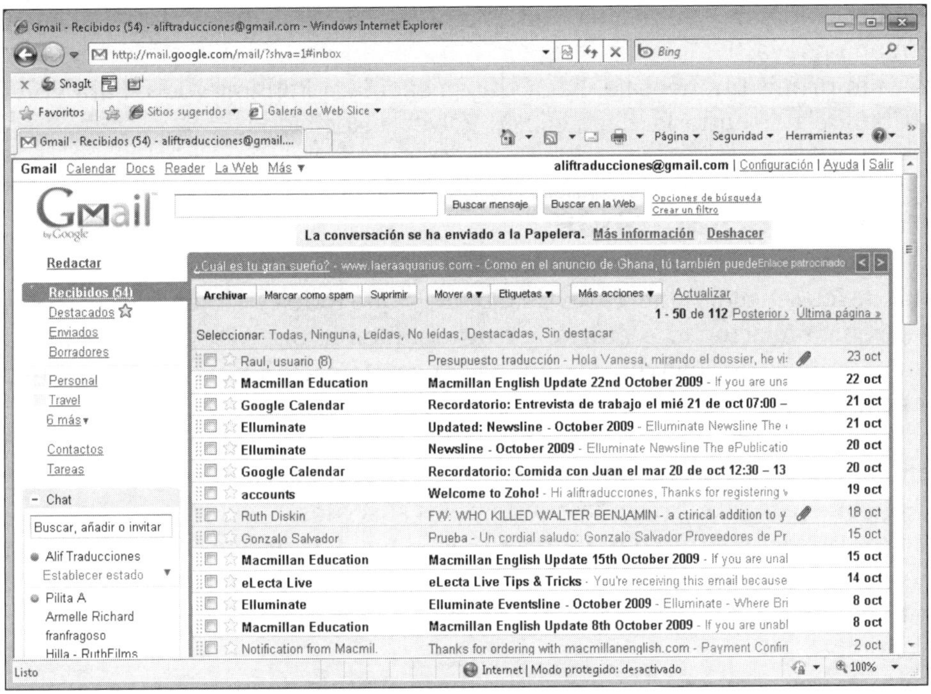

Figura 26.1. Bandeja de entrada de Gmail.

Todos los mensajes aparecen listados con el nombre del remitente, el asunto y un pequeño fragmento del contenido del mensajes, así como la fecha y hora en la que se envió el mensaje (por lo general, el pequeño fragmento contiene la primera línea de texto del mensaje). Los mensajes no leídos aparecen en negrita; una vez hemos leído un mensaje, se muestra en texto normal con fondo gris. Si ha asignado una etiqueta al mensaje, la etiqueta aparecerá antes que el asunto del mensaje.

Para realizar una acción determinada sobre un mensaje o grupo de mensajes, coloque una marca de activación en el casillero del mensaje y haga clic en uno de los botones ubicados en la parte inferior o superior de la página. De forma alternativa, puede hacer clic sobre Más acciones y seleccionar una acción concreta.

Leer mensajes

Para leer un mensaje, haga clic sobre el título del mensaje en la bandeja de entrada. Se mostrará el texto completo del mensaje en una nueva página.

Si quiere mostrar este mensaje en una nueva ventana, haga clic en el enlace Ventana nueva.

Para imprimir un mensaje, haga clic en el enlace Imprimir todo. Para volver a la bandeja de entrada, haga clic en Volver a Recibidos.

Ver conversaciones

Uno de los aspectos singulares de Gmail es que todos los mensajes de correo electrónico relacionados entre sí se agrupan en lo que Google ha bautizado con el nombre de "conversaciones". Una conversación puede estar formada por un mensaje inicial y todas las respuestas al mismo, así como las respuestas a las respuestas, o bien todos los correos diarios procedentes de un único remitente con un tema común, como por ejemplo todos los mensajes recibidos desde una lista de correo a la que estemos suscritos.

Las conversaciones quedan marcadas en la bandeja de Recibidos con un número entre paréntesis ubicado tras el nombre del remitente o remitentes. Si una conversación tiene respuestas de más de una persona, aparecerá más de un nombre.

Para ver una conversación, haga clic sobre el título del mensaje; se mostrará el mensaje más reciente. Para ver el texto de cualquier mensaje en una conservación, haga clic sobre el asunto del mismo. Para expandir todos los mensajes de la conversación, haga clic en el enlace Mostrar todos. Todos los mensajes de la conversación están apilados uno encima de otro; el texto que se muestra es el correspondiente al último mensaje.

Responder a un mensaje

Tanto si está leyendo un mensaje individual como si está leyendo una conversación, responder a un mensaje es muy sencillo. En el mensaje original, haga clic en el botón **Responder**. El mensaje se ampliará y se mostrará un cajetín de respuesta. Si la conversación tiene varios participantes, puede responder a todos haciendo clic en la flecha hacia abajo ubicada junto al botón **Responder** y seleccionar Responder a todos.

El texto del mensaje original aparece citado en la respuesta. Añada su texto encima del mensaje de texto original. Dado que la dirección del remitente se agrega automáticamente a la línea Para:, todo lo que tiene que hacer para enviar el mensaje es hacer clic en el botón **Enviar**.

Redactar un nuevo mensaje

Para redactar y enviar un nuevo mensaje, siga estos pasos:

1. Haga clic en el enlace Redactar ubicado en la parte superior de cualquier página de Gmail.
2. En la ventana de redacción, que se muestra en la figura 26.2, escriba la dirección de correo electrónico del destinatario, en la casilla Para:. Separe las direcciones de los destinatarios con comas.
3. Escriba un título para el mensaje en el casillero Asunto.
4. Escriba el texto del mensaje en el casillero de texto. Utilice las opciones de formato (negrita, cursiva, tipo de fuente, etc.) para mejorar el aspecto del mensaje.
5. Una vez haya terminado de redactar el mensaje, haga clic en el botón **Enviar**.

Truco:

También puede enviar una copia o bien enviar una copia oculta haciendo clic en los enlaces Añadir Cc *y* Añadir CCO *respectivamente. El mensaje se ampliará y se mostrarán los casilleros correspondientes a la copia y a la copia oculta, donde podrá escribir las direcciones de los destinatarios.*

Puede guardar las direcciones de correo más utilizadas en la lista de contactos de Gmail. Una vez añadidos, le resultará muy sencillo enviar mensajes a sus contactos.

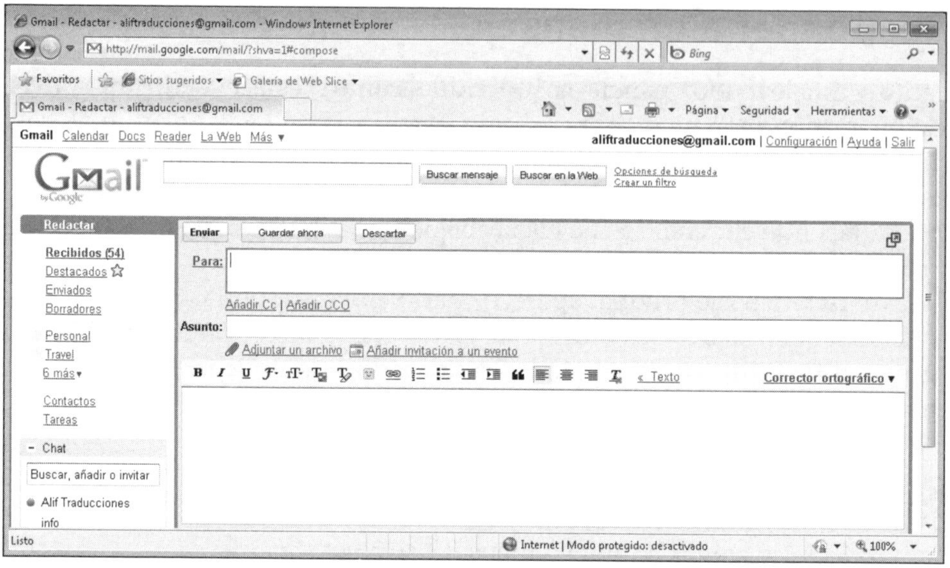

Figura 26.2. Redactar un nuevo mensaje en Gmail.

Para agregar un nuevo contacto, siga estos pasos:

1. Haga clic en el enlace Contactos de cualquier página de Gmail.
2. Haga clic en el botón **Nuevo contacto**.
3. Cuando se abra la ventana correspondiente, escriba el nombre, dirección de correo electrónico y otro tipo de información pertinente para este contacto.
4. Haga clic en **Guardar**.

Una vez haya agregado un contacto, puede escribir un correo electrónico abriendo la ventana de redacción y escribiendo el nombre del destinatario en el casillero Para:. Aparecerán todos los contactos que coincidan con ese nombre; elija el contacto deseado para su correo.

Enviar archivos a través de Gmail

Cuando necesite enviar una fotografía digital o cualquier otro tipo de archivo a un amigo o compañero de trabajo, puede hacerlo a través del correo electrónico. Para enviar un archivo a través del correo electrónico, es necesario adjuntarlo a un mensaje de correo electrónico normal. Al enviar el mensaje, el archivo adjunto "viaja" con el mismo; cuando el mensaje se recibe, el archivo llega asimismo a su destinatario.

Los peligros de los archivos adjuntos

Desafortunadamente, los archivos que se adjuntan a los correos electrónicos son una de las principales fuentes de las infecciones por virus y spyware informático. Son muchos los usuarios con intenciones maliciosas que adjuntan virus y spyware a sus mensajes de correo electrónico, frecuentemente disfrazados en forma de archivos legítimos; cuando el destinatario abre el archivo, su ordenador se infecta.

Con esto no queremos decir que todos los archivos adjuntos sean peligrosos, sino que el hecho de abrir estos archivos (especialmente aquellos que no esperamos) supone un riesgo que debemos asumir. En consecuencia, es recomendable no abrir ningún archivo que recibamos de un remitente desconocido. Asimismo, evite abrir archivos inesperados remitidos por amigos o conocidos.

Los únicos archivos adjuntos relativamente seguros son aquéllos procedentes de personas conocidas que nos hayan comunicado con antelación el envío del archivo. Si su jefe le envía un correo electrónico diciéndole que va a enviarle un archivo importante en formato Excel y posteriormente recibe un archivo en formato XLS, lo más probable es que sea un archivo seguro. Por el contrario, si recibe un archivo remitido por una persona desconocida que contenga un archivo adjunto de formato desconocido, es prácticamente seguro que se trate de un archivo malicioso que no conviene abrir.

¿Qué hacer cuando recibamos un archivo adjunto no deseado o inesperado? Afortunadamente, el simple hecho de recibir el adjunto en cuestión no lo activa; para activar el virus o el spyware, es necesario abrir el archivo. Por ello, es recomendable borrar el mensaje en su totalidad. No abra el archivo adjunto: bórrelo junto con el mensaje. Cualquier elemento borrado no podrá dañar su ordenador.

Cómo adjuntar un archivo en Gmail

Adjuntar un archivo en Gmail es muy sencillo. Siga estos pasos:

1. Redacte un nuevo mensaje y a continuación haga clic en Adjuntar un archivo.
2. Cuando aparezca el cuadro de diálogo Seleccione los archivos que se cargarán con mail.google.com, seleccione el archivo que quiere adjuntar y haga clic en el botón **Abrir**.
3. El archivo seleccionado aparecerá debajo del casillero Asunto. Siga redactando el mensaje y envíelo.

Abrir un adjunto en Gmail

Cuando reciba un mensaje de Gmail con un archivo adjunto, verá un icono con forma de clip junto al asunto del mensaje. Para ver y guardar un archivo adjunto, haga clic en el mensaje para abrirlo y vaya al final del mensaje. Si puede ver el adjunto en Gmail, verá un enlace Visualizar como (o bien Visualizar como HTML) como el que se muestra en la figura 26.3. Haga clic en el enlace para visualizar el documento en su navegador. Para guardar el archivo en el disco duro, haga clic en el enlace Descargar. Cuando se abra el cuadro de diálogo Descargar archivo, seleccione una ubicación para guardarlo y haga clic en el botón Guardar.

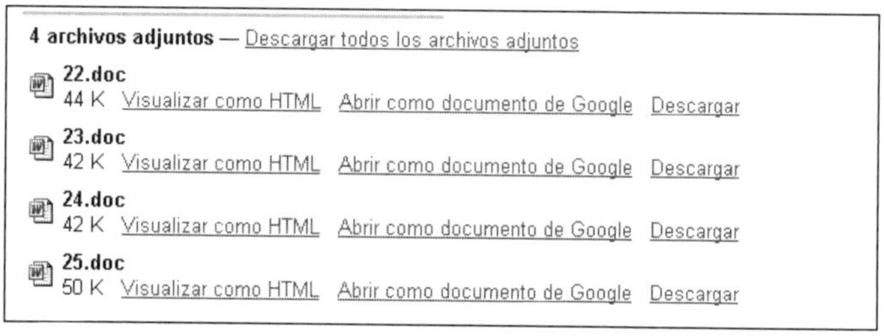

Figura 26.3. Ver y descargar archivos adjuntos en un mensaje de correo electrónico.

Resumen

He aquí los aspectos más importantes de este capítulo:

- El correo electrónico es un medio sencillo y rápido para enviar cartas electrónicas por Internet.
- Existen dos modalidades de correo: el correo POP, que exige el uso de un programa de correo electrónico, y el correo Web, que podemos enviar y recibir desde cualquier navegador Web.
- Los servicios de correo Web más importantes son Gmail de Google, Windows Live Hotmail de Microsoft y Yahoo! Mail.
- Enviar un nuevo mensaje en Gmail es tan sencillo como hacer clic en el enlace Redactar; para leer un mensaje, basta con seleccionarlo de la lista de mensajes.
- No abra ningún archivo adjunto inesperado de un mensaje de correo entrante; ¡podría contener algún virus!

Capítulo 27

Enviar y recibir mensajes instantáneos

En este capítulo aprenderá a:

- Conocer la mensajería instantánea.
- Utilizar AOL Instant Messenger.

A la gente le gusta charlar, incluso cuando están conectados a Internet. Para mantener una conversación privada con alguien, utilizamos una aplicación conocida con el nombre de "mensajería instantánea". Cuando utilizamos un programa de mensajería instantánea (MI) para enviar un mensaje a otra persona, en realidad le estamos enviando un pequeño mensaje de texto. Es una forma más de mantenerse en contacto cuando estamos conectados en línea, y todo el mundo lo utiliza.

¿Qué es la mensajería instantánea?

La mensajería instantánea (MI) nos permite comunicarnos con otra persona en tiempo real (un amigo, un familiar o un compañero de trabajo). Es más rápido que el correo electrónico y menos caótico que una sala de chat. Sólo somos nosotros y nuestro software de mensajería instantánea.
Las principales compañías en el ámbito de la mensajería instantánea son:

- AOL Instant Messenger (`www.aim.com`).
- Google Talk (`www.google.com/talk/`).
- ICO (`web.icq.com`).
- Windows Live Messenger (`messenger.live.com`).
- Yahoo! Messenger (`messenger.yahoo.es`).

Lamentablemente, muchos de estos productos no son absolutamente compatibles entre sí; por ejemplo, si está utilizando Windows Messenger, no podrá comunicarse con alguien que esté utilizando AOL Instant Messenger, lo que significa que sólo podrá enviar y recibir mensajes instantáneos de otros usuarios del mismo programa que esté utilizando, por lo que debe averiguar primero qué programas utilizan sus conocidos antes de descargar el software. Dicho esto, las redes de Windows Live Messenger y Yahoo! Messenger pueden conectar entre sí, así como Google Talk y AOL Instant Messenger. Pero ésta es toda la interoperabilidad que este tipo de programas ofrecen.

Advertencia:

La mensajería instantánea sólo funciona si ambas partes están conectadas al mismo tiempo; no puede enviar un mensaje instantáneo a alguien que no esté disponible. Algunos programas de MI permiten guardar los mensajes hasta que el receptor se encuentre en línea, momento en el que los mensajes se envían.

Utilizar AOL Instant Messenger

Uno de los programas de mensajería instantánea más empleados hoy en día es AOL Instant Messenger, o AIM, seguido muy de cerca por Yahoo! Messenger. AIM es especialmente popular entre los adolescentes, aunque pueden emplearlo usuarios de cualquier edad. Vamos a emplear AIM para los ejemplos de este capítulo, si bien todos los programas de mensajería instantánea funcionan de un modo muy similar.

Descargar AIM

Para utilizar AIM deberá descargar el cliente de AIM. Tanto la descarga como la utilización de AIM son gratuitas.

Acceda al sitio Web de AIM (`www.aim.com`) y haga clic en el menú Downloads. Existen distintas versiones de AIM; la versión disponible en el momento de escribir estas líneas es

AIM 6.9 (no obstante, puede que en el momento de la descarga encuentre una versión más moderna). Seleccione la versión que desea descargar; cuando aparezca la siguiente pantalla, haga clic en el enlace Install Now. Se descargará el software de AIM y se instalará en su PC.

Ejecutar AIM y registrarse

Una vez instalada la aplicación de AIM, puede ejecutar el programa haciendo clic en el icono de AIM que el programa instala en el escritorio, o bien seleccionando Inicio>Todos los programas>AIM>AIM. El programa mostrará la ventana principal, como puede ver en la figura 27.1.

Si es un nuevo usuario, necesitará escoger un nombre de pantalla antes de empezar a utilizar el programa. Podrá hacerlo haciendo clic sobre el enlace Get a Screen Name (Obtener un nombre de usuario) de la ventana de AIM. Siga las instrucciones en pantalla para escoger un nombre en pantalla y una contraseña para su cuenta.

Tras haber obtenido su nombre de pantalla y contraseña, debe registrarse en el servicio de AIM antes de poder empezar a enviar mensajes. Cuando ejecute el software de AIM, escriba su nombre de pantalla y su contraseña, y haga clic sobre el botón **Sign In**. El programa se conectará con el servicio y notificará a sus amigos que está en línea y listo para conversar.

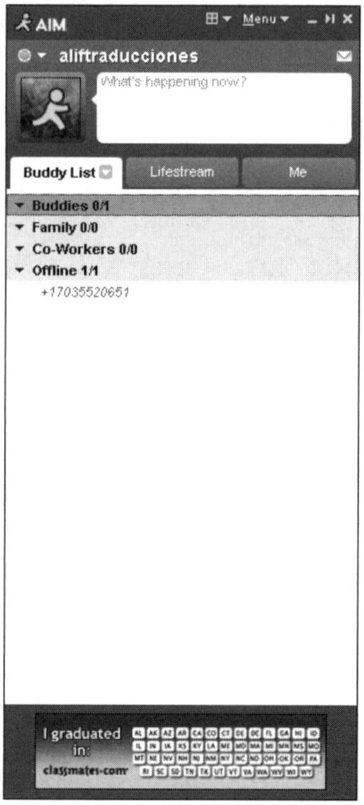

Figura 27.1. Ventana principal de AIM con usuarios conectados y desconectados.

Añadir nuevos amigos

Los usuarios con los que podemos conversar a través de AIM se conocen como *buddies* ("colegas" o amigos). Para enviar un mensaje instantáneo a otro usuario, esa persona debe encontrarse en su lista de amigos (Buddies).

La primera vez que ejecute AIM, el programa le preguntará si desea importar contactos de sus contactos de Hotmail, Outlook, Outlook Express y Yahoo! Hágalo si posee amigos y contactos que utilicen el servicio de AIM.

Más adelante podrá añadir usuarios a su lista Buddies de AIM. Para añadir un nuevo amigo, haga clic en el botón **Buddy List Setup** (Configuración de la lista de amigos) en la parte inferior de la ventana de AIM y seleccione Add Buddy (Agregar amigo). Cuando aparezca la ventana New Buddy (Nuevo amigo), como se muestra en la figura 27.2, teclee el nombre de pantalla de esa persona y haga clic sobre el botón **Save** (Guardar). La persona se añadirá a su lista de amigos.

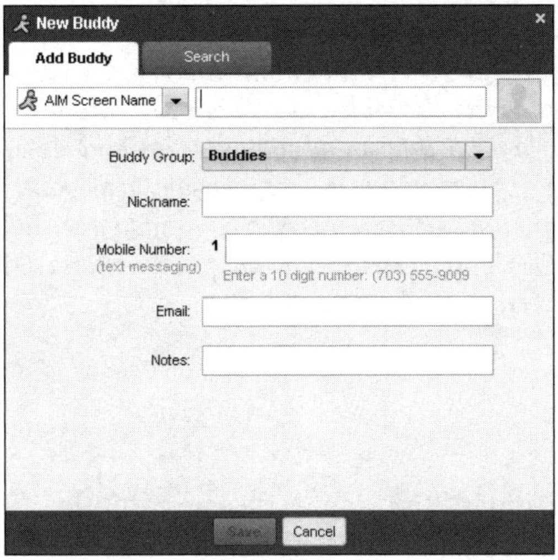

Figura 27.2. Añadir un nuevo amigo a su lista de amigos.

Después de añadir nuevos usuarios a su lista de amigos, éstos se mostrarán en la ventana principal de AIM. Los que se encuentren en línea y disponibles para charlar se recogen en la parte superior de la lista; los amigos que no estén conectados se reflejan en la parte inferior de la lista, en la sección Offline.

Enviar un mensaje

Para enviar un mensaje instantáneo a uno de sus amigos, haga doble clic sobre el nombre de dicha persona en la lista Buddies. Se abrirá una nueva ventana de IM, escriba su mensaje en la parte inferior de dicha ventana y haga clic sobre el botón **Send** (o pulse **Intro**).

Su mensaje se muestra en la parte superior de la ventana, al igual que lo hará la respuesta de su amigo. Continúe hablando de este modo, un mensaje detrás de otro. Toda la conversación se refleja en la parte superior de la ventana y puede desplazarla hacia arriba para acceder a los mensajes precedentes.

Recibir un mensaje

Cuando esté conectado al servicio de AIM y alguien le envíe un mensaje, AIM emitirá un "bip" y le mostrará una alerta en la parte inferior derecha de su ventana. Para contestar al mensaje, haga clic sobre la alerta; se abrirá una nueva ventana de IM donde podrá mantener una conversación.

Truco:

Puede utilizar AIM para enviar imágenes y otros archivos a otros usuarios; para ello, haga clic sobre los botones **Pictures** *o* **Send Files** *de la parte inferior de cualquier ventana de conversación. AIM también se puede emplear para mensajería de voz y vídeo, si posee un micrófono y/o una cámara Web conectada a su PC. Haga clic sobre los botones* **Talk** *o* **Video** *en cualquier ventana de AIM para iniciar una conversación de voz o vídeo.*

Resumen

He aquí los aspectos más importantes de este capítulo:

- Mientras que el correo electrónico es una herramienta de gran utilidad para el envío de mensajes formales y largos, la mensajería instantánea es estupenda a la hora de mantener conversaciones entre dos personas.
- Existen numerosas redes de mensajería instantánea, como AOL Instant Messenger (AIM), Google Talk, ICQ, Windows Live Messenger y Yahoo! Messenger.
- Para enviar un mensaje a otro usuario, ambos deberán estar conectados al mismo tiempo y utilizar el mismo software de mensajería instantánea.
- Aquellos usuarios con los que puede intercambiar mensajes están incluidos en su lista de amigos; haga doble clic sobre un nombre para iniciar una conversación en directo.

Capítulo 28

Redes sociales: Facebook, MySpace y Twitter

En este capítulo aprenderá a:

- Conocer el funcionamiento de las redes sociales.
- Utilizar Facebook.
- Utilizar MySpace.
- Utilizar Twitter.
- Proteger a sus hijos en las redes sociales.

¿Quiere saber qué están haciendo sus amigos, familiares y compañeros de trabajo? ¿Quiere que sepan cómo se encuentra hoy? Apúntese al tren de las redes sociales, a través de sitios Web como Facebook o MySpace.

Las redes sociales permiten a las personas compartir experiencias y opiniones entre sí a través de sitios Web basados en comunidades. Estos sitios Web recopilan millones de páginas Web individuales de usuarios activos que se combinan entre sí para crear una red social interactiva, y son la forma en la que los usuarios conectan entre sí hoy en día.

¿Cómo funcionan las redes sociales?

En la práctica, una red social no es una red: es simplemente un gran portal Web que aspira a crear una comunidad de usuarios. Cada uno de los usuarios que conforman la comunidad crea su perfil personal y una "página de perfil". Cada perfil contiene la suficiente cantidad de información personal como para permitir a otros usuarios con intereses similares conectar con sus "amigos"; la creciente colección de amigos personales del usuario ayuda a crear diversas comunidades personales.

La mayor parte de páginas de perfiles incluyen algún tipo de *blog*, foro de discusión o espacio de chat para que los amigos puedan comunicarse con la persona que ha creado el perfil en cuestión. En muchos casos, los usuarios postean además un listado de las actividades que están realizando en esos momentos, para que sus amigos sepan qué está haciendo.

Conectar con otros usuarios a través de las redes sociales

Las redes sociales son un lugar de encuentro virtual. La mayoría de sus usuarios pasan una buena parte del tiempo navegando entre perfiles para saber qué es lo que sus amigos están haciendo en ese mismo instante. Reproducen archivos de música y ven vídeos en las páginas de su perfil. Pueden ver quién está conectado, enviar mensajes instantáneos, boletines (mensajes cortos) y correos electrónicos entre sí.

Además, los usuarios pueden actualizar la página de su perfil, es decir, la cara que muestran al resto del mundo. Postean breves actualizaciones en las que hacen saber a los demás lo que están haciendo o pensando, y suben a la red fotografías personales o de sus amigos. La página de nuestro perfil personal es una especie de "casa" en la Web, ideal para presentarnos ante los demás.

Cómo encontrar amigos

Las redes sociales tienen por objeto conectar a amigos que ya lo sean, o hacer nuevos amigos. Para encontrar nuevos amigos, es necesario seguir una serie de reglas.

En primer lugar, es importante estar conectado con todos nuestros amigos y conocidos del mundo real. En segundo lugar, nos conectaremos con personas a las que no conocemos personalmente, pero de quienes hemos oído hablar y a las que respetamos. En tercer lugar, y si bien es importante tener muchos amigos, la calidad de los mismos es más importante que su número: en otras palabras, es mejor tener 10 buenos amigos que ser amigo de 100 "don nadies".

Sepa, no obstante, que cuando añadimos a otra persona como amigo, esto no quiere decir que esa persona se convierte automáticamente en nuestro amigo en el sentido tradicional del término. Ni siquiera significa que conozcamos o queramos conocer a esa persona: simplemente, la hemos añadido a nuestra lista de amigos.

Pasado un tiempo, el hecho de enlazar un amigo con otro y con el amigo de nuestro amigo nos acerca a la conocida teoría de los seis grados de separación. Es divertido comprobar cuántos amigos son necesarios para conectar con determinadas personas. Además, puede descubrir nuevos amigos viendo qué personas son amigas de sus amigos.

Cómo utilizar Facebook

La red social más importante en la actualidad es Facebook (`www.facebook.com`). Este portal tiene una mayor audiencia que MySpace e incluye a muchos usuarios adultos.

Cómo hacer amigos en Facebook

Encontrar amigos en Facebook es tan sencillo como utilizar la funcionalidad de Búsqueda. Escriba el nombre real de la persona o su nombre de usuario en la casilla de búsqueda ubicada en la parte superior de cualquier página de Facebook y pulse **Entrar**. La página de resultados le mostrará todos los usuarios que coincidan con sus criterios de búsqueda. Para enviar una invitación de amigo a esa persona, haga clic en el enlace Añadir a mis amigos. Si esa persona acepta su invitación, su nombre se añadirá a su lista de amigos.

Una vez la persona que hemos añadido se agregue a lista de amigos, todas las actividades de dicha persona se mostrarán en su página de inicio de Facebook, como se muestra en la figura 28.1. Vaya a la página de inicio y haga clic en el botón **News Feed**; aquí se mostrará toda la actividad de su amigo. De forma alternativa, puede hacer clic en el botón **Actualizaciones de estado** para ver las actualizaciones de estado de sus amigos, o bien en la pestaña Fotos para ver las últimas fotos subidas por sus amigos a la red.

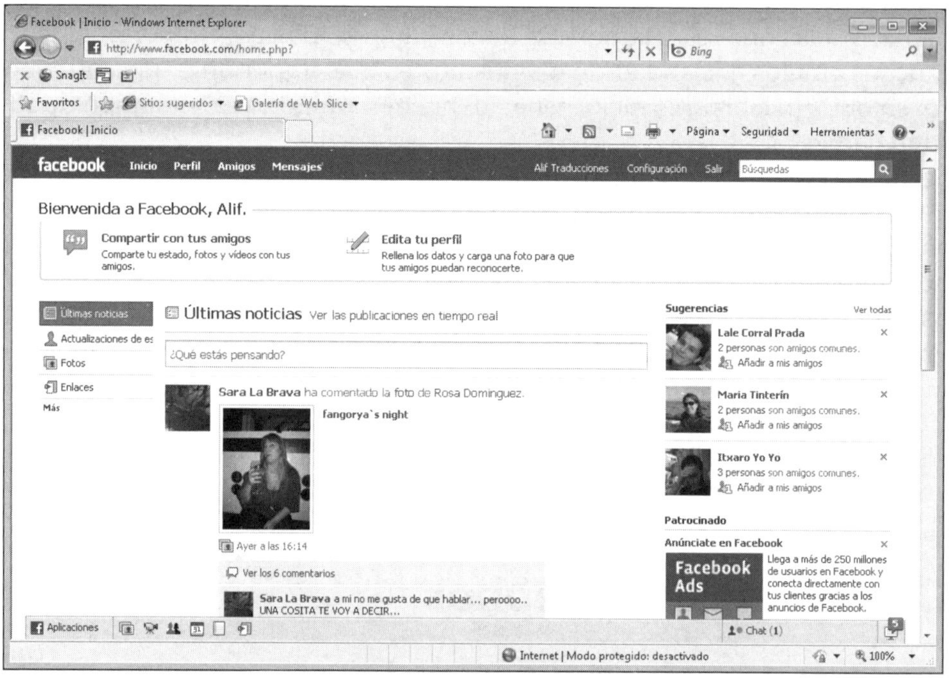

Figura 28.1. Manténgase al día de las actividades de amigos y familiares a través de la página de inicio de Facebook.

Visualización de perfiles

La página de perfil de Facebook es la página de inicio del usuario en la comunidad. Cada perfil incluye tres pestañas principales.(véase la figura 28.2)

- La pestaña Muro, donde se muestra la actividad más recientes y las notas de nuestros amigos.
- La pestaña Info, donde se muestra su información personal.
- La pestaña Fotos, donde se muestran las fotos que hayamos subido a la Web.

Figura 28.2. Una página típica de perfil de Facebook.

Puede crear pestañas adicionales, a las que podrá acceder haciendo clic en la pestaña marcada con el signo de suma (+). Además, la información clave y sus amigos se muestran en la barra lateral izquierda.

Cómo crear un perfil personal

El perfil personal de usuario de Facebook se crea en el momento de abrir la cuenta. Posteriormente, puede editar su perfil en cualquier momento en la página del perfil, haciendo clic en el enlace Editar mi perfil. La página de información del perfil muestra toda la información necesaria de nuestro perfil de Facebook:

- Información personal básica, entre la que se incluye nuestro sexo, fecha de nacimiento, ciudad, etc.
- Información personal relacionada con nuestras actividades, intereses, películas y series de TV favoritas, etc.
- Información de contacto, entre la que se incluye nuestra dirección de correo electrónico, nombres de usuario de servicios de MI, etc.
- Información laboral y educativa, que permite a los demás usuarios saber dónde trabajamos y dónde hemos estudiado.

Además, puede añadir una fotografía personal a su perfil. Para ello, haga clic en la zona de la fotografía de perfil. También puede modificar la fotografía existente. En la siguiente página, haga clic en Cambiar foto. Cuando se le solicite, seleccione la foto que desea subir y proceda.

Escribir en el muro

¿Quiere que sus amigos sepan lo que está haciendo en un momento dado? ¡Es muy sencillo! Vaya a su página de inicio o la página de su perfil y escriba algunas palabras en el casillero ¿Qué estás pensando? Haga clic en el botón **Compartir**; su actividad actualizada se mostrará en el Muro y en las páginas de inicio de todos sus amigos.

Si desea escribir un comentario directamente en el Muro de uno de sus amigos, vaya a la página personal del contacto en cuestión y seleccione la pestaña Muro. Escriba un mensaje en el casillero Escribe algo... ubicado en la parte superior de la página; haga clic en el botón **Compartir** y su comentario aparecerá de forma instantánea en el Muro de su amigo.

Subir fotos

Facebook permite a sus usuarios subir fotografías y crear álbumes organizados por temas. Las fotos aparecerán en la pestaña Fotos dentro de la página de su perfil.

Para subir una foto, vaya a la página de su perfil, seleccione la pestaña Fotos y a continuación haga clic en el botón **Crear un álbum**. En la siguiente página, escriba un nombre para el álbum, escriba su ubicación (o bien la ubicación donde tomó las fotos) y una descripción del contenido de las fotos. Si prefiere que sus fotos sean públicas, asegúrese de seleccionar Todos en ¿Quién puede ver esto? También puede elegir Sólo amigos o Amigos de Amigos.

Si ésta es la primera vez que sube fotos, Facebook instalará el software de carga de fotografías en su navegador Web. En la siguiente página, seleccione Subir fotos y busque la ubicación de las fotografías en su disco duro. Seleccione las fotos que desea cargar y haga clic en el botón **Subir fotos**.

Puede modificar el orden de las fotografías del álbum. Para ello, abra el álbum y seleccione la opción Organizar fotos. Para etiquetar a las personas dentro de una foto (es decir, para identificar a sus amigos de Facebook en las fotos), seleccione la opción Editar fotos. Para agregar más fotos al álbum, haga clic en Añadir más fotos.

Enviar un correo electrónico a otros usuarios

Escribir en el muro de otro usuario es una de las formas que tenemos de comunicarnos con ellos *on-line*, pero recuerde que es una conversación pública: todos los amigos de esta persona podrán leer lo que haya escrito. Si prefiere mantener una conversación privada, Facebook ofrece una funcionalidad de correo electrónico que le permitirá enviar mensajes directamente a otros usuarios.

Para enviar un correo electrónico a través de Facebook, seleccione Mensajes>Escribir nuevo mensaje en la barra de herramientas. Cuando aparezca la ventana de nuevo mensaje, escriba el nombre de usuario del destinatario y la dirección de correo en el casillero Para:. Escriba un asunto para el mensaje y el texto del mismo en el casillero de texto. Haga clic en el botón **Enviar** para enviar el mensaje al buzón de su amigo de Facebook.

Para ver los mensajes de su buzón de entrada, seleccione Mensajes>Ver bandeja de entrada. Se mostrarán todos los mensajes recientes. Haga clic en el encabezamiento de un mensaje para ver el texto de un mensaje específico. Para responder a un mensaje determinado, escriba su respuesta en la casilla Mensaje ubicada en la parte inferior de la página. Haga clic en el botón **Enviar** para enviar el mensaje. La administración de la bandeja de entrada de Facebook es muy sencilla: para borrar mensajes antiguos o no deseados, coloque una marca de verificación junto a los mensajes y haga clic en **Eliminar**. También puede marcar los mensajes leídos como no leídos, y viceversa.

MySpace

La segunda red en importancia en la red es MySpace (`www.myspace.com`). Al igual que Facebook, MySpace es una red social de uso gratuito, si bien es necesario crear una cuenta para poder acceder a muchas de las funcionalidades del portal. Los usuarios de MySpace tienden a ser algo más jóvenes que los de Facebook: es la red social preferida por muchos estudiantes de secundaria y bachillerato. Además, MySpace es una importante red social para músicos y otros artistas, que utilizan este portal para promocionar sus creaciones más recientes.

Cómo hacer amigos en MySpace

Para encontrar nuevos amigos en MySpace puede navegar por el sitio o bien utilizar la funcionalidad de búsqueda. Para buscar amigos en MySpace, seleccione la pestaña Buscar gente de la barra de menús. Se mostrará una página de Búsqueda de gente, donde podrá escribir sus criterios de búsqueda. Puede filtrar los resultados por género, rango de edad, ubicación, etc. Para realizar búsquedas más sofisticadas, haga clic en la pestaña Avanzado. Se agregarán opciones adicionales de búsqueda, como Etnia, Figura, Altura, Fumador, Bebedor, Orientación Sexual, Educación, Religión, Formación o Hijos. Puede clasificar los resultados según diferentes criterios: Actualizado Recientemente, Última sesión, Nuevo/a en MySpace o Proximidad.

Si conoce el nombre de la persona a la que está buscando, puede realizar una búsqueda dentro de los perfiles de MySpace utilizando el nombre de un usuario específico. Haga clic en el enlace Web ubicado en la casilla de búsqueda de la parte superior de la página y seleccione Gente. Escriba el nombre real del usuario o su nombre de perfil y haga clic en el botón **Buscar**. MySpace le devolverá un listado de perfiles que coincidan con su criterio de búsqueda; asegúrese de hacer clic en el botón **Siguiente** si el perfil que quiere encontrar no aparece en la primera página de resultados.

Una vez haya encontrado a la persona que quiere marcar como amigo, haga clic en Añadir a amigos junto al nombre de la persona. Se le pedirá que confirme su solicitud de amigo, tras lo cual se enviará un mensaje a su amigo en el que se le solicita que acepte su solicitud. Si la persona acepta, se convertirá en su amigo. De lo contrario, o bien no le conoce, o no quiere ser amigo suyo.

Puede seguir las actividades y comentarios de sus amigos desde la página de inicio de MySpace. Las actividades se muestran en la parte superior de la página. De este modo, siempre estará al día de las actividades de sus amigos.

Ver un perfil

La figura 28.3 muestra un perfil típico de MySpace. Dado que los usuarios pueden personalizar las páginas de sus perfiles, muy pocos perfiles de MySpace tienen un aspecto idéntico. No obstante, casi todos los perfiles de MySpace tienen elementos comunes, como por ejemplo:

- Blurbs o extractos: Contienen información sobre el usuario. Está dividida en dos partes: En cuanto a mí y A quién quiero conocer.
- Intereses: Enumeración de música favorita, películas, programas de TV, libros, etc.
- Detalles: Se ofrece información adicional sobre el usuario, como por ejemplo su estado civil, ubicación, signo del Zodiaco, etc.
- Información de contacto: Contiene enlaces para enviar correos electrónicos y mensajes instantáneos. También le permite añadir al usuario a su lista de amigos.

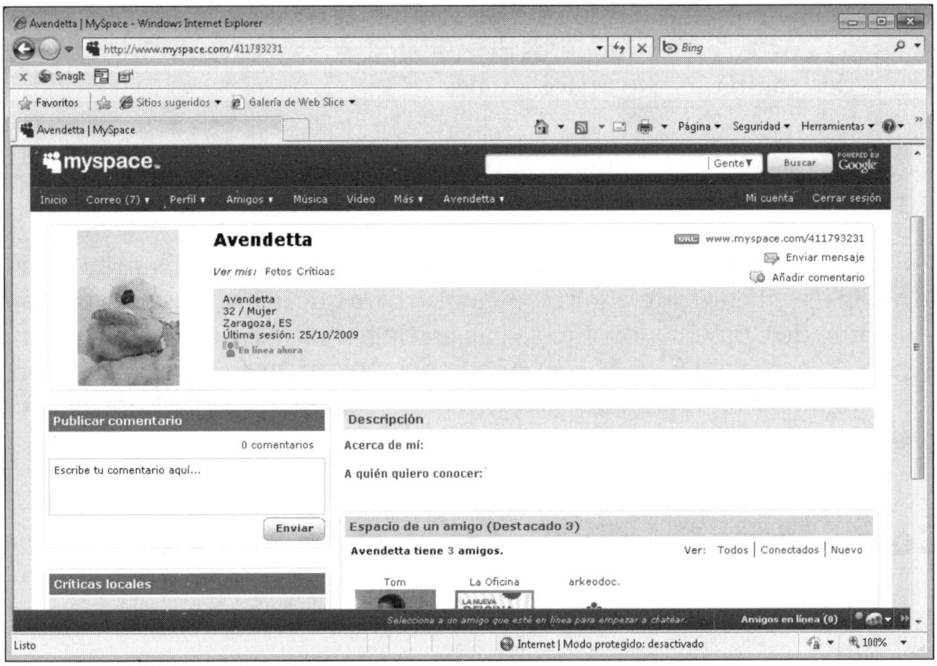

Figura 28.3. Página de perfil de MySpace.

- Blog: MySpace también funciona como portal de alojamiento de *blogs*. Los usuarios pueden crear un *blog* personal y enlazar las entradas de sus *blogs* con sus perfiles personales.
- Imágenes: Los usuarios pueden subir imágenes a su página de perfil. En la página de inicio se muestra la imagen por defecto; las demás fotos pueden visualizarse a través del enlace Mis fotos.
- Vídeos: Los usuarios pueden cargar vídeos en la página de su perfil. Para ver un vídeo, haga clic en el enlace Mis vídeos.
- Calendario: Permite a los usuarios subir su agenda a la red.
- Espacio del amigo: Se enumeran todos los amigos. Esta sección incluye un listado de todos los amigos del usuario, un listado de los ocho usuarios más importantes (en función de las preferencias del usuario) y un enlace para ver todos los amigos del usuario.
- Comentarios: Se muestran los comentarios realizados por los amigos del usuario, que pueden leer tanto el usuario como los demás visitantes.

Como ya hemos mencionado con anterioridad, las páginas de perfil de MySpace se pueden personalizar. De hecho, si el usuario es hábil con el manejo de los lenguajes HTML, CSS y JavaScript, las opciones de personalización son prácticamente infinitas. De lo contrario, el usuario puede elegir sus propios temas, fondos, colores y módulos de contenidos. Ésta es la razón por la que no hay dos páginas de MySpace iguales.

Comentarios

Si alguno de sus amigos dispone de un módulo de Comentarios en su página de MySpace, puede dejar algún comentario para que lo lean sus amigos. Vaya al módulo de Comentarios y haga clic en Comentar. En la siguiente página, escriba el mensaje y haga clic en Añadir comentario. Además, puede añadir una fotografía a su comentario si lo desea. El comentario aparecerá en la página de comentarios de su amigo.

Cómo crear un perfil personal en MySpace

Para crear un perfil personal en MySpace, necesitará una cuenta de MySpace. Para ello, haga clic en ¡Regístrate!
El registro es sencillo y gratuito. Tendrá que escribir una contraseña, nombre de usuario, fecha de nacimiento y sexo.
Una vez haya creado su cuenta, se le pedirá que suba una foto para su perfil. La foto puede estar en formato GIF o JPEG, debe pesar menos de 5 MB y no debe contener desnudos.
A continuación, podrá invitar amigos a su página de MySpace. Escriba sus direcciones de correo y haga clic en el botón **Invitar**.

Nota:

Todos los usuarios de MySpace tienen un amigo nada más empezar. Se trata del fundador de MySpace, Tom Anderson.

MySpace le enviará directamente a la página de su cuenta personal. Se trata de su página de inicio de MySpace, puesto que allí se enumeran todos los mensajes o boletines que reciba, así como sus amigos. Además, en esta página se incluyen los URL de su perfil y *blog* personal.
Para personalizar su perfil, haga clic en el enlace donde podrá elegir el nombre de usuario de MySpace, es decir, el nombre por el que los demás le buscarán. Elija este nombre con cuidado: una vez elegido, no podrá cambiarlo.

A continuación, vuelva a la página de inicio y seleccione Perfil>Editar perfil. Se mostrará la página de edición del perfil que aparece en la figura 28.4, donde podrá empezar a crear su perfil personalizado. Rellene la información adecuada y haga clic en el botón **Guardar cambios**. Haga clic en los enlaces de la parte superior de cada página para ir al resto de páginas: Intereses, Nombre, Información básica, Detalles, Colegios, Empresas, Trabajar en red, Canción y vídeo.

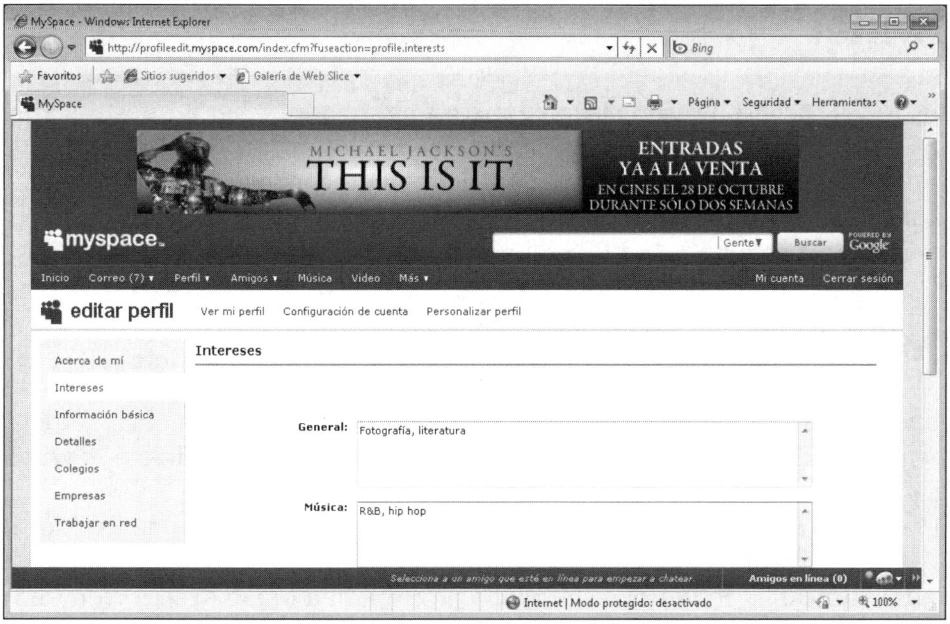

Figura 28.4. Agregar contenidos a su perfil de MySpace.

Se añadirán los contenidos especificados a su página de perfil. Para modificar la apariencia de su perfil, vuelva a la página de inicio y seleccione Perfil>Personalizar. Podrá elegir los elementos de la página que desea mostrar (así como su ubicación), y elegir un tema predeterminado para su página. Para personalizar su página, seleccione la opción de Edición avanzada o bien, si desea utilizar código HTML, la opción CSS. Haga clic en el botón **Publicar** para activar los cambios.

Añadir fotos

Para añadir fotos a su página de perfil en MySpace, seleccione Mis fotos en la barra de herramientas. A continuación, haga clic en el enlace Cargar fotos. La primera vez que suba fotos, MySpace instalará el software de carga de fotos en su navegador. A continuación podrá navegar por su disco duro y seleccionar las fotos que desea subir. Haga clic en el botón **Cargar** para cargar las fotos en MySpace.

A continuación verá un enlace de Fotos en la parte superior de su página de perfil. Sus amigos podrán ver las fotos haciendo clic en dicho enlace.

Twitter

Las redes sociales no son el único medio para hacer saber a nuestros amigos y familiares qué estamos haciendo. Twitter es una especie de servicio de micro-bitácoras que permite crear pequeños *posts* con texto de no más de 140 caracteres. Todos los usuarios suscritos a su cuenta recibirán actualizaciones a través de Twitter, un *feed* RSS o un mensaje de texto en su teléfono móvil.

Cómo "tuitear" con Twitter

Para utilizar Twitter es necesario crear una cuenta de usuario. Es completamente gratuita y puede crear directamente en la página de inicio de Twitter (`www.twitter.com`).

Una vez se haya registrado y entrado en su cuenta, la página de Twitter le mostrará la casilla ¿Qué estás haciendo?, como se muestra en la figura 28.5. Podrá "tuitear" a través de esta casilla. Escriba una breve descripción de lo que está haciendo en estos instantes y haga clic en **actualizar**.

Los *tweets* más recientes se muestran en su página de inicio, justo debajo de dicha casilla, y serán visibles para cualquier usuario suscrito a su *feed*. Además, los *tweets* de las personas a las que sigue se muestran en la página de inicio.

Cómo seguir a otros usuarios

Si sus amigos y familiares tienen cuenta en Twitter, podrá mantenerse al día suscribiéndose a sus *tweets*. Para encontrar a personas a las que conoce:

1. Vaya a la página de inicio de Twitter y haga clic en el enlace Buscar gente de la parte superior de la página.
2. Haga clic en la pestaña Buscar en Twitter para buscar a esa persona en la red de Twitter. Para buscar o invitar a personas de otras redes, haga clic en la pestaña adecuada.

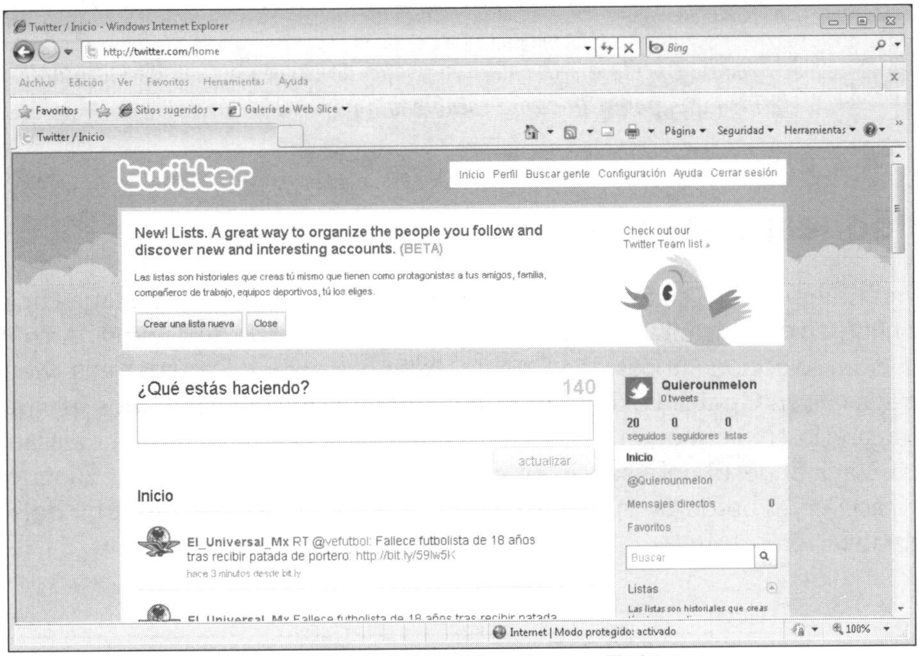

Figura 28.5. Micro-blogging en Twitter.

Para empezar a seguir a un usuario de Twitter, vaya a la página del perfil de ese usuario y haga clic en el enlace Seguir ubicado debajo de la imagen de esa persona. Todos los *tweets* del usuario en cuestión aparecerán en su página de inicio. Para dejar de seguir a un usuario, haga clic en el enlace Seguidos de la página de inicio. Se mostrarán todos los usuarios cuyos *tweets* sigue. Haga clic en el botón **Acciones** y seleccione **Dejar de seguir a**.

Advertencia:

Algunos usuarios protegen sus perfiles para que ningún desconocido pueda seguirles sin su conocimiento. Al hacer clic en el enlace Seguir, *tendrá que obtener su permiso para poder seguir sus tweets.*

Seguir a través del teléfono móvil

Twitter permite seguir a otros usuarios a través del teléfono móvil. Para ello, es necesario conocer su nombre de usuario y enviar un mensaje de texto a Twitter con las palabras **Seguir nombredeusuario**. Una vez haya enviado el mensaje de texto, recibirá un mensaje con el *tweet* de otro usuario.

Advertencia:

Si recibe tweets a través de mensajes de texto en su teléfono móvil, tendrá que pagar la cuota establecida por este servicio.

Bloquear a usuarios

Si no quiere que le sigan en Twitter, puede proteger su perfil. Haga clic en Configuración ubicado en la parte superior de la página de Twitter. A continuación, seleccione la pestaña Cuenta. Active la opción Proteger mis tweets y haga clic en **Guardar**. Además, puede impedir que determinados usuarios le sigan (lo cual supone una vía estupenda para evadir a los ciberacosadores). Vaya al perfil del usuario en cuestión y haga clic en el enlace Bloquear ubicado en el botón de **Acciones**. El usuario no podrá ver ninguna de sus actualizaciones futuras.

Truco:

Para personalizar el perfil que verán los demás usuarios de Twitter, haga clic en el enlace Configuración *de la página de inicio. Seleccione la pestaña* Cuenta *para editar su nombre, ubicación y datos personales; haga clic en la pestaña* Imagen *para subir una fotografía personal; haga clic en la pestaña* Diseño *para seleccionar un tema para su página de perfil.*

Proteja a sus hijos en las redes sociales

Dado que tanto MySpace como Facebook son tan populares entre los adolescentes, muchos padres han mostrado ya su preocupación ante la posibilidad de que sus hijos se conviertan en víctimas de los ciberacosadores que pueblan estos espacios. No es una preocupación infundada, especialmente teniendo en cuenta la cantidad de información personal que la mayor parte de los usuarios cuelgan en los perfiles de las redes sociales.

Cómo mantener la privacidad

Es importante señalar que tanto MySpace como Facebook intentan mantener estrictas políticas de seguridad. Por ejemplo, MySpace obliga a los usuarios de entre 14 y 15 años a mantener la privacidad en sus perfiles, es decir: ningún

usuario de MySpace puede acceder a dichos perfiles. Los usuarios de 16 años o más tienen la opción de restringir el acceso del resto de usuarios a sus perfiles, si bien la mayor parte de los adolescentes no lo hacen (naturalmente, MySpace no verifica la edad de sus usuarios, de manera que un niño puede pretender que tiene más años para obtener ciertos privilegios de acceso).
Además, tanto MySpace como Facebook toman medidas para impedir que sus páginas se llenen de acosadores sexuales. Ambos portales realizan un seguimiento constante de estos usuarios y les prohíben el acceso a sus respectivos sitios.

Supervisión paterna

La mejor manera de proteger a sus hijos en las redes sociales pasa por controlar las actividades de los pequeños en estos sitios. Es recomendable que se convierta en "amigo" de sus hijos en MySpace y Facebook y que visite sus páginas personales con cierta frecuencia. Quizás le sorprenda lo que ve.
Desgraciadamente, no todos los adolescentes son prudentes a la hora de colgar información en la red. No es infrecuente encontrar fotografías con poses provocativas en sus perfiles de las redes sociales, y es probable que a ningún padre le guste ver a sus hijos de semejante guisa.
Además, tendrá que avisar a sus hijos de que no todos los usuarios de MySpace o Facebook son "amigos" verdaderos. Avíseles para que tengan cuidado con la información que hacen pública y con quién se comunican. Sobre todo, asegúrese de que sus hijos no se reúnen en persona con "amigos" desconocidos; no faltan los casos en los que adultos sin escrúpulos utilizan las redes sociales como vía para acosar a los adolescentes.
En otras palabras: enseñe a sus hijos a ser precavidos. Tener una cuenta en MySpace y Facebook no tiene por qué ser más peligroso que darse una vuelta por el centro comercial, pero ni siquiera el centro comercial es seguro al cien por cien. La precaución y el sentido común son nuestros mejores aliados.

Protéjase

Los consejos que acabamos de ofrecerle relativos al uso que sus hijos hacen de las redes sociales son también aplicables a los adultos. Piénseselo dos veces antes de escribir información personal o de subir fotografía comprometidas en la red, y no anuncie a diestro y siniestro todas sus actividades. No acepte de forma automática cualquier solicitud de amigo procedente de personas desconocidas.

Otro punto importante es que ni MySpace ni Facebook están pensados como sitios de citas *on-line*. Es cierto que puede conocer a nuevos amigos gracias a estas redes, pero tenga cuidado a la hora de pasar de las relaciones cibernéticas a las relaciones en el mundo real. Si decide reunirse con un amigo de Internet en el mundo real, hágalo en un lugar público y vaya acompañado de algún amigo. No se arriesgue, y recuerde que hasta que no se conozcan en persona, cualquier persona con la que se comunique en Internet seguirá siendo un desconocido.

Resumen

He aquí los aspectos más importantes de este capítulo:

- Las redes sociales nos permiten mantener el contacto con amigos y familiares.
- La red social más importante de la actualidad es Facebook, seguida de MySpace (esta última, orientada a un público juvenil).
- Tanto Facebook como MySpace permiten a sus usuarios crear páginas de perfiles personales en las que se muestran nuestra información personal, fotografías, listas de amigos, entradas de *blogs*, etc.
- Otra de las formas que tenemos para mantenernos en contacto con nuestros amigos es mediante los *tweets* de Twitter, un sitio de *micro-blogging*.

Capítulo 29

Blogs y podcasts

En este capítulo aprenderá a:

- Conocer la blogosfera.
- Leer y redactar comentarios en blogs.
- Buscar blogs.
- Seguir la pista a sus blogs preferidos con un software de lectura de fuentes.
- Crear su propio blog.
- Conocer los blogs en la radio: escuchar podcasts.

Cualquier usuario mínimamente acostumbrado a navegar por Internet probablemente haya oído hablar de los *blogs*. Un *blog* (acrónimo en inglés de *web log*, o "bitácora") es una especie de diario en línea que el autor actualiza con frecuencia con nueva reflexiones e información diversa.
En Internet existen cientos de miles de *blogs*, desde los más personales a *blogs* dirigidos a un público más amplio; algunos *blogs* son tan influyentes que pueden llegar a aparecer en las noticias. Lo que el lector quizás desconozca es que cualquier persona puede crear un *blog*: es muy sencillo y divertido.
Tanto si desea crear su propio *blog* como leer el de otra persona, los *blogs* son hoy en día una parte fundamental de Internet. Siga leyendo para conocer más de cerca este mundo.

Bienvenidos a la blogosfera

Para comenzar a manejar *blogs*, debe acostumbrarse a utilizar un nuevo vocabulario. Un *blog* es un diario que se aloja en la Web y que es visible para otros usuarios de la Web. La expresión "bloguear" define la tarea de actualizar un *blog*; el dueño del *blog* es un *blogger*, y el universo de los *blogs* se conoce con el nombre de "blogosfera".
Hay usuarios que conciben sus *blogs* como una especie de álbum de recortes personales y públicos al mismo tiempo, un diario en línea en el que registrar sus pensamientos para la posteridad. Incluso aunque nadie lo lea, sigue siendo muy valioso para el autor, ya que funciona como una especie de repositorio de ideas e información al que se puede acceder con posterioridad.
Otros *bloggers* están más especializados. Algunos *blogs* están dedicados a alguna afición, equipos deportivos, eventos locales, sectores concretos, etc. Algunas personas crean *blogs* a favor de una causa determinada, ya sea de índole política o no (de hecho, muchas personas se adentran por primera vez en la blogosfera a través de *blogs* de contenido político, especialmente en época de elecciones).
En cierto modo, los *bloggers* más serios son como los columnistas de los medios tradicionales. Escriben de forma apasionada, aportando un punto de vista y una sensibilidad personal que hacen de sus *blogs* un punto de lectura interesante. Incluso aquellos *bloggers* que no ofrecen opiniones personales ofrecen un punto de vista específico, dependiendo de los contenidos que decidan incluir en el *blog* y los enlaces que incluyan. La blogosfera es un mundo interesante que está revolucionando el mundo del periodismo y los periódicos, en proceso de adaptación a la nueva realidad en línea.

Naturalmente, un *blog* no tiene por qué limitarse a contener comentarios y observaciones personales. Una gran parte de la actualización de un *blog* consiste en ir vinculándolo a otros *blogs* y noticias e información en la Web. Fíjese en cualquier *blog*: observará un listado de *blogs* relacionados (en ocasiones etiquetados en una sección titulada "amigos de..."). A los *bloggers* les gusta enlazar otros *blogs* que son de su interés, así como nuevas historias, fotos, archivos de audio, etc.

De hecho, muchos *blogs* no son más que enlaces a entradas interesantes de otros *blogs*; un *blog* no tiene por qué tener contenidos excesivamente originales. El *blogger* encuentra algo interesante y usa su *blog* para llamar la atención sobre ello. En cierto sentido, el *blogger* actúa como el DJ de una discoteca, que "pincha" enlaces y fragmentos de interés igual que el DJ "pincha" pistas musicales.

Una vez dicho esto, los *bloggers* no sólo bucean por la blogosfera para encontrar los artículos más interesantes, sino que también añaden información y dotan de organización a estos contenidos, y en muchos casos añaden comentarios personales. Los mejores *blogs* ofrecen un punto de vista claro y definido, independientemente de la naturaleza de los contenidos a los que enlacen.

Leer y realizar comentarios en blogs

¿Qué aspecto tiene un *blog*? Como puede observar en la figura 29.1, un *blog* es una colección de *posts* o artículos individuales. Los artículos se muestran usando un orden cronológico inverso, de modo que la información más reciente ocupa la parte superior. Los artículos más antiguos se relegan al archivo del *blog*, al que se accede por lo general utilizando un enlace en la barra lateral. Normalmente, al final de cada artículo se encuentra un enlace a los comentarios de dicha información. Dependiendo del *blog*, los lectores podrán escribir sus comentarios personales sobre la información proporcionada. Haga clic en el enlace a los comentarios para leer todos los comentarios realizados hasta la fecha o para escribir su propio comentario.

Nota:

En la columna lateral del blog también encontrará enlaces a otros elementos de interés, en función de los elementos que ofrezca el hospedaje del blog. Es posible encontrar enlaces a los vídeos o libros favoritos del blogger, o bien enlaces a otros sitios Web relacionados.

Figura 29.1. Un blog típico.

La mayoría de los *blogs* ofrecen sólo texto, pero también pueden mostrar fotos, archivos de sonido e incluso vídeos. Todo ello depende del *blogger* y del tipo de *blog* que desee crear. Algunos *blogs* tienen incluso diversos dueños y cuentan con entradas redactadas por diferentes autores.

Buscar blogs

La Web ofrece literalmente cientos de miles de *blogs*, que tratan sobre cualquier tema imaginable. ¿Cómo encontrar *blogs* interesantes?
Para encontrar un *blog* en particular, utilice los siguientes directorios:

- Blog Catalog (`www.blogcatalog.com`).
- Blog hints (`www.bloghints.com`).
- Blog Search Engine (`www.blogsearchengine.com`).
- Blogging Fusion (`www.bloggingfusion.com`).
- Bloghub.com (`www.bloghub.com`).

- Globe of Blogs (`www.globeofblogs.com`).
- Google Blog Search (`blogsearch.google.com`).
- Weblogs.com (`www.weblogs.com`).

Truco:

Busque también blogs asociados con los sitios Web que visita con regularidad. Por ejemplo, el New York Times hospeda un cierto número de blogs que acompañan a sus artículos y columnas habituales (acceda a `www.nytimes.com/ref/topnews/blog-index.html` *para obtener un listado completo).*

Seguir la pista a blogs con un lector de fuentes

Muchos *blogs* le permiten suscribirse a una fuente (en inglés, *feed*) de sus artículos. Un *feed* es una lista actualizada del nuevo material publicado; las suscripciones a fuentes emplean la tecnología *Real Simple Syndication* (RSS) para mostrarle los artículos nuevos que se publiquen en el *blog*.

Por lo general, puede suscribirse a la fuente RSS del *blog* directamente desde el propio *blog*. Busque un botón **Suscribirse**, **Fuente** o **RSS** (en ocasiones se ofrece una forma alternativa de suscripción llamada fuente Atom, que funciona del mismo modo que RSS). Haga clic en el botón para mostrar la página de la fuente y copie la dirección de esta página en su lector de fuentes.

Pero, ¿qué es un lector de fuentes? Es un programa que controla y muestra las fuentes RSS a las que está suscrito. Algunos de los lectores de fuentes más extendidos son FeedDemon (`www.feeddemon.com`) y Feedreader (`www.feedreader.com`); también puede controlar sus suscripciones a fuentes RSS mediante un agregador de fuentes basado en la Web, como Bloglines (`www.bloglines.com`), Google Reader (`reader.google.com`) o NewsGator (`www.newsgator.com`).

Mejor aún: puede utilizar Internet Explorer 8 para controlar todas sus suscripciones RSS. IE8 integra un lector de fuentes. Cuando acceda a una página RSS de un *blog*, Internet Explorer mostrará un mensaje en la parte superior de la página. Haga clic sobre el enlace Suscribirse a esta fuente, y el navegador controlará los nuevos artículos publicados en el *blog*. Puede ver todas las fuentes del *blog* accediendo al Centro de favoritos de IE8 y haciendo clic sobre el botón **Fuentes**.

Crear su propio blog

Normalmente, los *bloggers* actualizan sus *blogs* de forma periódica: semanalmente, diariamente o incluso cada hora, dependiendo del *blogger*. El proceso de actualización de un *blog* se lleva a cabo gracias a un software de *blogs*. Tener un *blog* requiere poca o ninguna experiencia técnica por parte del *blogger*; todo el trabajo duro lo realiza el software del *blog* o el sitio donde se aloja el *blog*. Si desea crear su propio *blog* personal, busque una comunidad de *blogs*. Estos sitios Web ofrecen herramientas de fácil manejo para la creación y mantenimiento del *blog*, y se encargan de la parte relativa al alojamiento, que frecuentemente es gratuito. Éstas son algunas de las comunidades de alojamiento de *blogs* más importantes:

- BlogEasy (`www.blogeasy.com`).
- Blogger (`www.blogger.com`).
- Blogsome (`www.blogsome.com`).
- eBloggy (`www.ebloggy.com`).
- tBlog (`www.tblog.com`).
- TypePad (`www.typepad.com`).
- WordPress (`www.wordpress.com`).

De todas estas comunidades, Blogger (propiedad de Google) y TypePad son probablemente las más importantes. Como puede ver en la figura 29.2, estos sitios le facilitan la creación de su propio *blog*; es cuestión de hacer clic sobre unos cuantos botones y rellenar algunos formularios. Una vez haya creado su *blog*, podrá actualizarlo con tanta frecuencia como desee, nuevamente mediante un par de clics (la figura 29.3 le muestra lo sencillo que es crear una nueva entrada en un *blog* de Blogger). Una vez comience a bloguear… ¡no podrá parar!

Nota:

Twitter (`www.twitter.com`) funciona como una especie de servicio de micro-blog que permite redactar entradas de no más de 140 caracteres de longitud. Consulte el capítulo 28.

Truco:

Tanto MySpace como Facebook ofrecen funcionalidades de alojamiento de blogs. Además, muchas comunidades de alojamiento de sitios Web ofrecen funciones similares. Para obtener más información, consulte el capítulo 28.

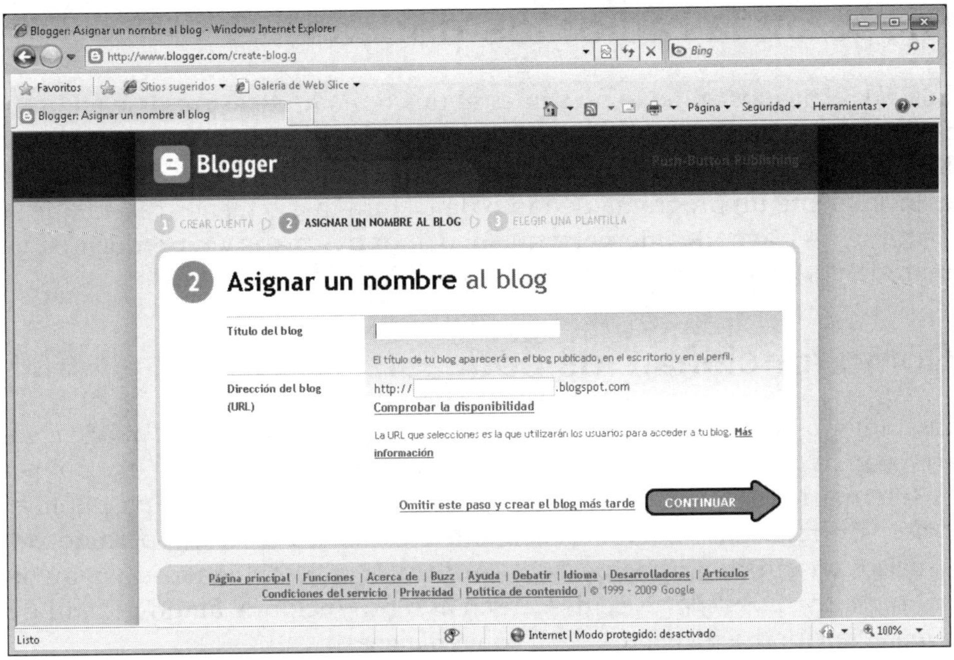

Figura 29.2. Utilice Blogger para hospedar su blog personal.

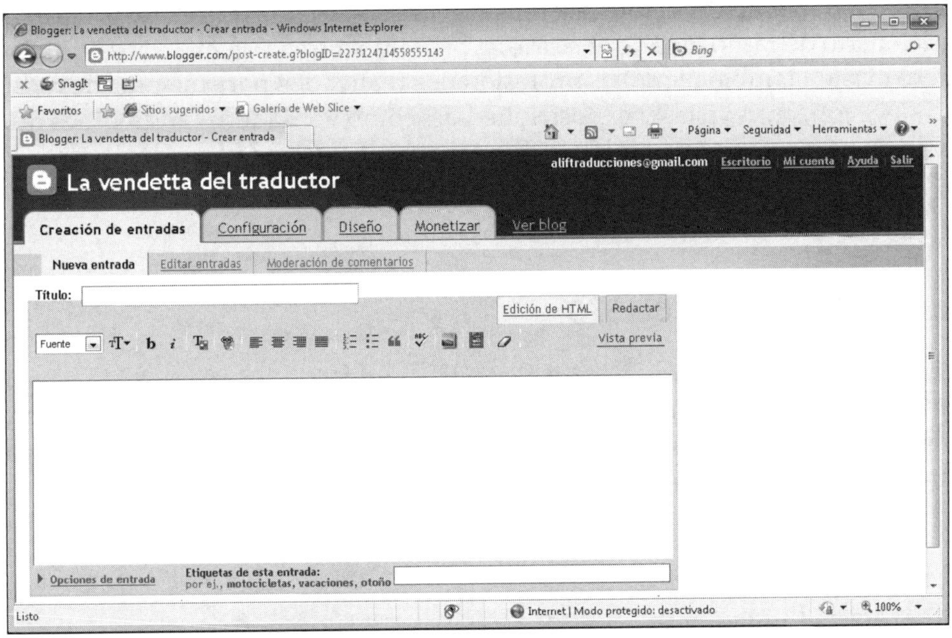

Figura 29.3. Crear un nuevo blog en Blogger.

Blogs en la radio: los podcast

Los *blogs* basados en texto no son es el único modo de expresarse en línea. Si dispone de un iPod o de otro reproductor portátil de archivos en formato MP3, podrá escuchar *blogs* de audio, conocidos como *podcasts*. Un *podcast* es esencialmente un programa de radio de factura más o menos casera que se distribuye a través de Internet y que podemos descargar y reproducir en un reproductor de audio portátil, incluido un iPod.

Cómo funcionan los podcasts

Cualquier usuario equipado con un micrófono y un ordenador puede crear sus propios *podcasts*. Un *podcast* no es más que un archivo MP3 que se publica en Internet. Muchos *podcasters* (nombre que reciben los usuarios que publican *podcasts*) ofrecen sus contenidos mediante una fuente RSS, lo que permite a los usuarios encontrar fácilmente los *podcasts* futuros suscribiéndose a la fuente del *podcaster*. Los *podcasts* se descargan al reproductor de audio portátil del oyente, que podrá escucharlo a su conveniencia.

¿Qué tipo de *podcasts* existen? Qué duda cabe que el mundo de los *podcasts* es un mundo muy interesante, lleno de producciones creadas en sótanos y garajes. Probablemente, el formato más extendido de *podcast* es el del programa aficionado de radio, donde el *podcaster* crea una mezcla de música y opinión. Pero existen también *podcasts* profesionales realizados por emisoras de radio y televisión, entrevistas y exposiciones, así como verdaderos audioblogs que ofrecen comentarios y opiniones de todo tipo. La variedad es asombrosa; en cuanto a la calidad, tenemos *podcasts* que van desde lo más mediocre hasta lo profesional.

Encontrar podcasts

¿Desea acceder al maravilloso e increíble mundo de los *podcasts*? Si es así, necesita examinar un directorio de *podcasts* para consultar qué puede escuchar. A continuación se enumeran algunos de los directorios de *podcasts* más importantes:

- Digital Podcast (`www.digitalpodcast.com`).
- Podcast Alley (`www.podcastalley.com`).
- Podcast Bunker (`www.podcastbunker.com`).
- Podcast Directory (`www.podcastdirectory.com`).

- Podcast.com (`www.podcast.com`).
- Podcasting Station (`www.podcasting-station.com`).
- PodcastPickle.com (`www.podcastpickle.com`).
- PodCastZoom (`www.podcastzoom.com`).
- Podfeed.net (`www.podfeed.net`).

Podcasts en el iPod

Si posee un iPod, es probable que se haya apercibido de la existencia de un elemento bautizado con el nombre de **Podcasts** en el menú de su dispositivo, que le permitirá sintonizar todos los *podcasts* almacenados en el mismo y reproducirlos en el orden deseado.

Puede descargar *podcasts* a su iPod por medio del directorio de *podcasts* de iTunes. Haga clic en el enlace a la tienda de **iTunes Store** en el panel situado a la izquierda de **iTunes** y pulse sobre el enlace **Podcasts**. Como puede ver en la figura 29.4, puede realizar búsquedas de los *podcasts* disponibles, descargar los que desee y suscribirse a aquellos que desee oír de nuevo. Muchos de estos *podcasts* son relativamente profesionales; entre ellos, encontrará programas creados por las principales cadenas de información y deportes. Lo mejor es de todo es que la mayoría de los *podcasts* de iTunes son gratuitos.

Cuando se suscriba a un *podcast*, iTunes buscará de forma automática las actualizaciones y descargará los nuevos episodios a su ordenador. Puede acceder a los *podcasts* descargados haciendo clic sobre el enlace **Podcasts** del panel de iTunes. Obviamente, los nuevos *podcasts* se transferirán a su iPod cuando vuelva a conectarlo y sincronizarlo. Es un método rápido y sencillo de acceder al fenómeno *podcast*; eso sí, siempre que disponga de un iPod.

Crear sus propios podcasts

Si le encantan los *podcasts*, ¿por qué no crear *podcasts* personales? Le sorprenderá lo sencillo que resulta crear un *podcast*. He aquí todo lo necesario:

- Un micrófono (de cualquier tipo).
- Un PC (no existe ningún requisito especial).
- Un software de grabación de sonido, Audacity (`audacity.sourforge.net`), ePodcast Creator (`www.industrialaudiosoftware.com`) o Propaganda (`www.makepropagadan.com`). De forma alternativa, muchas comunidades de alojamiento de *podcast* ofrecen su propio software de grabación.

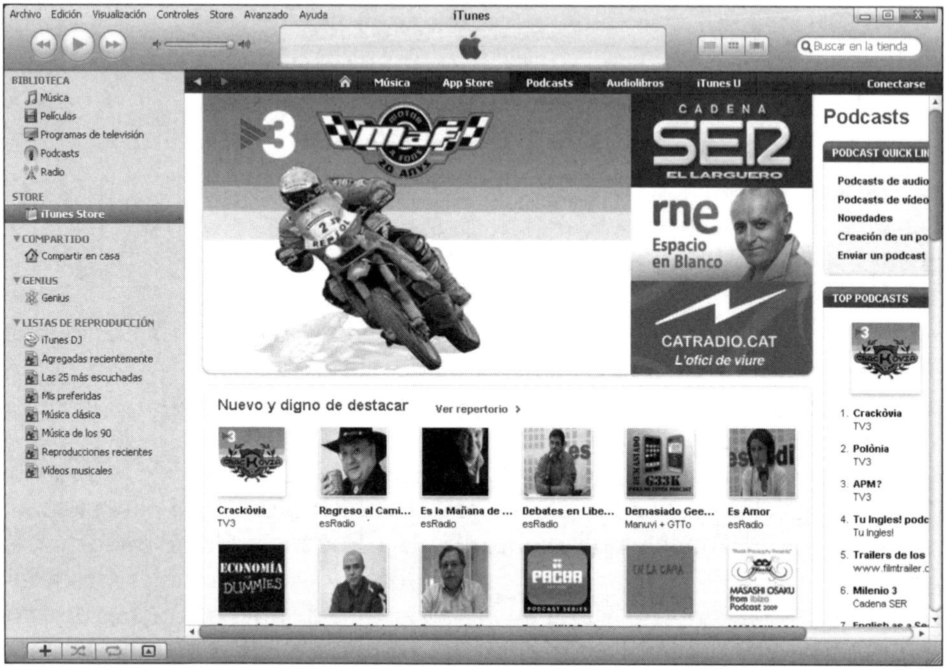

Figura 29.4. Búsqueda de podcasts en el directorio de iTunes.

- Auriculares (opcionales).
- Conexión a Internet, para poder publicar sus *podcasts* en la Web.
- Un servicio de hospedaje de *podcast* o RSS.

La grabación de un *podcast* no es en absoluto compleja: basta con configurar el nivel del volumen, hacer clic en el botón de grabación en el software de grabación y hablar al micrófono. Naturalmente, podrá detener y reiniciar la grabación cuando lo estime oportuno; incluso puede volver sobre una sección ya grabada y regrabarla si no está satisfecho con el resultado. La mayoría de los programas de grabación también le permiten editar sus grabaciones eliminando las secciones que no desea conservar y moviendo secciones donde sea necesario.

La grabación original debería guardarse en formato WAV de alta calidad y mantener el formato WAV durante todo el proceso de edición. Después de que su *podcast* adopte su forma final, podrá exportar el archivo a un formato MP3. Si el *podcast* sólo tiene audio, bastará con una tasa de bits relativamente baja (32 o 64 Kbps). Si el *podcast* incluye música, piense en una tasa más alta de hasta 128 Kbps. Asegúrese de que añade las metaetiquetas necesarias para toda la información del *podcast*, y estará listo para su distribución.

Después de guardar el *podcast* en formato MP3, suba el archivo a un servidor. Si posee su propio sitio Web, puede usar ese servidor para almacenar sus *podcasts*. Necesitará contar con espacio de almacenamiento extra; los archivos de sonido pueden ser grandes, dependiendo de la calidad de audio y su duración. Por ejemplo, un *podcast* de 30 minutos guardado con una tasa de 64 Kbps en una modalidad de audio mono tendrá un tamaño de unos 8 Mb. Si utiliza una tasa de bits mayor, el tamaño del archivo crecerá en consecuencia.

Si no dispone de un servidor, piense en utilizar un servicio de hospedaje de *blogs* de sonido, como Hipcast (`www.hipcast.com`), Podbean (`www.podbean.com`) o Podbus.com (`www.podbus.com`). Por lo general, estos portales cobran una cuota de almacenamiento de entre 5 y 10 euros mensuales; además, la mayoría le ayudarán a sindicar sus *podcasts* a través de lectores RSS.

El paso final del proceso es la sindicación a través de RSS. La mejor vía para sindicar un *podcast* es a través un servicio de alojamiento de *blogs* de audio o bien a través de un software de *blogs*. Gran parte de estos programas y servicios pueden generar una fuente RSS; de lo contrario, puede utilizar FeedBurner (`www.feedburner.com`) de forma gratuita. Si usa FeedBurner, deberá crear un enlace en su sitio Web al archivo de FeedBurner para que los visitantes puedan encontrar la fuente.

Eso es todo. Todo lo que debe hacer ahora es esperar a que los usuarios encuentren sus *podcasts* y se suscriban a su RSS.

Resumen

He aquí los aspectos más importantes de este capítulo:

- Un *blog* es un diario de carácter público o privado alojado en Internet, formado por una serie de artículos individuales.
- La mayoría de los *blogs* permite a sus lectores realizar comentarios a los artículos.
- Puede utilizar una comunidad de alojamiento de *blogs*, como Blogger, para crear y hospedar su propio *blog*.
- Un *blog* con formato de audio recibe el nombre de *podcast*.
- Uno de los mejores modos de encontrar y descargar *podcasts* es mediante el directorio de *podcasts* de iTunes.

Parte VII

Explorar el estilo de vida digital

Capítulo 30

Organizar y editar sus fotos digitales

En este capítulo aprenderá a:

- Transferir sus fotografías desde la cámara al PC.
- Almacenar sus fotografías en Windows.
- Elegir un programa de edición fotográfica.
- Editar sus fotografías con Galería fotográfica de Windows.
- Imprimir sus fotografías.

Es probable que el lector ya haya cambiado su vieja cámara de carrete por una nueva cámara digital. ¡Bien por usted! Ahora, podrá utilizar su PC no sólo para almacenar sus fotografías digitales, sino también para editarlas. Podrá retocar las manchas, los ojos rojos, recortar el encuadre y aplicar todo tipo de efectos especiales a sus fotos.

Una vez retocadas nuestras fotografías, podrá crear álbumes de fotografías digitales, utilizarlas en proyectos o documentos relacionados con imágenes, o imprimirlas (ya sea en su propia impresora a cuatro colores o en un procesador de fotografías tradicional). La combinación entre la fotografía digital y nuestros ordenadores personas es una opción ideal, al ser mucho más versátil que la fotografía analógica tradicional.

Cómo transferir fotografías desde la cámara al PC

Si desea editar o imprimir sus fotografías digitales, tendrá que conectar su cámara digital al ordenador. El proceso es bastante sencillo: puede transferir directamente las fotografías digitales al ordenador desde la tarjeta de memoria de la cámara, descargar las imágenes de la cámara a través de una conexión USB, o bien escanear fotos impresas.

Transferir fotos a través de una conexión USB

Conectar una cámara digital o escáner a su ordenador es sencillo. La mayor parte de las cámaras digitales de la actualidad vienen equipadas con un conector USB que nos permitirá conectar directamente la cámara al PC utilizando un cable USB. Con este tipo de configuración, Windows reconoce la cámara o el escáner en el momento de la conexión e instala de forma automática los controladores de dispositivo necesarios. Al conectar un cable USB entre la cámara y el PC, puede pasar alguna de las siguientes cosas:

- Si utiliza Windows 7 o Windows Vista, el ordenador reconocerá la conexión con la cámara y descargará automáticamente las fotografías desde la cámara al tiempo que se muestra un cuadro de diálogo en el que se le notificará el progreso de la descarga.
- Si ha instalado algún programa propietario de gestión de imágenes puesto a su disposición por el propio fabricante de la cámara, el programa se iniciará y se iniciará la descarga de las imágenes. Siga las instrucciones que se muestran en pantalla.

- Si ha instalado un programa de edición fotográfica de terceros, como por ejemplo Adobe Photoshop Elementos, es posible que el programa se inicie y comience a descargar las imágenes desde su cámara. Siga las instrucciones en pantalla.
- Si al conectar la cámara no ocurre nada, haga clic en el menú Inicio y seleccione Equipo. En el explorador, verá un nuevo icono para su cámara digital. Haga doble clic sobre el icono para ver los contenidos de la cámara y copiar los archivos a una nueva ubicación en el disco duro de su PC.

Transferir archivos desde una tarjeta de memoria

La posibilidad de copias fotografías digitales a través de un cable USB es una buena posibilidad, siempre que su cámara disponga de este tipo de conexión. Para otros usuarios, una opción más sencilla pasa por utilizar un lector de tarjetas. Algunos ordenadores personales vienen equipados con un lector de tarjetas; de lo contrario, puede adquirir un lector externo con conexión USB por muy poco dinero. Al insertar la tarjeta de memoria de la cámara digital en el lector, el PC reconocerá la tarjeta como si fuera una unidad de disco más. Puede utilizar el explorador del PC para copiar los archivos desde la tarjeta de memoria al ordenador. Abra el explorador y haga clic en el icono correspondiente a la tarjeta de memoria. Se mostrarán los contenidos de la tarjeta, por lo general dentro de una subcarpeta llamada `DCIM`. A continuación, puede mover, copiar o eliminar las fotos almacenadas en la carpeta, como haríamos con cualquier otro archivo de Windows.

Escanear una fotografía

Si tiene fotografías impresas antiguas, puede convertirlas en archivos digitales utilizando un escáner. El escaneado se inicia automáticamente al pulsar el botón **Escanear**. La fotografía impresa se guardará en forma de archivo digital.

Tenga en cuenta que algunos programas de software de terceros, como por ejemplo Adobe Photoshop Elementos, también permiten escanear fotografías. En la mayoría de los casos, el escaneado desde estos programas ofrece opciones adicionales frente al escaneado desde Windows: podrá modificar la resolución de pantalla, recortar la imagen e incluso ajustar el brillo y el contraste de la imagen. Si tiene pensado escanear una gran cantidad de fotografías antiguas, esta segunda opción ofrecerá mejores resultados.

Truco:

Muchas impresoras fotográficas a color vienen equipadas con ranuras para tarjetas de memoria que permiten imprimir directamente desde la tarjeta de memoria, prescindiendo por completo del ordenador.

Almacenar las fotografías en Windows

¿Dónde se almacenan todas las fotografías una vez escaneadas o descargadas de la cámara digital? De forma predeterminada, Windows almacena todas las fotografías en la biblioteca de `Imágenes`, tal y como se muestra en la figura 30.1. En esta carpeta se incluyen diversas funcionalidades específicas para la gestión de los archivos de imagen, como por ejemplo:

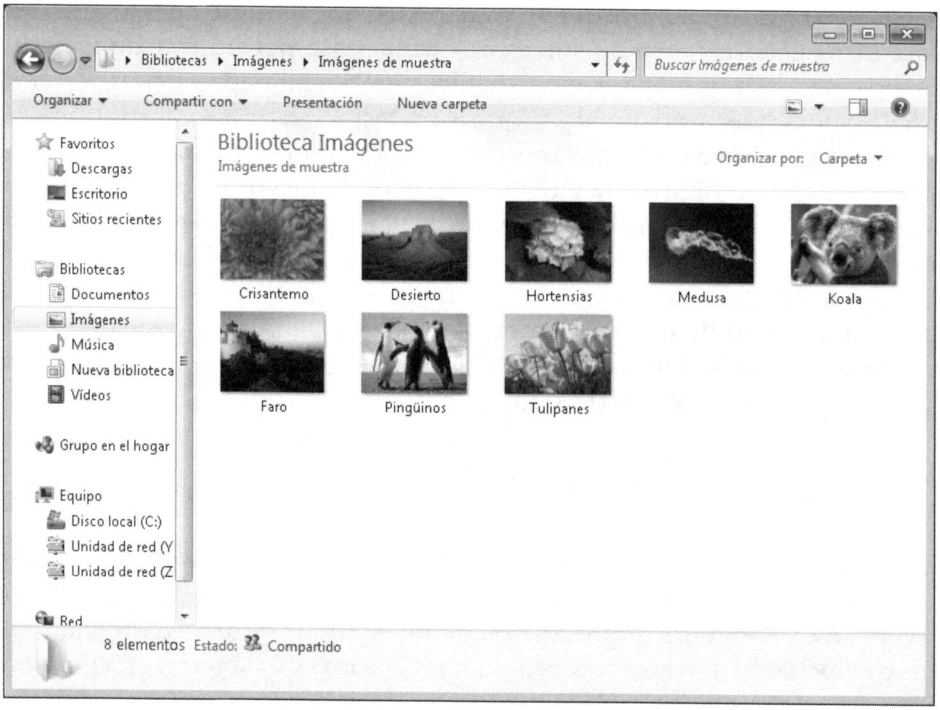

Figura 30.1. Utilice la biblioteca de Imágenes para almacenar y organizar sus fotografías digitales.

- Vista previa en un programa de edición fotográfica.
- Compartir con otros usuarios en el **Grupo Hogar** de su red.

- Ver Pase de diapositivas.
- Imprimir las fotografías a diversos tamaños.
- Enviar las fotografías seleccionadas por correo electrónico.
- Copiar las fotografías seleccionadas en un CD.

A partir de aquí, puede realizar todas las tareas habituales relacionadas con archivos, como copiar, mover o incluso eliminar sus fotografías. No obstante, si desea editar sus fotografías tendrá que utilizar un programa distinto, como veremos a continuación.

Elegir un programa de edición de fotografías

Para gestionar y editar sus fotografías digitales, necesitará un programa de organización y edición de fotografías. Este tipo de programas nos permiten organizar y catalogar todas las imágenes digitales de nuestro ordenador, editar las fotos (eliminar el efecto de ojos rojos, borrar elementos indeseados, ajustar el color y el brillo, etc.) y crear copias impresas u hojas de contactos de múltiples fotos en la impresora de su PC. Si desea escoger un programa de edición de fotos, dispone de multitud de opciones. Puede elegir un programa barato orientado al consumidor medio, o bien optar por un programa algo más caro destinado a fotógrafos profesionales. Para la mayoría de los usuarios, es suficiente con un programa barato. Veamos cuáles son los programas más populares:

- Adobe Photoshop Elements (`www.adobe.es`).
- Paint Shop Pro Photo (`www.corel.com`).
- Picasa (`www.picasa.com`), gratuito.
- Ulead PhotoImpact (`www.ulead.com`).

Nota:

No confunda Adobe Photoshop Elements (un programa de coste reducido) con la suite Adobe Photoshop CS4, mucho más cara y utilizada por la mayoría de los fotógrafos profesionales.

Además, Microsoft ofrece su Galería fotográfica de Windows de forma gratuita para todos los usuarios de Windows 7. Puede descargar la Galería de forma gratuita desde `download.live.com`. Es una buena alternativa, especialmente si dispone de un presupuesto ajustado.

Todos estos programas realizan prácticamente las mismas funciones. Podrá organizar sus fotos, etiquetarlas con información interesante, aumentar o disminuir el tamaño de las imágenes, ajustar el brillo, contraste, color y el matiz, recortar las fotos para que muestren la parte importante de la imagen, aumentar la nitidez y, en algunos casos, añadir diversos tipos de efectos especiales.

Nota:

La Galería fotográfica de Windows se incluía de forma gratuita en Windows Vista. En Windows 7 está disponible en forma de descarga gratuita.

Editar sus fotografías con Galería fotográfica de Windows

No todas las fotografías que haga serán perfectas. En ocasiones, la foto estará ligeramente desenfocada o no estará centrada, o quizá a la persona retratada le ha afectado el flash y la foto muestra un efecto de ojos rojos. Lo bueno de las imágenes digitales es que puede editarlas con facilidad para corregir éstos y otros fallos.

Uno de los programas de edición más sencillos de manejar es la Galería fotográfica de Windows, disponible de forma gratuita a través de Microsoft. Puede utilizar la Galería para editar sus fotografías y organizarlas en su disco duro.

Organizar sus fotos

Como puede ver en la figura 30.2, la ventana se divide inicialmente en dos paneles. El panel de la izquierda se utiliza para la navegación, donde podrá seleccionar las carpetas y fotografías queremos ver. En el panel derecho se muestran las miniaturas de todas las fotografías de la carpeta seleccionada.

El panel de navegación es de especial utilidad porque nos permite encontrar las fotografías por diversas vías:

- Para ver todas las fotos organizadas por año (y, dentro de cada año, en orden cronológico), haga clic en Imágenes dentro de Todas las imágenes y vídeos.
- Para ver las fotografías de una persona en concreto, haga clic en el nombre de la persona en la sección Personas.

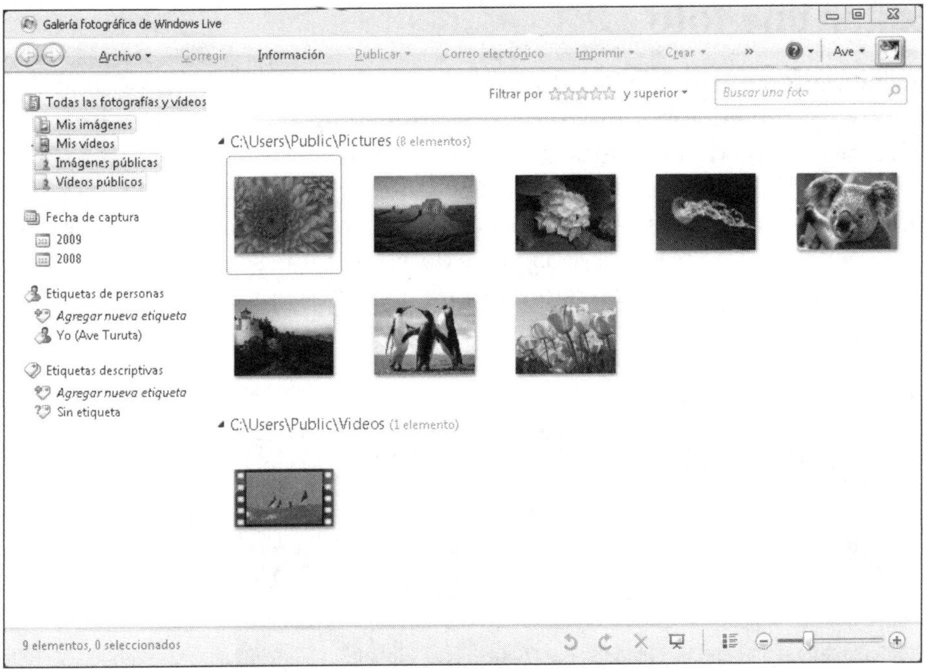

Figura 30.2. Organice las fotografías en la Galería fotográfica de Windows.

- Para ver fotografías con una característica determinada, haga clic en la sección Etiquetas. Naturalmente, primero tendrá que etiquetar sus fotos.
- Para ver las fotografías tomadas en un año concreto, haga clic en la sección Fecha de captura.
- Para ver las fotos de una carpeta específica, haga clic en la sección Todas las fotografías y vídeos.

Para ver una foto a tamaño completo, haga doble clic sobre la foto. Se mostrará la foto a pantalla completa, sin las miniaturas o el panel de navegación (la información sobre la foto se muestra en el panel de la derecha). Utilice los controles de navegación ubicados en la parte inferior de la ventana para visualizar la siguiente foto o la precedente. Puede volver a ver el resto de las fotos haciendo clic sobre el botón **Volver a la Galería** de la parte superior izquierda de la ventana.

Truco:

También puede buscar una carpeta en particular usando el cuadro de texto Buscar *de la parte superior de la ventana.*

Editar una foto

La Galería fotográfica de Windows es algo más que un simple gestor o visor de fotos. También le permite retocar sus fotos digitales, gracias a unos controles de edición de fotos muy fáciles de manejar.

Para editar una foto, selecciónela en la Galería fotográfica y haga clic en el botón **Corregir**. Se mostrará la foto a ventana completa; verá una serie de controles de edición en el panel de la parte derecha, como se muestra en la figura 30.3. Veamos cuáles son los retoques que podemos aplicar:

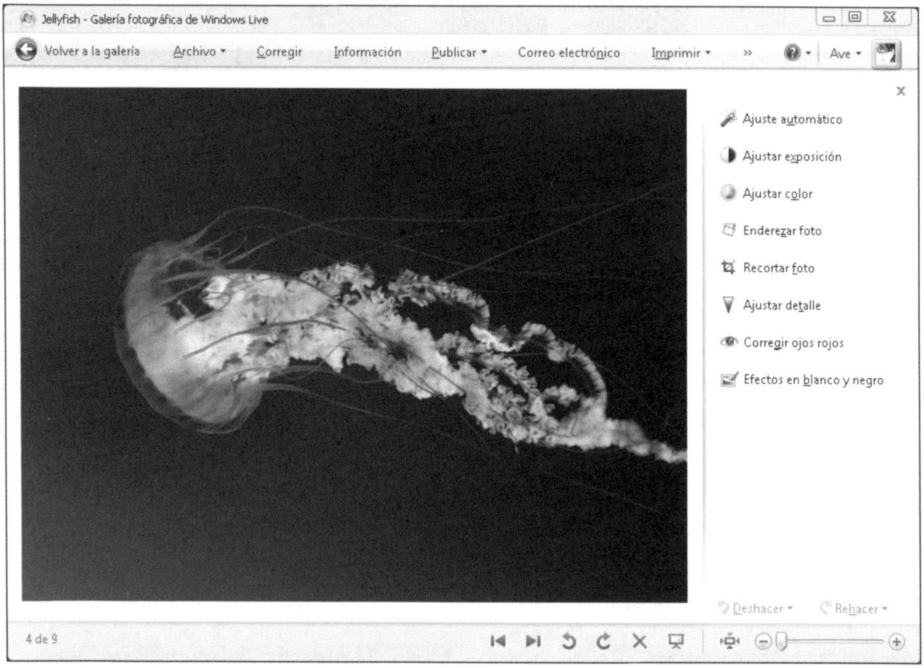

Figura 30.3. Retoque fotográfico utilizando Galería fotográfica de Windows.

- Para realizar un retoque rápido del brillo y el color, haga clic en Ajuste automático.
- Para incrementar o reducir el brillo y el contraste, haga clic en Ajustar exposición. Se mostrarán los deslizadores Brillo y Contraste; mueva los deslizadores para ajustar estos parámetros.
- Para ajustar los niveles de color, haga clic en Ajustar color. Se mostrarán tres deslizadores de color: Temperatura de color (hacia la izquierda para hacer que la fotografía sea más fría o azul; hacia la derecha para que sea más cálida o roja), Tinte y Saturación.

Truco:

Para añadir etiquetas descriptivas a una foto, seleccione la foto en la ventana Galería fotográfica *y haga clic en* Agregar etiquetas *en el panel de información (quizá deba hacer clic en el botón* **Info** *de la barra de herramientas para mostrar el panel de información). Puede escribir palabras y frases que describan la fotografía; más tarde puede ordenarlas o buscarlas usando estas etiquetas.*

- Para eliminar áreas no deseadas de los bordes de la imagen, haga clic en Recortar imagen. Se mostrará un área rectangular en el interior de la foto, como puede ver en la figura 30.4; utilice el ratón para mover los lados de este rectángulo para volver a definir los bordes de su imagen; después haga clic en **Aplicar**.

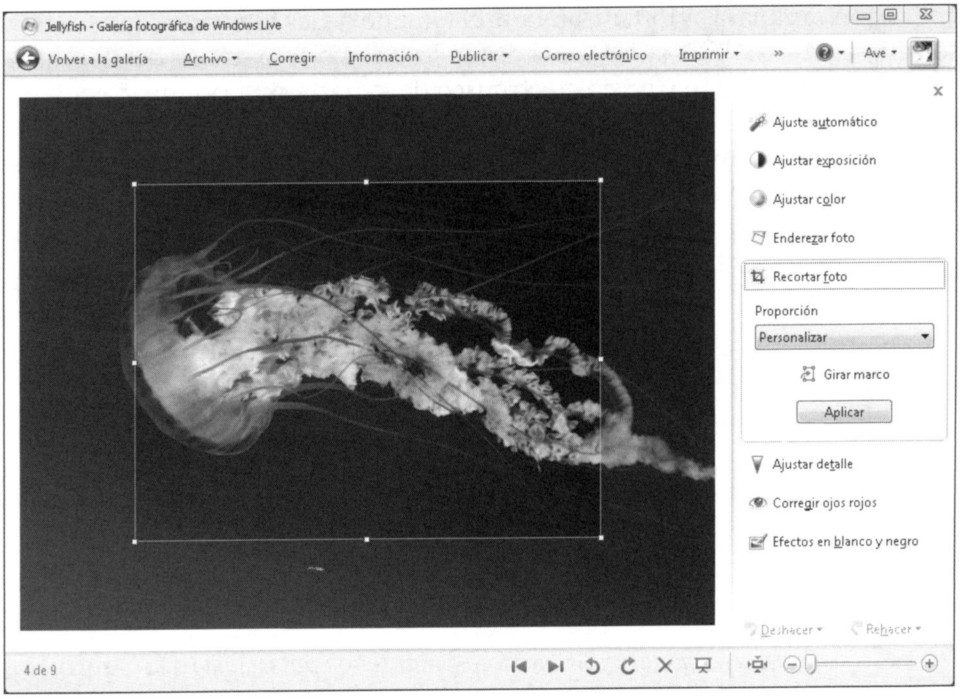

Figura 30.4. Cortar una foto.

- Para eliminar el efecto de ojos rojos, haga clic en Corregir ojos rojos; haga clic y arrastre el puntero del ratón para trazar un rectángulo alrededor de cada ojo que desee corregir.

Truco:

Para recortar una imagen a las medidas exactas de impresión haga clic en Proporción *y escoja un tamaño de impresión.*

Después de realizar todas las correcciones deseadas en la fotografía, haga clic en la casilla de verificación en la sección de control de la edición. Si desea rechazar un cambio, haga clic en el botón **Deshacer** de la parte inferior del panel y seleccione qué desea deshacer; puede deshacer cualquier cambio o todos los que haya realizado a una foto.

Enviar una foto por correo

He aquí otro práctico detalle de Galería fotográfica de Windows: puede enviar fotos por medio de un mensaje de correo electrónico desde la Galería. La aplicación cambiará automáticamente el tamaño de las fotos para que sea más sencillo enviarlas. Escoja las fotos desde la Galería fotográfica de Windows y haga clic en el botón **Correo electrónico** de la parte superior de la ventana. Galería fotográfica mostrará el cuadro de diálogo Adjuntar archivos, como puede ver en la figura 30.5. Haga clic en Tamaño de la imagen y seleccione el tamaño deseado: Pequeño, Pequeño, Mediano, Grande o Tamaño original. El tamaño del archivo en Kb se muestra debajo de esta opción; es probable que desee mantener el tamaño de las imágenes que envíe por debajo de 250 Kb.

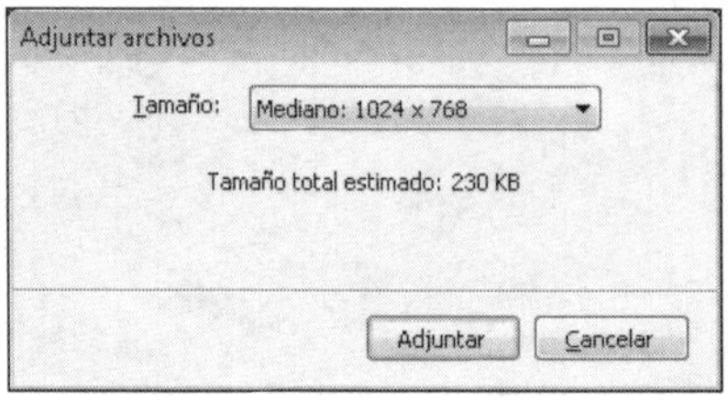

Figura 30.5. Cambiar el tamaño de una imagen para enviarla por correo.

Truco:

Para seleccionar múltiples fotos, mantenga pulsada la tecla **Control** *mientras hace clic sobre las fotos.*

Después de seleccionar un tamaño, haga clic en el botón **Adjuntar**. Se abrirá un nuevo mensaje de correo con la foto adjunta. Escriba la dirección de correo del destinatario, añada algo de texto de su propia cosecha y haga clic en el botón **Enviar**. Se enviará el mensaje junto a las fotos que haya adjuntado.

Imprimir sus fotografías

Una vez retocadas sus fotografías, ha llegado el momento de imprimirlas (una tarea realmente fácil en Windows).

Elegir la impresora y el papel apropiados

Si dispone de una impresora a color, puede realizar buenas impresiones de sus archivos de imagen. Incluso una impresora barata a color de inyección de tinta puede realizar impresiones de calidad, si bien cuanto mejor sea su impresora, mejores serán los resultados.

Algunos fabricantes venden impresoras específicamente diseñadas para la impresión de fotografías. Estas impresoras utilizan un papel especial de impresión fotográfica y casi no se distinguen de las de un procesador fotográfico profesional. Si tiene pensado imprimir muchas fotografías digitales, una de estas impresoras sería una buena inversión.

La calidad de las imágenes impresas también viene determinada por el tipo de papel utilizado. Imprimir en un papel láser o de inyección de tinta estándar es una buena opción a la hora de realizar pruebas, pero para conservar las fotografías que imprima es recomendable utilizar un papel de mayor grosor. Pregunte al fabricante de la impresora cuál es el tipo de papel recomendado para obtener impresiones de fotografías con calidad óptima.

Imprimir

Todos los programas de edición permite imprimir las imágenes directamente desde el programa. También puede imprimir directamente desde Windows Vista, utilizando las funciones de impresión de la Galería fotográfica de Windows.

Puede iniciar el proceso de impresión desde el Explorador de Imágenes o desde Galería fotográfica de Windows; a partir de este punto el proceso será exactamente idéntico, independientemente del método elegido para iniciar el proceso.

Comience por seleccionar las fotos a imprimir y haga clic en el botón **Imprimir** de la parte superior de la ventana. Se mostrará la ventana Imprimir imágenes, como puede ver en la figura 30.6. Aquí es donde comienza la diversión. Utilice el botón de la parte superior de la ventana para seleccionar la impresora que desea utilizar, así como el tamaño del papel de la impresora, la calidad de impresión y el tipo de papel. Posteriormente, utilice una de las opciones de la parte derecha de la ventana para seleccionar cuántas imágenes por página desea imprimir. Estas opciones dependen del tamaño de la foto original y del tamaño del papel que esté utilizando. En la mayoría de las ocasiones, podrá escoger entre una fotografía de página completa, dos fotos de 13x18 cm, dos fotos de 10x15 cm, una de 20x25 cm, cuatro de 9x13 cm, nueve de tamaño bolsillo o 35 fotos en una hoja de contactos (esta última opción es ideal si ha seleccionado más de una foto para imprimir).

Truco:

En la Galería fotográfica de Windows, dispone de la opción de enviar sus fotos para imprimir a un servicio de fotos en línea. Haga clic en el botón **Imprimir** *y seleccione* Pedir copias fotográficas.

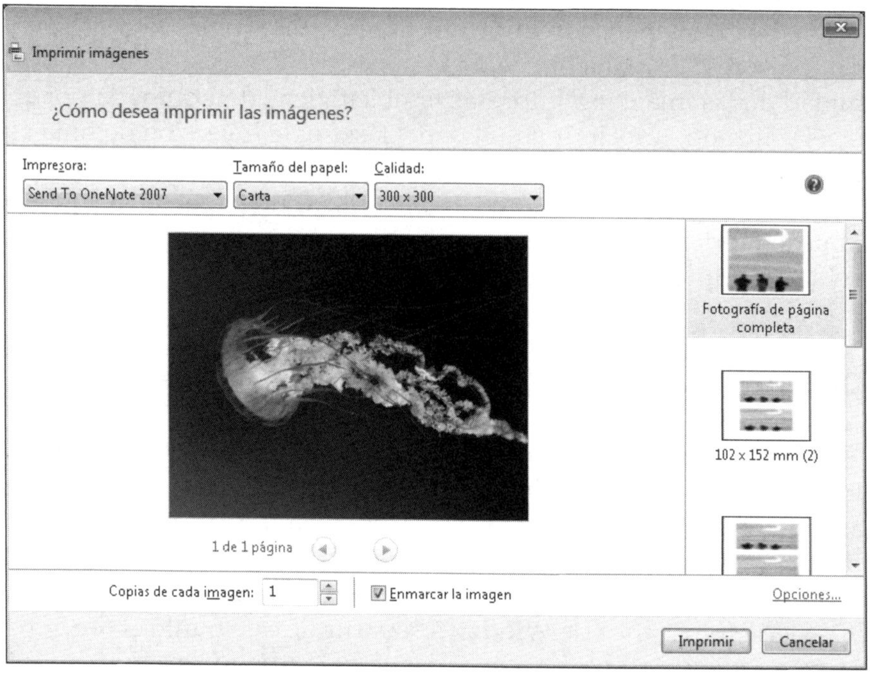

Figura 30.6. Imprimir una foto en Windows Vista.

Por último, seleccione cuántas copias desea realizar y haga clic en el botón **Imprimir**. Las fotos se enviarán a la impresora y comenzará el proceso de impresión.

Utilizar un servicio profesional de revelado

Si no desea comprar una impresora de calidad fotográfica, puede utilizar un servicio de profesional de revelado fotográfico. Puede obtener las copias de sus fotos digitales de dos modos:

- Copiando sus archivos de imágenes a un CD o a una tarjeta de memoria y llevando el CD o la tarjeta a la tienda.
- Accediendo al sitio Web de un servicio fotográfico en línea y transfiriendo sus imágenes a través de Internet.

La primera opción es la más conveniente para muchos usuarios, especialmente porque todas las tiendas especializadas en fotografía, así como muchos grandes almacenes, ofrecen un servicio de impresión de fotos. En ocasiones, el servicio de impresión se realiza mediante un quiosco de autoservicio; inserte su CD o la tarjeta de memoria, siga las instrucciones que aparecerán en pantalla y regrese media hora después a recoger las fotos.

Si no le importa esperar unos días a que lleguen las fotos, la segunda opción también es adecuada. No tendrá que salir de casa; podrá subir las fotos desde su ordenador a través de Internet y las recibirá en su buzón. Estos servicios basados en Web normalmente ofrecen un precio más reducido que las tiendas, aunque debe tener en cuenta los costes de envío.

Truco:

Algunos servicios de revelado, especialmente los ofrecidos por las grandes cadenas, ofrecen la opción de recoger las copias impresas en la tienda, con frecuencia en el mismo día.

Nota:

Consulte el capítulo 33 para conocer más opciones sobre sitios fotográficos en línea.

Resumen

He aquí los aspectos más importantes de este capítulo:

- Puede conectar la cámara digital al ordenador mediante un cable USB o un lector de tarjetas para transferir los archivos.

- Al escanear una foto impresa, la foto se convierte en un archivo digital que podrá guardar en su disco duro.
- Para retocar o editar sus fotografías, puede utilizar un programa de edición fotográfica como Adobe Photoshop Elementos o la Galería fotográfica de Windows.
- Algunos de los "retoques" más populares incluyen la eliminación de los ojos rojos, el ajuste del brillo y el contraste, cambiar el color y el tono, cambiar el color y el matiz y recortar la fotografía.
- Puede imprimir sus fotografías en cualquier impresora cuatricroma o enviarlas (a través de Internet) a una tienda de revelado en línea.

Capítulo 31

Compartir sus fotos digitales en línea

En este capítulo aprenderá a:

- Enviar por correo sus fotos digitales.
- Compartir sus fotos en la Web.
- Imprimir fotos en línea.

Hace algunos años, cuando queríamos compartir nuestras fotos con amigos y familiares, nos veíamos obligados a obtener copias extra y a entregárselas en mano, o bien a enviárselas por correo. Este proceso no sólo consume tiempo: también es más caro, puesto que tenemos que pagar cada una de las copias extra que realicemos.

Hoy en día, en la era de la fotografía digital, sigue siendo posible revelar nuestras fotos (de hecho, puede hacerlo desde su propio PC, como le mostramos en el capítulo anterior). Pero también puede compartir sus fotos de forma digital en línea con cualquier persona que disponga de una conexión a Internet. Veamos cómo.

Enviar por correo sus fotos digitales

Quizá el modo más sencillo de compartir sus fotos digitales sea enviarlas por correo electrónico. No se requiere ningún software o servicio especial: basta con adjuntar sus fotos a un mensaje de correo creado en el programa de correo que utilice habitualmente y enviarlo a tantos destinatarios como desee.

Hemos aprendido a adjuntar archivos a un mensaje de correo en el capítulo 26. Dado que una foto digital es un tipo de archivo, el proceso es el mismo cuando se trata de enviar fotos. Debe crear un nuevo mensaje, hacer clic en el botón que le permite adjuntar archivos y seleccionar las fotos que desea adjuntar. Haga clic en el botón **Enviar** y el mensaje se enviará junto a las fotos que haya seleccionado.

Si bien es un proceso muy sencillo, deberá tener en cuenta un aspecto adicional a la hora de enviar sus fotografías digitales por correo electrónico: el peso de los archivos.

Si va a enviar las fotos tal y como se han tomado con la cámara, con toda probabilidad los archivos que se envíen serán archivos de gran tamaño. Esto puede suponer un problema si usted o los destinatarios utilizan una conexión a Internet lenta; cuando más grandes sean los archivos, más tiempo tardaremos en enviar y recibir el mensaje. Además, algunos proveedores de acceso a Internet tienen problemas al manejar archivos demasiado grandes; debería evitar enviar mensajes que superen los 1 o 2 MB de tamaño.

Probablemente por este motivo resulte recomendable cambiar el tamaño de las fotos antes de enviarlas por correo. Si los destinatarios van a ver las fotos en la pantalla de su ordenador, no debería enviar fotos más grandes que una pantalla normal, a saber: con una resolución no superior a los 1.024 píxeles de ancho y 768 de alto. Cualquier tamaño superior no cabrá en una pantalla normal.

En Windows 7, el cambio de tamaño puede realizarse de forma automática. Tal y como hemos visto en el capítulo 30, tanto el Explorador de Imágenes como la Galería fotográfica de Windows incluyen un botón de **Correo electrónico**. Cuando se hace clic sobre este botón, Windows muestra el cuadro de diálogo Adjuntar archivos. Puede utilizar este cuadro de diálogo para seleccionar el tamaño de imagen que desea enviar; puede mandar sus fotos tanto a tamaño pequeño, de 640x480 píxeles, como a gran tamaño original. Se cambiará el tamaño de la copia de la imagen seleccionada y se adjuntará a un mensaje de correo. La foto permanecerá con su tamaño original en su disco duro.

Por otro lado, si los destinatarios desean imprimir las fotos, es recomendable no modificar el tamaño de la fotografía. Una foto cuyo tamaño se haya modificado a 1.024x768 píxeles no dispone de la suficiente resolución para generar una copia impresa con suficiente detalle. Si va a revelar las fotografías y obtener copias impresas, mantenga el tamaño original; de lo contrario, arruinará la calidad de impresión.

Nota:

Para cambiar el tamaño de sus fotos puede utilizar cualquier programa de edición de imágenes, incluyendo Galería fotográfica de Windows. Encontrará más información en el capítulo 30.

Compartir sus fotos en la Web

Si desea compartir sus fotos con muchas personas, la mejor solución es publicarlas en un portal que le permita compartir sus fotografías. Estos sitios le permiten almacenar sus fotos en álbumes fotográficos *on-line* que cualquier visitante puede visualizar por medio de su navegador Web de forma completamente gratuita. Además, ofrecen servicios de revelado fotográfico, e incluso algunos venden objetos relacionados con la fotografía, como camisetas con fotografías personalizadas, calendarios, jarras, etc. Muchos de estos sitios son gratuitos: ganan dinero vendiendo pósters y otros productos.

Para utilizar un sitio Web de estas características, regístrese y cree una cuenta gratuita. Una vez haya creado su cuenta, tendrá que elegir desde su PC las fotografías que va a incluir en su galería *on-line*. Tras haber seleccionado las fotos, el sitio las subirá automáticamente desde su PC al sitio Web. Más adelante podrá organizar sus fotos en álbumes; cada uno de los álbumes creados tendrá su propia dirección Web. A continuación podrá enviar el URL a sus amigos y familiares; cuando accedan al sitio de fotos, podrán verlas en la pantalla de su ordenador. Si les gusta lo que ven, en algunos casos incluso podrán encargar copias de las fotos (y serán ellos, no usted, los que paguen por el servicio). He aquí algunos de los portales más populares que permiten compartir fotografías en línea:

- dotPhoto (`www.dotphoto.com`).
- DropShots (`www.dropshots.com`).
- Flickr (`www.flickr.com`).
- Fotki (`www.fotki.com`).
- FotoTime (`www.fototime.com`).
- Kodak EasyShare Gallery (`www.kodakgallery.com`).
- PhotoWorks (`www.photoworks.com`).
- Picturetrail (`www.picturetrail.com`).
- Shutterfly (`www.shutterfly.com`).
- Snapfish (`www.snapfish.com`).
- Webshots (`www.webshots.com`).

Por ejemplo, Shutterfly, que se muestra en la figura 31.1, le permite crear un número ilimitado de álbumes. Para crear un nuevo álbum y subir fotos, haga clic en la pestaña My Pictures. A continuación, haga clic en el botón **Upload** (Cargar). Podrá crear un nuevo álbum o cargar fotos en el álbum que acaba de crear. Cuando aparezca la ventana Choose Pictures, seleccione las fotos a subir y haga clic en el botón **Add Selected Pictures**. Una vez cargadas las fotos, podrá ver sus álbumes fotográficos haciendo clic en la pestaña My pictures (Mis fotos). Como puede ver en la figura 31.2, cada álbum se muestra por separado; haga clic en un álbum para ver las fotos que contiene.

Para compartir sus fotos con otras personas, haga clic en la pestaña Share (Compartir). Podrá crear un sitio para compartir sus fotografías, es decir, páginas Web personales en las que se alojan las fotografías que desea compartir. A continuación podrá elegir su propio diseño personalizado de página y enviar el URL del sitio a sus amigos y familiares.

Revelado fotográfico en línea

La mayoría de estos sitios Web para compartir fotografías ofrecen además la posibilidad de revelar sus fotos. Una vez haya cargado las fotografías, seleccione aquellas que desee revelar y haga clic en el botón correspondiente (en Shutterfly, haga clic en el botón **Order Prints** o **Pedir copias** de la pestaña My Pictures).

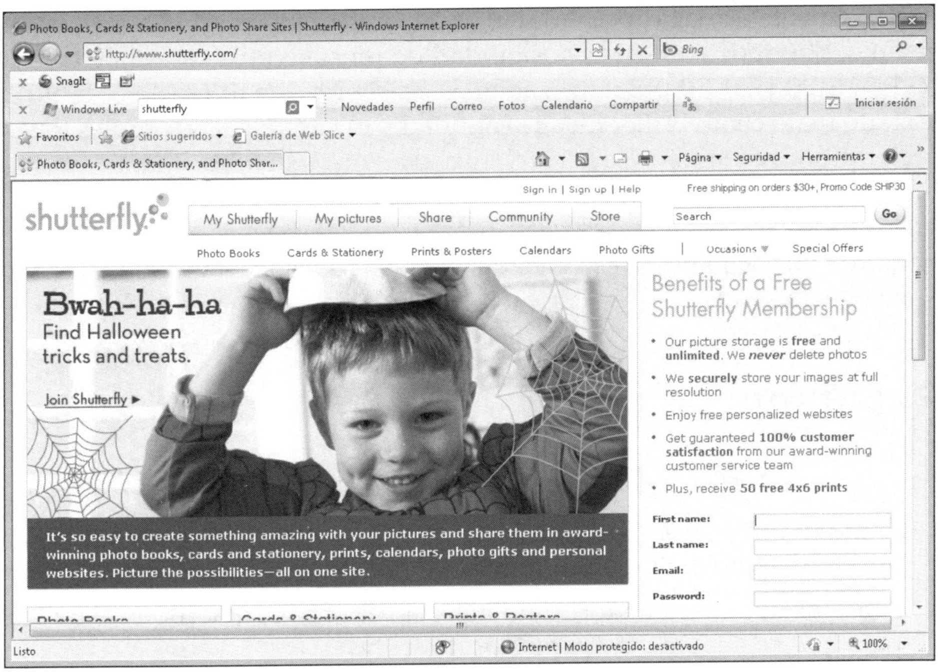

Figura 31.1. El sitio Web de Shutterfly.

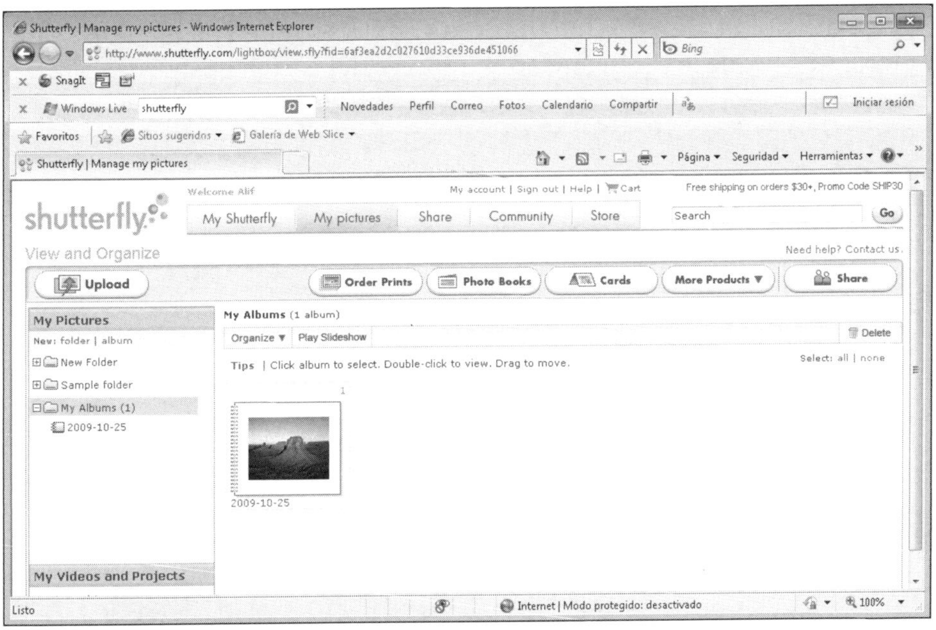

Figura 31.2. Álbumes de fotos en línea en el sitio de Shutterfly.

Probablemente tenga la opción de elegir diferentes tamaños de impresión. Por ejemplo, Shutterfly ofrece la posibilidad de revelar copias a 4x6, 5x7, 8x10, 11x14, 16x20 y 20x30 pulgadas, además de copias tamaño cartera, tanto en acabado mate como brillo. Elija la cantidad y el tamaño de las copias deseadas e introduzca la información relativa al envío y el pago.

La mayoría de los sitios de revelado en línea tardan entre un día y dos en recibir su pedido; si añade el tiempo de envío, tendrá sus copias en casa en menos de una semana. Por lo general, el envío se realiza a través de Correos o un servicio similar.

Resumen

He aquí los aspectos más importantes de este capítulo:

- El modo más sencillo de compartir sus fotos con amigos y familiares es enviarlas como archivos adjuntos en un mensaje de correo electrónico.
- Antes de adjuntar una foto a un mensaje de correo, modifique el tamaño para que no supere los 800 píxeles de ancho.
- Al crear un álbum de fotos en línea en un sitio Web que ofrezca el servicio de compartir fotos, muchas personas podrán ver sus fotografías.
- La mayor parte de sitios fotográficos Web le permiten pedir copias de las fotografías, que le serán enviadas a través del correo postal.

Capítulo 32

Reproducir, extraer y grabar un CD

En este capítulo aprenderá a:

- Elegir un reproductor de música.
- Utilizar el Reproductor de Windows Media.
- Utilizar Apple iTunes.

Su ordenador personal es un equipo de música digital equipado con montones de funcionalidades. No sólo puede descargar música desde Internet (como veremos en el capítulo 33); además, puede utilizar su PC para reproducir música desde un CD. Inserte un CD cualquiera en la unidad de CD de su ordenador y comenzará la reproducción. Además, suponiendo que disponga de una unidad de grabación de CD, podrá crear sus propias mezclas de música. Puede seleccionar cualquier combinación de canciones de su disco duro y "quemarla" en un CD en blanco, y después reproducir ese CD en su hogar, en el coche o en un reproductor portátil. También puede emplear su PC para realizar copias de cualquier CD que posea y extraer canciones directamente desde el CD al disco duro de su PC. Lo mejor de todo es que todo esto es bastante sencillo: no es necesario ser un experto para crear su propia biblioteca de música digital.

Elegir un reproductor de música

Reproducir un CD o un DVD es tan sencillo como insertar el disco en la unidad de CD o DVD del equipo. Automáticamente se abrirá un programa de reproducción que reproducirá la película o música.

El programa de reproducción de medios que utilice dependerá de cuáles sean los programas que haya instalado en su PC. En Microsoft Windows, dispondrá del Reproductor de Windows Media preinstalado y listo para funcionar. Los reproductores de música también se suministran con la mayoría de los reproductores portátiles de música; por ejemplo, el popular Apple iPod se entrega con el reproductor de música iTunes. Por lo general, no importa qué software de reproducción de música utilice; todos ellos le ofrecen prácticamente las mismas funciones y una apariencia similar. Dicho esto, es recomendable utilizar iTunes si dispone de un iPod, o el Reproductor de Windows Media si posee cualquier otro tipo de reproductor de música portátil. El Reproductor de Windows Media es una excelente opción si no dispone de un reproductor de música portátil; es mi programa favorito para reproducir, extraer y grabar CD.

En este capítulo, describiremos el funcionamiento de los dos programas de reproducción más extendidos: el Reproductor de Windows Media e iTunes, y explicaremos cómo utilizarlos para reproducir, extraer y grabar CD.

Utilizar el Reproductor de Windows Media

La mayoría de usuarios eligen el reproductor incluido de forma gratuita en Microsoft Windows, el Reproductor de Windows Media. Se trata de un programa estupendo que podemos utilizar para reproducir CD y DVD, copiar archivos desde y en un CD, escuchar estaciones de radio por Internet y ver vídeos en la Web. Funciona de forma similar al resto de reproductores de medios: si aprende a utilizar el Reproductor de Windows Media, podrá utilizar cualquier otro reproductor de medios. Puede ejecutar el Reproductor de Windows Media en Windows haciendo clic en el botón **Inicio** y seleccionando Todos los programas>Reproductor de Windows Media.

Siempre que reproduzca un CD, DVD o archivo de audio digital, puede utilizar los controles localizados en la parte inferior del reproductor, mostrado en la figura 32.1. Éstos son los botones de desplazamiento normales que podemos encontrar en cualquier reproductor de cintas o VCR, como **Reproducir/Pausa**, **Detener**, **Anterior** y **Siguiente**. RWM también incluye botones para activar o desactivar las funciones de mezcla y repetición, junto con un control de volumen y un botón **Silencio**.

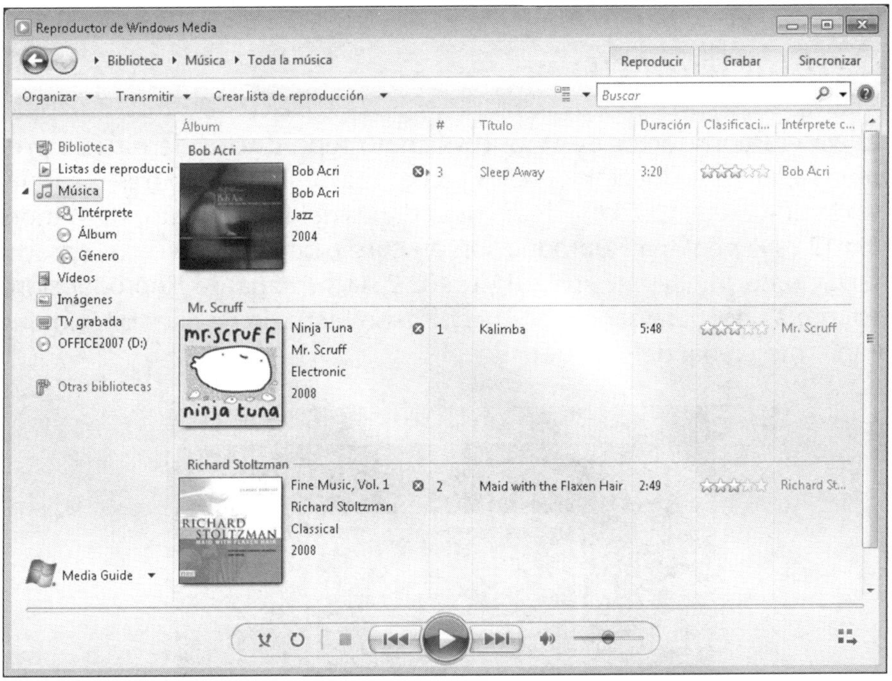

Figura 32.1. Reproducir CD y otros archivos de audio con el Reproductor de Windows Media.

A la izquierda de los controles de reproducción se encuentra el área de estado de la reproducción. Aquí se muestra el nombre de la pista que se está reproduciendo; el artista, álbum y otros metadatos; la duración; y un pequeño analizador de espectro, que si bien resulta interesante, no es especialmente útil.

Nota:

La versión más reciente es el Reproductor de Windows Media Player 12, incluida en Windows 7. Además, puede descargar el reproductor desde el sitio Web de Microsoft (`www.microsoft.com/windows/windowsmedia/`).

Lo que puede ver en el área principal de la ventana del reproductor dependerá de la pestaña que haya seleccionado en la fila de pestañas de la parte superior de la ventana. El Reproductor de Windows Media asigna diferentes funciones a distintas pestañas, y el contenido de la ventana principal varía de una pestaña a otra. Por ejemplo, para ver todo el contenido de su biblioteca multimedia, seleccione la pestaña Biblioteca; para extraer música desde un CD al disco duro de su PC, seleccione la pestaña Copiar, etc.

Reproducir un CD

Si utiliza el Reproductor de Windows como reproductor de música predeterminado, la reproducción debería comenzar de inmediato tras insertar un CD en la unidad de CD. Una de las novedades del Reproductor de Windows Media 12 es la ventana Reproducción en curso, que puede ver al reproducir un CD. Como puede ver en la figura 32.2, la ventana de Reproducción en curso es más pequeña y ocupa mucho menos espacio en el escritorio que la ventana tradicional del reproductor.

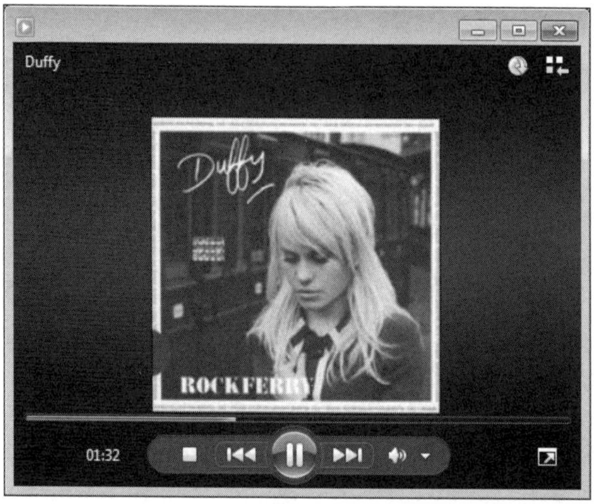

Figura 32.2. Información detallada de MSN Music sobre el álbum.

Truco:

Los botones **Anterior** *y* **Siguiente** *sirven también para retroceder y avanzar. Haga clic y mantenga pulsados estos botones para las funciones de avance y retroceso rápido.*

Truco:

Para poder ver más opciones asociadas a una función en particular, haga clic en la **Flecha abajo** *ubicada junto a las pestañas.*

Para detener la reproducción, haga clic en el botón **Pausa** (en la misma posición que el botón **Reproducir**); haga clic de nuevo en **Reproducir** para seguir reproduciendo la pista. Para ir a la siguiente pista, haga clic en el botón **Siguiente**. Para volver a reproducir la última pista, haga clic en el botón **Anterior**. Para detener totalmente la reproducción, haga clic en el botón **Detener**.
Si el reproductor no se inicia automáticamente, puede ejecutar el programa desde el menú Inicio de Windows y hacer clic sobre la pestaña Biblioteca; el CD debería aparecer en el panel de navegación. Resalte el título del CD y podrá ver una lista de sus pistas en el panel de contenido; haga clic en el botón **Reproducir** para comenzar la reproducción.

Truco:

Para pasar de la ventana Reproducción en curso *a la ventana del reproductor tradicional, haga clic en el botón* **Cambiar a Biblioteca** *que aparece en la esquina superior derecha.*

Truco:

Para reproducir las canciones de un CD en orden aleatorio, haga clic en el botón **Activar orden aleatorio** *a la izquierda del panel de controles de reproducción. El reproductor también ofrece una función de repetición, que repite las canciones seleccionadas una y otra vez. Puede activar esta función haciendo clic en el botón* **Activar repetición**, *situado junto al botón* **Activar orden aleatorio**.

Copiar canciones desde un CD al PC

Cuando desee almacenar su música de forma digital o transferir música a un reproductor de música portátil, necesitará copiar la música desde el disco compacto al disco duro de su ordenador. Este proceso se denomina "extracción";

si dispone de un disco duro lo suficientemente grande, puede extraer una biblioteca completa de CD o de canciones individuales. Obviamente, puede usar el Reproductor de Windows Media para todo el proceso de extracción. Es muy sencillo.

No obstante, antes de comenzar, es necesario indicar al Reproductor de Windows Media qué formato desea utilizar en los archivos extraídos. Además, debe escoger la tasa de bits para la grabación.

Comencemos con el formato de archivo. El Reproductor de Windows Media le permite extraer archivos de audio en varios formatos distintos: MP3, WMA o WAV. La mayoría de los usuarios se decantarán por el formato WMA, si bien también es posible elegir la opción de Audio sin pérdidas de Windows Media para obtener la mejor calidad de sonido, o el formato MP3 para obtener una compatibilidad plena con todos los reproductores portátiles de música.

Para seleccionar un formato de audio, haga clic en Opciones de grabación>Más opciones de grabación, seleccione Formato y elija el formato deseado. A continuación, en Calidad de audio, seleccione la tasa de bits deseada. Las opciones disponibles varían en función del archivo seleccionado.

Una vez configurados el formato y la tasa de bits, ha llegado el momento de iniciar la extracción. Inserte el CD que quiere copiar; cuando se abra la ventana de Reproducción en curso, haga clic en Iniciar grabación.

De forma alternativa, puede extraer las pistas del CD desde la ventana principal del reproductor. Seleccione la pestaña Reproducir que se muestra en la figura 32.3. Marque todas las canciones que desea copiar y a continuación haga clic en el botón **Grabar CD** que aparece en la barra de herramientas.

Nota:

Puede obtener más información sobre los formatos de música digital en el capítulo 33.

Truco:

Por regla general, una buena opción es utilizar un formato WMA con un nivel de calidad de 128 Kbps o 160 Kbps.

Truco:

Asegúrese de estar conectado a Internet antes de empezar a copiar canciones de un CD para que el reproductor de Windows Media pueda descargar los detalles del álbum y las pistas. Si no está conectado, no podrá codificar los nombres de pista ni la cubierta del CD.

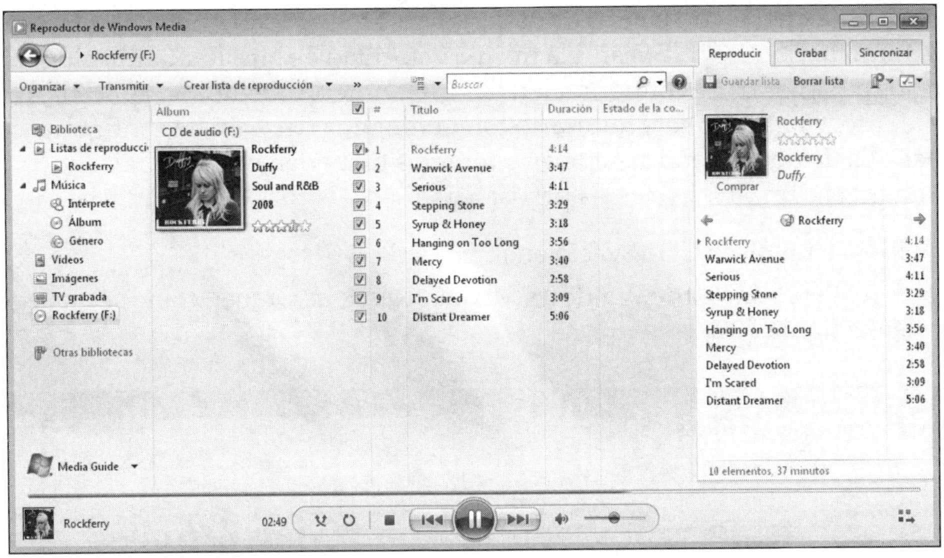

Figura 32.3. Copiar pistas seleccionadas desde un CD al disco duro del ordenador.

Sea cual sea el método utilizado, el reproductor de Windows Media extraerá las pistas seleccionadas del CD y las convertirá del formato original al formato que hayamos seleccionado, con la tasa de bits elegida. Los archivos convertidos se guardan en el disco duro del ordenador y se agregan a la Biblioteca del Reproductor de Windows Media.

Grabar sus propios CD

Si puede copiar pistas desde un CD a su disco duro, ¿qué le impide hacerlo a la inversa, es decir, copiar archivos desde su disco duro a un CD grabable o regrabable?

A este proceso de creación de sus propios CD se lo conoce como "grabación de un CD". El Reproductor de Windows Media 12 le facilita la grabación de sus propios CD de música, suponiendo que disponga de una unidad de grabación de CD instalada en su ordenador personal.

Al contrario de lo que ocurre al copiar canciones desde un CD, grabar música digital a un CD no requiere configurar ninguna opción de formato puesto que, independientemente del formato en el que esté el archivo original, al grabarse al CD se codificará con un formato CD Audio (CDA). Todos los CD de música tienen el formato CDA, por lo que cualquier archivo MP3 o WMA grabado en el software de copia de CD se traducirá al formato CDA antes de crear la copia.

Tampoco es necesario configurar ningún nivel de calidad; todos los archivos de formato CDA se codifican a la misma velocidad de bits. Por tanto, ninguno de los parámetros de configuración descritos anteriormente son aplicables en este caso, y tampoco será necesario tomar ninguna decisión de configuración más allá de decidir qué canciones queremos grabar en nuestro CD.
Para grabar un CD, siga estos pasos:

1. Inserte un disco CD-R vacío en la unidad de CD.
2. En el Reproductor de Windows Media, seleccione Grabar, como se muestra en la figura 32.4.

Figura 32.4. Crear una lista de grabación en la pestaña Grabar.

3. Arrastre las pistas, álbumes o listas de reproducción que desee grabar desde el panel de Contenidos hasta la lista de grabación ubicada a la derecha.
4. Arrastre los elementos dentro de la propia lista para establecer el orden de reproducción deseado.
5. Cuando esté listo para grabar el CD, haga clic en el botón **Iniciar grabación**.

El Reproductor de Windows Media inspeccionará los archivos que desea copiar, los convertirá al formato CDA y los copiará a su CD. Una vez finalizado todo el proceso, el reproductor mostrará un mensaje indicando que el proceso ha finalizado y expulsará el CD de la unidad.

Truco:

Si desea realizar una copia de un CD en otro CD, debe emplear una combinación de extracción y copia, esto es, debe extraer los archivos del CD original a su disco duro (en formato WAV) y grabar estos archivos a un segundo CD en blanco. De forma alternativa, puede utilizar un programa específicamente diseñado para la copia de CD, como Easy Media Creator (`www.roxio.com`); este programa convierte la copia en una operación sencillísima.

iTunes de Apple

El Reproductor de Windows Media no es el único software de reproducción que puede utilizar para reproducir, extraer y grabar un CD. Si posee un iPod de Apple es bastante probable que estñe familiarizado con el programa iTunes, un programa de reproducción y gestión de archivos musicales para el iPod.

El reproductor de iTunes funciona de un modo muy similar al Reproductor de Windows Media. La diferencia radica en que está optimizado para ser utilizado junto al iPod, ya que automáticamente extrae la música en el formato propietario AAC de Apple.

La ventana principal de iTunes es parecida a la del Reproductor de Windows Media. El panel de la parte izquierda incluye diferentes secciones para su biblioteca de música y bibliotecas multimedia, un enlace a la tienda en línea de iTunes y una lista de todas sus listas de reproducción. Los botones de reproducción (**Reproducir/Pausa**, **Atrás**, **Adelante** y **Volumen**) se encuentran en la parte superior de la ventana. Junto al panel de reproducción verá un panel que muestra la reproducción en curso y el artista, así como el tiempo total y el tiempo de reproducción de la pista.

Los elementos que se visualizan en la zona principal de la ventana de iTunes dependen de la vista seleccionada (los botones de visualización se encuentran en la parte derecha del panel de información de la pista).

El primer botón muestra una lista de texto de las canciones disponibles. Puede ordenar la lista por canción, artista, álbum, género, etc.

El segundo botón muestra las canciones agrupadas por álbum, además de una pequeña imagen de la portada del CD.

El tercero muestra la vista Cover Flow de iTune, como se refleja en la figura 32.5, que presenta una visualización interactiva de todos los álbumes almacenados en su equipo.

Figura 32.5. Vista Cover Flow de iTunes.

Reproducir un CD

Al insertar un CD de música en la unidad de CD de nuestro ordenador, el CD aparecerá automáticamente en la ventana de iTunes. Para iniciar la reproducción, haga clic en el botón **Reproducir**. Posteriormente, puede utilizar los controles de reproducción para pausar el CD o ir hacia atrás y hacia delante a través de las pistas.

Obviamente, el control de volumen permite ajustar el volumen de reproducción.

Copiar canciones desde un CD al PC

iTunes facilita considerablemente la tarea de copiar canciones desde un CD al disco duro de nuestro equipo. Al igual que ocurre con el Reproductor de Windows Media, en primer lugar es necesario configurar iTunes para utilizar el formato deseado y la velocidad de bits a la que se van a extraer las canciones.

Sin embargo, al contrario que el Reproductor de Windows Media, iTunes no extrae las canciones en el formato WMA de Microsoft, sino que extrae las pistas en el formato AAC de Apple, así como en los formatos MP3 y WAV. Para escoger un formato de extracción, seleccione Edición>Preferencias para mostrar el cuadro de diálogo iTunes; haga clic en Avanzado y seleccione la pestaña Importar, como se muestra en la figura 32.6. Abra el cuadro de lista desplegable Importar usando y seleccione el formato que desee. Abra la lista Ajuste y seleccione la velocidad de bits que desea utilizar.

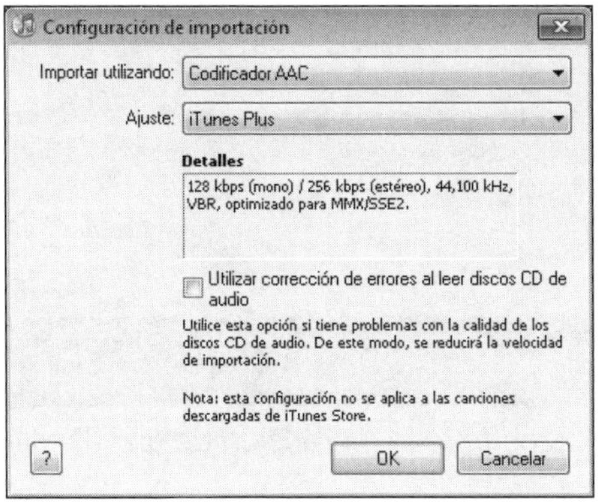

Figura 32.6. Configurar iTunes para extraer música.

Truco:

Para reproducir las canciones de un CD en orden aleatorio, haga clic en el botón **Reproducción aleatoria** *en la parte inferior izquierda de la ventana de iTunes. iTunes también ofrece una función de repetición, que repite las canciones seleccionadas una y otra vez. Puede activar esta función haciendo clic en el botón correspondiente, situado justo al lado del de reproducción aleatoria.*

Después de haber establecido el formato y la tasa de bits, puede comenzar la extracción. Siga estos pasos:

1. Inserte el CD que desea copiar en la unidad de CD de su PC.
2. Como puede ver en la figura 32.7, todas las pistas del CD se muestran en la ventana de iTunes. Seleccione las pistas que desea copiar.
3. Haga clic en el botón **Importar CD** de la parte inferior de la ventana de iTunes.

Figura 32.7. Listos para la extracción de un CD utilizando iTunes.

Truco:

De forma predeterminada, iTunes utiliza el codificador AAC con una tasa de bits de 128 Kbps. Es una configuración adecuada para la mayoría de los usuarios.

iTunes extraerá las pistas seleccionadas desde el CD y las convertirá desde su formato original Audio CD al formato de archivo que haya elegido, a la velocidad de bits que haya seleccionado. Los archivos convertidos se guardarán en el disco duro de su PC y se añadirán a la biblioteca de iTunes.

Grabar sus propios CD

Con iTunes resulta sencillo grabar música desde su PC a un disco vacío. Siga estos pasos:

1. En iTunes, cree una nueva lista de reproducción que contenga todas las canciones que desea grabar en el CD. Asegúrese de que el tiempo de reproducción de su lista de reproducción es inferior a 74 minutos (para un CD normal) u 80 minutos (para un CD extendido).

2. Inserte un disco CD-R en blanco en la unidad de CD de su PC.
3. Seleccione la lista de reproducción que contenga las canciones que desee grabar, como se muestra en la figura 32.8, y asegúrese de que todas las canciones de la lista están seleccionadas.

Figura 32.8. Grabar una lista de reproducción en un CD.

4. Haga clic en el botón **Grabar disco** de la parte inferior de la ventana de iTunes.

Truco:

Asegúrese de que está conectado a Internet antes de comenzar la extracción, de modo que iTunes pueda descargar los detalles del álbum y de las pistas (si no está conectado, no podrá codificar los nombres de las pistas o la portada del CD).

iTunes convertirá los archivos seleccionados al formato CDDA y los copiará a su CD. Cuando el proceso de grabación finalice, iTunes mostrará un mensaje al efecto y expulsará el nuevo CD grabado de la unidad de disco.

Nota:

Para crear listas de reproducción de iTunes, consulte el capítulo 33.

Resumen

He aquí los aspectos más importantes de este capítulo:

- El proceso de copiar canciones desde un CD a un disco duro se denomina "copia".
- El proceso de copiar archivos de audio digital desde un disco duro a un CD vacío se denomina "grabación".
- Para reproducir, grabar y extraer pistas de un CD, puede utilizar tanto el Reproductor de Windows Media (incluido en Windows) como iTunes (incluido con el iPod de Apple).
- Para obtener la mejor calidad de audio, extraiga los archivos utilizando los formatos WMA o AAC; para obtener la mejor compatibilidad con los programas de música y los reproductores portátiles de música, utilice el formato MP3.

Capítulo 33

Descargar y reproducir música digital

En este capítulo aprenderá a:

- Conocer los formatos de audio digitales.
- Conocer la tecnología de gestión de derechos digitales.
- Descargar música de tiendas de música on-line.
- Reproducir música digital en su PC.
- Escuchar la radio por Internet.

En el capítulo 32 hemos aprendido a reproducir música desde un CD y a extraer pistas de un CD para almacenar los archivos digitales en el disco duro de nuestro ordenador personal. Pero los CD no son el único medio a la hora de escuchar música en un ordenador. En Internet existe una gran cantidad de música disponible que podemos descargar y reproducir en nuestros ordenadores personales.

La música que se descarga desde Internet se puede reproducir en su PC o transferir a un iPod o a cualquier reproducir portátil de audio. Es una vía excelente para aumentar su colección de música sin necesidad de comprar un CD.

¿Qué son los formatos digitales de audio?

Antes de adentrarnos en la creación de nuestra propia biblioteca de música digital, es necesario conocer los distintos formatos de sonido que podemos utilizar. Existen numerosos modos de realizar grabaciones digitales; las tiendas en línea (así como los reproductores de música portátiles) utilizan distintos formatos de sonido. Existen dos tipos de archivos de audio digitales. Los archivos "sin comprimir" reproducen con exactitud el contenido del archivo contenido en un CD; estos archivos son más grandes, pero ofrecen una excelente calidad de sonido. Los archivos "comprimidos" eliminan ciertas partes de la música original y ofrecen un archivo más pequeño (más fácil de almacenar y descargar desde Internet), pero reducen la fidelidad del sonido grabado. El formato de archivo sin comprimir más extendido es el formato WAV; los formatos comprimidos más utilizados son AAC, MP3 y WMA.

¿Qué formato debe utilizar para su música digital? No existe una respuesta sencilla a esta pregunta; cada formato ofrece una serie de ventajas e inconvenientes. Dicho esto, la tabla 33.1 detalla los pros y los contras de los formatos de archivos de música más extendidos.

Tabla 33.1. Formatos de archivos de audio digital.

Formato	Ventajas	Inconvenientes
AAC	Comprime las canciones en archivos pequeños. Utilizado por los reproductores de música portátil iPod de Apple y el software iTunes	No tiene calidad CD. No es compatible con el Reproductor de Windows Media, ni con otros reproductores de música portátiles distintos de Apple o tiendas de música *on-line*. La gestión de derechos digitales puede restringir su reproducción a algunos PC y reproductores

Formato	Ventajas	Inconvenientes
MP3	Comprime canciones en archivos pequeños. Es el formato de archivo de audio más universal; compatible con casi todos los programas de reproducción de música y reproductores de música portátiles. No ofrece gestión de derechos digitales, por lo que los archivos se pueden reproducir en cualquier PC o reproductor de música	No tiene calidad CD
WAV	Calidad CD	Tamaño de archivo grande
WMA	Comprime canciones en archivos pequeños. Es el formato utilizado por la mayoría de tiendas de música *on-line*. Compatible con la mayoría de programas de reproducción de música y reproductores portátiles de música	No tiene calidad CD. No es compatible con el iPod de Apple. La gestión de derechos digitales puede restringir su reproducción a algunos PC y reproductores

Nota:

Los archivos AAC a menudo incluyen la extensión `.M4A`, *ya que Apple guarda los archivos AAC en forma de un tipo especial de archivo que contiene información de gestión de derechos digitales.*

De los formatos comprimidos, el formato MP3 es el más antiguo y universal; casi todos los programas de reproducción de música y reproductores portátiles son compatibles con este formato. El formato WMA ha sido desarrollado por Microsoft y se utiliza en casi todas las tiendas de música *on-line*; es compatible con todos los programas de reproducción musical, excepto con iTunes de Apple, y con todos los reproductores de música portátiles, excepto con el iPod de Apple; no es compatible con otros muchos programas de reproducción musical y reproductores portátiles.

Si descarga música de Internet, es muy probable que no tenga la opción de elegir un formato; tendrá que guardar la música en el formato ofrecido. En la práctica, esto significa que si tiene un iPod y utiliza la tienda iTunes, obtendrá la música en formato AAC. Si dispone de cualquier otro tipo de reproductor (como un Microsoft Zune o Creative Zen) y consigue su música en cualquier otra tienda en línea (como Napster o Zune Marketplace), obtendrá la música en formato WMA o MP3.

Sin embargo, cuando copie archivos desde su CD en su PC, tendrá la opción de elegir un formato concreto. Para asegurar la compatibilidad con todos los reproductores de música portátiles (incluido el iPod), utilice el formato MP3. Si dispone de un iPod y sólo desea reproducir su música en otros iPod, puede utilizar el formato AAC, que ofrece una mejor calidad de sonido. Si dispone de un reproductor que no sea de Apple y nunca va a reproducir música en un iPod, puede emplear el formato WMA, que ofrece la misma calidad.

He aquí otro aspecto que deberá tomar en consideración: ¿qué ocurre si desea reproducir su música digital en un equipo de música tradicional, en lugar de en un PC o en un dispositivo de audio portátil? Los formatos AAC, MP3 o WMA no ofrecen la suficiente calidad de audio al reproducirlos en un equipo de música. En este caso puede guardar sus archivos en formato WAV, aunque ocuparán mucho espacio en disco duro (unos 650 MB por CD). Existe una alternativa mejor: utilizar un formato que ofrezca la modalidad de "compresión sin pérdida", como WMA sin pérdida (para PC con Windows) o AAC sin pérdida (compatible con nuestro iPod). Estos formatos reproducen el sonido exacto del original, sin que se deteriore la calidad del audio, pero consiguiendo un tamaño inferior de archivo que el formato WAV sin compresión. No obstante, los archivos sin pérdida tienen un tamaño mayor que los archivos comprimidos AAC, MP3 o WMA.

Gestión de derechos digitales

Hasta muy recientemente, la mayor parte de la música que descargábamos de las tiendas de música *on-line* venía cifrada con tecnología de gestión de derechos digitales. Esta tecnología estaba pensada para impedir la distribución y copia no autorizada de música sujeta a derechos con *copyright*. Si alguna de las pistas descargadas está protegida con esta tecnología, existen ciertas limitaciones a las posibilidades de copia y reproducción de dicho tema.

La tecnología de gestión de derechos digitales funciona mediante la codificación del archivo de audio en una especie de formato de archivo que funciona como un protector. Este protector incluye una clave de usuario que se utiliza para descodificar y reproducir la pista en circunstancias concretas. Por ejemplo, una licencia de gestión de derechos digitales podría dictar en cuántos ordenadores personales diferentes o en cuántos reproductores portátiles se puede copiar una pista dada, si puede grabarse (o no) en un CD, etc. Si intenta utilizar la pista de forma no autorizada por la licencia, la tecnología impedirá su reproducción.

Es importante saber que, si bien la tecnología de gestión de derechos digitales puede aplicarse a archivos de audio en formato AAC y WMA, no puede aplicarse a archivos en formato MP3. Por esta razón, la mayor parte de las tiendas de música *on-line* han optado por codificar sus archivos en formato AAC o WMA, para facilitar la implantación de esta tecnología.

Recientemente, sin embargo, estamos asistiendo a un progresivo alejamiento respecto de la tecnología de gestión de derechos digitales a favor de la venta de canciones libres de derechos de gestión, la mayoría de ellas en formato MP3. iTunes de Apple sigue siendo una excepción, puesto que sus temas musicales (libres de esta tecnología de gestión) sigue vendiéndose en formato AAC.

La ventaja de disponer de música libre de este tipo de tecnología es que, una vez comprada, podrá utilizarla como quiera: puede reproducir las pistas en más de un PC, en reproductores de audio diversos, o grabar las pistas en un número ilimitado de CD. Es una solución mucho más respetuosa con el aficionado a la música, razón por la que muchas tiendas *on-line* ofrecen ya pistas musicales sin este tipo de tecnología.

Truco:

Consulte con su tienda de música on-line para saber si utiliza algún tipo de tecnología de gestión de derechos digitales y, en caso de que así sea, pregunte cuáles son los términos de la licencia.

Descargar música de tiendas de música online

La principal ventaja de la música digital es que podemos escuchar sólo las canciones que nos gustan. No estamos obligados a escuchar un álbum completo: podemos descargar una canción de dicho álbum e ignorar el resto. Y lo que es mejor: podemos escoger las canciones que nos gusten de distintos artistas y crear nuestras propias listas de reproducción. ¡Es como ser nuestro propio DJ o productor musical!

¿Dónde podemos descargar nuestras canciones favoritas? Tenemos muchas opciones, pero la más sencilla es comprar en una tienda de música *on-line*. Se trata de sitios Web que ofrecen cientos de miles de canciones de nuestros artistas favoritos, de forma completamente legal. Tenemos que pagar una cantidad por canción y descargar los archivos de música directamente al disco duro de nuestro equipo.

Advertencia:

Para descargar música es recomendable disponer de una conexión a Internet de banda ancha. Aunque nada puede evitar que descargue música a través de una conexión analógica, el proceso puede llevar muchísimo tiempo, ya que se trata de archivos excesivamente grandes para su descarga a través de este tipo de medio.

iTunes Store

La tienda musical *on-line* más popular actualmente es iTunes Store de Apple. Esta tienda (`www.apple.com/es/itunes/store/`) ofrece más de un millón de canciones por 0,99 euros cada una. Todas las canciones están en un formato de archivo ACC, propiedad de Apple. Esto significa que las pistas musicales no pueden reproducirse en la mayoría de los programas de reproducción musical ni en aquellos reproductores de música portátiles que no sean Apple. No obstante, podemos utilizar el software iTunes de Apple para reproducir los archivos, y naturalmente podremos reproducir todas las canciones descargadas en un iPod de Apple. Para utilizar iTunes Store, es necesario descargar el software iTunes. Analizaremos este software con más detalle en este capítulo. Pero no se preocupe: es un programa muy fácil de usar. Para descargar el software, haga clic en el botón **Descargar iTunes** en la ficha Descarga de la página inicial de iTunes Store y siga las instrucciones en pantalla.

Cuando haya descargado el software iTunes y lo esté ejecutando en su PC, podrá acceder a iTunes Store haciendo clic en el icono **Music Store** en el panel de la izquierda. Haga clic en el enlace Música para ver las pistas de música que puede adquirir. Como puede ver en la figura 33.1, existen distintos métodos para buscar música en iTunes Store. Puede buscar por género, ver los nuevos lanzamientos o utilizar el cuadro de búsqueda (en la esquina superior derecha) para buscar canciones o artistas específicos.

Nota:

A comienzos de 2009, iTunes Store comenzó a ofrecer la mayoría de las pistas musicales sin tecnología de gestión de derechos digitales. Anteriormente, todas las pistas que se adquirían a través de iTunes incorporaban esta tecnología.

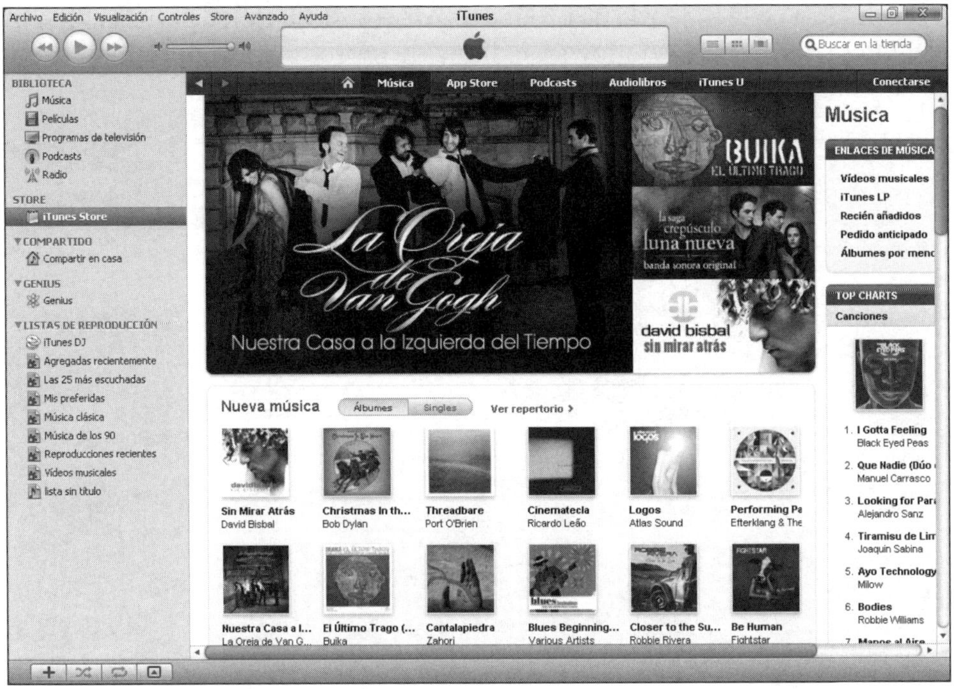

Figura 33.1. Compre música digital en la tienda online iTunes Store.

Cuando aparezcan los resultados de su búsqueda, tal y como muestra la figura 33.2, puede comprar y descargar las pistas que aparecen. Para comprar una canción, haga clic en el botón **Comprar canción**. Para comprar un álbum, haga clic en **Comprar álbum**, y para comprar un vídeo haga clic en **Comprar vídeo**. Tras confirmar su compra, la canción se descargará automáticamente en su PC y se añadirá a su biblioteca de iTunes. Puede escuchar la música descargada en el reproductor de música de iTunes o bien transferir la música a su iPod.

Nota:

La primera vez que realice una compra en iTunes Music se le pedirá que cree una nueva cuenta e introduzca la información de su tarjeta de crédito.

Otras tiendas de música online

Si no tiene un iPod de Apple, quizás le interese explorar las posibilidades que ofrecen algunas de las demás tiendas de música *on-line*. Estas tiendas ofrecen archivos tanto en formato MP3 como WMA; ambos formatos pueden reproducirse en la mayoría de programas de reproducción de música (incluido el Reproductor de Windows Media) y de reproductores portátiles, con la destacable excepción del iPod de Apple.

Figura 33.2. Descargue canciones desde iTunes Store.

He aquí un listado de algunas de las grandes tiendas de música *on-line* que quizás le interese explorar:

- Amazon MP3 Downloads (`www.amazonmp3.com`).
- Dada (`www.dada.com`).
- eMusic (`www.emusic.com`).
- iMesh (`imesh.com`).
- MP3.com (`www.mp3.com`).
- Napster (`www.napster.com`).
- Puretracks (`www.puretracks.com`).
- Rhapsody (`www.rhapsody.com`).
- Wal-Mart Music (`www.mp3.walmart.com`).

Nota:

Si dispone de un reproductor de música Microsoft Zune, puede utilizar Zune Marketplace (`www.zune.net`). Es exclusivo para usuarios de Zune.

Advertencia:

También puede descargar música de sitios Web no comerciales y redes de intercambio de archivos no oficiales, si bien no es una opción recomendable. La descarga de archivos desde este tipo de sitios no sólo es cuestionable desde un punto de vista legal, sino que además son sitios plagados de virus y spyware. Si va a realizar una descarga desde un sitio no oficial, asegúrese de que está ejecutando tanto un antivirus como un software antispyware.

Reproducir música digital en su PC

Tras haber descargado unas cuantas canciones, ¿qué hacer con ellas? Puede, naturalmente, transferirlas a un reproductor portátil, pero también puede reproducirlas directamente en su ordenador. Asegúrese de que dispone de un buen par de altavoces o unos auriculares conectados y de que hay un reproductor de música instalado en su equipo. Los dos programas más extendidos son el Reproductor de Windows Media (incluido en el sistema operativo de Windows) y el reproductor iTunes (que se utiliza con el iPod de Apple). Veamos cómo funcionan ambos reproductores.

Nota:

Para obtener más información sobre la transferencia de archivos digitales de música, consulte el capítulo 34.

Utilizar el Reproductor de Windows Media

Sea cual sea la versión de Windows que utilice, el Reproductor de Windows Media viene preinstalado de fábrica en su ordenador. Puede emplear el Reproductor de Windows Media para reproducir toda la música digital que haya descargado y mantener organizado su sistema.

Reproducir archivos de audio digital

En Windows 7, todos los archivos de música que descargue deberían encontrarse en la carpeta `Música`, normalmente distribuidos en carpetas con el nombre del artista o el álbum. El Reproductor de Windows Media detecta automáticamente toda la música almacenada en estas carpetas y las añade a su Biblioteca.

Para reproducir un archivo de audio digital en el Reproductor de Windows Media 12, primero debe abrir el archivo en el reproductor. Para ello, haga clic en la pestaña Biblioteca (como se muestra en la figura 33.3), navegue hasta la canción que desea reproducir y haga doble clic sobre el nombre de la canción, o selecciónela y haga clic en el botón **Reproducir**.

Figura 33.3. Reproducir música desde la biblioteca del Reproductor de Windows Media.

También puede reproducir un álbum completo seleccionando Álbum del panel de navegación, navegando hasta el álbum y haciendo clic en el botón **Reproducir**.

Lo mismo se puede decir de reproducir todas las canciones de un artista o un género determinado: seleccione Intérprete o Género del panel de navegación, navegue hasta el artista o género que desee y haga clic en el botón **Reproducir**.

Truco:

Existen diferentes modalidades de visualización para el panel de contenidos del Reproductor de Windows Media. La vista predeterminada es el Mosaico expandido*; otras vistas disponibles son* Icono *y* Detalles*. Para cambiar la vista del panel de contenidos, haga clic en el botón* **Opciones de vista** *que encontrará junto al cuadro* Buscar *en la parte superior de la ventana. Haga clic en el botón para cambiar la vista o pulse la flecha situada junto al botón para seleccionar una vista específica desde el menú contextual.*

Crear una lista de reproducción de sus canciones favoritas

Por defecto, la música almacenada en la biblioteca del Reproductor de Windows Media se organiza por álbumes e intérpretes. Aunque es ideal para escuchar un álbum completo, el Reproductor de Windows Media le permite organizar su música como desee mediante la creación de "listas de reproducción" personalizadas.

Una lista de reproducción no es sino una simple lista de canciones, pertenecientes a cualquier álbum o intérprete de su biblioteca musical. Una lista de reproducción puede contener un par de canciones o todas las canciones de su PC.

Siga estos pasos para crear una lista de reproducción en el Reproductor de Windows Media 12:

1. Desde la pestaña Biblioteca, acceda al panel de navegación y seleccione Crear lista de reproducción.
2. Se creará una lista sin título. Selecciónelo y escriba un nombre para la lista de reproducción.
3. Para añadir elementos a su lista de reproducción, selecciónelos en el panel de contenidos de la biblioteca y arrástrelos al panel de navegación.
4. Repita el paso 3 tantas veces como sean necesarias para añadir más canciones a la lista de reproducción.

Para reproducir una lista de reproducción, acceda al panel de navegación en la pestaña Biblioteca y haga clic en el elemento Listas de reproducción. Se mostrarán todas sus listas en el panel de navegación. Haga doble clic en una lista de reproducción para seleccionarla y haga clic en **Reproducir** para que comience su reproducción. Todas las pistas de su lista de reproducción se reproducirán una a una en el orden establecido.

Truco:

Para saltar una pista de la lista de reproducción, haga clic en el botón **Siguiente** *del Reproductor de Windows Media. Para repetir una pista que le guste, selecciónela y haga clic en el botón* **Activar repetición**. *También puede reproducir las canciones de una lista en orden aleatorio haciendo clic en el botón* **Activar orden aleatorio**.

Nota:

Cuando se crea una lista de reproducción, en realidad las canciones no se copian. Las canciones siguen residiendo en su disco duro. Al reproducir una lista de reproducción, el Reproductor de Windows Media accede a cada uno de los archivos de la lista en su disco duro. No obstante, si cambia la ubicación de sus archivos de música o sus nombres, sus listas de reproducción no serán capaces de encontrar los archivos.

Utilizar el reproductor iTunes

Si dispone de un Apple iPod, tendrá instalado en su ordenador el reproductor de música iTunes. Puede utilizar el reproductor iTunes para reproducir toda su música, como podrá ver a continuación.

Reproducir archivos de audio digital

La reproducción de canciones con iTunes es tan sencilla como con cualquier otro reproductor de música. Asegúrese de haber seleccionado Música en la sección Biblioteca del panel e iTunes mostrará todas las canciones almacenadas en su ordenador.

Puede hacer clic en los botones de **Visualización** para mostrar su música de distintas maneras; la mayoría de las personas optan por la vista Cover Flow, ya que le permite navegar por todas las portadas de los álbumes de su música digital.

Como puede ver en la figura 33.4, se mostrará una lista de música debajo de las portadas de los álbumes. Haga clic en una portada para ver todas las canciones contenidas en ese álbum en particular. Para reproducir una canción, haga doble clic en su nombre o selecciónela y haga clic en el botón **Reproducir**. Para reproducir un álbum completo, haga doble clic en su portada.

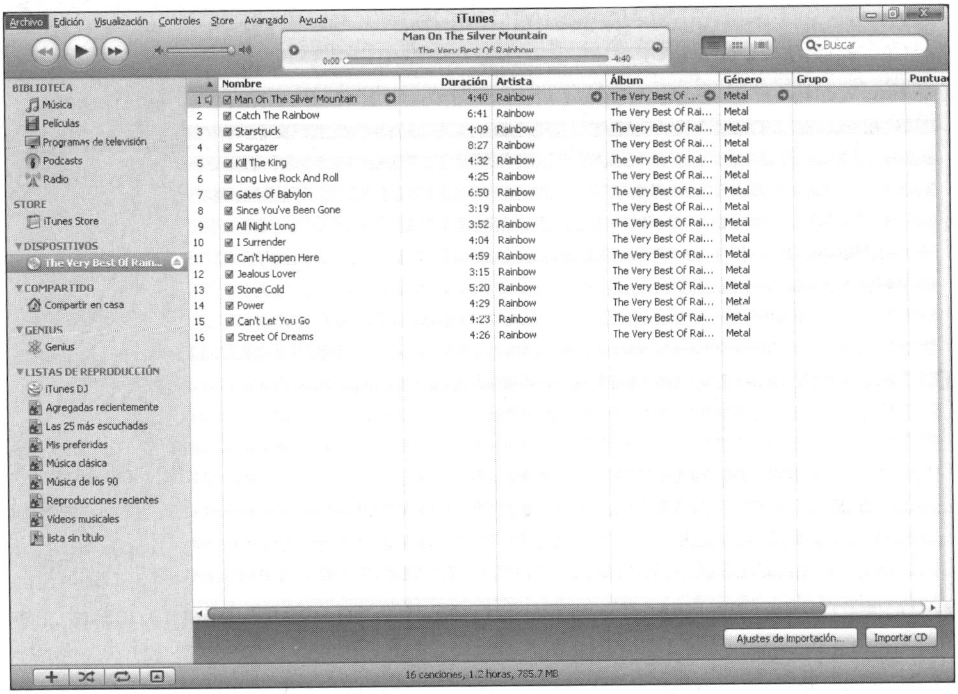

Figura 33.4. Reproducir música en el reproductor iTunes.

Truco:

Puede ordenar las canciones que se muestran en la lista por nombre, duración, intérprete, etc. Para ello, haga clic en la cabecera por la que desea ordenar la lista situada en la parte superior; algunas columnas establecen un orden distinto si hace clic por segunda o tercera vez.

Cómo crear una lista de reproducción de sus canciones favoritas

Al igual que el Reproductor de Windows Media, iTunes también le permite crear listas de reproducción de sus canciones favoritas. Las listas de reproducción que genere se mostrarán en la sección Listas de reproducción del panel de la izquierda; haga doble clic en una lista de reproducción para reproducirla. Siga estos pasos para crear una lista de reproducción:

1. Seleccione Archivo>Nueva lista de reproducción (o haga clic sobre el botón + de la parte inferior izquierda de la ventana de iTunes).

2. Aparecerá un nuevo elemento llamado lista sin título en la sección Listas de reproducción del panel. Escriba un nombre para la lista.
3. Haga clic en el elemento Música de la sección Biblioteca del panel.
4. Seleccione una canción que desee añadir a su lista de reproducción y arrastre con el ratón la canción sobre el nombre de la lista de reproducción del panel.
5. Repita el paso 4 tantas veces como desee para añadir más canciones a su lista de reproducción.

Escuchar la radio por Internet

La descarga de música no es la única posibilidad que ofrece Internet. Muchas estaciones de radio tradicionales, así como estaciones de radio por Internet, emiten a través de Internet utilizando la tecnología de *streaming*. El *streaming* es diferente de la descarga de un archivo de audio. Cuando descargamos un archivo, no podemos empezar a escucharlo hasta que no esté totalmente descargado en nuestro PC. Sin embargo, gracias al *streaming*, la reproducción se inicia antes de que se haya descargado todo el archivo. Esto permite realizar emisiones en vivo (tanto en radios tradicionales como en estaciones exclusivas para la Web) que se envían directamente desde el lugar de emisión hasta nuestros equipos. La mayoría de los reproductores musicales permiten escuchar la radio por Internet. Por ejemplo, el reproductor iTunes dispone de una función llamada Radio (mostrada en la figura 33.5) que facilita la búsqueda y sintonización de diversas estaciones de radio en Internet. Asimismo, muchos sitios de radio de Internet ofrecen software un software de *streaming* integrado o nos dirigen a los sitios donde podemos descargar el software de reproducción de música apropiado.

Truco:

Si bien puede escuchar radio por Internet a través de una conexión tradicional de marcado telefónico, obtendrá una mejor calidad a través de una conexión de banda ancha.

A la hora de buscar emisiones de radio por Internet, necesitará un buen directorio en el que aparezca la programación existente. Veamos a continuación un listado de portales que ofrecen vínculos a estaciones de radio tradicionales o programación exclusiva de radio para Internet:

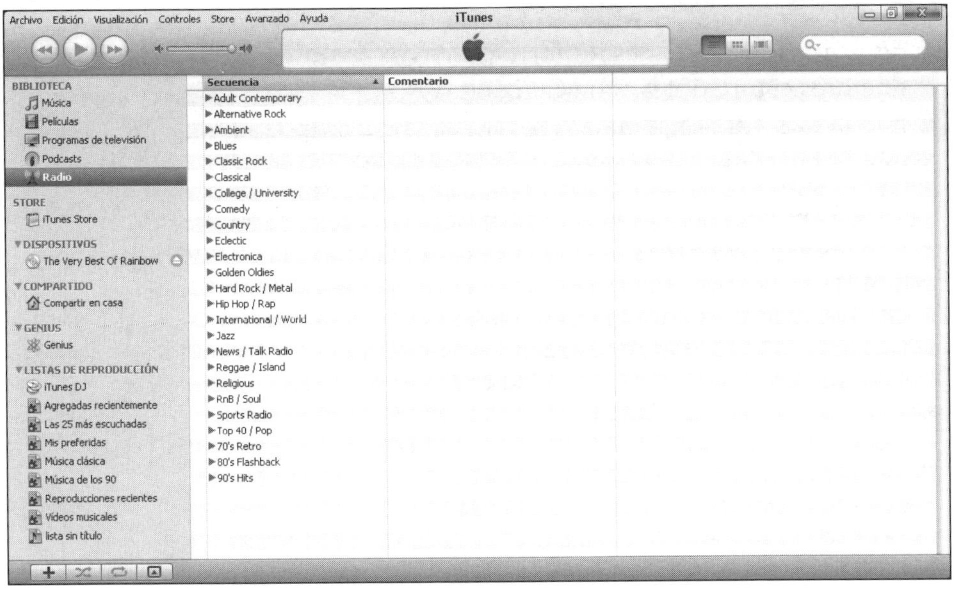

Figura 33.5. Escuche la radio por Internet con iTunes.

- AOL Radio (`radio.aol.com`).
- Jango (`www.jango.com`).
- LAUNCHCast (`music.yahoo.com/launchcast/`).
- Live365 (`www.live365.com`).
- Mike's Radio World (`www.mikesradioworld.com`).
- Pandora (`www.pandora.com`).
- RadioTower.com (`www.radiotower.com`).
- SHOUTcast (`yp.shoutcast.com`).
- XM Radio Online (`xmro.xmradio.com`).

Nota:

Algunos de estos portales ofrecen una programación original por la que debe pagar una cuota de suscripción.

Resumen

He aquí los aspectos más importantes de este capítulo:

- La música digital normalmente se almacena en uno de estos tres formatos comprimidos: MP3, AAC o WMA.

- De estos formatos, el MP3 es el más universal; el formato AAC es propio de Apple iPod e iTunes. El formato WMA se utiliza en los sitios y reproductores compatibles con Microsoft.
- Puede descargar canciones de iTunes Store y otras tiendas en línea, por unos 0,99 euros por canción.
- Puede utilizar un programa de reproducción de audio (como el Reproductor de Windows Media o iTunes) para reproducir archivos de audio digital.
- Si prefiere escuchar música a través del *streaming* de audio, puede escuchar la radio por Internet; existen cientos de estaciones, tanto tradicionales como basadas en la Web, que emiten por Internet.

Capítulo 34

Utilizar su PC con un iPod o un reproductor MP3

En este capítulo aprenderá a:

- Utilizar el iPod de Apple.
- Gestionar su biblioteca de música con iTunes.
- Descargar música desde la tienda de iTunes.

Uno de los artículos electrónicos de consumidor más atractivos de la actualidad son los reproductores portátiles de música, conocidos como "reproductores MP3". Estos nuevos reproductores son tan pequeños que caben en la palma de la mano y, dependiendo del medio de almacenamiento empleado (ya sea un micro disco duro o una memoria flash), pueden almacenar desde 512 MB hasta 80 GB de datos, suficientes para contener miles de canciones, fotos y, dependiendo del reproductor, vídeos. El reproductor portátil más popular hoy en día es el iPod de Apple, o bien su versión telefónica: el iPhone. Para escuchar música en el iPod, es necesario descargarla desde Internet o bien grabarla desde un CD. La música descargada o grabada se almacena en un ordenador y posteriormente se transfiere al iPod cuando lo conectamos al equipo.

El iPod de Apple

El iPod de Apple no es el reproductor portátil más vendido del mercado por casualidad: es un dispositivo muy fácil de utilizar que hace exactamente lo que queremos que haga. Apple vende diversas versiones del iPod, incluido el iPod de tamaño estándar, el iPod Mini compacto y el ultra pequeño iPod Shuffle (todos ellos se muestran en la figura 34.1).

Figura 34.1. La familia iPod de reproductores de música portátiles de Apple.

Además, tenemos el iPhone, un producto de Apple que entró como un auténtico vendaval en el mercado. El iPhone combina un reproductor de música (iPod) con un teléfono móvil con pantalla táctil, además de integrar la portabilidad WiFi. El iPhone permite reproducir música, hablar por teléfono, navegar por Internet, enviar y recibir correos electrónicos y utilizar todo tipo de aplicaciones que pueden descargarse desde la tienda de aplicaciones iPhone

Apps Store, a la que puede acceder directamente desde el dispositivo. Es un aparato muy interesante que merece la pena tener en cuenta a la hora de adquirir un nuevo reproductor portátil o teléfono móvil.

Al contrario que el resto de productos comercializados por Apple, el iPod es un dispositivo que funciona tanto en Macintosh como en Windows. Sin embargo, para utilizar el iPod en un ordenador personal, es necesario instalar el software de iTunes de Apple.

iTunes es un programa de reproducción de música, parecido al Reproductor de Windows Media, configurado para utilizarse con el iPod y con iTunes Store de Apple. iTunes se utiliza para transferir archivos de música al iPod así como para comprar y descargar música digital del sitio iTunes Store.

Para conectar el iPod a su PC basta con conectar un cable USB desde el iPod a su equipo. Cuando se conecte el iPod, el ordenador abrirá el software iTunes de forma automática y descargará cualquier nueva canción o lista de reproducción que se haya agregado desde la última vez que se realizó la conexión.

Nota:

A pesar de su popularidad, el principal inconveniente del iPod es que sólo reproduce archivos de audio en los formatos AAC y MP3. (AAC, el formato de la música que se descarga de Apple Store, es un formato propietario de Apple.) No es posible reproducir archivos en el formato WMA de Microsoft, razón por la que no podrá reproducir archivos WMA en su iPod.

Nota:

La batería del iPod se recarga cuando el cable está conectado al PC.

Administrar música con iTunes

La clave a la hora de administrar sus archivos de música de su iPod pasa por dominar el manejo del software de iTunes. Como hemos aprendido en el capítulo 33, iTunes es muy parecido a cualquier otro programa de reproducción musical. En la esquina superior izquierda contamos con un conjunto de controles de desplazamiento (para reproducir música en nuestro ordenador), una lista de archivos en la ventana principal y una lista de listas de reproducción en el panel Biblioteca. Seleccione una lista de reproducción en el panel Biblioteca; el contenido aparecerá en la ventana principal. Su colección de canciones se guarda en la sección Música de la Biblioteca, que es la primera fuente que aparece en el panel situado a la izquierda. iTunes genera distintas bibliotecas para Películas, Programas de televisión, Podcasts y Radio. Cuando instala por primera vez el software de iTunes, el programa importa todos los archivos de formato AAC, AIFF, MP3 y WAV a la carpeta `Música` de su ordenador y presenta una lista en la biblioteca. iTunes no convertirá los archivos WMA que haya comprado en una tienda de música en línea, puesto que los archivos incluyen tecnología de protección de derechos digitales.

Para transferir canciones a su iPod, selecciónelas en el listado de la Biblioteca de iTunes. Cuando conecte su iPod, éste aparecerá automáticamente en el panel. Haga clic en el elemento correspondiente al iPod. Las canciones seleccionadas en su Biblioteca se descargarán al iPod; la capacidad de su dispositivo y el espacio usado se muestran en la parte inferior de esta pantalla (véase la figura 34.2).

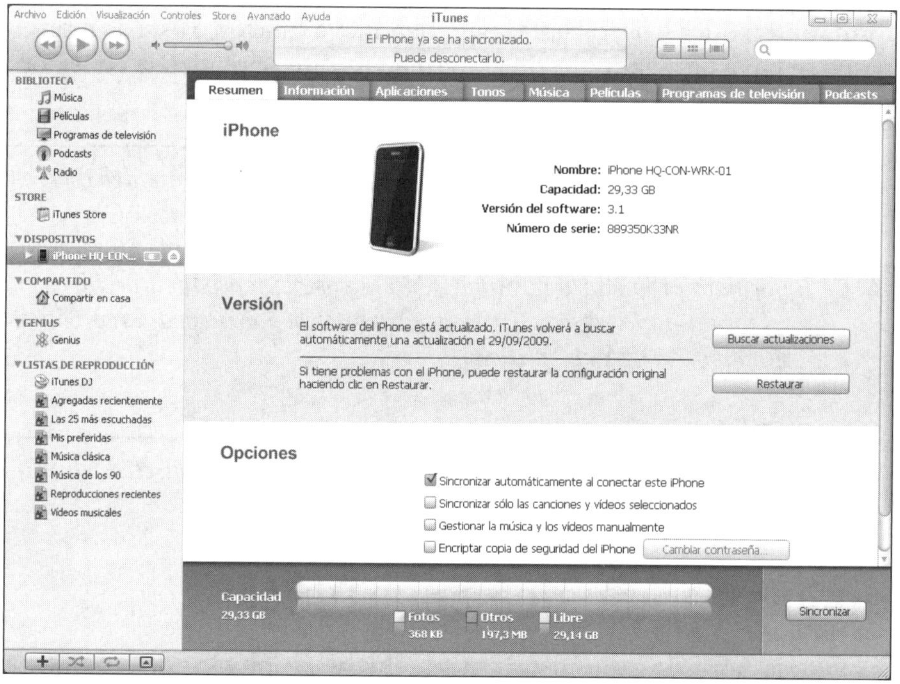

Figura 34.2. Transferir canciones a su iPod con iTunes es muy sencillo.

Truco:

Puede especificar qué elementos se van a sincronizar con su iPod haciendo clic en las diversas pestañas de la pantalla de su iPod en iTunes. Por ejemplo, si dispone de un iPod de gran capacidad, puede descargar vídeos, fotos e incluso sus contactos personales a su iPod.

Descargar música desde iTunes Music Store

Como hemos señalado anteriormente, una de las tiendas de música más populares es iTunes Music Store de Apple, una tienda específicamente pensada para los usuarios de iPod y del software iTunes.
Para conectarse a la tienda de iTunes Music Store, haga clic en el icono **iTunes Store** de la sección Store dentro de iTunes. Una vez conectado, podrá comprar canciones; todas las canciones que adquiera se agregarán automáticamente a su biblioteca de iTunes. De este modo, la próxima vez que conecte su iPod, las canciones se transferirán automáticamente a su dispositivo portátil.

Resumen

He aquí los aspectos más importantes de este capítulo:

- Para copiar archivos de música digital desde un PC a un reproductor de música portátil, basta con conectar el reproductor a nuestro ordenador: la transferencia es automática.
- Puede administrar de antemano los archivos que desea copiar en su ordenador, utilizando un programa de reproducción de música.
- El reproductor portátil más popular en la actualidad es el iPod de Apple, que utiliza el software iTunes para administrar todas las transferencias de canciones.

Capítulo 35

Reproducir DVD y vídeos en su PC

En este capítulo aprenderá a:

- Utilizar el Reproductor de Windows Media para reproducir DVD.
- Reproducir archivos de vídeo con el Reproductor de Windows Media.
- Reproducir programas grabados de televisión con el Reproductor de Windows Media.

Su ordenador puede reproducir algo más que música: también puede utilizar su equipo para reproducir películas en DVD.

La reproducción de DVD es especialmente interesante si dispone de un ordenador portátil. Ver una película en un portátil es una buena manera de matar el tiempo en un vuelo de larga duración o en un viaje por carretera (naturalmente, siempre que sea usted el pasajero... ¡ni se le ocurra ver películas mientras conduce!). Cargue la batería de su portátil, prepare un par de películas y... ¡que comience el espectáculo!

Reproducción de películas en Windows Media Center

Siempre que su ordenador personal disponga de una unidad de DVD, la reproducción de películas es pan comido. Para reproducir un DVD, puede utilizar la mayoría de programas multimedia, como el Reproductor de Windows Media; también existen algunos programas específicos de reproducción de películas.

Dicho esto, si su ordenador funciona con Microsoft Windows, existe una opción aún más recomendable para la reproducción de películas a pantalla completa en su ordenador. Windows Media Center es una interfaz a pantalla completa para la reproducción de todo tipo de medios digitales, pero especialmente adecuada para el visionado de vídeos y DVD. Por esta razón, a la hora de ver películas en el ordenador le recomiendo que utilice Windows Media Center.

Para ver una película en Windows Media Center, inserte el DVD en la unidad de DVD de su PC. Windows le pedirá que elija un dispositivo de reproducción, como se muestra en la figura 35.1. Seleccione Reproducir película de DVD con Reproductor de Windows Media.

Se abrirá Windows Media Center y la reproducción de la película se iniciará de forma automática, como se muestra en la figura 35.2. Para pausar la película, haga clic en el botón **Pausa**; haga clic en el botón de reproducción para continuar. El resto de controles le permitirán avanzar al siguiente capítulo del DVD o ir al capítulo anterior, avanzar y retroceder.

Nota:

También puede ver DVD utilizando el Reproductor de Windows Media a pantalla completa.

Nota:

Puede usar Windows Media Center para escuchar música, ver fotos e incluso (si su ordenador está equipado con un sintonizador de TV) para ver y grabar programas de televisión. Además, Windows Media Center es especialmente útil a la hora de funcionar como home cinema doméstico.

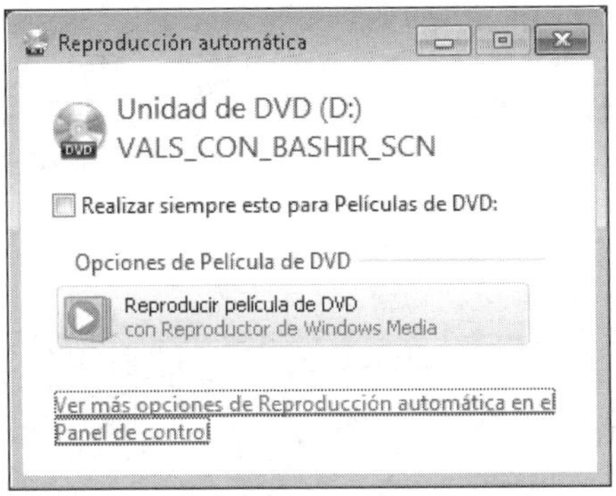

Figura 35.1. Para ver una película DVD con el Windows Media Center seleccione Reproducir película de DVD con Reproductor de Windows Media.

Figura 35.2. Windows Media Center le proporcionará un visionado de calidad de su DVD.

Reproducir otros archivos de vídeo

Si ha descargado vídeos de Internet o transferido películas caseras desde una videocámara, puede ver los vídeos en su ordenador personal utilizando el Reproductor de Windows Media, o Windows Media Center. Sea cual sea el software elegido para el visionado, la reproducción de un archivo de vídeo almacenado en el disco duro de un ordenador es muy similar a la reproducción de un CD.

Para ver archivos de vídeo en Windows Media Center, vaya al menú principal y seleccione Imágenes y vídeos>Biblioteca imágenes, tal y como se muestra en la figura 35.3. Haga clic en la miniatura para iniciar la reproducción.

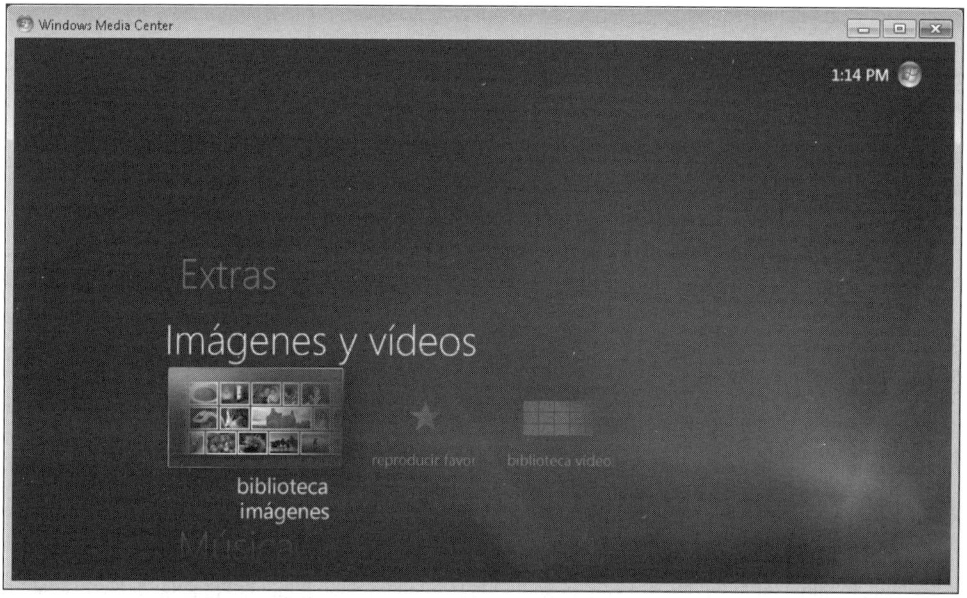

Figura 35.3. Navegue hasta la Biblioteca de imágenes de Windows Media Center.

Para ver archivos de vídeo en el Reproductor de Windows Media, haga clic en la flecha abajo que se muestra debajo de la pestaña Biblioteca y seleccione Vídeos. El listado de la Biblioteca cambiará en el panel Navegación y se mostrarán únicamente los archivos de vídeo.

Seleccione el vídeo adecuado en el panel y aparecerán todos los vídeos disponibles en el panel Contenidos, como se muestra en la figura 35.4. Para iniciar la reproducción, haga doble clic en un clip de vídeo o selecciónelo y pulse el botón de reproducción.

Figura 35.4. Selección de un archivo de vídeo para su reproducción en el Reproductor de Windows Media.

Resumen

He aquí los aspectos más importantes de este capítulo:

- Para reproducir DVD en el PC es necesario utilizar un programa de reproducción, como por ejemplo el Reproductor de Windows Media o Windows Media Center.
- Windows Media Center permite reproducir un DVD a pantalla completa, así como archivos digitales de vídeo. También permite reproducir música y fotografías en formato digital.

Capítulo 36

Crear sus propias películas digitales caseras

En este capítulo aprenderá a:

- Configurar su sistema para la edición de vídeo.
- Elegir un programa de edición de vídeo.
- Grabar su película en un DVD.

Si dispone de una videocámara digital y le gusta crear sus propias películas caseras, puede utilizar su ordenador personal para obtener resultados mucho más atractivos. Con el hardware y software apropiados, podemos convertir nuestro PC en una magnífica consola de edición de vídeo y conseguir que nuestras películas tengan un aspecto profesional. Sólo necesita un par de cables y podrá empezar a editar sus propias películas.

Conectar una cámara de vídeo

Preparar el PC para la edición de vídeo es una tarea bastante sencilla. Bastará con conectar su videocámara al ordenador. La mayor parte de las cámaras de vídeo que se comercializan en la actualidad graban las imágenes en el disco duro o en una tarjeta de memoria. Puede conectar la videocámara directamente al ordenador utilizando un cable USB o a través de la conexión FireWaire. Si la cámara utiliza tarjetas de memoria, inserte la tarjeta de memoria en el lector del ordenador. En caso de que exista una conexión directa, utilice el software incluido en la cámara para transferir los archivos digitales al disco duro del ordenador. Si utiliza una tarjeta de memoria, puede copiar los archivos desde la tarjeta al ordenador utilizando el Explorador de Windows.

Truco:

Si dispone de una grabadora de vídeo VHS, VHS-C, SVHS, 8 mm o Hi8 más antigua, tendrá que convertir la señal de vídeo analógica de la grabadora al formato digital. Podrá hacerlo instalando una tarjeta que capture la señal analógica de vídeo y la convierta al formato digital, o bien utilizando un dispositivo externo de captura de vídeo que se conecte a su ordenador mediante una conexión USB o FireWire. Conecte la grabadora a uno de los conectores del dispositivo (normalmente mediante conectores RCA estándar) para convertir las señales analógicas de su grabadora una señal digital que su ordenador pueda interpretar.

Elegir un programa de edición de vídeo

Una vez haya transferido sus archivos digitales al ordenador, podrá editar su película. Quizás le interese eliminar un fragmento aburrido, combinar dos o más clips, insertar transiciones entre clips o incluso añadir títulos de crédito a su película.

Todo ello y mucho más es posible gracias al uso de programas de edición de vídeo para PC. Estos programas realizan muchas de las funciones de las consolas de edición profesional que podemos encontrar en una emisora de televisión. Los programas de edición de vídeo de la actualidad son realmente sencillos de utilizar, y permiten obtener resultados sorprendentes.
Los programas de edición de vídeo compatibles con Windows más conocidos son los siguientes:

- Adobe Premiere Elements (`www.adobe.com/products/premie-reel/`).
- Adobe Premiere Pro (`www.adobe.com/products/premiere/`).
- Pinnacle Studio (`www.pinnaclesys.com`).
- Ulead MediaStudio Pro (`www.ulead.com/msp/`).
- Windows Live Movie Maker (`download.live.com`).

Windows Movie Maker forma parte de la *suite* de Windows Live Essentials que puede descargar de forma gratuita desde Microsoft. Probablemente es el programa de uso más sencillo de todos los enumerados, y además es completamente gratuito.
La mayoría de los programas de edición de vídeo funcionan de forma muy parecida. Seleccione los archivos de vídeo que desea incluir en la película y arrástrelos hacia la línea temporal del programa. A continuación, puede reordenar y recortar los diferentes fragmentos, así como incluir transiciones entre uno y otro. Puede crear títulos e insertarlos al comienzo de la película; además, puede incluir títulos de crédito al final de la película. Dependiendo del programa, existen efectos especiales y funciones de edición específicas. La figura 36.1 muestra la ventana de edición de Sony Vegas Movie Studio.

Nota:

Windows Live Movie Maker es la nueva versión del programa Windows Movie Maker que venía incluida con Windows XP y Winodws Vista. El programa ya no forma parte de Windows 7, sino que se ofrece como descarga gratuita opcional.

Grabar su película a un DVD

Después de crear la película final, probablemente desee compartirla con amigos y familiares. Existen varias formas de hacerlo. Puede enviar el archivo de película adjuntándolo a un mensaje de correo electrónico. El problema es que se trata de archivos de gran tamaño, lo que dificulta sobremanera su envío y descarga. No es probable que opte por esta solución. En segundo lugar, puede subir la película a YouTube, para que todos la vean. Evidentemente, no a todo el mundo le interesan sus películas tanto como a su familia. Quizás la opción de subir sus vídeos a YouTube resulte algo... excesiva.

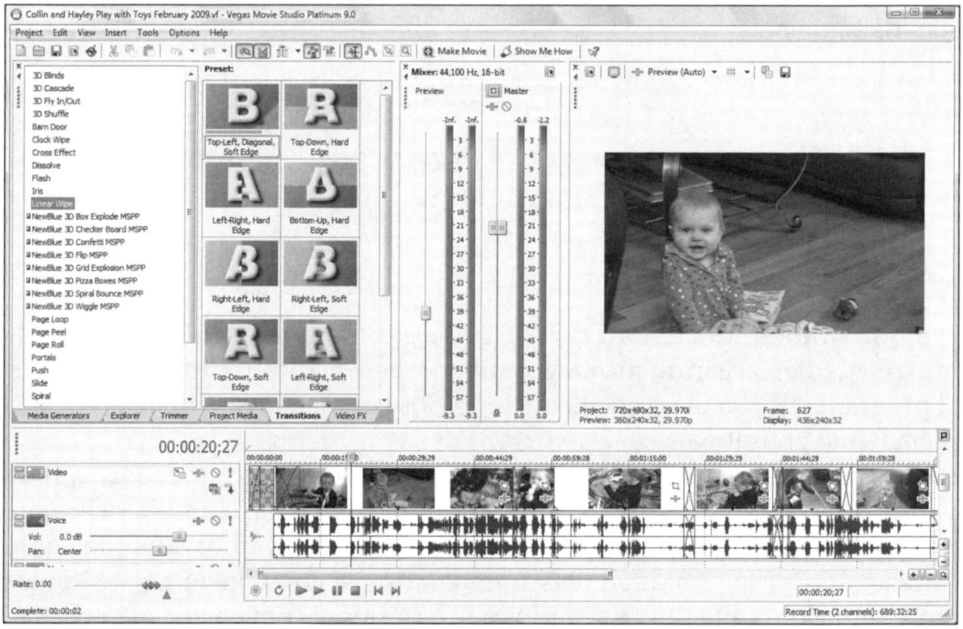

Figura 36.1. Edición de películas en Sony Vegas Movie Studio.

En tercer lugar, puede grabar la película en un DVD que pueda visualizarse utilizando un reproductor de DVD. Todo lo que necesita es una unidad de grabación de DVD en su PC y un programa de creación de DVD.

Windows 7 dispone de un programa de creación de DVD preinstalado. Windows DVD Maker le permite crear DVD de forma rápida y sencilla a partir de sus películas caseras. Para grabar un CD con menús personalizados, siga las instrucciones del asistente.

Al iniciar Windows DVD Maker, haga clic en el botón **Agregar elementos** para seleccionar los vídeos que desea incluir en su DVD. Cuando aparezca la siguiente ventana, como se muestra en la figura 36.2, seleccione los elementos que desee incluir en su DVD y haga clic en **Seleccionar**.

Será devuelto a la primera pantalla, donde se mostrarán en orden los vídeos añadidos; para cambiar el orden de los vídeos, utilice el ratón para arrastrarlos hacia arriba o hacia abajo en la lista.

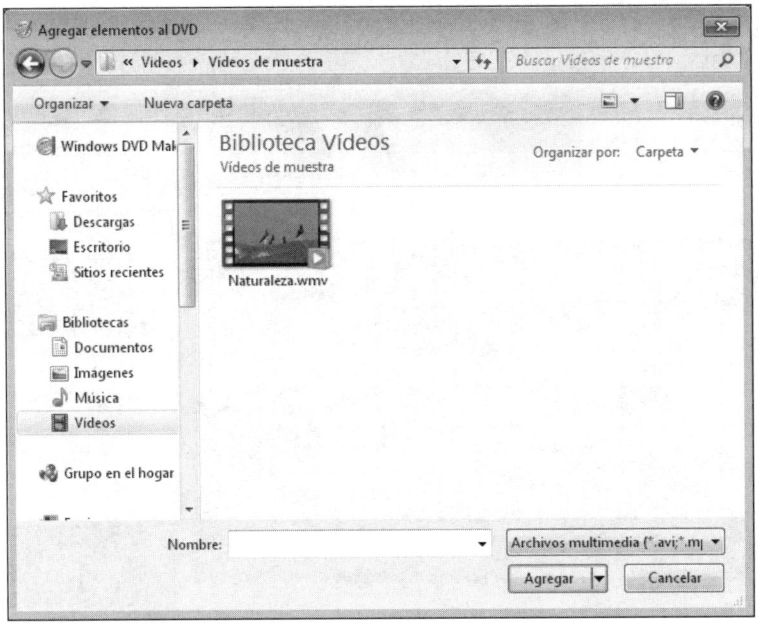

Figura 36.2. Añadir vídeos a su lista de DVD.

Nota:

Obtenga más información sobre la subida de películas a YouTube en el capítulo 22.

Truco:

Para incluir un pase de diapositivas en su DVD, seleccione archivos en formato JPG dentro del cuadro de diálogo Agregar elementos. *A continuación, haga clic en* Pase de diapositivas *para modificar el orden de las fotos incluidas en el pase de diapositivas.*

Al hacer clic en el botón **Siguiente**, podrá escoger qué tipo de menús desea para su DVD. Como puede ver en la figura 36.3, los estilos de menús disponibles se muestran en el panel de la derecha; desplácese por la lista y haga clic en el estilo que desee. Si lo desea, también puede hacer clic en el botón **Texto del menú** para escoger otro tamaño y fuente de letra. Una vez haya realizado su selección, ha llegado la hora de grabar el DVD. Inserte un DVD en blanco en la unidad de DVD de su equipo y haga clic en el botón **Grabar**. Los vídeos y menús seleccionados se grabarán en el DVD. Sepa, no obstante, que el proceso de grabación puede llevar bastante tiempo. Tenga paciencia.

Figura 36.3. Escoger un estilo de menús para el DVD.

Resumen

He aquí los aspectos más importantes de este capítulo:

- Para obtener resultados óptimos, es recomendable trabajar en formato digital a lo largo de todo el proceso de edición de vídeo, lo que significa que tiene que grabar su película en una cinta MiniDV, en DVD o en disco duro.
- Utilice un programa de edición de vídeo, como por ejemplo Windows Live Movie Maker, para combinar múltiples vídeo clips, añadir transiciones y crear títulos y títulos de crédito para sus películas.
- Para grabar películas caseras en un DVD, utilice un programa de creación de DVD, como por ejemplo Windows DVD Maker.

Índice alfabético

A

B

C

D

E

F

G

H

I

L

M

R

S

T

U

V

W

Y

Z